Franz Kurowski

1939

So war der 2. Weltkrieg

Franz Kurowski

1939

So war der 2. Weltkrieg

FLECHSIG

Umwelthinweis:
Dieses Buch und der Umschlag wurden auf chlorfrei gebleichtem Papier gedruckt.
Die Einschrumpffolie – zum Schutz vor Verschmutzung – ist aus umweltverträglichem und recyclingfähigem PE-Material.

Sonderausgabe für Flechsig-Buchvertrieb

Internet: www.verlagshaus.com
Gesamtherstellung: AGORA, United Graphic Services b.v., Netherland

ISBN 978-3-88189-710-5

Inhaltsverzeichnis

Teil I
DIE DEUTSCHE WEHRMACHT

Von der Reichswehr zur Wehrpflicht

Nach dem Versailler Vertrag durfte Deutschland nur ein Heer in Stärke von 100.000 Mann unter Waffen halten. Dieses Heer, von 1919 bis zum Jahre 1921 "vorläufige Reichswehr" genannt, setzte sich aus Freiwilligen zusammen, die sich zu einer zwölfjährigen Dienstzeit verpflichten mußten. Diese 100.000 Soldaten waren in sieben Divisionen gegliedert. Die Reichsmarine verfügte über einen Stamm von 15.000 Soldaten, während die Luftwaffe verboten war. Die Art und die Zahl der Waffen war genau vorgeschrieben.

Diese Vorschriften wirkten sich günstig auf die Ausstattung und Ausrüstung der Reichswehr aus, die ab 1921 endgültig Reichswehr genannt wurde, was den vorläufigen Status ablöste; beim Neuaufbau übernahm diese Truppe keine alten Waffen und Fahrzeuge, da sie das nicht mußte. Dadurch waren diese sieben deutschen Divisionen jenen des Gegners in bezug auf Ausbildung, Ausrüstung und Bewaffnung überlegen.

Durch eine sorgfältige, intensive Ausbildung über Jahre hinweg wurde es der Reichswehrführung möglich, die Grundlagen für die notwendige schnelle Ausweitung des Offiziers- und Unteroffizierskorps zu schaffen. Jeder der ausgesuchten Soldaten der Reichswehr war nach Ende seiner zwölfjährigen Dienstzeit befähigt, als Unteroffizier, aber auch als Offizier Rekruten auszubilden und Soldaten zu führen. Jene Unteroffiziere dieses Heeres, die sich während ihrer Dienstzeit als besonders befähigt erwiesen hatten, wurden unmittelbar nach Eintreten des "besonderen Bedarfsfalles" zu Offizieren ernannt.

Dies gab der Masse der Berufssoldaten des Reichsheeres die Möglichkeit, einen beruflich sonst nicht üblichen Aufstieg zu erleben. Der Führung boten sich hingegen die Chancen, die sich in den Aufbaujahren der Deutschen Wehrmacht rasch vermehrenden Verbände mit qualifizierten Offizieren und Unteroffizieren zu versehen.

Dem solcherart vorhandenen Unteroffizierskorps war es mit zu verdanken, daß die hohen Erziehungs- und Ausbildungsforderungen der Reichswehr *auch* auf das neue Heer übertragen werden konnten.

Dadurch wurde trotz der Heeresvermehrung ab 1933 ein Absinken des hohen Leistungs- und Ausrüstungs-Standes vermieden.

Die Erfahrungen des Ersten Weltkrieges hatten den Offizieren dieser Truppe und ihrer Obersten Führung eine Fülle von Erkenntnissen taktischer und operativer

Art für die Reichswehr ermöglicht. Sie alle standen überwiegend im Gegensatz zu den Folgerungen, die sich aus dem Stellungs- und Materialkrieg des Ersten Weltkrieges in Frankreich ergeben mußten. Die Reichswehr strebte vor allem bewegliche Operationen an und erkannte als Hauptergebnis dieser ihrer Erkenntnisse vor allem die Notwendigkeit eines engen Zusammenwirkens von Luftwaffe und Heer. Im Heer wiederum baute man auf den Einsatz von Panzerdivisionen und anderer gepanzerter und motorisierter Verbände.

Diese Einstellung brachte bald jene Führer hervor, die der Panzerwaffe das Wort redeten und sie als selbständige Waffe so schnell wie möglich *machen* wollten. Damit verbot sich von selbst ihre Eingliederung in Infanterie-Divisionen.

Daher war die Reichswehr so gut ausgerüstet, ausgebildet und zum Verteidigungskampf bereit, wie eine Truppe von 115000 Mann (einschließlich der Marine) es nur sein konnte. Dank dieser Grundlagen ging die deutsche Heeresvermehrung ohne nennenswerte Substanzverluste und ohne Herabsetzung der Schlagkraft vonstatten. Da es dann nach dem Polenfeldzug dank der abwartenden Haltung Frankreichs und Englands noch einmal möglich wurde, die Kampfkraft der Truppe zu verbessern, konnten auch die jungen Divisionen zu schlagkräftigen Verbänden zusammenwachsen.

Auf der Zweiten internationalen Abrüstungskonferenz, die wenige Tage nach der "Machtergreifung" durch die Nationalsozialisten unter Hitler stattfand und bis zum 14. Oktober 1933 andauerte, trug der britische Premierminister MacDonald eine allgemeine Einschränkung der Landstreitkräfte vor. Darüber hinaus lautete sein weitergehender Vorschlag, daß Deutschland nun ein Heer von 200.000 Mann zugestanden werden solle.

Am 27. März 1933 erklärte Japan seinen Austritt aus dem Völkerbund. Dies bedeutete nach den seinerzeitigen Gazetten "einen ernsten Schlag gegen die politische Weltordnung von 1919".

Am 14. Oktober 1933 verließ Deutschland die Abrüstungskonferenz, weil der Rüstungsausgleich, der vertraglich bereits in Versailles zum Ausdruck gekommen war, nicht stattfand und die weitere Verhandlung darüber auf vier Jahre in die Zukunft hinausgeschoben wurde. Das Deutsche Reich erklärte noch am selben Tage seinen Austritt aus dem Völkerbund.

Erst jetzt verstanden sich die Hauptstaaten des Völkerbundes zur Anerkennung der deutschen Gleichberechtigung. Danach war der Weg zu einer begrenzten deutschen Aufrüstung frei, auch wenn Frankreich diese Auffassung ablehnte, der Großbritannien und Italien zugestimmt hatten.

So blieb es nicht aus, daß Frankreich in einer Note vom 17. April 1934 an Großbritannien das Deutsche Reich beschuldigte, den Versailler Vertrag durch die Erhöhung seiner Rüstungsausgaben gebrochen zu haben.

Am 16. März 1935 löste sich das Deutsche Reich von den Rüstungsbeschränkungen des Versailler Vertrages und führte die allgemeine Wehrpflicht ein.

Das Wehrgesetz vom 21. Mai 1935 lautete:

"Wehrdienst ist Ehrendienst am deutschen Volk. Jeder deutsche Mann ist wehrpflichtig. Im Kriege ist über die Wehrpflicht hinaus jeder deutsche Mann und jede deutsche Frau zur Dienstleistung für das Vaterland verpflichtet.

Die Wehrpflicht dauert vom vollendeten 18. Lebensjahr bis zu dem auf die Vollendung des 45. Lebensjahres folgenden 31. März.

Die Wehrpflicht wird durch den Wehrdienst erfüllt. Wehrunwürdig ist derjenige, der mit schweren Ehrenstrafen gerichtlich bestraft ist."

Diesen deutschen Schritt verurteilte der Völkerbund am 17. April 1935 als "Vertragsbruch".

Die Reichsregierung antwortete mit folgendem Erlaß:

"Die Wehrmacht ist der Waffenträger und die soldatische Erziehungsschule des deutschen Volkes. Sie besteht aus dem Heer, der Kriegsmarine und der Luftwaffe. Die Befehlsgewalt über die gesamte Wehrmacht übt der Führer und Reichskanzler persönlich aus.

Ihm unmittelbar untergeordnet ist das Oberkommando der Wehrmacht, das die früher dem Reichskriegsminister zustehenden Befugnisse hat und dem im Frieden nach den Weisungen des Führers und Reichskanzlers die einheitliche Vorbereitung der Reichsverteidigung auf allen Gebieten obliegt.

An der Spitze des Stabes des Oberkommandos der Wehrmacht steht ein Chef im Range eines Reichsministers. Oberbefehlshaber der drei Wehrmachtsteile sind Generale bzw. ein Admiral."

Knapp ein Jahr später übernahmen deutsche Truppen am 7. März 1936 das bis 1930 von den Siegern des Ersten Weltkrieges besetzte Rheinland. Das war die Antwort auf die Ratifizierung des von Blüm-Litwinow geschlossenen französisch-sowjetischen Bündnisses, das im Widerspruch zum Locarnovertrag stand. Daß auch Deutschland durch diesen Schritt den Locarnovertrag verletzte, konnten die Ententemächte kaum rügen, da sie mit dem Bruch der Verträge selbst dreist vorangegangen waren.

All dies geschah in einer Phase der Entwicklung der Deutschen Wehrmacht, die noch in den Anfängen steckte. Daß nur einige wenige Bataillone die Rheinlandbesetzung durchführten, war bekannt. Es hätte nur eines energischen Schrittes bedurft, und die deutschen "Truppen" — die eher "Trüppchen" waren — hätten sich wohl oder übel wieder zurückgezogen.

In den folgenden Jahren erfolgte die Aufstockung der Deutschen Wehrmacht durch eine Art von Zellteilung, bei der aus Bataillonen Regimenter wurden, die durch Rekruten die nötige Stärke erhielten.

Auf diese Art und Weise, die später im Abschnitt über den Aufbau der Panzertruppe gesondert angeschnitten werden soll, verfügte die Deutsche Wehrmacht im Herbst 1939 über ein Heer, das sich wie folgt zusammensetzte:

39 Infanteriedivisionen
3 Gebirgsdivisionen
5 Panzerdivisionen
4 Leichte Divisionen
1 Kavalleriedivision.

Damit standen der Heeresführung insgesamt 52 Divisionen zur Verfügung. Eine große Zahl, doch war keine volle Nachrüstung erfolgt. Diese Streitmacht war binnen sechs Jahren aus den sieben Divisionen der Reichswehr hervorgegangen, zu denen jene sechs Brigaden des Österreichischen Heeres stießen, die im März 1938 beim Anschluß Österreichs die Uniformen des Reiches anzogen.

Darüber hinaus war eine große Zahl an Korps- und Heerestruppen geschaffen worden. So die Heeresartillerie, die Nachrichtentruppen, Pionierverbände und Sondereinheiten. Diese Friedenstruppe sollte im Mobilmachungsfalle die erste Welle bilden. Alle darüber hinaus friedensmäßig ausgebildeten Truppen und Ergänzungseinheiten sollten — verstärkt durch geringe Abgaben altgedienter Soldaten aus den Divisionen der ersten Welle — für die Aufstellung der Truppen der zweiten bis vierten Welle dienen. Diese würde eine Stärke von 51 Divisionen erreichen. Kriegsfähig sollte die Wehrmacht nach dem Willen Adolf Hitlers bis 1942 sein. Der Krieg erreichte also eine schon weit, doch nicht ganz kriegsgeeignete Truppe.

Die Kriegsgliederung der Deutschen Wehrmacht

Das Heer gliederte sich nun in sechs Gruppenkommandos; jedem Gruppenkommando unterstanden mehrere Armeekorps. Die 18 Armeekorps gliederten sich in Generalkommandos, Divisionen und Sondertruppen.

Der Verwaltungs- und Ergänzungsbezirk eines Armeekorps war der Wehrkreis. Jeder Wehrkreis war in mehrere Wehrersatzinspektionen geteilt. Diese wieder in Wehrbezirke. Die Wehrbezirkskommandeure brachten den Ersatz für alle drei Wehrmachtsteile auf.

Ende August 1939 verfügte die Deutsche Wehrmacht über eine Kriegsgliederung, die als modernste aller Staaten angesehen wurde. Sie lautete wie folgt:

Der Oberbefehlshaber der Wehrmacht: Generalfeldmarschall von Blomberg (ab 1. Februar 1938 Adolf Hitler). Der Chef des Oberkommandos der Wehrmacht — General Keitel. Das OKW stand Hitler als Stab zur Verfügung. Der Oberbefehlshaber des Heeres — Generaloberst von Brauchitsch. Der Oberbefehlshaber der Luftwaffe — Generalfeldmarschall Hermann Göring. Der Oberbefehlshaber der Kriegsmarine — Großadmiral Raeder.

Die Oberbefehlshaber der drei Wehrmachtsteile waren Hitler persönlich unterstellt.

Nach der Entlassung des Oberbefehlshabers des Heeres, Generalfeldmarschall von Brauchitsch, am 19.12.1941 übernahm Hitler auch den Oberbefehl über das Heer persönlich, denn der Widerstand in Form der Sabotage hatte schon begonnen.

Der Wehrmachtsführungsstab unter Generalmajor Jodl, der zunächst als Wehrmachtsführungsamt eingesetzt worden war, hatte vorerst nur die Führungsfragen der Wehrmacht zu bearbeiten, schaltete sich später aber mehr und mehr auch in die reinen Führungsaufgaben des Heeres ein.

Das führte im Verlaufe des Krieges zu einer Reihe von Unstimmigkeiten und Spannungen zwischen dem Generalstab des Heeres und dem Wehrmachtsführungsstab. Dieses Nebeneinander und teilweise auch Gegeneinander der beiden Führungsstäbe in der Führung des Feldheeres erschwerten eine übersichtliche und damit auch schlagkräftige einheitliche Führung. Dies sollte sich vor allem *dann* zeigen, als die ersten aus der Zuständigkeit des Oberkommandos des Heeres herausgelösten Kriegsschauplätze eigene Führungsaufgaben erforderlich machten.

Nun zum speziellen Aufbau der Panzerwaffe, der Luftwaffe und der Marine.

Die deutsche Panzerwaffe entsteht

Der Grundstock zur deutschen Panzertruppe wurde am 1. November 1933 mit der Aufstellung des Kraftfahr-Lehrkommandos in Zossen gelegt. Es war aus allen sieben bestehenden Kraftfahr-Abteilungen des Reichsheeres zusammengestellt worden.

Kommandeur war Major Harpe. Unter den Offizieren, die in der 1. Kompanie standen, fallen Namen wie Thomale und Mildebrath auf.

Dieser Verband unterstand unmittelbar dem Reichswehr-Ministerium In 6, Inspektion der Kraftfahrtruppen. Er wurde am 1. März 1934 auf drei und am 16. April auf vier Kompanien verstärkt.

Daß zur Ausbildung dieser völlig neuen Truppe, in welcher Raupenschlepper vorerst noch die Panzer zu ersetzen hatten, Ausbilder zur Verfügung standen, ist jener gegenseitigen Ausbildungshilfe zu verdanken, welche die Sowjetunion und das Deutsche Reich in den Zeiten der Weimarer Republik vereinbart hatten.

Im Rahmen dieser Vereinbarungen wurde die militärische Zusammenarbeit zwischen Reichswehr und Roter Armee festgelegt. In Kasan an der Wolga entstand die erste sowjetisch-deutsche Panzerschule. Hier erfolgte nicht nur die Ausbildung der Panzerführer, es wurde auch die Entwicklung und Erprobung neuer Waffen und Geräte vorangetrieben.

Hier fanden Soldaten wie Harde und Kretschmer, Linnarz und Sieburg, Ritter von Thoma, Thomale und viele weitere ihre erste Ausbildung, die sie dazu befähigte, später eigene Verbände zu führen.

Erfahrene Ingenieure, Oberingenieur Baumann, Dr. Merz, Direktor Mahlbrand, Major Ritter von Radlmaier und Major Harpe standen als technische und soldatische "Stationsvorsteher" zur Verfügung.

Am 1. April 1934 übersiedelte der Stab des Kraftfahr-Lehrkommandos nach Zossen, wo im selben Frühjahr die ersten Fahrgestelle der Panzer I eintrafen. Damit konnte auch die Ausbildung am Panzer selbst beginnen. Auf der Halbinsel Wustrow an der mecklenburgischen Küste wurde der erste Panzer-Schießplatz eingerichtet, auf dem Panzer-Schießlehrgänge laufen konnten.

Die Aufstellung der II. Abteilung dieses Verbandes unter dem Kommando von Major Breith fand am 1. August 1934 statt.

Die ersten Geburtswehen der jungen Panzerwaffe waren von dem Oberst Heinz Guderian begleitet worden. Dieser erhielt am 1. Oktober 1934 seine Ernennung zum Chef des Stabes des Kommandos der Kraftfahrttruppen.

Guderian konnte auf das im selben Jahr erschienene Werk des Generals der Artillerie Ritter von Einmannsberger zurückgreifen, das den Titel "Der Kampfwagenkrieg" trug. Es wurde bald zum festen Bestandteil aller Truppenbüchereien. "Unsere Panzermänner haben viel aus diesem Werk gelernt", berichtete Generaloberst Guderian.

Am 1. Oktober 1934 wurden die beiden Abteilungen des Kraftfahr-Lehrkommandos in Zossen zum Kampfwagen-Regiment 1 zusammengefaßt. Ein Jahr später entstand daraus das Panzer-Regiment 5 — als *erstes* Panzer-Regiment der Deutschen Wehrmacht. Damit war dieser 15. Oktober 1935 die *Geburtsstunde der deutschen Panzerwaffe*, denn an diesem Tage wurde die Aufstellung der ersten drei Panzer-Divisionen verkündet. Es waren dies:

1. Panzer-Division mit Standort Weimar.
   Kommandeur: Generalleutnant Maximilian von Weichs.
   Ia: Major i.G. Baehsler.
2. Panzer-Division mit Standort Würzburg.
   Kommandeur: Oberst Heinz Guderian
   Ia: Hauptmann i.G. Chales de Beaulieu.
3. Panzer-Division mit Standort Berlin.
   Kommandeur: Generalmajor Ernst Feßmann
   Ia: Hauptmann i.G. Röttinger.

Schon Anfang Juni dieses Jahres hatte jede Panzerkompanie die ersten Panzer.

Unter Führung von Major Breith wurde die II. Abt. des Kampfwagen-Regimentes 1 auf den Truppenübungsplatz Munster verlegt. Von dort aus erfolgte die weitere Verlegung des Abteilungsstabes und der 5. Kompanie nach Ohrdruf. Hier wurde unter Breiths Führung die "Panzerabteilung Nürnberg" zusammengestellt, die auf dem Reichsparteitag 1935 zu Nürnberg die neue deutsche Panzertruppe repräsentierte.

Die Inspektion der Kraftfahrtruppen war bereits am 27. September 1935 in "Kommando der Panzertruppen" umbenannt worden. Am 1. November dieses Jahres wurde Generalleutnant Oskar Lutz, der Inspekteur der Kraftfahrtruppen und "Vater der Heeresmotorisierung", zum ersten General der Panzertruppe befördert. Gleichzeitig damit erfolgte seine Ernennung zum Kommandierenden General des ersten deutschen Panzerkorps.

Anläßlich der Sommermanöver des Jahres 1936 auf dem Schießplatz Putlos waren einige Kompanien der Panzertruppe bereits mit 22 Panzern voll ausgestattet. Andere verfügten jedoch erst über acht Panzer des Typs I. Der Panzertyp II wurde erst im Sommer 1937 vorgeführt.

Erst auf der großen Sommerübung des Jahres 1937 ab Ende Juni auf dem Truppenübungsplatz Groß-Born wurden Manöver gefahren, die einen Panzerverband in Regimentsstärke zeigten.

Die großen Wehrmachtsmanöver im Spätherbst 1937 sahen dann erstmals auch Panzerverbände im Einsatz. Es waren die 3. PD unter Generalmajor Feßmann und die 1. Panzer-Brigade.

Am 1. Oktober 1937 hatte mit Oberst Walther K. Nehring ein Offizier die Führung des PR 5 übernommen, der seit vielen Jahren ein Befürworter der Panzertruppe als selbständiger Kampfverband war. Als Verfasser vieler Schriften über die Panzerführung und des Panzerkampfes hatte *Nehring* als Erster Generalstabsoffizier des Kommandos der Kraftfahrtruppen wichtige taktische und technische Ideen in die Führungsanweisungen eingebracht. Nun konnte er unter dem neuen Divisionskommando der 3. PD, Generalleutnant Freiherr Geyr von Schweppenburg, seine Theorien über den Kampfwagenkrieg in die Tat umsetzen.

Wenige Monate später stieß auch der Oberst Crüwell als neuer Kommandeur des PR 6 zur 3. PD. Damit führten zwei Offiziere die Regimenter der 3. PD, die später auf dem afrikanischen Kriegsschauplatz an führender Stelle im Einsatz standen.

1938 erfolgte dann die Aufstellung der 4. und 5. PD. Eingangs 1939 kam die 10. PD hinzu, und unmittelbar vor Beginn des Polenfeldzuges wurde noch die "Panzerdivision Kempf" aufgestellt, von Generalmajor Werner Kempf geführt. Dieser war am 1. Juli 1934 Nachfolger Guderians als Chef des Stabes der Kraftfahr-Kampftruppen geworden und hatte maßgeblich am Aufbau der Panzerwaffe teilgenommen. Er nahm den Kampf im Reichswehrministerium gegen die Verfechter der Idee der Panzertruppe als Begleitwaffe der Infanterie auf. Dem Autor berichtete er:

"Dieser Kampf im Reichswehrministerium ging in der Hauptsache um zwei Fragen:

a) Der Panzer ist *keine Hilfswaffe* der Infanterie, sondern die *Hauptwaffe* selbständiger, vollmotorisierter Panzerdivisionen.

b) Die allgemeine Motorisierung muß in viel schnellerem Tempo vorangetrieben werden. Der Motor ist dem Pferd weit überlegen. Die Geländegängigkeit des Kraftfahrzeuges ist ausreichend. Damals ahnte man noch nicht, daß einige Jahre später die Amerikaner und Engländer während der Invasion in Frankreich landen würden, *ohne* auch nur *ein* Pferd mitzubringen." (Siehe Kempf, Werner im Manuskript an Verfasser).

Es war General Kempf, der trotz aller Verdienste von General Lutz, unter dem er als Chef des Stabes gearbeitet hatte, Heinz Guderian als den "treibenden Geist" der Panzerwaffe nannte.

"Guderian erkannte insbesondere sehr frühzeitig die Bedeutung des Panzers im künftigen Kriege. Später war er der Vorkämpfer für die vollmotorisierten Panzerdivisionen."

Zu den sechs Panzer-Divisionen und dem "Panzerverband Kempf" waren bis zum 31. August 1939 vier leichte Divisionen hinzugekommen, die nach Ende des Polenfeldzuges in Panzerdivisionen umgewandelt werden sollten, sobald die Panzerlage dies ermöglichen würde.

Zu diesen schnellen Truppen kamen vier motorisierte Infanterie-Divisionen und zwei weitere motorisierte Großverbände der Waffen-SS hinzu.

Dem OB des Heeres standen damit schnelle Divisionen zur Verfügung, die nicht in Infanteriekorps, sondern in selbständige Panzerkorps gegliedert waren. Drei der sechs voll ausgestatteten Panzerdivisionen verfügten am 1. September 1939 bereits über die neuen Panzer III und IV.

Diesen sechs deutschen PD und dem "Panzerverband Kempf" standen mit Beginn des Polenfeldzuges 1.271 Panzerkampfwagen zur Verfügung, von denen 224 Panzerspähwagen waren.

Der Aufbau der deutschen Luftwaffe

Als am 8. November 1918 der Waffenstillstand an der Westfront verkündet wurde, verfügte die deutsche Fliegertruppe über 306 Fliegereinheiten, in denen 4.500 (!) Flugzeugführer, Beobachter und Bordschützen im Einsatz standen. Im Sommer wurden von den deutschen Flugzeugwerken jeden Monat etwa 2.000 Flugzeuge fertiggestellt.

Während 1914 die deutschen Flugzeuge eine Geschwindigkeit von 80 Stundenkilometern erzielten, waren es vier Jahre später bereits 200 km/h. Die Steighöhe betrug nun 7.000 Meter.

Mit Inkrafttreten des Waffenstillstandes mußten 2.600 einsatzbereite deutsche Flugzeuge an die Alliierten ausgeliefert werden. Am 28. Juni 1919, dem Tage der Unterzeichnung des Versailler Vertrages, wurde bestimmt, daß die "bewaffnete Macht Deutschland *keine* Land- und Marineluftstreitkräfte mehr unterhalten" dürfe.

Die letzten deutschen Fliegerabteilungen, die nach Ende des Krieges noch bestanden hatten und beispielsweise als "Kampfgeschwader Sachsenberg" in Kurland eingesetzt waren, um Riga von der Roten Armee zu befreien, oder als "Fliegerabteilung Freikorps Schleswig-Holstein" und "Freiwillige Fliegerabteilung des AOK Süd in Oberschlesien" tätig waren, wurden im Mai 1920 aufgelöst. Bis Ende dieses Jahres gab es keine Flieger und Flugzeuge mehr in der Reichswehr.

Das "Londoner Ultimatum" dehnte die Einschränkungen noch weiter aus. Deutschland hatte 14.000 Flugzeuge und 27.600 Flugzeugmotoren, 16 Luftschiffe und 37 Luftschiffhallen auszuliefern.

Die Herstellung von Motorflugzeugen war ab sofort nicht mehr erlaubt. Von nun an war Deutschland *jede* Art der Motorfliegerei einschließlich der Zivilluftfahrt verboten. Damit schien ein großer Konkurrent vom Markt der prosperierenden Luftfahrtindustrie der Nachkriegsjahre vollauf verdrängt.

Claude *Dornier* mußte in der Schweiz weiterarbeiten. *Junkers* ging nach Schweden, und *Heinkel* trat in die Svenska Aero A.B. ein.

Dennoch löste sich das Ende 1918 geschaffene Reichsamt für Luftfahrt *nicht* auf. Sein Chef, August Euler, der erste "Alte Adler", der am 1. Februar 1910 den deutschen Flugzeugführerschein Nr. 1 erhalten hatte, leitete dieses Amt, das 1919 zur Abteilung Luftverkehr im Reichsverkehrsministerium wurde. Deren Chef war der Pour le mérite-Träger, Hauptmann Brandenburg. Dieser holte viele seiner alten Fliegerkameraden in sein Amt. Er faßte auch bereits damals den Neuaufbau der zivilen Luftfahrt ins Auge.

Die in der Reichswehr verbliebenen Fliegeroffiziere wurden nach dem Kriege weiter ausgebildet. Im Jahre 1923 wurde zwischen der Reichswehr und der Roten Armee - mit Wissen und Billigung der damaligen Reichsregierung - ein Geheimabkommen getroffen, nach welchem deutsche Piloten in sowjetischen Fliegerschulen zu Piloten ausgebildet werden konnten. Jeweils 120 Flugschüler wurden in Halbjahreskursen in der UdSSR geschult. Hauptstützpunkt dieser Ausbildungsstätten war der sowjetische Flugplatz Lipzek. *Hier* entstand die *erste deutsche Jagdfliegerschule*. So bekannte Piloten wie Osterkamp, Schönebeck, Blumensaat und Cramon flogen hier auf alten Fokkerflugzeugen und auch auf Prototypen sowjetischer Maschinen, die hier erprobt wurden.

Von 1923 bis zum Jahre 1933 wurden in Lipezk deutsche Flieger ausgebildet. Deutschland selbst lockerte die Versailler Bestimmungen nach und nach. Die Focke-Wulf-Flugzeugbau wurde im Januar 1924 gegründet. 1926 entstanden die *Messerschmitt-Flugzeugwerke*, und nach Aufhebung jener neun Punkte des Versailler Vertrages, die den Flugzeugbau verboten, wurden wieder deutsche Flugzeuge gebaut.

In dieses Jahr fiel auch die Gründung der *Deutschen Lufthansa*, deren erster Direktor *Erhard Milch* wurde, ein persönlicher Freund *Hermann Görings*. Er sollte 1933 der erste Staatssekretär im neuen Reichsluftfahrtministerium werden.

Nach der sog. Machtübernahme durch Adolf Hitler am 30. Januar 1933 wurde unter *Hermann Göring* das *Reichsluftfahrtministerium* gegründet. In den verschiedenen Ämtern dieses Ministeriums saßen Offiziere wie Oberst Wever, Oberst Stumpff, Oberst Christiansen und Oberst Kesselring.

Das von Oberst (später Generalleutnant) Wever geleitete Luftkommandoamt erarbeitete die organisatorischen Grundlagen für die Schaffung des neuen *dritten* Teiles der Wehrmacht, der Luftwaffe.

Walter Wever, Generalstabsoffizier des Ersten Weltkrieges, wurde zum ersten *Chef des Generalstabes* der Luftwaffe ernannt. Gerade er propagierte den *"Präventivschlag"* der Luftwaffe, einen überraschenden Luftangriff auf möglichst alle feindlichen Flugplätze, deren Ausschaltung und die der dort stationierten Flugzeuge des Gegners unmittelbar vor Angriffsbeginn.

Die Ausbildungsmöglichkeiten in der UdSSR entfielen nach der Machtübernahme durch Hitler. An ihre Stelle traten neue Ausbildungseinrichtungen in Italien, die jedoch schlechter als jene von Lipezk waren. Sie wurden bald aufgegeben, nachdem Oberst Kesselring die ersten Flugplätze, Hallen und Fliegerhorste hatte errichten lassen.

Oberst Stumpff hatte die personelle Seite des Neuaufbaues der Luftwaffe zu leiten. Er schuf binnen weniger Jahre aus 50 Offizieren der Anfangszeit ein Offizierskorps der Luftwaffe in Stärke von 10.000 Mann.

Aus der 1935 eröffneten Kriegsakademie zogen ab 1936 junge Fliegeroffiziere zur "Front".

Bis Jahresende 1934 standen folgende Verbände der Luftwaffe einsatzbereit:

5 Bomberstaffeln, 3 Jagdstaffeln, 1 Sturzbomberstaffel, 3 Fernaufklärerstaffeln und 2 Nahaufklärerstaffeln.

Gemessen an den Luftwaffen eines möglichen Gegners im Westen war dies soviel wie nichts.

Mit dem Tode des Reichspräsidenten *Paul von Hindenburg* am 2. August 1934 übernahm *Hitler den Oberbefehl über die Wehrmacht*. Sie wurde auf ihn vereidigt. Auch die Luftwaffe leistete den Treueeid auf Hitler. Am nächsten Tag erfolgte die Vereidigung der gesamten deutschen Beamtenschaft. Sie wurde nun nicht mehr Deutschland, sondern dem "Führer" geleistet.

Am 26. Januar 1935 wurde das Luftfahrtministerium unter der Führung von Hermann Göring weiter ausgebaut. Generalleutnant Wever blieb Generalstabschef, Görings Stellvertreter Erhard Milch wurde zugleich auch Generalinspekteur der Luftwaffe.

Oberbefehlshaber der Luftwaffe war zugleich der Reichsminister der Luftfahrt. Dem Reichsluftfahrtministerium, der obersten Behörde der militärischen wie auch der zivilen Luftfahrt, waren vier Luftflottenkommandos und ein Luftwaffenkommando unmittelbar unterstellt, denen zehn Luftgaukommandos und sieben Fliegerdivisionen usw. unterstanden.

Werner von Blomberg, Generalfeldmarschall und Oberbefehlshaber der Wehrmacht. Ritter des Ordens Pour le mérite

Walter von Brauchitsch, Generalfeldmarschall und Oberbefehlshaber des Heeres; Ritterkreuz am 30. 9. 1939

Fedor von Bock, Generalfeldmarschall, Ritterkreuz als OB der Heeresgruppe Nord am 30. 9. 1939

Wilhelm List, Generaloberst; Ritterkreuz am 30. 9. 1939 als Oberbefehlshaber der 14. Armee

Georg von Küchler, Ritterkreuz am 30. 9. 1939 als Oberbefehlshaber der 3. Armee

Walther von Reichenau, Ritterkreuz und gleichzeitige Beförderung zum Generaloberst als Oberbefehlshaber der 10. Armee am 30. 9. 1939

Günther von Kluge, Ritterkreuz als Oberbefehlshaber der 4. Armee, mit gleichzeitiger Beförderung zum Generaloberst

Ewald von Kleist, General der Kavallerie, Kommandierender General des XV. Panzerkorps stürmte über Radom bis Brest-Litowsk

Heinz Guderian, Kommandierender General des XIX. Armeekorps, Ritterkreuz am 27. 10. 1939 als General der Panzertruppe

Oberst Josef Harpe führte die Panzer der 1. PD in Polen

Maximilian von Weichs, Kommandierender General des XIII. Armeekorps in Polen

Generaloberst von Reichenau mit General der Flieger Milch

Die polnische Luftwaffe wurde am Boden zerstört

Untersuchung eines abgeschossenen Flugzeuges

Die Unterteilung der Gesamtluftwaffe in Luftkreiskommandos erfolgte am 1. Oktober 1935. Die sechs Luftkreiskommandos waren:

Luftkreiskommando I - Königsberg in Preußen,
Luftkreiskommando II - Berlin
Luftkreiskommando III - Dresden
Luftkreiskommando IV - Münster
Luftkreiskommando V - München
Luftkreiskommando VI (See) - Kiel.

In jedem Luftkreiskommando gab es sämtliche Gattungen der Fliegertruppe, so daß diese Luftkreiskommandos in sich jeweils eine Luftwaffe im kleinen darstellten.

Die eigentliche Fliegertruppe wurde im Februar 1939 mit sieben Fliegerdivisionen eingeteilt. Seit dem 1. Juli 1938 gab es auch eine Luftwaffen-Lehrdivision.

In territorialer Hinsicht wurde die gesamte deutsche Luftwaffe am 1. April 1936 in vorerst sechs, später — bis zum Herbst 1937 — in 12 Luftgaukommandos gegliedert.

Auch die *Flakverbände* der Luftwaffe, die bei Einführung der Allgemeinen Wehrpflicht über zwei Abteilungen verfügten, wurden beschleunigt aufgestellt und den Luftkriegskommandos unterstellt. 1939 verfügte die Luftwaffenflak über 650 schwere Batterien mit 2.600 Kanonen der Kaliber 8,8 bis 10,5 cm. Hinzu kamen 560 leichte Batterien mit 6.700 Kanonen der Kaliber 3,7 bis 2 cm. Die Scheinwerferabteilungen der Luftwaffe verfügten bei Kriegsbeginn über 3.000 Scheinwerfer.

Die Luftnachrichtentruppe — ihre ersten Teile wurden aus der Nachrichtentruppe des Heeres übernommen — wurde zunächst in Kompanien, dann in Abteilungen, schließlich in Regimenter gegliedert.

Ein weiterer Teil der Luftwaffe, die junge deutsche *Fallschirmtruppe*, die den Einsatz aus der dritten Dimension führen sollte, wurde am 1. April 1935 ins Leben gerufen.

Die Deutsche Luftwaffe verfügte *mit Kriegsbeginn über folgende Flugzeuge und Stärken:*

257 Fernaufklärer, 356 Nahaufklärer, 366 Sturzkampfflugzeuge, 40 Schlachtflugzeuge, 408 Zerstörer (darunter 40 einmotorige), 771 Jagdflugzeuge. 1.176 Kampfflugzeuge und 167 Seeflugzeuge. Davon waren etwa 90 Prozent einsatzbereit.

Diese Luftwaffenkräfte waren in vier Luftflotten eingeteilt:

Luftflotte 1: General der Flieger Kesselring
Luftflotte 2: (nicht besetzt)
Luftflotte 3: General der Flieger *Sperrle*
Luftflotte 4: General der Flieger *Löhr.*

Hinzu kamen:

Luftwaffenkommando Ostpreußen: - Generalleutnant Wimmer
General der Luftwaffe beim OKH: - Generalmajor Bogatsch
General der Luftwaffe beim OKM: - Generalmajor Ritter
Kdr. der 7. Fliegerdivision: - Generalmajor Student (1. FJD)
Kommandeur der Luftwaffen-Lehrdivision: - Generalleutnant Foerster

Die sechs Fliegerdivisionen waren:

1. Fliegerdivision: - Generalleutnant Grauert
2. Fliegerdivision: - Generalmajor Loerzer
3. Fliegerdivision: - Generalmajor Putzier
4. Fliegerdivision: - General der Flieger Keller
5. Fliegerdivision: - Generalmajor Ritter von Greim
6. Fliegerdivision: - Generalmajor Dessloch

Alle deutschen Jagdgeschwader verfügten am 1. September 1939 überwiegend über die schnelle Me 109 E. Die beiden Luftflotten, die im Polenfeldzug zum Einsatz kommen sollten, waren die 1. und 4. unter den Generalen Kesselring und Löhr.

Damit waren zwei Drittel der deutschen Luftwaffe gegen Polen aufgeboten, ein Drittel lag auf Horsten im Westen.

Die deutsche Kriegsmarine

Aufgrund des Versailler Vertrages war dem Deutschen Reich der Bau von Linienschiffen über 10.000 Tonnen verboten. Der Versailler Vertrag bestimmte ebenso, daß zehn Schlachtschiffe, sechs Schlachtkreuzer, sechs Leichte Kreuzer und 50 moderne Zerstörer der Kaiserlichen Marine umgehend interniert und daß auch *alle* deutschen U-Boote den Ententemächten übergeben werden "mußten".

Am 21. November 1918 liefen die genannten Schlachtkreuzer, Schlachtschiffe und Leichten Kreuzer zur Internierung nach Scapa Flow ein.

Nach der Überzeugung der deutschen Führung sollten diese Großkampfschiffe nur so lange in Scapa Flow interniert bleiben, bis der Friedensvertrag abgeschlossen sein würde. Als dann klar wurde, daß das Reich diese Schiffe niemals zurückerhalten würde, daß England wieder einmal falsches Spiel gespielt hatte, entschloß sich Konteradmiral Reuter dazu, die *Selbstversenkung* zu befehlen.

Am 21. Juni 1919 um 11.15 Uhr wurden auf ein Signal von der "Emden" hin auf allen Schiffen die Flutventile geöffnet. Die deutsche Hochseeflotte sank auf den Grund der Bucht von Scapa Flow.

Als "Sühne" dafür mußte Deutschland auch die ihm noch verbliebenen fünf Kleinen Kreuzer, fast sämtliche Schwimmdocks, Bagger und große Hafenanlagen abliefern. Auch Frankreich und Italien erhielten Kreuzer, Zerstörer und U-Boote des Deutschen Reiches.

Die Reichsmarine stand vor dem Nullpunkt. Erst im Jahre 1921 wurde mit dem Ersatzbau für den Kreuzer "Emden" begonnen. Die Fertigstellung fiel in das Jahr 1925. Im selben Jahr wurde der Bau des Kreuzers *"Königsberg"* — als erster nach den Bestimmungen von Versailles — begonnen. Die *"Leipzig"*, im Jahre 1928 gebaut, stellte eine Verbesserung dieses Typs dar; nach einer längeren Kontroverse über Art und Stärke der neu zu bauenden Schiffe entschied sich die Marineleitung für den Bau von *Panzerschiffen* der *"Deutschland"-Klasse.*

Mit diesem Schiffstyp sollte ein *10.000-Tonnen Kampfschiff* gebaut werden, das jedem 10.000-Tonnen-Kreuzer der Washington-Klasse an Kampfkraft überlegen war. Höhere Tonnage war nach dem Friedensvertrag nicht erlaubt.

Ein Novum war auch die Verwendung von Dieselmotoren als Hauptantriebsanlage großer Kriegsschiffe. Dadurch wurde der Fahrbereich derart emporgeschraubt, daß damit ausgestattete Kriegsschiffe mehrere Monate auf See bleiben konnten. In der Fachwelt wurden diese Schiffe zunächst etwas spöttisch *"Taschen-Schlachtschiffe"* genannt. Später aber sollte man sie zu respektieren wissen.

Nach Frankreich, den USA, Italien und England war auch das Reich mit dem Bau des Kreuzers *"Karlsruhe"* und der *"Köln"*, die zwischen 1927 und 1929 von Stapel liefen, in die "Washington" Kategorie der Kreuzer eingeschwenkt. Von 1931 bis 1934 liefen dann die drei Panzerschiffe *"Deutschland"* (später *"Lützow")*, *"Admiral Scheer"* und *"Admiral Graf Spee"* vom Stapel, die in Schwere Kreuzer umbenannt wurden.

Unmittelbar nach der Machtübernahme der Nationalsozialisten folgte 1933 der Bau des Schlachtkreuzers *"Scharnhorst"*; 1934 war Baubeginn. Am 3. Oktober 1936 lief die Scharnhorst vom Stapel und wurde 1939 in Dienst gestellt. Die *"Gneisenau"* wurde bereits 1938 in Dienst gestellt, obgleich sie erst im Haushalt von 1934 genannt wurde. Die *"Bismarck"* kam 1940, die *"Tirpitz"* 1941 hinzu. Bei den beiden letzteren Einheiten handelte es sich um Schlachtschiffe.

Zwei weitere geplante Schlachtschiffe mit den Kennzeichnungen H und J, inoffiziell "Friedrich der Große" und "Großdeutschland" benannt, wurden noch 1939 begonnen. Vier weitere befanden sich in der Planung. Es sollten Schlachtschiffe mit einer Vollverdrängung von 56.200 Tonnen werden mit jeweils acht Geschützen des Kalibers 40,6 cm. in Zwillingstürmen.

Der deutsch-britische Flottenvertrag

Organisiert war die Kriegsmarine so: Die Kriegsmarine gliedert sich in Marinegruppenkommandos. Diesen unterstehen die zur Flotte zusammengeschlossenen Hauptseestreitkräfte unter dem Flottenchef. Das Flottenkommando befindet sich in Kiel.

Ferner die Marinestationen der Nord- und Ostsee in Wilhelmshaven und Kiel mit den diesen unterstellten Kommandanturen der Festungen an der Küste und den Marinelandstellen, Schulen, Depots, Werften, Schulschiffen, Hilfsschiffen, Sperren usw.

Am 16. März 1935 erklärte Hitler die Wiederherstellung der vollen Wehrhoheit Deutschlands und hob mit dieser Maßnahme alle Bestimmungen des Versailler Vertrages auf. Am 7. März 1936 marschierten deutsche Truppen in das Rheinland ein. Am 18. Juli 1936 begann der Spanische Bürgerkrieg und am 7. Juli 1937 der japanisch-chinesische Krieg.

Unter dem Eindruck der Weltentwicklungen erklärte sich Großbritannien zu einer kollektiven Begrenzung der Seerüstung durch multinationale, aber auch zweiseitige Verträge bereit.

Am 18. Juni 1935 kam es zum Abschluß des deutsch-britischen Flottenvertrages. Der britische Außenminister *Sir John Simon* und Lordsiegelbewahrer *Anthony Eden* verhandelten vorher mit *Hitler* und wurden mit ihm einig, daß die deutsche Flottenstärke in allen Schiffsklassen auf 35 Prozent der britischen begrenzt werden solle. Lediglich für den U-Boot-Bau wurden dem Reich 45 Prozent zugestanden. Später sollte Deutschland seine U-Boot-Flotte auf 100 Prozent der britischen aufstocken dürfen.

Dieses Abkommen bedeutete, daß das Reich in seinem unmittelbar danach verkündeten Flottenbauprogramm *noch* zwei Schlachtschiffe von 52.000 Tonnen, zwei Schlachtkreuzer mit insgesamt 40.000 Tonnen und 16 Zerstörer bauen durfte. An Leichten Kreuzern war die Zahl mit sechs Einheiten von insgesamt 59.400 Tonnen gegenüber den möglichen 67.270 Tonnen fast erreicht. Aber auch hier konnte noch mindestens eine Einheit gebaut werden.

Am 17. Juli 1937 schlossen Großbritannien und die UdSSR einen Vertrag, in dem sich letztere bereit erklärte, das Londoner Abkommen von 1936 hinzunehmen, wenn sie für ihre Pazifikflotte eine Ausnahmeregelung erhielte, da sich die Japaner dem Abkommen nicht angeschlossen hatten.

Am selben Tage wurde ein Zusatzprotokoll von Deutschland und England unterzeichnet, nach welchem Deutschland unter Hinweis auf die sowjetischen Kreuzerbauten mit 18 cm-Geschützen nun auch *seine Schweren Kreuzer* durchweg mit 20,3 cm-Geschützen ausrüsten durfte.

In Deutschland wurden für 1938 und 1939 vier, dann weitere zwei Leichte Kreuzer auf das Bauprogramm gesetzt.

Da Hitler aber bis zum Jahre 1938 und auch noch später mit Großbritannien zu einem Modus vivendi zu gelangen hoffte, widmete man sich deutscherseits der Flottenrüstung nicht so stark, wie beispielsweise der Rüstung im Heer und vor allem in der Luftwaffe. Erst Ende Mai 1938 erklärte Hitler dem OB der Kriegsmarine, Großadmiral Raeder, daß das Reich zwar noch immer nach einem

Zusammengehen mit England trachte, daß man aber *auch* mit einer künftigen Gegnerschaft Englands rechnen müsse.

Dies zwang die Marineführung zum Umdenken. Im Sommer wurde die *Studie "Seekriegführung gegen England"* ausgearbeitet. Im August dieses Jahres befahl Großadmiral Raeder, *alle* bisher geplanten Schiffe bis zum Jahre 1944 fertigzustellen.

Zu dieser Phase erklärte Großadmiral Raeder:

"Im Winter 1938/39 trug ich Hitler vor, daß zwei Wege beschritten werden könnten. Wenn man hauptsächlich U-Boote und Panzerschiffe baue, könne man schneller eine Flotte schaffen, die im Kriegsfalle eine gewisse Bedrohung für Englands lebenswichtige Zufuhren über See darstellen würde. In einer solchen Zusammensetzung sei sie allerdings einseitig, weil sie dann nicht für einen Kampf gegen englische Seestreitkräfte geeignet sein würde.

Eine schlagkräftige Flotte jedoch, die auch über die stärksten Schiffstypen verfüge und daher sowohl die englische Seezufuhr bekämpfen wie auch britischen Seestreitkräften mit Aussicht auf Erfolg gegenübertreten könne, brauche längere Zeit zum Aufbau; dafür hätte sie dann ein größeres militärisches und damit auch politisches Gewicht."

Der OB der Kriegsmarine wies darauf hin, daß wir "in diesem Falle allerdings nur über eine unfertige Flotte verfügen würden, wenn es in den nächsten Jahren zum Krieg kommen sollte."

Hitler betonte, daß er die Flotte *bis 1946 (!) nicht für seine politischen Zwecke benötige.*

Nach diesen Aussagen Hitlers wurde ein Flottenplan aufgestellt, der unter dem Kennzeichen "Z-Plan" bekannt wurde. Darin war unter anderem auch der Einsatz von Schlachtkreuzern auf den britischen Überseeverkehr vorgesehen.

Dieser Z-Plan wurde im Januar 1939 durch Großadmiral Raeder Hitler vorgelegt. Er sollte bis zum Jahre 1948 ganz erfüllt sein. Hitler erklärte sich damit einverstanden, forderte aber die Fertigstellung aller darin aufgeführten Schiffe binnen sechs Jahren.

Der Z-Plan sah 10 Großkampfschiffe, 12 Panzerschiffe von 20.000 Tonnen, drei Panzerschiffe von 10.000 Tonnen, fünf Schwere Kreuzer von 10.000 Tonnen, sechs Leichte Kreuzer von 6000 Tonnen und 16 Leichte Kreuzer von 8.000 Tonnen vor. 22 Spähkreuzer von 5.000 Tonnen sollten ebenfalls dazugehören.

In großer Zahl waren Zerstörer, Torpedoboote und U-Boote, Minenschiffe und sonstige Fahrzeuge in Raeders Plan einbezogen. Dieses Programm hätte den Personalbedarf der Kriegsmarine auf 200.000 Mann gebracht, die auf den geplanten 800 Einheiten ihren Dienst zu versehen haben würden.

Die Weichen waren gestellt, doch die Züge fuhren bedeutend eher ab.

Der Aufbau der U-Boot-Waffe

Bereits im Jahre 1932 war vom Oberkommando der Kriegsmarine der Bau von U-Booten vorbereitet worden, obgleich auch dies laut Versailler Vertrag verboten war.

Am 1. Oktober 1933 wurde in Kiel-Wik die erste "U-Boot-Abwehrschule" eingerichtet. Hier wurde das Stammpersonal für die ersten deutschen U-Boote ausgebildet.

Von hier aus reisten im Frühjahr 1934 etwa 100 deutsche U-Boot-Fahrer in Zivil in die finnische Hafenstadt Abo (Turcu), wo ein U-Boot auf holländische Rechnung gebaut worden war, dessen Konstruktion sich eng an die U-Boot-Baupläne der deutschen Konstrukteure Techel und Schürer anlehnte.

Den ganzen Sommer hindurch fuhren diese deutschen U-Boot-Männer auf dem ersten fertiggestellten niederländischen Boot, das 250 tons Wasserverdrängung hatte. Der erste Tauchversuch und weitere praktische Erprobungen gelangen.

Zur gleichen Zeit liefen auf der Germania-Werft in Kiel nach der Bereitstellung des Materials schon die Vorarbeiten zum Bau der ersten deutschen U-Boote an.

Im September 1935 standen in der U-Boot-Schule in Kiel unter der Führung von Kapitän zur See Slevogt die Boote der Nummern 1 bis 6 zur Verfügung. Die Kommandanten dieser ersten sechs Boote waren:

U 1 - Kapitänleutnant Gelhaar,
U 2 - Kapitänleutnant Liebe,
U 3 - Oberleutnant zur See Meckel,
U 4 - Oberleutnant zur See Weingaertner,
U 5 - Kapitänleutnant Glattes,
U 6 - Oberleutnant zur See Mathes.

Der Vorsitzende des kurz vorher zusammengestellten Erprobungsausschusses für U-Boote in Kiel wurde Fregattenkapitän Bräutigam. Der U-Boot-Tender "Acheron" unter Oblt. z.S. Just und das Torpedo-Fangboot M 136 kamen hinzu.

Die erste technische und tauchtechnische Schulung erfolgte hier, das Torpedoschießen und andere wichtige Ausbildungsschwerpunkte exerzierte man gleichfalls.

Am 27. Sept. 1935 wurde dann die 1. U-Boot-Flottille in Kiel aufgestellt. Sie erhielt — im Gedenken an den U-Boot-Kommandanten des Ersten Weltkrieges, Otto Weddigen — den Namen U-Flottille "Weddigen". Ihr Chef wurde *Karl Dönitz*, der soeben zum Kapitän zur See befördert worden war.

Die Einheiten der 1. U-Flottille waren:

U 7 - Kapitänleutnant Freiwald
U 8 - Kapitänleutnant Grosse

U 9 - Kapitänleutnant Looff
U 10 - Oberleutnant zur See Scheringer
U 11 - Kapitänleutnant Rösing
U 12 - Oberleutnant zur See von Schmidt.

Der Flottentender "Saar" unter Korvettenkapitän Wiegner und das Fangboot T 23 unter Kapitänleutnant H. Fischer vervollständigten den Verband. Flottilleningenieur wurde Fregattenkapitän Ing. Thedsen.

Die Ausbildung der U-Flottille "Weddigen" begann. Kapitän zur See Dönitz schonte keinen Mann der Flottille, in die er sich ausdrücklich einbezog. Als Flottillenchef stieg er nacheinander auf allen Booten ein, um deren Übungsfahrten und Scheinangriffe mitzufahren und Tauchmanöver zu erleben. Er befahl für jedes dieser Boote 66 Unterwasserangriffe, die gefahren werden mußten.

Schon im Dezember 1935 traten alle Boote in den ersten offiziellen Torpedoschießabschnitt ein.

Der Herbst 1936 brachte nach zwölf Monaten harter Ausbildungsaufgaben und immerwährende Einsätze die Ernennung von *Karl Dönitz* zum *Führer der U-Boote* (F.d.U.). Eine der wichtigsten Aufgaben, die sich dem neuen F.d.U. stellte, war die Lösung des Problems der gemeinschaftlichen Verwendung der U-Boote im Einsatz. So wurde bereits das Jahr 1935 zum Geburtsjahr der später von allen Beteiligten zu höchster Meisterschaft entwickelten *Rudeltaktik.*

Im Jahre 1936 kam es auch zum ersten U-Boots-Verlust, als U 18, das erst am 4. Jan. 1936 in Dienst gestellt worden war, unter Kapitänleutnant Pauckstadt nach einem Ramming in der Lübecker Bucht sank. (Das Boot wurde später geborgen und erlebte im Schwarzen Meer eine Reihe aufsehenerregender Feindfahrten und Erfolge). Die Taktik des Zusammenwirkens - und operierens von U-Booten wurde zum ersten Male in größerem Umfang anläßlich der Wehrmachtsmanöver im Herbst 1937 angewandt.

Auf dem U-Boot-Begleitschiff "Saar" unter Kapitänleutnant Bartsch führte Kapitän zur See Dönitz über FT-Verbindung die U-Boote, die in der Östlichen Ostsee standen. Diese Boote hatten den Auftrag, im freien Seeraum nördlich der pommerschen und ostpreußischen Küste einen feindlichen Geleitzug zu finden, auf diesen zu operieren und ihn im Rudel anzugreifen. Es gelang Dönitz, die Boote masiert an den Geleitzug heranzuführen.

Zu Ende dieses Jahres bestand die deutsche U-Boot-Waffe aus drei U-Flottillen. Die 2. Flottille mit dem Namen "Saltzwedel" wurde von Korvettenkapitän Ibbeken geführt und hatte Wilhelmshaven als Standort erhalten, während die 3. Flottille "Lohs" am 4. Oktober 1937 in Kiel zusammengestellt wurde. Mit den Booten der U-Boot-Schule verfügte Kapitän zur See Dönitz nun über 36 Boote. Unter den Kommandanten befand sich bereits eine Reihe, die sich später im Kriege noch auszeichneten. So beispielsweise Werner *Hartmann*, Otto *Kretschmer*, Fritz *Frauenheim* und Karl-Heinz *Möhle.*

Das Handbuch für U-Boot-Kommandanten faßte alle Befehle für die Gruppentaktik zusammen.

Im Januar 1938 stieß auch Kapitänleutnant *Godt* zum Stab des Führers der U-Boote, der bis Kriegsende einer der hervorragenden Männer dieser Waffe und zugleich einer der führenden Köpfe in der Operationsabteilung war; er sollte später sogar ihr Chef werden und es zum Konteradmiral bringen.

In der Frage der Bootsgrößen und der Armierung der Boote bestand zwischen dem OKM und der U-Boots-Führung ein beinahe unüberbrückbarer Gegensatz. *Dönitz* war der zutreffenden Annahme, daß England im Falle eines Krieges für den Schutz seines Handels sofort wieder — wie auch im Ersten Weltkrieg praktiziert — zum bewährten Geleitzugsystem übergehen werde. Daher erprobte und entwickelte er in den Jahren 1933 bis 1939 die Gruppen- oder *Rudeltaktik*. Durch diese Einsatzmethode wollte er der Konzentration der Schiffe und der Abwehr im Konvoi die Konzentration der U-Boote in einer taktisch straff geführten Gruppe gegenüberstellen.

Aus dieser seiner Taktik ergab sich denn auch die Forderung des F.d.U., die im Rahmen des deutsch-englischen Flottenabkommens verfügbare U-Boot-Tonnage zum Bau einer möglichst großen Zahl der für den Geleitzugkampf besonders geeigneten mittleren Boote des Typs VIIC zu verwenden. Dieser Bootstyp verfügte über ein Maximum an Kampfkraft.

Im OKM war man hingegen der Meinung, das U-Boot werde künftig einzeln operieren, wie dies im Ersten Weltkrieg der Fall gewesen war. Deshalb legte man dort größten Wert auf große U-Kreuzer mit starker artilleristischer Bewaffnung und beträchtlicher Seeausdauer zur Führung eines Kreuzerkrieges in weiten ozeanischen Gewässern.

Durch diese Unstimmigkeiten wurden die Bauvorhaben für die weiteren U-Boote hinausgeschoben. Während im Jahre 1935 insgesamt 14 U-Boote abgeliefert (und davon 13 in Dienst gestellt) wurden und sich die Ablieferungszahl im darauffolgenden Jahr auf 21 Boote steigerte, fiel diese im Jahre 1937 rapide auf nur ein Boot ab, um im Jahre 1938 wieder auf neun Boote und 1939 auf 18 Boote anzusteigen.

Diese Unklarheiten über die Baugrößen ergaben bis Kriegsbeginn eine Schwächung der deutschen U-Boot-Waffe um mindestens 35 Boote, die im ersten Kriegsjahr vielleicht entscheidend in den Kampf hätten eingreifen können.

Als Kapitän zur See *Dönitz* eingangs Mai 1938 eine offizielle englische Verlautbarung zu Gesicht bekam, in der prominente Persönlichkeiten zum Ausdruck brachten, daß sich die englische Politik nicht mit der deutschen vertrage, verfaßte er eine *Denkschrift* an das Oberkommando der Kriegsmarine, als deren Kernsatz er den *Widerspruch der deutschen zur englischen Politik der Balance of Power* herausstellte.

Aus diesem Widerspruch heraus, folgerte er, sei auch die Haltung des OKM (die von der Regierung dahingehend orientiert worden war) falsch. England könne sehr wohl einmal — trotz des deutsch-englischen Flottenabkommens — Deutschlands Gegner zur See sein.

Aus dieser Möglichkeit zog der Führer der U-Boote zum Schluß seiner Denkschrift die Folgerung, daß die U-Boot-Waffe beschleunigt aufgebaut und vergrößert werden müsse.

Die Antwort des OKM lautete: "Am Anteil der U-Boot-Tonnage im Rahmen des Flottenabkommens wird nichts geändert."

Wenig später teilte Hitler Generaladmiral *Raeder* mit, daß *auch mit England* als Gegner *in einem kommenden Krieg zu rechnen* sei. Daraufhin rief der Ob.d.M. einen Planungsausschuß ins Leben, der alle für die Kriegsmarine aus dieser neuen Gegnerschaft sich ergebenden Konsequenzen untersuchen sollte.

Diese Untersuchung erbrachte unterschiedliche Auffassungen. Besonders die Offiziere der Überwasserstreitkräfte unterschätzten die Bedeutung der U-Boote stark.

Der Z-Plan legte das kommende Flottenbauprogramm fest wie bereits dargelegt.

Diesen Fertigungsplan fand Hitler im Januar 1939 auf seinem Schreibtisch in der Reichskanzlei vor; er genehmigte ihn. Die Bauzeit hatte der Führer allerdings auf das Jahr 1945 vorverlegt.

Damit war die Forderung des F.d.U. auf rasche Fertigstellung von 300 Front-U-Booten erledigt. Es lag offenbar keine Kriegsvorbereitung für das Jahr 1939 vor.

Die Forderung der U-Boot-Führung

Im Sommer 1938 meldete sich bei Kommodore Dönitz ein Besucher, der ihm berichtete, daß er dem Oberkommando der Kriegsmarine den Bau eines U-Bootes angeboten habe, das in der Lage sei, auch unter Wasser eine *Geschwindigkeit von 25 Knoten* zu erzielen, und zwar durch einen besonderen Treibstoff, Autol genannt, und eine Wasserstoffgas-Turbine, die er selbst erfunden habe.

Das war nicht nur eine große Sache, es war eine *epochale Weiterentwicklung des Tauchbootes* zum "totalen U-Boot hin". Sie würde das U-Boot unter Wasser mit über dreifacher Geschwindigkeit laufen lassen und ihm die Möglichkeit geben, *jedem* Überwassergegner zu entkommen.

Es war der geniale Ingenieur und Maschinenbauer Hellmuth Walter, der in seinem Ingenieurbüro die ersten Triebwerke entwickelt hatte, die auf der Grundlage des Wasserstoffsuperperoxyds arbeiteten. Dönitz dazu:

"Als *der geniale Ingenieur Walter* sein Projekt vorlegte, dem U-Boot durch eine Wasserstoffperoxyd-Maschine eine hohe Unterwassergeschwindigkeit zu geben, griffen mein Verbandsingenieur, Korvettenkapitän Thedsen, und ich beglückt zu und erbaten beim Oberkommando der Kriegsmarine die tatkräftige Unterstützung der entscheidend wichtigen Walterschen Erfindung, über deren Entwicklung später noch etwas gesagt werden soll."

Kapitän zur See Dönitz trug diese große Chance der Revolutionierung des U-Boot-Baues persönlich *Generaladmiral Raeder* vor, doch an der ablehenden Haltung des OKM änderte sich nichts.

Im Winter 1938 setzte der Führer der U-Boote schließlich ein Kriegsspiel an, das im weiten Seeraum des Atlantiks spielte. Die Führung der Geleitzüge konnte den zu steuernden Weg frei bestimmen, während die U-Boote keinerlei Kontakt zu den Geleitzügen hatten.

Dieses Kriegsspiel ergab für den F.d.U. besondere Erkenntnisse, die er unmittelbar nach ihrer Auswertung dem OKM mitteilte. Unter Punkt 1 seines Berichtes für die oberste deutsche Marineführung vermerkte Dönitz:

"Für einen erfolgreichen Handelskrieg mit U-Booten sind, wenn der Gegner — wie ich glaube — seinen Handel in gesicherten Geleitzügen zusammenfassen würde, mindestens 300 deutsche Front-U-Boote erforderlich.

Bei dieser Zahl wird gerechnet, daß 100 U-Boote jeweils zur Überholung der Boote und Erholung der Besatzung in der Werft liegen, 100 Boote sich auf dem Marsch zum Operationsgebiet oder von diesem in die Heimathäfen befinden und 100 weitere im Operationsgebiet am Feind stehen können.

Mit dieser Zahl glaube ich aber auch einen entscheidenden Erfolg im Handelskrieg erzielen zu können."

Unter Punkt 3 dieses Berichtes notierte der F.d.U. weiter: "Mit den augenblicklichen Zahlen der U-Boote und den nach der derzeitigen Bauzuteilung und dem Bautempo in den nächsten Jahren zu erwartenden Booten sind im Handelskrieg nur Nadelstiche zu erzielen."

Die hier vertretene Überzeugung des F.d.U., daß nur eine Mindestzahl von 300 U-Booten den Krieg gegen die Seemacht England erfolgreich gestalten könne, stieß beim OKM auf Ablehnung.

Wenige Monate später, im Juli 1939, meldete Kapitän zur See Dönitz die Sorgen der U-Boot-Fahrer wegen der drohenden Kriegsgefahr mit England. Der F.d.U. führte aus, daß in einer solchen Auseinandersetzung die schwere Last der Seekriegsführung auf der U-Boot-Waffe liegen würde, daß diese aber wegen ihrer zahlenmäßigen Schwäche "dem Gegner nur Nadelstiche versetzen" könne.

Am 22. Juli 1939 teilte der Ob.d.M. auf dem Aviso "Grille" (dem Führerboot der Kriegsmarine, das für Hitler reserviert war) dem Offizierkorps der U-Boot-Waffe *Hitlers Antwort* mit:

"Der Führer", sagte Raeder, "wird dafür sorgen, daß es keinesfalls zum Krieg mit England kommt. Das wäre das `Finis Germaniae'. Sie alle können beruhigt sein. Dazu wird es nicht kommen".

Kapitän z.See Dönitz bat am selben Tag den OB der Kriegsmarine um den schon lange hinausgeschobenen Urlaub für einen dringenden notwendigen Kuraufenthalt.

Am 15. August wurde Kapitän zur See Dönitz aus der Kur zurückgerufen. Er sollte nun den Aufmarsch der U-Boote, der für den Fall einer Mobilmachung vorgesehen war, durchführen.

Noch einmal versuchte Dönitz, sein Ziel — das Vorantreiben des U-Boot-Baues bis zu der von ihm angegebenen Stärke — zu erreichen. In seiner Denkschrift: "Gedanken über den Aufbau der U-Boot-Waffe", die er am 28. August 1939 dem OB der Kriegsmarine zuleitete, erhob er noch einmal die Forderung, die erfüllt sein mußte, damit die U-Boot-Waffe in einem kommenden Krieg die ihr zufallenden Aufgaben lösen konnte.

Der Flottenchef, Admiral Boehm, unterstützte diese Denkschrift und den sich daran anschließenden Antrag in vollem Umfang. Sein Schreiben an den Ob.d.M. vom 3. September endete mit den Worten:

"Es müßte sofort eine höchste Kraftanstrengung unter schärfster Konzentration auf das allein Ausschlaggebende einsetzen und eine einschneidende Zurücksetzung *aller* Marine-Bauvorhaben zu Gunsten der U-Boot-Waffe einsetzen, wie sie der F.d.U. genannt hat."

An der Schwelle zum Zweiten Weltkrieg im Juni 1939 lautete die Gliederung der U-Boot-Waffe wie folgt:

Führer der U-Boote, Standort Kiel: Kapitän zur See Dönitz.

1. Admiralstabsoffizier: Korvettenkapitän Godt.
2. Admiralstabsoffizier: Kapitänleutnant H.G. von Stockhausen.
3. Admiralstabsoffizier: Kapitänleutnant Cohausz.

Verbandsingenieur: Fregattenkapitän (Ing.) Thedsen.
Verbands-Sanitäts-Offizier: Marine-Stabsarzt Dr. Lübben.
Verwaltungsoffizier: Korvettenkapitän (V) Dr. W. Buchholz.
Juristischer Berater: Marine-Kriegsgerichtsrat Dr. Wespe.

Die Einheiten:

U-Boot-Begleitschiff "Erwin Wassner": Korvettenkapitän H. Bertram
Führerboot des F.d.U.: Flottentender "Hai".

Die Verbände:

1\. U-Flottille ("Weddigen"): Chef: Kapitänleutnant Looff.
Standort Kiel: Boote: U 9, U 13, U 15, U 17, U 19, U 21, U 23.
U-Boot-Begleitschiff "Donau": Kapitänleutnant Kaack.
U-Boot-Begleitschiff "Memel".

2. U-Boot-Flottille ("Saltzwedel"): Chef Korvettenkapitän Ibbeken.
Standort Wilhelmshaven.
Boote: U 25, U 26, U 27, U 28, U 29, U 30, U 31, U 32, U 33, U 34, U 35.
U-Boot-Tender "Saar": Kommandant: Kapitänleutnant Bartsch.

3. U-Boot-Flottille ("Lohs"): Chef Kapitänleutnant Eckermann.
Standort Kiel:
Boote: U 12, U 14, U 16, U 18, U 20, U 22, U 24.
U-Boot-Tender "Weichsel": Kapitänleutnant Rapp.

5. U-Boot-Flotille ("Emsmann"): Chef Kapitänleutnant Rösing.
Standort Kiel:
Boote: U 56, U 57, U 58, U 59.
U-Boot-Begleitschiff "Lech": Oberleutnant zur See Brodda.

6. U-Boot-Flottille ("Hundius"): Chef Korvettenkapitän Hartmann.
Standort Wilhelmshaven:
Boote: U 37, U 38, U 39, U 40, U 41.
U-Boot-Begleitschiff "Isar":

7. U-Boot-Flottille ("Wegener"): Chef Kapitänleutnant Sobe.
Standort Kiel:
Boote: U 45, U 46, U 47, U 48, U 51, U 52, U 53.

Sonstige Verbände: Torpedoinspektion (TI): Inspektor Vizeadmiral Götting.
U-Boot-Schule Neustadt: Kapitän zur See Scheer.
Dortige Einheiten: U 1, U 2, U 3, U 4, U 5, U 6, U 7, U 8, U 10, U 11, U 25 und U 36.

DER SPANISCHE BÜRGERKRIEG UND DIE „LEGION CONDOR“

Aufstand in Spanien

Als am 10. Juli 1934 die spanischen Garnisonen in Marokko und Asturien unter ihren Generälen Mola und Franco den Aufstand ausriefen, begann ein viele Jahre dauerndes Ringen auf der Iberischen Halbinsel, welches das spanische Volk mit verheerender Gewalt traf, viele Städte verwüstete und unendliches Leid über alle brachte.

Zunächst schien es so, als würde dieser Aufstand rasch zusammenbrechen, doch dann eskalierten die Ereignisse.

Auf nationaler Seite griff Deutschland, auf Seiten der Republikaner, die Sowjetunion in dieses Ringen ein, das sich schließlich zu einem Flächenbrand ausweitete.

Um die so genannten „Moro-Verbände“ aus Spanisch Marokko rasch nach Spanien zu bringen, wurde deutscherseits die HISMA (Hispanien-Marokko-Gesellschaft) gegründet. Diese flog mit Hilfe deutscher Ju 52-Transportflugzeuge die Truppen ins Mutterland und führten damit den ersten großen Lufttransport der Kriegsgeschichte durch.

Zunächst jedoch drangen die Nationalisten bis kurz vor Madrid vor. Die dortigen Fronten erstarrten rasch in einem fast dreijährigen Stellungskrieg.

Die Republikaner wiederum verfügten zunächst über den größeren Teil der spanischen Kriegsflotte, denn in ihre Hände fielen das Linienschiff „Jaima“, drei Kreuzer, 15 Zerstörer und 12 U-Boote. Auf fast allen Einheiten waren sowjetische Berater eingesetzt, die aus der sowjetischen Rotbannerflotte kamen.

Auf nationaler Seite konnte man lediglich auf jene, in den nordwestspanischen Häfen und Werften liegende Schiffe zugreifen. Darunter das zweite spanische Linienschiff „Espana“, einen Zerstörer und ein U-Boot.

Damit übten zunächst die Republikaner die Seeherrschaft aus. Sie vermochten sogar die Straße von Gibraltar zu sperren.

Dies war einer der Gründe dafür, dass Hitler der Bitte des Generals Franco nachkam und die spanischen Truppen aus Marokko per Lufttransport nach Spanien überfliegen ließ.

Vorangestellt sei die Tatsache, dass am 19. April 1937 in London ein „Nichteinmischungsausschuss“ stattfand, an dem 26 Staaten teilnahmen. Hier wurde der Beschluss gefasst, dass jedes Land, das über Seestreitkräfte verfügte, einen Sicherungsabschnitt vor der spanischen Küste wahrnahm. Großbritannien überwachte den republikanischen Küstenabschnitt, Frankreich den Nordabschnitt und Deutschland kontrollierte den Südabschnitt Spaniens. Italien schob seine Seeeinheiten in den Nordostabschnitt, einschließlich der Balearen, ein. Die Sowjetunion beteiligte sich nicht daran, denn sie kochte ja bereits in Spanien mit den ersten freiwilligen „Roten Brigaden“ ihr eigenes „Süppchen“. Befragt warum sie nicht teilnehme, wurde den überraschten Fragern geantwortet: „Weil wir keine geeigneten Schiffe zur Verfügung haben.“

Bei diversen Zwischenfällen wurde in der Folgezeit auch das auf der Reede von Ibiza liegende Panzerschiff „Deutschland“ von rotspanischen Flugzeugen angegriffen. Zwei Bomben trafen das Schiff und forderten 32 Tote und sechs Verwundete. Nunmehr beorderte Hitler auch das zweite Panzerschiff, die „Admiral Scheer“, mit vier Geleittorpedobooten ins „Kampfgebiet“ mit der Weisung, den rotspanischen Hafen Almeria zu beschießen. Diese Beschießung fand am 31. Mai 1937 statt.

Am 15. Juni 1937 wurde der deutsche Kreuzer „Leipzig“ von einem U-Boot angegriffen. Es stellte sich später heraus, dass es ein italienisches U-Boot war.

Es gab eine Reihe solcher und ähnlicher Zwischenfälle, die das „Klima“ anheizten. Alles war Anlass für beide Seiten, sich mit weiteren Kontingenten – und diesmal auch mit Kampftruppen – an der Auseinandersetzung zu beteiligen. Man kam nach einem weiteren Gespräch zwischen deutschen Generalstabsoffizieren und General Franco zu der Zusicherung, neben den Ju 52-Transportern auch und vor allem kleinere Kontingente der deutschen Luftstreitkräfte und der Flakartillerie zum Einsatz zu bringen.

Seit geraumer Zeit wurden auch aus der Sowjetunion weitere „Rote Brigaden“ nach Spanien verbracht.

Damit war jener Startschuss gegeben, der schließlich zur sagenumwobenen „Legion Condor“ führte, auch wenn diese Einheiten zunächst eine andere Bezeichnung führten und mit einer eigens dafür geschaffenen Führungsstruktur versehen waren.

Das Spiel konnte beginnen und an der Spitze dieses ersten Verbandes stand ein deutscher Generalmajor: Der Kommandierende General und Befehlshaber des Luftkreises V, München, Hugo Sperrle. Er wurde am 1. November 1936 zum „Führungsstab 88“ kommandiert und übernahm fünf Tage darauf das Kommando über diesen „Führungsstab 88“ – „Legion Condor“.

Leiter des Versuchskommandos 88 „Legion Condor“ wurde am 6. November 1936 Oberstleutnant Dr. Ing. Wolfram Freiherr von Richthofen, der ab dem 1. Januar 1937 bis zum 30. September 1937 als Chef des Stabes der „Legion Condor“ in Spanien wirkte, um am 01. November 1937 Befehlshaber des Führungsstabes zu werden, welches Amt der Koordinierung er bis zum 18. Juli 1938 versah.

Befehlshaber der „Legion Condor“ aber war vom 1. November 1937 bis zum 31. Oktober 1938 Generalleutnant Hellmuth Volkmann, der nach seinem Einsatz in Spanien, wie übrigens viele der an führender Stelle oder im Stabsdienst stehende

Offiziere, Kommandeur der Luftkriegsakademie in Berlin-Gatow wurde, um seine gewonnenen Erkenntnisse an die Luftwaffenverbände weiterzugeben und die Kampferfahrung in den Ausbildungsdienst einfließen zu lassen.

Dass Adolf Galland und Werner Mölders mit ihren Erfahrungsberichten als Jagd- und Zerstörerexperten daran tatkräftigen Anteil hatten, sei an anderer Stelle noch dargelegt. Hier jedoch jene Würdigungen, die dem seinerzeitigen Oberst, (kurz darauf Generalmajor) Hugo Sperrle zuteil wurden. Die Tatsache, dass ausgerechnet er es war, der während seiner Führungsrolle in der „Legion Condor" mehrere Tausend Mönche, Priester und Nonnen, sowie viele spanische Flüchtlinge rettete und sie der Verfolgung durch die Republikaner entzog, wurde ihm nach Ende des Zweiten Weltkrieges von den Äbten und Oberen dieser Institutionen durch von Herzen kommende Dienstleistungen und Hilfen entlohnt.

Als Feldmarschall, der vor dem Nürnberger Kriegstribunal als völlig unbelasteter und tapferer Soldat nicht verurteilt wurde, erhielt er dennoch in Deutschland weder eine Pension noch die geringste Unterstützung durch die Nachkriegsregierung. Es waren die dankbaren Spanier und deren Kinder, die ihm bis zu seinem Tode halfen.

Aber nicht nur der spanische Klerus, sondern auch Caudillo Franco, der dem aus Spanien scheidenden Generalleutnant das Spanienkreuz in Gold mit Brillanten verlieh, sagte von diesem Soldaten: „Es war ein grober Mensch, jedem Zeremoniell abhold, aber ein überaus tüchtiger General mit Herz und Verstand für unser darnieder liegendes Land, auf den wir uns immer verlassen konnten."

Auch den deutschen, politischen Machthabern gegenüber war er kein „Jasager", er warnte stets offen vor politischen und militärischen Abenteuern, was den Ausschlag dazu gab, dass er im September 1944 durch Hitler seines Kommandos enthoben wurde.

An dieser Stelle sei noch ein Mann besonders genannt, der in der Legion Condor stand und dort in den fliegenden Einheiten diente. Es war der seinerzeitige Gruppenkommandeur im Jagdgeschwader 234, Hauptmann Walter Grabmann, der am 9. September 1938 auf dem Gruppengefechtsstand der Jagdgruppe 88 der „Legion Condor" erschien, um hier die Führung der inzwischen auf drei Staffeln (zu jeweils neun Maschinen) aufgestockte Jagdgruppe 88 zu übernehmen. Während seiner Dienstzeit kam noch eine vierte Staffel hinzu.

Grabmann war jener Offizier, der seit seiner Übernahme von der Polizei zur Luftwaffe, alle ausbildenden Kommandierungen zum Flieger erhalten hatte. So stand er in der Kampffliegerschule zu Lechfeld ebenso, wie in der Jagdfliegerschule Schleisheim, um anschließend als Lehrgangsleiter an der Fliegerschule Salzwedel den jungen Fliegern das Einmaleins der Fliegerei beizubringen.

Er arbeite in Spanien mit größtem Erfolg, und als er am 16. Juli 1939 als einer der letzten Kämpfer dort abgelöst wurde, war er bereits ein Jahr lang Major. Er konnte als Oberstleutnant und Kommodore des Zerstörergeschwaders 76 alle Erfahrungen in die

Praxis umsetzen, erhielt am 14. September 1939 als einer der ersten Flieger das Ritterkreuz und war gleichzeitig Jagdfliegerführer in Nordnorwegen. Vom 20. September 1942 bis zum 7. Mai 1945 war er nacheinander Kommandeur verschiedener Jagddivisionen, um zuletzt Kommandeur der 15. Fliegerdivision zu werden.

Einer jener Offiziere, die nach von Richthofen in der Legion Condor eine große Rolle spielten, sei in diesem Abschnitt noch genannt: Generalleutnant Hermann Plocher.

Als Gruppenleiter der Organisationsabteilung des Generalstabes der Luftwaffe wurde Major Plocher zum Stab der „Legion Condor“ kommandiert, dem er von August 1937 bis zum 30. September desselben Jahres diente.

Am 1. Oktober 1937 wurde er Chef des Generalstabes der Legion Condor und blieb dies auch bis zum 31. Januar 1939 als der Großteil der „Legion“ bereits aus Spanien in die Heimat zurückgekehrt war.

Auch er musste anschließend als Chef der Abteilung (Planung und Mobilmachung) im Generalstab der Luftwaffe seine Spanienerfahrungen zu Papier bringen und die sich daraus ergebenden Befehle erstellen.

Als Chef des Generalstabes verschiedener Fliegerverbände bis hin zum Chef des Generalstabes der Luftflotte 3 und zuletzt als Kommandeur der 6. Fallschirmjägerdivision kämpfte Generalleutnant Plocher bis zum 8. Mai 1945, ehe er für zwei Jahre in die britisch-kanadische und dann in die US-Kriegsgefangenschaft ging, um dort in der Historischen Abteilung seine Arbeiten über den Zweiten Weltkrieg zu erstellen.

Wenden wir uns nun jenen beiden Assen zu, die auch mit Beginn des Zweiten Weltkrieges ihre fliegerische Laufbahn im Steilflug fortsetzten und die höchsten deutschen Auszeichnungen jenen hinzufügen konnten, die Spanien ihnen verliehen hatten: Adolf Galland und Werner Mölders.

Adolf Galland – „Captain“ der „Legion Condor“ und General der Jagdflieger

Als den Oberleutnant Adolf Galland Ende des Jahres 1936 die ersten Gerüchte erreichten, dass sich irgendwo in Europa eine Jagdgruppe 88 herumtreibe, die den sagenumwobenen Namen „Legion Condor“ führe, hielt er dies noch für Hirngespinste einiger sektfröhlicher Kameraden. Dies änderte sich erst, als einer seiner Kameraden plötzlich für ein halbes Jahr aus seinem Gesichtskreis verschwand, um schließlich – wie aus dem Nichts – wieder aufzutauchen.

Als er braungebrannt vor seinem Kameraden Galland stand, ging diesem (wie er dem Autor anlässlich ihrer Korrespondenz über Gallands Aufnahme ins Buch der

Die „Moros“ waren gefürchtete Kämpfer, die auf nationalspanischer Seite viel zum Sieg der Franco-Truppen beitrugen.

General Franco bat die Deutsche Regierung um Transportmaschinen, um seine Soldaten von Marokko aufs spanische Festland bringen zu können. Im Sommer 1936 wurde mit Ju52-Transportmaschinen eine Luftbrücke gebildet und 15.000 Soldaten von Marokko nach Spanien geflogen.

Die „Legion Condor" war hauptsächlich eine aus freiwilligen Luftwaffenangehörigen gebildete deutsche Einheit, die auf nationalspanischer Seite für Franco kämpfte. Zunächst noch mit unterlegenen Doppeldeckern ausgerüstet, war diese Einheit dennoch kampfstark.

Ab 1938 kamen mehr und mehr Me109 zum Einsatz, die rasch die Luftherrschaft über Spanien errangen.

Auch Sowjetrussland ließ sich die Gelegenheit nicht entgehen und sandte große Mengen an Kriegsgerät an die spanische Front der Aufständischen, um dieses Material im Einsatz zu testen. Hier ein erbeutetes russisches Jagdflugzeug des Typs I-16 „Rata", das noch bis 1942 in Russland flog.

Die russischen Panzer, hier ein T-26, waren den deutschen technisch überlegen, jedoch schlecht geführt, fielen sie den Franco-Truppen zum Opfer.

Sogenannte „Internationale Brigaden" kämpften auf rotspanischer Seite gegen die Franco Truppen. Überzeugte Antifaschisten, Abenteurer, sogar Frauen schlossen sich ihnen an. Zeitweise kämpften Deutsche gegen Deutsche in Spanien!

Das faschistische Italien entsandte auch ein Truppenkontingent, um auf Francos Seite zu kämpfen. Hier italienische SM-79-Bomber im Anflug auf die Küste.

erfolgreichen Jagdflieger „Mit Eichenlaub und Schwertern“ gestand) ein „Seifensieder“ auf. Im Originalton Gallands klang dies so:

„Hier galt es, vor allem Unterstützungsflüge für die Infanterie zu fliegen.“

Noch war Gallands Staffel mit den alten He 51 ausgestattet, während die beiden anderen Staffeln Zug um Zug mit den neuen aus Deutschland kommenden Me 109 versehen wurden, die allen, auf diesem Kriegsschauplatz kämpfenden Maschinen weit überlegen waren.

Alle drei Flugzeugstaffeln verfügten über jeweils neun Maschinen. Die Maschinen des Typs He 51 konnten jeweils sechs Splitterbomben zu jeweils 10 kg Gewicht mitnehmen.

Was bedeuten sollte, dass solche „Vernichtungsangriffe“, wie sie den wenigen Staffeln untergejubelt wurden, nicht einmal in den schönsten Träumen zu erfüllen waren.

Gesetzt den Fall, alle 27 Flugzeuge der Jagdgruppe 88 wären vollzählig an den Start gegangen und hätten ein großes Ziel zum Abwurfgebiet erhalten, wären dies nichts anderes als winzige Nadelstiche gewesen, denn dreimal neun gleich 27 Maschinen konnten nicht mehr als insgesamt 162 Bomben zu jeweils 10 kg Gewicht mitnehmen. Die Sprengkraft von 1.620 kg Bomben (162 Bomben zu jeweils 10 kg) war nicht ausreichend, selbst leichte Häuser zu zerbrechen. Dies den „Chronisten“ ins Stammbuch geschrieben, die durch diese „gewaltige Kriegsmaschinerie“ ganze Ortschaften hatten in Trümmer fallen lassen. (Siehe dazu den Abschnitt über Guernica zu dem aus berufenem Munde Fakten dargelegt werden sollen.)

Die „Wirksamkeit eines solchen Bombenteppichs“ war von den drei Staffeln der Jagdgruppe 88 während des Bombardements der rotspanischen Bergstellung vor Orviedo (der erste Bombenteppich der Geschichte überhaupt) erprobt worden. Der Erfolg war gleich Null.

Als Adolf Galland bei Teruel während eines Aufklärungsfluges erkannte, dass hier die Aufstellung zu einem Angriff stattfand, durchflog er unter dichtem Feindfeuer dieses Gebiet. Seine Maschine erhielt einige Treffer, er selber wurde das erstemal verwundet. Nach Abgabe seiner Meldung, die den Verlauf der Bereitstellung und die Truppenstärke des Gegners beschrieb, erfolgte die Alarmbereitschaft der Staffel.

Diese startete wenig später, als Kradspähtrupps den Angriffsbeginn angezeigt hatten und stießen im Tiefflug unter Dauerfeuer der MG (soweit dies mit dem alten MG möglich war) auf die stürmenden Einheiten hinunter und ließen den Angriff zusammenbrechen.

Adolf Galland erhielt wenig später eine besondere Belobigung durch General von Richthofen.

Galland, der bereits seit einigen Monaten aufgefordert worden war, zurückzukehren, hatte dies immer wieder hinausgeschoben.

Dann aber musste er den Drohungen folgend schließlich in die Heimat zurückkehren. Aber ihm blieb noch eine kleine Galgenfrist, denn der neue Staffelkapitän war noch nicht unterwegs; er hatte erst noch in seiner Staffel alles zu ordnen.

Sein Name war Werner Mölders und er stand im Range eines Oberleutnants, wie auch Adolf Galland und viele andere Soldaten der Luftwaffe, die in Spanien ihre ersten Lorbeeren errangen, ihre eigenen Flugkünste im Luftkampf erprobten und ebenso die taktischen und strategischen Fakten eines Luftkrieges erkundeten.

Lassen wir uns im folgenden Text aus den Kriegstagebüchern von Adolf Galland und Werner Mölders die packendsten Einsätze in der „Legion Condor" berichten und lernen auch wir erkennen, dass der Einsatz deutscher Truppenverbände im Spanischen Bürgerkrieg mit dazu beigetragen hat, dass sich deutsche Flieger aller Dienstgrade im Zweiten Weltkrieg gegenüber jedem Gegner erfolgreich durchsetzen konnten. Nicht zuletzt durch die akribisch geschriebenen Erfahrungsberichte eines Adolf Galland und die nicht weniger aufschlussreichen Tagebuchaufzeichnungen eines Werner Mölders.

„Ich war der Jagdgruppe J 88 zugeteilt, die zunächst in Vitoria an der Nordfront lag und den Auftrag hatte, die Frühjahrsoffensive General Francos gegen den feindbesetzten Küstenstreifen zwischen San Sebastian und Gijón zu unterstützen.

In diesem Großraum geschah schließlich etwas, das nicht von den Männern der ‚Legion Condor' geplant war. Die K 88 hatte Befehl, eine Straßenbrücke zu zerstören, über welche die Republikaner große Mengen an Kriegsmaterial in die Stadt Bilbao transportierten.

Die wenig trainierten Besatzungen hatten ihre Bomben geworfen aber die angeflogene Brücke nicht getroffen, sondern die angrenzende Ortschaft Guernica. Diese war – um das klarzustellen – von feindlichen Truppen besetzt und mit Kriegswaffen vollgestopft. Das ganze war ein Misserfolg geworden. Dies umso mehr, als alle Soldaten der ‚Legion Condor' folgende Richtlinie erhalten hatten: ‚Der Feind ist rücksichtslos zu vernichten, die Zivilbevölkerung nach Möglichkeit zu schonen!'

Dies war die Situation, als ich in Spanien eintraf und ich bemerkte die Niedergeschlagenheit sofort, die in diesem Kampfraum herrschte.

Wir versuchten, über diesen Zwischenfall zu schweigen. Umso lauter aber tönten die Sprecher der Gegenseite. Die Zeitungskorrespondenten aller demokratischen Staaten eilten nach Guernica und wenig später las man in der Weltpresse, von New York bis nach Paris, in großen Schlagzeilen:

‚Überfall infamer deutscher Luftpiraten auf eine friedliche Stadt'

Des Weiteren:

‚Offene Stadt Guernica von Boche-Fliegern vernichtet'

‚Empörungsschrei der zivilisierten Welt: Guernica!'

Guernica war weder eine offene Stadt, noch war sie Angriffsziel der K 88 gewesen. Diese Bombardierung war ein bedauerlicher Zwischenfall, wie er sich später im Zweiten Weltkrieg auf beiden Seiten andauernd wiederholte. Hier aber wurde er zum Inbegriff deutscher Ruchlosigkeit und Barbarei.

Selbst heute noch, nach Rotterdam, Warschau, dem Grauen von Hamburg und Dresden und vieler anderer deutscher Städte, ist Guernica der Gipfelpunkt deutschfeindlicher Ressentiments geblieben." (Mitverursacher waren jene Kräfte, die diesen bedauerlichen Zwischenfall mit allen Attributen des Bösen ausstatten ließen. Kein geringerer als Pablo Picasso erhielt durch die Republikaner und deren Hintermänner den Auftrag, ein Bild für den spanischen Pavillon der Weltausstellung 1937 in Paris zu malen, das er in einem Riesenformat von 3,49 x 7,77 Meter der Zerstörung Guernicas widmete. Damit war Guernica zum Schreckenssymbol für die Greueltaten des Krieges geworden.)

„Als ich auf dem Flugplatz in Vitoria ankam, wurde mir die Führung der Stabskompanie angeboten, die in Avia lag. Wir lagen in einem alten Kloster. Die Geistlichen und die spanischen Menschen traten uns ‚alemanes' freundlich entgegen.

Hier hatten wir die ‚Bomberstaffeln' der K 88, bestehend aus Ju 52 zu warten und ebenso Reparaturarbeiten an den Jägern He 51 auszuführen.

Als Bomber wurden im weiteren Verlauf des Bürgerkrieges neben den Ju 52, He 111 und Do 17 eingesetzt." (Wohlgemerkt: Diese kamen über Guernica noch nicht zum Einsatz!)

Mit dem Durchbruch der Francotruppen im Juni 1937 durch den feindlichen Verteidigungsring um Bilbao, traten die republikanischen Truppen unter General Miaja, Oberbefehlshaber in Madrid, zu einer Gegenoperation an und erzielten bei Brunete einen Einbruch in die Francofront. Nun waren wieder die Fliegereinheiten der „Legion Condor" gefragt.

„Unser neuer Einsatzraum konnte nur durch eine Verlegung nach Villa del Prado erreicht werden.

Hier flog ich in der Staffel von Oberleutnant Harder die ersten Einsätze auf der Iberischen Halbinsel.

Die Ju 52-Bomber hätten bei einem Angriff gegen den Feind schwerste Verluste erlitten, deshalb wurde Oberleutnant Harder befohlen, mit seiner Heinkel He 51 mit Bomben einzugreifen." (Die Heinkel He 51 konnte sechs Bomben zu jeweils 10 kg mitnehmen, also 60 kg, was bei Einsatz aller 9 Maschinen der Staffel einer Bombenlast von 540 Kilogramm entsprach.)

Bei diesem Einsatz fiel unser prächtiger Leutnant Reuter. Alle unsere Maschinen wurden von Treffern durchsiebt. Wir kämpften den Weg frei und nun griffen auch die Ju 52 ‚Bomber' an.

Nach dem Zusammenbruch der Offensive um Brunete verlegten unsere Jagdeinheiten wieder an die Nordfront. Hier wurde ich mit der Führung der 3./J 88 beauftragt, es war die Staffel mit der ,Micky-Maus' als Emblem. Die beiden anderen Jagdstaffeln wurden von Oberleutnant Lützow und Oberleutnant Schlichting geführt. Ihre Kennzeichen waren der Marabu und der Zylinder.

Die gesamte J 88 wurde nach Sachlage entweder für den Jäger- oder Schlachtfliegereinsatz verwandt. Während die 1. und 2. Staffel damit begannen, auf die Me 109 umzurüsten, behielt meine Staffel die He 51."

In den folgenden Luftkämpfen der Me 109 gegen die Haupttypen der Roten, die Curtiss oder die Rata zeigte sich die hohe Überlegenheit der deutschen Jagdmaschine. Die besten Luftsiegergebnisse hatten Schellmann, Harder und mein Nachfolger Mölders, der Harder später überholte. (Siehe Tabelle am Ende dieses Abschnittes: Die erfolgreichen Flieger der Legion Condor)

Mit unseren He 51 den Curtiss und Ratas eindeutig unterlegen, nannten wir uns in Selbstironie ,Schmalspurjäger'. Als mir einmal zwei Curtiss dicht an der Hose hingen, sah ich einen Aufschlagbrand an der Flanke eines Berges hochsteigen. Es gelang den Curtiss, meinen Haufen total durcheinanderzubringen, sodass sie anstelle eines Abwehrringes in die Täler des Gebirges zu entkommen versuchten. Ich hatte ihnen Ersteres eingeschärft und demzufolge eine Mordswut, als die Staffel – mit zwei Maschinen weniger – landete. Einer der Abgeschossenen, Leutnant Neumann, meldete nachher, als die Standpauke vorbei war; dass er eine Curtiss abgeschossen hatte, die mitten auf dem Flugplatz Llanes abgestürzt war.

Wir Schlachtflieger brachten vor allem der Infanterie Erleichterung oder brachten den Infanterieangriff voran, hielten Bewegungen hinter den feindlichen Linien nieder, zerschlugen feindliche Artilleriestellungen und wurden damit zu einem unentbehrlichen Requisit aller nationalen Operationen.

Neben den bereits genannten sechs Splitterbomben waren die He 51 mit je zwei MG ausgestattet, die nach jedem Feuerstoß manuell durchgeladen werden mussten. (Hier setzten Adolf Gallands Erfahrungsberichte eine, die sich bald zu einem dicken Band zusammenfassen ließen.) Verbesserungen der Technik ebenso wie der Taktik, bei der sogar einmal gegen die Bergstellung der Roten „eine Art von Bombenteppich" angewandt wurde. Wir brausten im geschlossenen Verband weit durch die Schlucht von rückwärts an die Stellungen heran und lösten auf ein Zeichen alle Bomben gleichzeitig aus. Es war der „Bombenteppich des kleinen Mannes."

Die Navarratruppen und die vorzüglich kämpfenden Requetes erstürmten am 21. Oktober 1937 das letzte rote Bollwerk Gijòn im Norden. Damit wurden von den 50 spanischen Städten 35 durch Francos Truppen gehalten.

Als die Republikaner bei Teruel an der Aragonfront angriffen, folgten die Luftwaffeneinheiten. In den folgenden Wochen und Monaten wurde die „Legion Condor" von einem Frontabschnitt zum anderen geworfen.

Als dann bei der Legion Condor die Ju87-Stukas eintrafen, wurde die Taktik zur Unterstützung der Erdkampftruppen eingeübt, die im Zweiten Weltkrieg so erfolgreich war.

Die Heinkel He111-Bomber waren nicht minder an den großen Erfolgen der Legion Condor beteiligt. Hier kippt eine Kette dem Ziel entgegen.

Eine Funkstelle der Artillerie in den Bergen Spaniens. Schon damals zeigte sich, dass die guten Funk- und Fernmeldenetze, über die die Francotruppen verfügten, einen erheblichen Vorteil gegenüber dem Gegner brachten.

Ein Peilwagen dient zur Ermittlung der eigenen wie auch der gegnerischen Funkstellen. Im Bewegungskrieg war diese Fähigkeit eigene und gegnerische Funkstellen zu orten von großer Bedeutung.

Die 8,8cm-Flak wurde bereits im spanischen Bürgerkrieg zu einem legendären Geschütz.

15cm-Haubitzen mit Zugmaschinen wurden zur Artillerieunterstützung der nationalspanischen Angriffe eingesetzt. Jede Waffengattung hatte so ihr Testfeld für den späteren Kriegseinsatz.

Auch die Panzerabwehrwaffe war mit einer Anzahl 3,7cm-Pak in Spanien dabei. Im Spanischen Bürgerkrieg genügte dieses leichte Geschütz zur Panzerbekämpfung noch aus, ab 1940 jedoch nicht mehr.

Ein leichter Panzer I kämpft sich mit Infanterieunterstützung durch einen Ort.

Nach dem strengen und langen Winter 1937-1938 mit bis zu 20 Grad minus, ging Ende Februar 1938 der Kampf im Raume Teruel zu Ende, während sich die Schlacht an der Ebrofront von Mitte Juli bis November fortsetzte. Im März 1938 zogen die nationalspanischen Truppen unter General Franco in Madrid ein.

Zu diesem Zeitpunkt war die nationale Regierung ab Ende Januar installiert und der Caudillo Franco wurde Stabschef und von Deutschland ebenso wie von Italien anerkannt.

Dazwischen lag die am 3. April 1938 erfolgte Eroberung von Lérida, und eingangs Juni 1938 der Durchbruch zum Mittelmeer bei Castellón de la Plata. Die republikanischen Truppen wurden in zwei Teile gespalten und nach dem 28. März 1939 erkannten die nicht kriegführenden Mächte die spanische Regierung an.

Adolf Galland wurde bereits einige male aufgefordert, nach Deutschland zurückzukehren, aber erst nach einer dringlichen Rückrufaktion kehrte er Mitte Juni 1938 nach Deutschland zurück und wurde unverzüglich in die 3. Abteilung des Sonderstabes im Reichsluftfahrtministerium eingereiht. Dort machte er erneut Bekanntschaft mit seinen vielen Erfahrungsberichten, die auszuwerten und im Kampfverfahren umzusetzen, ihm befohlen wurde.

Galland selber seinerzeit zum Autor, der dessen Biographie in dem Werk „Mit Eichenlaub und Schwertern“ einbringen wollte: „Wir als Schlachtflieger hatten aus Spanien laufend Erfahrungsberichte geschickt. Nach etwa 300 Einsätzen als „Schlachtflieger“ trat ich im August diesen Jahres meine neuen Dienst an. Unser Arbeitsgebiet war: „Auf die Erfahrungen in Spanien basierend, Richtlinien für Organisation, Ausbildung und Einsatz der Schlachtfliegerverbände auszuarbeiten.“

Wenige Tage später erhielt die Abteilung in der Galland arbeitete Befehl, zwei Schlachtgeschwader aufzustellen. Binnen weniger Wochen war diese Aufgabe allen Unkenrufen zum Trotz erfüllt. Eines dieser Geschwader übernahm Gallands Abteilungschef als Kommodore und Galland wurde dessen Adjutant und gleich darauf Ia. Galland jedoch wollte so rasch wie möglich das Reichsluftfahrtministerium und dann auch die Schlachtfliegertruppe verlassen. Er erhielt den Auftrag, in Ingolstadt eine neue Jagdgruppe aufzustellen. Am 1. November 1938 wurde er Staffelkapitän in der I./Jagdgeschwader „Richthofen“, um nur drei Monate später Staffelkapitän im Jagdgeschwader 52 zu werden. Am 1. Oktober 1939 wurde er zum Hauptmann befördert.

Seine Auszeichnung im Spanienfeldzug war das ihm am 7. Juni 1939 verliehene Spanienkreuz in Gold mit Brillanten, das an 28 Angehörige der Legion Condor verliehen wurde.

Werner Mölders kommt!

Im April 1938 erhielt Oberleutnant Werner Mölders, Staffelkapitän in einem neu aufgestellten Jagdgeschwader die Nachricht, dass seinem Gesuch um Versetzung zur Legion Condor stattgegeben sei. Er war inzwischen zum Oberleutnant befördert worden und diente als Fluglehrer in Wiesbaden. Als er Mitte des Monats April 1938 in Saragossa eintraf, dem Liegeplatz der deutschen Kampfstaffel, wurde er durch den Dolmetscher Sonderführer Löffler der 3. Staffel abgeholt. Diese stand unter dem Kommando von Oberleutnant Adolf Galland, der hier wenige Tage zuvor eine feindliche Transportkolonne zusammengeschossen hatte.

In den ersten Tagen nahm Mölders an den Flügen der Staffel als Katschmarek teil, wurde von Galland eingewiesen und erlebte nach der Verlegung der Staffel aus dem Raum Sarinea nach La Cenia den ersten Tiefangriff. Die „Cadenas", vom Feind so genannt, zeichneten sich durch rasante Angriffe, aus niedrigsten Höhen auf den Feind herunterstoßend, Grabenstücke zerfetzend und Lastwagenkolonnen dezimierend, aus. Sobald ein Einbruch in die feindliche Front gelungen war, stießen sie der eigenen Infanterie unmittelbar voraus und ließen den Rückzug des Feindes zu wilder Flucht eskalieren. „Einer der Besten", so Werner Mölders, „war Galland."

Größter Feind dieser Schlachtflieger waren die feindlichen 2-cm-FlaMW. Sie waren es, die unter den Schlachtfliegern immer wieder Opfer forderten.

Am 24. Mai konnte Oberleutnant Mölders die Führung der 3./K 88 von Galland übernehmen. Der große Angriff auf Segorbe und Sagunta hatte gerade begonnen, sein Ziel war Valencia. Täglich mussten auch die Männer der 3. Staffel mehrfach in ihre Kisten klettern und einen Monat lang immer wieder zwischen Teruel und San Mateo eingreifen. Es galt, Feindgräben, Panzerwerke, Panzer, Artilleriestellungen und Truppenverschiebungen zu bekämpfen. Auch der Stellungsausbau des Gegners musste gestört und möglichst unterbunden werden, wie Mölders im Juni 1938 nach Hause schrieb. Als er das erstemal in dichtes Flakfeuer geriet, kippte er seitlich weg, ließ seine acht He 51 folgen und jagte die „Rochos" „bis ihre Socken qualmten", wie einer der Männer diese Flucht plastisch beschrieb.

Erst drei Monate nach seinen ersten Tiefangriffen kam es zwischen Mölders und einem spanischen Jagdflieger zum Duell, das der Oberleutnant für sich entschied. Damit war der Anfang gemacht. Aber ob er die vorn fliegenden Kameraden erreichen würde, das stand auf einem anderen Blatt. Denn immerhin hatte der Chef der 1. Staffel. Hauptmann Schellmann bereits den achten Luftsieg errungen, dies aber auf einer Me 109. Andere, so auch Harder, waren ebenso erfolgreich gewesen.

Erst als Mölders Staffel ebenfalls Zug um Zug mit Me 109 ausgestattet wurde, konnte Mölders und seine Kameraden ebenso wie auch die Piloten der 1. und 2. Staffel als Jäger gegen die Curtis, die Rata und gegen die ebenfalls von den Rochos geflogenen Martin-Bomber ankommen.

Als die ersten vier Me 109 eingeschossen waren und auf dem Flugplatz La Cenia eintrafen, und die Staffel auf sechs Me 109 angewachsen war, sollte es zu einem ersten Luftkampf kommen, den Mölders in seinem Tagebuch festgehalten hat:

„In weiter Ferne vor uns, etwa im Raume Valencia, tauchen kleine schwarze Punkte auf. Es wurden mehr und mehr und schließlich erkannte ich, dass es mindestens 40 Curtiss waren. Ich stieg um 500 Meter höher, um aus überhöhter Position angreifen zu können. Meine fünf Kameraden taten es mir nach.

Als ich das Signal gab, stießen wir auf den Gegner herunter. Ich schoss in der Aufregung zu früh. Der Bursche macht kehrt und stößt mir entgegen. Mündungsfeuer blitzte aus seinen MG. In dem Moment sah ich einen Fallschirm bei der Gegnerseite. Eine Curtiss war abgeschossen worden. Zwei Curtiss kommen mir entgegen. Ich stoße hinunter und dann wieder steil empor und habe den ersten Gegner im Visier. Ich bin auf 50 Meter heran. Meine vier MG bellen los. Der Gegner bäumt sich auf, kippt dann seitlich weg und stürzt qualmend der Erde entgegen. Der erste Abschuss, der von mit beim Anfliegen auf unseren Platz angewackelt wird. Mein erster Wart malt den zweiten Strich auf. Da kommt eine zweite Me 109 heran und wackelt ebenfalls. Es ist Leutnant Lippert. Er hatte den ersten Abschuss für die Staffel erzielt und auch Leutnant Oesau musste wackeln, was er sicherlich freudig tat. Drei Luftsiege konnte ich dem Kommandeur melden.“

Sechs Me 109 hatten gegen 45 Curtiss im Duell gestanden und drei Gegner heruntergeholt.

Weitere Luftkämpfe folgten, fast immer gegen einen zahlenmäßig viel stärkeren Gegner. Alle Piloten schossen nun zielsicher. Unteroffizier Bauer schickte einen mit einem einzigen Feuerstoß hinunter. Der Pilot konnte mit dem Fallschirm abspringen. Es folgten Leutnant Oesau ebenso wie Leutnant Tietzen. Der Kommandeur schoss am 20. Juli zwei weitere Ratas ab und hatte damit acht Luftsiege auf seiner Liste. Beim nächsten Luftduell mit dem Gegner kamen neben dem Staffelkapitän noch fünf weitere Flugzeugführer zu Abschusserfolgen. Leutnant Lippert und Unteroffizier Boer waren dabei, aber keiner hatte Zeugen, so dass sie alle nicht anerkannt wurden. Alle hatten Treffer in den Maschinen. „Sie müssen alle noch viel mehr aufpassen!“, bemerkte Mölders in seinem Kriegstagebuch.

Als am 25. Juli 1938 die große Schlacht im Ebrobogen begann und einige der stärksten Divisionen der Rochos und zwei internationale Brigaden einen tiefen Einbruch erzielten, war es Generalleutnant Volkmann, der als Chef des Stabes der Legion Condor amtierte, zum Kommandierenden General des Ebrobogens flog und von General Maroqui seine Weisungen einholte. Alle deutschen Maschinen waren einsatzbereit. Am anderen Mittag waren sie zur Stelle, um den Flussübergang und die feindlichen Truppenansammlungen davor und dahinter unter Feuer zu nehmen.

Die flankierenden deutschen Jäger kämpften gegen die Feindflugzeuge, um die wichtigsten Höhen der Sierra Caballos und der Sierra Pandoles. Hier gelangen einigen deutschen Fliegern Erfolge gegen den Luftgegner. Werner Mölders Tagebuch weist folgende Notizen auf:

„Wir fliegen weiter mit Kampf- und Aufklärungsstaffeln sowie den Sturzbombern, gegen die Ebroübergänge. Hier schossen auch Ebbinghausen und Bauer ihren ersten Gegner ab. Jänisch folgt nach und Oberleutnant Kroeck hatte ebenfalls Erfolg."

Weiter mit Werner Mölders heißt es in seinem Tagebuch:

„Am 23. August machten die 1. und 3. Staffel freie Jagd, um die Martin-Bomber zu schnappen. Als wir nach einer Wartezeit von einer Stunde den Start um 13.15 Uhr frei bekamen, kamen auch schon die Martin-Bomber heran. Es waren zunächst nur sechs. Mein Zeichen wurde von der Staffel nicht bemerkt, da wir gerade eine Kehrtkurve flogen. Ich jagte also allein den Sechsen hinterher. Aus 200 Meter schoss ich auf den innen fliegenden Piloten der einen Kette. Die feindlichen Bordschützen erwiderten das Feuer. Mein Kabinenfenster wurde von Öl verschmiert; eine mächtige Flamme unter dem linken Motor des Gegners erkennend, war ich Sekunden darauf bereits über die Bomber hinweggezischt. In diesem Moment stießen jeweils eine Rata von rechts und links auf mich zu und Sekunden darauf erkannte ich noch zwei Ratas. Alle vier machten Jagd auf mich, so dass ich kurvend, trudelnd und dann bis auf wenige Meter hinunterstoßend – die Ratas im Genick – zur Front zurückpreschte, denn ich befand mich etwa 50 Kilometer hinter der feindlichen Front. Als ich bei Fraga den Fluss erkannte, drückte ich meine Maschine noch tiefer herunter, zischte über den Ebro hinweg und landete glücklich in La Cenia. Der erwartete große Erfolg war uns entgangen. Der ganze Tag war im Eimer!"

In den nächsten Tagen schoss Hauptmann Schellmann abermals eine Doublette, zwei Ratas wurden von Zweien meiner Unteroffiziere abgeschossen und als viertes Opfer konnte ich meine Abschussliste um einen Erfolg verbessern."

In dieser Weise ging es Woche für Woche und Monat für Monat weiter. Die Abschussliste von Werner Mölders wurde länger und länger. Noch war Schellmann einen Abschuss voraus. Am 9. September berichtete Mölders: „Heute hat es wieder einmal geschnackelt! Nach der 2. Staffel startete meine Staffel zur anschließenden freien Jagd. Es gelang Zweien meiner Männer je einen Gegner abzuschießen. Oberfeldwebel Kiening wurde abgeschossen."

Am 10. September 1938 holte Werner Mölders den neuen Kommandeur Hauptmann Walter Grabmann ab, der im Laufe seiner Einsatzzeit als Kommandeur in Spanien sieben Luftsiege erringen sollte. (Grabmann war nach seinem Einsatz in der Legion Condor Chef des Zerstörergeschwaders 76. Er wurde im April 1940 mit dem deutschen Handstreich gegen Norwegen zugleich Jagdführer für Nordnorwegen. In seinem Geschwader standen eine Reihe weiterer Spanienkämpfer.)

Hier eine Darstellung des damaligen Oberleutnant Mölders über den schicksalhaften 13. September 1938:

Aufgesessen auf leichte Panzer I rollen nationalspanische Einheiten durch einen Ort. Der Jubel muss nicht einmal gestellt sein. Leider geschahen auf beiden Seiten furchtbare Greueltaten, die das spanische Volk noch lange belasteten.

Oberstleutnant von Thoma, rechts im Bild, befehligte die kleine Panzerabteilung der „Legion Condor", die gleichzeitig als Lehrtruppe für die Spanier diente.

Freiherr von Funck befehligte das Heereskontingent in der Legion Condor.

Göring zeichnet Major Handrick mit dem Spanienkreuz aus.

Alle beteiligten deutschen Soldaten erhielten eine Auszeichnung.

Hitler lässt aus Anlass der Rückkehr der Legion Condor in Berlin eine große Parade abhalten. Die Fahnenträger am Brandenburger Tor

Hitler bedankt sich bei General von Richthofen, einem der Kommandeure der Legion Condor. Im Hintergrund sieht man über 300 Namenstafeln der Gefallenen im Spanischen Bürgerkrieg zwischen 1936-39.

Vorbeimarsch der Legion in den Uniformen, die in Spanien getragen wurden.

Frankreich wähnte sich hinter der Maginot-Linie sicher vor Hitlers Wehrmacht. Millionen von Soldaten waren für die französische Armee kurzfristig mobilisierbar.

Tausende Panzer und Geschütze aller Art machten Frankreich glauben, genügend gerüstet zu sein gegen einen Angriff. Die französische Politik war zerstritten, die führenden Militärs waren überaltert und in den Strategien des 1. Weltkrieges verfangen.

„Die Nationalen versuchen einen neuen Angriff und unsere ganze Legion rauscht um 10.30 Uhr gegen die feindlichen Stellungen an. Bereits um 11.20 Uhr sehe ich eine Ratastaffel, die sich an die Front herankurvt. Ich schieße auf den äußersten Vogel der letzten Kette. Er wird voll getroffen, bespritzt mich mit Öl und fällt. Sofortiger Wechsel auf den Kettenführer. Der bekommt seinen Segen. Ebbinghaus sah hinterher nur noch einen Fallschirm."

Am 23. September hatte Mölders Glück, als ein Unteroffizier seiner Staffel ihm aus einer schwierigen Klemme heraushalf. Mölders hatte gerade seinen achten Gegner vom Himmel geholt, als er von einer herabstoßenden Rata erwischt wurde. „In wilder Kurbelei versuchte Mölders, diesem, ihm im Nacken sitzenden Kerl, zu entkommen. Glücklicherweise schoss der schlecht."

In dieser prekären Situation stieß eine andere Me 109 aus überhöhter Position auf die Rata herunter. Mölders sah noch die Rauchspuren der Geschosse seines Kameraden, dann riss es die Rata förmlich nach oben und Sekunden später kippte sie vornüber in die Tiefe. Einer seiner Unteroffiziere hatte ihn herausgehauen.

Beim Abendstart erwischte Werner Mölders nach heftigem Gekurbel um ein Haar den neuen Gruppenkommandeur, der hier seine erste Rata überwand. Er traf jedoch, wie gewollt, jene Rata, die Hauptmann Grabmann im Nacken saß.

In den Oktoberkämpfen wurde Leutnant Bertram angeschossen, er sprang mit dem Fallschirm hinter der feindlichen Linie ab und wurde gefangengenommen. Lippert hatte in diesem Luftgefecht seinen vierten Gegner abgeschossen.

Während der folgenden Kämpfe mit wechselnden Ergebnissen schossen die beiden Piloten, die als „Holzaugenrotte" (Späher, die dauernd über der Staffel flogen, um feindliche Gegner frühzeitig zu erkennen) jeweils einen Martin-Bomber ab.

Nachdem sich Mölders und auch Oesau noch im Oktober jeweils einen Luftsieg erfochten hatten, erhielt der Staffelkapitän wenig später einen Anruf aus dem Führungsstab der „Legion Condor". Es war Oberstleutnant Plocher, der dem jüngeren Kameraden melden konnte, dass ihn „der Führer wegen hervorragender Leistungen als Jagdflieger vorzeitig zum Hauptmann befördert" habe. Im Alter von 25 Jahren hatte Werner Mölders diese Hürde genommen.

Ein dreifaches, donnerndes „Horidoh" der Staffelangehörigen leitete die Feier ein, die nun folgte.

Werner Mölders schrieb einige Tage darauf in sein Kriegstagebuch: „Am 31. Oktober ist der Kampf mit vollem Schneid wieder losgegangen."

Mölders holte seinen 12. und 13.Gegner vom Himmel. Leutnant Föző und Feldwebel Fleischmann rundeten mit je einem Abschuss diesen Luftkampf ab, der vier Gegnern das Ende bereitete. Bei Mora holte der Staffelkapitän dann noch seinen 14. Gegner herunter, der aus seiner brennenden Maschine mit dem Fallschirm abspringen konnte.

Diese dauernden Kämpfe am Ebro gingen am 16. November 1938 zu Ende und gleichzeitig musste auch Hauptmann Mölders diesen Kriegsschauplatz verlassen. Zur gleichen Zeit verließ auch die Führungsgruppe der Legion Condor, an ihrer Spitze Generalleutnant Volkmann und Oberstleutnant Plocher, Spanien.

Mit 14 anerkannten Abschüssen (und drei unbestätigten) war Mölders der erfolgreichste Flieger der „Legion Condor". Die Staffel hatte unter seiner Führung 42 Luftsiege errungen.

Ein einziger Flieger seiner Staffel, Unteroffizier März war beschossen worden und in Gefangenschaft geraten. Er wurde später ausgetauscht und kehrte zu seiner Staffel zurück.

Abschließend bliebe noch zu berichten, dass auch Werner Mölders seinen Kampfbericht als Jäger auf spanischem Boden ausarbeiten und der vorgesetzten Stelle vorlegen musste. Diesem Bericht waren wichtige Details zu entnehmen, die sofort ausgewertet und in den jungen Jägerstaffeln erprobt wurden. Wichtig war für Mölders die Zusammenarbeit mit der Infanterie, die Artilleriefeuervorbereitung und die Zerstörung der rückwärtigen Verbindungen des Gegners, sowie des feindlichen Nachschubs. Außerdem waren die Tiefangriffe erfolgreich und vor allem galt es, die Zusammenarbeit zwischen Heer und Luftwaffe zu intensivieren. Die Ausrichtung seiner Jagdstaffel auf eine möglichst breite Wirkungsfront setzte den Schlusspunkt.

Vom Flugplatz La Dena wurde Werner Mölders nach Deutschland geflogen. Acht Me 109 der 9./J 88 gaben der abfliegenden Maschine bis weit über das Meer ihr Geleit.

Auch Werner Mölders leistete in seiner neuen Position seinen Beitrag zur Auswertung aller Erkenntnisse in Spanien zu Gunsten der jungen Jägerwaffe. Er war auf der Iberischen Halbinsel zum Mitbegründer der taktischen und führungstechnischen Grundlagen der Jägerwaffe geworden und sollte mit Kriegsausbruch am 1. September 1939 seine Erkenntnisse als Kapitän der 1./Jagdgeschwader 53 und ab Oktober als Kommandeur der III./Jagdgeschwader 53 auf seine Männer übertragen. Neben diversen Auszeichnungen brachte auch er das Spanienkreuz in Gold mit Brillanten mit nach Hause.

Die erste Stellenbesetzung der Deutschen Gruppe vom 6. August 1936:

1 Transportfliegergruppe:	Oberleutnant Rudolf Freiherr von Moreau (11 Ju 52)
1 Bombergruppe:	Flugkapitän Alfred Henke (9 Ju 52/umgerüstet)
1 Jagdgruppe:	Hauptmann Otto-Heinrich von Houwald (6 He 51)

1 Flakausbildungsgruppe:	Leutnant Hermann (als Ausbildungsoffizier)
1 Bodengruppe	
1 Horstkompanie zur Sicherung	Oberleutnant Eberhard des Flugplatzes Tablada:

Vom 10. bis zum 17. August 1936 wurden alles in allem 2.853 deutsche Soldaten und neun Tonnen Kriegsmaterial über die Luftbrücke nach Spanien geschafft.

Vom 18. bis zum 25. August 1936 wurden 12 Tonnen Munition für die Truppen unter General Mola nach Spanien überflogen. Nach Ende der Luftbrückeneinsätze waren es, drei Wochen später, insgesamt 4.824 Soldaten und 54,9 Tonnen Kriegsmaterial, die diesen Weg nahmen.

Im weiteren Verlauf der Aufstockung der „Legion Condor" wurde dann ein Pendelverkehr eingerichtet, den jeweils vier Ju 52 wöchentlich versahen.

Es war der damalige Oberleutnant Johannes Trautloft, der am 25. August 1936 den ersten deutschen Luftsieg in Spanien erzielte.

Um die Lage in Spanien auszuloten, wurde Oberst Walter Warlimont durch Reichskriegsminister von Blomberg nach Spanien entsandt. Dieser meldete am 12. September 1936:

„Für einen schnellen Sieg der spanischen Truppen sind größere Lieferungen, vor allem Flak und Luftwaffenkräfte, erforderlich. Sturzkampf- und Schlachtflugzeuge müssen schwerpunktmäßig taktische Erdkampfunterstützung leisten."

Aufgrund dieses Berichtes wurde der „Sonderstab W damit" beauftragt, einen Panzerverband zusammenzustellen, der unter dem Kommando von Oberst Wilhelm Ritter von Thoma mit 120 Freiwilligen aus den Panzerregimentern 4 und 6 rekrutiert wurde. Dieser Kader wurde auf insgesamt 600 Mann erhöht und bildete eine Panzerabteilung von zuerst 36, später 50 Panzern. (Soviel zum Kontingent der in Spanien kämpfenden Panzersoldaten, der Panzerabteilung „Drohne".)

Auch die Luftwaffenkräfte wurden in dem vorab dargelegten Umfang verstärkt. Die Geburtsstunde der „Legion Condor", die sich auf ihrem Höhepunkt auf etwa 5.000 Soldaten belief, hatte geschlagen. Da diese insgesamt viermal ausgetauscht wurden, haben sich insgesamt 20.000 deutsche Soldaten der gesamten „Legion Condor" in Spanien aufgehalten.

Dass der sagenhafte Stuka, die Ju 87, bereits im Jahre 1937 in Spanien zum Einsatz gekommen sein soll, ist ein unfrommes Märchen. Der erste Einsatz dieser Waffe, und dies nur mit einigen wenigen Maschinen, begann im Frühjahr 1938. Ebenso kam die Heinkel He 111 erst kurz vor dem Ende in Spanien – ebenfalls nur mit einigen wenigen Maschinen - zum Einsatz. Eine „erfolgreiche Rolle im gesamten Spanischen Bürgerkrieg“, spielte keiner der beiden Flugzeugtypen.

Die Nachkriegsgeschichtsschreibung über Guernica

Wenn noch zu Kriegszeiten der „vernichtende“ Bombenangriff auf Guernica mit 1.600 Toten und 800 Verwundeten dargestellt, und die deutsche Luftwaffe als ein Terrorkommando bezeichnete wurde, das „von deutschen Luftpiraten auf eine friedliche Stadt verübt“ worden sei, so zeichneten sich später, nachdem die Hasstiraden abgeklungen waren, ein nüchterneres Bild der Lage ab. Es wurde durch verschiedene wissenschaftliche Arbeiten unter Beweis gestellt, dass Guernica so nicht stimmte. Der durch Oberst Vigon der Führung der Legion Condor überbrachte Befehl der spanischen Führung lautete: „Der Rückweg der republikanischen Truppen durch Guernica ist wirkungsvoll abzuschneiden.“

Der Chef des Stabes, Oberst Freiherr von Richthofen verfügte in der Einsatzplanung:

„Wir setzen sofort ein:

A 88 (Aufklärungsstaffel)

J 88 (Jagdgruppe)

K 88 (Kampfgruppe) nach ihrer Rückkehr vom Einsatz

VB (Versuchsbomberstaffel mit 9 Ju 52) und Italiener auf Straßen und Brücken einschließlich der feindbesetzten Vorstadt hart ostwärts Guernica.

Dort muss zugemacht werden, soll endlich ein Erfolg gegen die Personal- und Materialnachführungen des Gegners herausspringen.“

Oberst Vigon sagte zu, dass alle Straßen südlich Guernica gesperrt werden. Gelingt dies, haben wir den Gegner im Raume Marquina im „Sack“. (Siehe dazu auch: Maier, Klaus A: Guernica, Freiburg i. Br. 1975 Bundesarchiv/Militärarchiv).

An diesem Angriff waren neben den Soldaten in den Maschinen auch die Staffelführer der Versuchsbomberstaffel beteiligt. Es waren die Oberleutnante Hans-Henning Freiherr von Beust und Oberleutnant von Knauer beteiligt. (Von Beust sollte im Verlaufe des Krieges als Kampffliegerkommodore Ritterkreuz und Eichenlaub erringen.)

General der Flieger Adolf Galland hat in seinem Werk „Die Ersten und die Letzten“, das er dem Autor zur Verfügung stellte, vorab bereits die besonderen Umstände um Guernica umrissen.

Die Zahl der Toten in der Kleinstadt mit rund 4.100 Einwohnern, sollte nach den Horrormeldungen der „vereinigten Gräuelpresse“ 1.600, die der Verwundeten 800 betragen, obwohl die Stadt weitgehend von ihren Bewohnern verlassen worden war und weitere 400 in der Armee dienten. Allein in Durango und Marquina, wohin die Bewohner vor den „Roten" geflohen waren, wurden über 2.000 Menschen aus Guernica gezählt.

Die Zahl der gemeldeten Toten erfuhr denn auch nach dem Kriege eine drastische Korrektur. Nach genauen Recherchen des spanischen Historikers Jesus Saler, waren 120 Tote zu beklagen gewesen, von denen lediglich 20 identifiziert werden konnten.

Die Recherche von Luis Suarez Fernandez ergab eine Zahl von 100 Toten. (Siehe dazu auch Claude Mertin: Franco – Eine Biographie, Graz 1995).

Das Militärische Forschungsamt in Freiburg im Breisgau berichtete in ihren Monatsschriften folgendes:

„Die Ju 52 als Hilfsbomber", die über Guernica zum Einsatz kommen sollten, „verfügten über Zielvorrichtungen die sich nur eingeschränkt für Punktziele eigneten. So fiel die Masse der Bomben zu kurz und verfehlte das Ziel. Sie schlugen vor der Brücke in freiem Feld ein. Ein Teil der Bomben jedoch wurde zu spät geworfen. Diese fielen in die Vorstadt von Guernica, wo Gebäude zerstört und bedauerlicherweise Menschen getötet wurden. Es handelte sich eindeutig um ein Missgeschick und keinesfalls um einen Terrorangriff. (So das Ergebnis der in den Achtzigerjahren durchgeführten Untersuchung durch neutrale Experten, die vom Bundesministerium für Verteidigung in Auftrag gegeben worden war.)

Während dieser Untersuchung wurde ein bisher völlig verschwiegenes Faktum aufgedeckt: „Guernica wurde durch Artilleriebeschuss beider Seiten wesentlich schwerer getroffen, als durch den unbeabsichtigten Bombenabwurf.

Die kolportierten Horrorzahlen aber trugen neben dem Gemälde von Pablo Picasso über „Guernica" zu dem Mythos bei, dass Guernica das Opfer eines Terrorangriffs geworden sei.

Die erfolgreichen Flieger der Legion Condor

(Piloten mit fünf und mehr Luftsiegen)

Oberleutnant Werner Mölders	14 Luftsiege
Hauptmann Wolfgang Schellmann	12 Luftsiege
Hauptmann Harro Harder	11 Luftsiege
Leutnant Peter Boddem	10 Luftsiege
Oberleutnant Otto Bertram	9 Luftsiege
Oberleutnant Wilhelm Ensslen	9 Luftsiege

Leutnant Herbert Ihlefeld	9 Luftsiege
Oberleutnant Walter Oesau	9 Luftsiege
Oberleutnant Reinhard Seiler	9 Luftsiege
Hauptmann Herwig Knüppel	8 Luftsiege
Oberleutnant Hans-Karl Mayer	8 Luftsiege
Oberleutnant Eberhardt Kraft	7 Luftsiege
Hauptmann Walter Grabmann	7 Luftsiege
Oberleutnant Horst Tietzen	7 Luftsiege
Oberleutnant Wilhelm Balthasar	6 Luftsiege
Oberleutnant Rolf Pingel	6 Luftsiege
Unteroffizier Kurt Rochel	6 Luftsiege
Unteroffizier Herbert Schob	6 Luftsiege
Unteroffizier Georg Braunshirn	5 Luftsiege
Major Gotthard Handrick	5 Luftsiege
Hauptmann Otto-Heinrich von Houwald	5 Luftsiege
Leutnant Wolfgang Lippert	5 Luftsiege
Hauptmann Günther Lützow	5 Luftsiege
Hauptmann Joachim Schlichting	5 Luftsiege
Unteroffizier Willi Szuggar	5 Luftsiege
Hauptmann Hannes Trautloft	5 Luftsiege

DIE VORGESCHICHTE

Versailles: Zweiter Weltkrieg vorprogrammiert

Der Vertrag von Versailles, mit dem der Erste Weltkrieg offiziell beendet wurde, erlebte seine Unterschriften am 28. Juni 1919 und trat am 10. Januar 1920 in Kraft.

Seit dem 18. Januar 1919 hatte die Friedenskonferenz getagt, an der 32 alliierte und assoziierte Staaten teilnahmen. Deutschland und die übrigen besiegten Staaten waren von der Teilnahme an der Friedenskonferenz ausgeschlossen. Die Entscheidungsgewalt lag allein bei Präsident Wilson für die USA, bei David Lloyd George für Großbritannien und bei Clemanceau für Frankreich. Hinzugekommen war ein "Rat der Zehn". Dieser war durch die Hereinnahme von Japan und Italien auf zwölf Mitglieder verstärkt worden. Auch der engere Rat der Vier wurde durch Italien zum Rat der Fünf erweitert.

Das Deutsche Reich wurde zum Alleinschuldigen des Ersten Weltkrieges erklärt und hatte demzufolge auch für alle durch ihn entstandenen Schäden aufzukommen. Dieses Diktat - Deutschland war ja nicht vertreten, konnte sich also auch nicht verteidigen - wurde zum künftigen Völkerrecht Europas erklärt. Es bedeutete in seinen Zielsetzungen:

1.) Die wirtschaftliche Ausbeutung Deutschlands auf unbestimmte Zeit.
2.) Die Annexion großer deutscher Landgebiete durch die Siegermächte.
3.) Den Entzug der deutschen Kolonien.
4.) Die militärische Besetzung des Rheinlandes.

Alles dies leitete sich aus dem "Kriegsschuldparagraphen" 231 dieses Diktates ab. Hinzu kam jene berüchtigte Mantelnote des 16. Juni 1919. Darin wurde der Erste Weltkrieg als "von Deutschland angezettelt" und "als größtes Verbrechen gegen die Menschheit" bezeichnet. Wir Heutigen kennen das gut.

Als dieses Ergebnis bekannt wurde, baten die deutschen Vertreter um ihre Teilnahme an der mündlichen Verhandlung. Dies wurde abgelehnt, stattdessen erhielt Deutschland am 7. Mai 1919 die Friedensbedingungen schriftlich. Die deutschen Gegenvorschläge erfolgten ebenfalls schriftlich, nicht ohne darauf hinzuweisen, daß dieses Diktat unter Bruch jener 14 Punkte des US-Präsidenten Wilson erlassen worden sei, die während der Waffenstillstandsverhandlungen von *beiden* Seiten als verbindlich anerkannt worden waren.

Der Versailler Vertrag war ein *Meisterwerk der Vernichtung eines Volkes.* Er basierte auf der Auffassung der Siegermächte, die der britische Staatschef David Lloyd George auf der in London stattfindenden Reparationskonferenz vom 3. März 1921 noch einmal bekräftigte:

"Für die Alliierten ist die deutsche Verantwortlichkeit für den Krieg grundlegend. Sie ist die Basis, auf welcher das Gebäude dieses Vertrages errichtet wurde. Wenn diese Anerkennung versagt oder aufgehoben wird, ist der Vertrag zerstört.

Wir wünschen daher ein für allemal klarzustellen, daß die deutsche Verantwortlichkeit für den Krieg von den Alliierten als endgültig feststehend behandelt werden muß." (Siehe dazu Lutz, H.: Verbrechervolk im Herzen Europas?).

Die Strafen für diese deutschen "Verbrechen" waren: Gebietsabtretungen, Diskriminierungen aller Art, Reparationsleistungen, Kontrollrechte und vieles andere mehr.

Ministerpräsident Philipp Scheidemann (SPD) erklärte nach der Vorlage dieses "100-Paragraphen-Werkes":

"Lassen Sie mich ohne taktische Erwägungen reden! Dieses Werk, das in allen Paragraphen mit den Worten *'DEUTSCHLAND VERZICHTET'* beginnt, dieser schauerliche und *mörderische Hexenhammer*, mit dem einem großen Volk das Bekenntnis der eigenen Unwürdigkeit, die Zustimmung zur erbarmungslosen Zerstückelung, das Zugeständnis mit Versklavung und Helotentum abgepreßt werden soll, dieses Buch darf *niemals* Gesetzbuch der Zukunft werden.

Dieser Vertrag ist nach Auffassung der Reichsregierung unannehmbar. So unnannehmbar, daß ich heute noch nicht zu glauben vermag, die Erde könnte ein solches Buch ertragen, ohne daß aus Millionen und Abermillionen Kehlen — aus allen Ländern — ohne Unterschied der Parteien — der Ruf erschallt:

Weg mit diesem Mordplan!" (Siehe: Tägliche Rundschau vom 11. Mai 1919).

Vielen Politikern war es bereits 1919 klar, daß diese "neuen Grenzregulierungen", wie der Landraub per Versailler Vertrag genannt wurde, *zu einem neuen Krieg* zwischen Deutschland und Polen *führen müsse*. So US-Außenminister Robert *Lansing*, Ministerpräsident *Nitti* aus Italien, der niederländische Gesandte *van Schwinderen* und selbst Präsident Thomas *Woodrow Wilson*, der 1919 bekundete:

"Die Friedensbedingungen von Versailles tragen alle Keime eines neuen Krieges in sich." (Siehe: Penrith, Howard E. of.: Theatre of Life.")

Die Weimarer Republik, dies muß zu ihrer Ehrenrettung gesagt werden, lehnte die Auslieferung der "deutschen Kriegsverbrecher" *einstimmig* ab und wählte den *ersten* Anwärter auf der alliierten Auslieferungsliste, den Feldmarschall Paul von Hindenburg, 1925 für zwei Amtsperioden zu ihrem Reichspräsidenten. Sämtliche Weimarer Regierungen wiesen auch die Anklagen des Versailler Vertrages einstimmig zurück und forderten die Einsetzung eines *unparteiischen* Gerichtes. Diesem Antrag wurde allerdings nie stattgegeben, obgleich inzwischen auch auf der Gegnerseite prominenten Mitwirkenden an diesem Diktat Zweifel gekommen waren. Als David Lloyd George am 7. Oktober 1928 in der Guild Hall zu London jene Rede hielt, die in Deutschland unterdrückt und nicht veröffentlicht wurde, war es denjenigen, die die 'Times' ergattern konnten, klar, fiel es ihnen wie Schuppen vor den Augen, denn darin hieß es:

"Die gesamte Dokumentation, die uns gewisse Alliierte vorlegten, war *erlogen* und *erschwindelt.* Wir haben in Versailles aufgrund von *Fälschungen* entschieden." (Siehe Rabl, K.: Das Selbstbestimmungsrecht der Völker).

Das im Versailler Vertrag postulierte "Selbstbestimmungsrecht der Völker" und die Souveränität Deutschlands wurden immer wieder verletzt, ja mit Füßen getreten. *Große Deutsche Gebiete* wurden vom Reich abgetrennt und trotz gegenteiligter Abstimmungsergebnisse *von Polen annektiert.* Die Versailler Grenzziehung selber wurde sogar von Polen mehrfach *übertreten.* Das *Memelgebiet* wurde *ohne* Volksabstimmung von Litauen überfallen. Im März 1921 wurde eine Vielzahl westdeutscher Städte von Ruhrort bis Oberhausen *durch Frankreich militärisch besetzt.* Das gesamte *Ruhrgebiet folgte* 1923 nach. Aber ein weitaus schlimmeres Vergehen sollte folgen, zu dem der Völkerbund schwieg und das Grauen geschehen ließ, das nachfolgend weiteres Grauen erzeugte.

Vertreibung nach dem Ersten Weltkrieg

Bis zum Jahre 1922 wurden *bis zu einer Million Deutscher* aus ihrer angestammten Heimat im Osten des Reiches, aus Elsaß-Lothringen und aus den deutschen Kolonien *vertrieben.* Davon allein *500.000 aus Westpreußen, Posen und Ost-Oberschlesien.* 100.000 kamen aus dem Baltikum sowie aus Rußland hinzu.

In diesen Deutschland entrissenen Landesteilen (einschließlich Elsaß-Lothringen) befanden sich 75 Prozent der Zink- und Eisenerzförderung Deutschlands, 28 Prozent der Kohleförderung und etwa 20 Prozent der jährlichen Kartoffel- und Getreideernte.

Dies geschah *nicht ohne* die besondere *Absicht,* Deutschland am Boden zu halten.

Gegen die Abtretungen im Osten Deutschlands, der 800 Jahre lang deutsch gewesen war, protestierte der Aktionsausschuß Nord auf der Marienburg am 27. Mai 1919. Einen Tag später konstituierte sich ein Fünferausschuß, der mit dem Ostparlament zusammenarbeiten sollte. Er setzte sich aus jeweils fünf Vertretern des Ostpreußischen Heimatdienstes und den Volksräten von Posen und Westpreußen zusammen.

Ohne jede Abstimmung waren Westpreußen, der größte Teil von Posen einschließlich des Bezirkes von Bromberg - mit dem Kulmerland, das von Konrad von Masowien dem deutschen Ritterorden im 13. Jahrhundert geschenkt worden war — und dem Gebiet von Soldau von Polen in Besitz genommen. Das Selbstbestimmungsrecht der Völker, die hehre Grundidee von Versailles, griff nicht.

Auf *Danzig* und die sie umgebende Niederung mußte ebenso wie auf *Memel* Verzicht geleistet werden, obgleich Memel eine 1252 gegründete Stadt des Deutschen Ordens war, die von Dortmunder Siedlern erbaut wurde und den Namen "Nova Tremonia" - (Neu-Dortmund) erhalten sollte. Danzig und Umgebung wurden zur Freien Stadt erklärt.

Lediglich der Landkreis Schälanke und Schneidemühl mit kleinen Randgebieten Posen-Westpreußens blieben bei Deutschland. Die vier rechts von Weichsel und Nogat gelegene Kreise Westpreußens aber: Marienburg, Stuhm, Marienwerder und Rosenberg sowie das gesamte südliche Ostpreußen mit den masurischen Kreisen Neidenburg, Ortelsburg, Sensburg, Johannisburg, Lyk, Oletzko und Lützen, ferner der oberländische Kreis Osterode und die Stadt mit Kreis Allenstein sollten durch Volksabstimmung entscheiden, ob sie zu Polen wollten oder bei Deutschland bleiben wollten.

Nach Inkrafttreten des Friedens am 18. Januar 1920 übernahm der britische Diplomat Sir Reginald Tower die Führung des Staatsrates der "Freien" Stadt Danzig als Oberkommissar.

Die Abstimmungen — Die Ergebnisse

In beiden Gebieten erfolgte die Abstimmung am selben 11. Juli 1920. Sie endeten - trotz aller polnischen Behinderungen - mit einer überwältigenden Mehrheit für Deutschland. Die Quoten lagen bei etwa 95 Prozent für Deutschland. In Allenstein Stadt und Land gaben 2,1 Prozent ihre Stimme für Polen ab. In Masuren mit angeblich überwiegender polnischer Bevölkerung stimmten 99,3 (!) Prozent der Gesamtbevölkerung für Deutschland. Damit waren - diesmal galt der Wunsch der Bevölkerung - nach dem Selbstbestimmungsrecht der Völker diese Gebiete gerettet.

Die Ergebnisse dieser Wahlen zeigten, daß bei einer Wahl in dem gesamten mit Gewalt von Deutschland losgerissenen Gebiet *kein* Quadratmeter Landes polnisch geworden wäre. Diese Ergebnisse machten deutlich, daß von einer überwiegend polnischen Bevölkerung in diesen Gebieten nicht die Rede sein konnte. Die Gebietsabtrennungen waren demzufolge nichts anderes als Raub.

Trotz der Wahlsiege mußten die betroffenen Gebiete eine Reihe "tiefgreifender Grenzberichtigungen" über sich ergehen lassen, denen viele hundertprozentig deutsche Dörfer zum Opfer fielen.

Der Ostpreußen zugestandene Zugang zur Weichsel und nach Danzig bestand beim Hafen Kurzebrack in einem vier Meter (!) breiten Weg, der durch Schlagbaum und Grenzposten abgesperrt war.

Die Münsterwalder Eisenbahnbrücke, die von 1906 bis 1909 mit einem damals sagenhaften Kostenaufwand von 10 Millionen Reichsmark errichtet worden war, wurde abgebaut, ins polnische Thorn überführt und dort über die Weichsel geschlagen. Damit hatte Polen auch ein Brückenbauwerk errichtet. Es war die billigste Brücke der Welt. Sie kostete — nichts.

Am 15. November 1920 wurde durch den stellvertretenden Völkerbunds-Kommissar die Errichtung der Freien Stadt Danzig feierlich verkündet. Durch eine formelle Erklärung vom 13. Mai 1922 übernahm der Völkerbund den Schutz dieser Sadt.

Am 10. Januar 1923 machte Litauen mit stiller Zustimmung der französischen Besatzung durch einen Handstreich den Verhandlungen um Memel und das dazu gehörende Umland rechts der Memel ein Ende, indem es seine "Freischaren" dort einfallen ließ, um "das Land zu befreien"! Die alliierten Mächte, die den Schutz von Memel zu überwachen hatten, reagierten nicht. Die französischen Überwachungstruppen marschierten ab und überließen den "Freischaren" das Feld.

Die Schand-Unterschrift in letzter Not

Daß Deutschland diesen "Schandvertrag" doch noch unterschrieb, hat seinen besonderen Grund, der bisher in der Geschichtsschreibung schamhaft verschwiegen wurde, weil er zeigt, wessen Sieger alles fähig sein konnten und können.

Der deutschen Reichsregierung wurde — nachdem diese ihre Truppen im Vertrauen auf die 14 Punkte Wilsons entwaffnet und heimgeschickt hatte, — eröffnet, daß bei Nichtunterzeichnung sofort alliierte Truppen in ganz Deutschland einmarschieren würden und daß die *nach* dem Waffenstillstand gegen Deutschland verhängte Hungerblockade auch auf die Ostsee ausgedehnt werden würde. Diese Hungerblockade, die also auch *nach* dem Waffenstillstand aufrechterhalten wurde, hat 800.000 Menschen, überwiegend Frauen, Greise und Kinder, jämmerlich verhungern lassen. Diese Maßnahme wurde am 3. März 1919 (!) vor dem britischen Unterhaus durch *Winston Churchill* mit folgenden Worten gepriesen:

"Wir haben alle Zwangsmittel in voller Tätigkeit, oder zum sofortigen Einsatz bereit. Wir führen die Blockade mit allem Nachdruck durch. Deutschland ist dem Hungertode nahe. *Jetzt* ist daher der Augenblick zum Verhandeln gekommen." (Siehe Herda, H.: Die Schuld der anderen).

So nahm es nicht wunder, daß Winston *Churchill* selbst innerhalb seiner eigenen Partei als *"Hauptverfechter der Kriegspolitik"* genannt wurde. (Siehe Hoare, S.: Neun bewegte Jahre — Englands Weg nach München).

Der Betrug in Oberschlesien

Ebenso wie in West- und Ostpreußen agierten die Alliierten im Industrierevier von Oberschlesien. Dort wurden nach dem Passus der Pariser Vorortverträge ebenfalls Abstimmungen abgehalten. Für Oberschlesien fanden sie am 20. März

1921 statt. Das Ergebnis erbrachte 717.000 Stimmen für Deutschland, was 59,6 Prozent aller Stimmen ergab. Dies nach radikaler dreijähriger Polonisierung und Terrorisierung. Für Polen votierten 434.000 Stimmen, was 40,3 Prozent entsprach. Doch Polen wollte sich nicht an dieses eindeutige Votum halten.

Der Korfanty-Aufstand, bei dem der polnische Rechtsanwalt Wojciech Korfanty am 23. März 1921 zum Kampf aufrief, der schließlich am 3. Mai 1921 auch losbrach, stellte das Abstimmungsergebnis wieder auf den Kopf.

Eine große Zahl deutscher Zivilisten wurde ermordet, ehe sich die Interalliierte Kommission zum Eingreifen veranlaßt sah. Britische Truppen marschierten ein. Zuvor waren mit der franz. Besatzung auch italienische Alpini da, die mit Bergstiefeln anrückten, doch nicht in den "Berg" , nämlich in die Gruben einfuhren. Die deutschen Selbstschutz-Verbände, die unter General Höfer am Annaberg siegreich geblieben waren, und die polnischen Freischaren zogen sich zurück. Im Oktober 1921 wurde Oberschlesien aufgeteilt. Das Abstimmungsergebnis diente nicht einmal zum Schein als Grundlage der neuen Grenzziehung. Man wollte mit dieser neuen Grenzziehung das "Minderheitenproblem" berücksichtigen. Was dies mit dem Selbstbestimmungsrecht der Völker zu tun hatte, blieb schleierhaft.

Die Abstimmung wurde dadurch zur Farce, die Kommissionen lächerlich gemacht und Deutschland weitere 3.200 Quadratkilometer deutschen Landes entrissen, in dem 950.000 deutsche Menschen wohnten. Städte wie Kattowitz mit 57 Prozent deutscher Bevölkerung, Königshütte mit 75 Prozent der Stimmen für Deutschland und andere mehr gingen verloren. Das Ziel der Sieger war erreicht: Deutschland jene mehr als 75 Prozent der oberschlesischen Steinkohleförderung und mindestens 80 Prozent der Bleierz- und Zinkerzeugung zu entreißen.

Ausgerechnet der polnische Staatschef Marschall *Pilsudski*, der lieber Kiew erobern wollte, wies in einem Berühmtheit erlangenden Ausspruch auf die Unmöglichkeit eines solchen Vorgehens hin:

"Also Euch gelüstet es nach Oberschlesien, aber Oberschlesien ist doch eine uralte preußische Kolonie!" (Siehe Heiß, F.: Deutschland und der Korridor).

An dieser Stelle noch eine Ausführung von David *Lloyd George*, welche die Situation schlaglichtartig beleutet:

"Ich wiederhole Ihnen, daß wir niemals daran gedacht haben, Polen eine Provinz zu geben, die seit 900 Jahren nicht mehr polnisch gewesen ist. Dieser Vorschlag der Kommission, daß wir 2,1 Millionen Deutsche der Autorität eines Volkes mit einer anderen Religion unterstellen sollen, eines Volkes, das im Laufe der Geschichte noch niemals gezeigt hat, daß es sich zu regieren versteht, dieser Vorschlag mußte früher oder später zu einem neuen Krieg im Osten Europas führen." (Siehe Seraphim, Maurach, Wolfrum: Ostwärts von Oder und Neiße).

Dennoch geschah es so und nicht anders. Nicht erst Hitler drängte auf die Rückgabe dieser Deutschland entrissenen Gebiete einschließlich Danzigs. Nein, schon Reichsaußenminister *Gustav Stresemann* forderte lange Jahre vorher folgendes:

"Eine meiner wesentlichsten Aufgaben ist die Korrektur der Ostgrenzen: Die Wiedergewinnung Danzigs, des polnischen Korridors und eine Korrektur der Grenzen in Oberschlesien.

Daß wir diese Grenzen im Osten *nicht* anerkennen, habe ich zum Leidwesen der polnischen Regierung einst in einer öffentlichen Rede im Auswärtigen Ausschuß zum Ausdruck gebracht, als ich erklärte, daß *keine* deutsche Regierung von den Deutschnationalen bis zu den Kommunisten *jemals* diese Grenze des Versailler Vertrages anerkennen würde." (Siehe: Bernhard, H.: Gustav Stresemann, Vermächtnis — Nachlaß, und: Stresemann in seinem Brief vom 7. September 1925 an den deutschen Kronprinzen).

"In der Tat schaffte vor allem der polnische Korridor durch sein bloßes Dasein in politischer und wirtschaftlicher Beziehung einen Zustand permanenter Unruhe und Unsicherheit; er verhinderte eine im Interesse beider Länder liegende fruchtbare Zusammenarbeit. Seine baldige Beseitigung bildet einen wichtigen Bestandteil der Befriedigung Gesamteuropas." (Siehe: Deutsches Staatslexikon, Verlag Herder, Freiburg i.Brg. 1931).

"Minderheitenschutz in Polen"

Der neugeschaffene polnische Staat riß im Frieden von Riga zwischen Polen und der Sowjetunion sieben Millionen Ukrainer und zwei Millionen Weißrussen aus dem russischen Staatsverband, er verleibte sich weite Gebiete Rußlands ein, um seinen Traum von großpolnischen Reich zu verwirklichen.

Zur Annexion des Memellandes schrieb der "Dzien Polski" im Jahre 1923: "Die Besitzergreifung des Memellandes ist eine Probeaktion auf die unabwendbar kommende Besitzergreifung Ostpreußens durch Polen." (Siehe auch: Galera, G.S. von: Geschichte unserer Zeit, Bd. VI).

Die "Gazeta Gdansk" ging am 9. Oktober 1925 noch einen Schritt weiter, als sie schrieb:

"Polen muß darauf bestehen, daß es ohne Königsberg, ohne ganz Ostpreußen nicht existieren kann. Wir müssen in Locarno fordern, daß ganz Ostpreußen liquidiert wird. Sollte dies nicht auf friedlichem Wege geschehen, dann gibt es ein zweites Tannenberg. (nach dem ersten polnischen Sieg bei Tannenberg im Jahre 1410). Alle Länder kehren dann sicher in den Schoß des geliebten Vaterlandes zurück." (Siehe Höltje, Chr.: Die Weimarer Republik und das Ostlocarno-Problem 1919-1945).

Den Gipfelpunkt aller Forderungen erhob der polnische Generalstabsoffizier H. Baginski in einem Werk der "polnischen Kommission für internationale intellektuelle Zusammenarbeit", das 1927 erschien. Er erklärte darin:

"So lange wird es keinen Frieden in Europa geben, bis nicht die polnischen Länder an Polen zurückgegeben sein werden, so lange nicht der Name Preußen — der ja der Name eines nicht mehr vorhandenen Volkes ist — von der Karte Europas getilgt sein wird und solange nicht die Deutschen ihre Hauptstadt Berlin weiter nach Westen verlegen. Nach Magdeburg oder Merseburg." (Siehe Martel Rene: Deutschlands blutende Grenzen).

In diesem Sinne wurden in den nächsten Jahren alle deutschen Vorschläge der Folgezeit, die die Frage des polnischen Korridors beilegen sollten, beantwortet.

Im Jahre 1930 setzte die staatliche polnische Wochenzeitschrift "Mocarstwowiec" auf dieses alles den Höhepunkt:

"Wir sind uns bewußt, daß ein Krieg zwischen Deutschland und Polen *nicht* vermieden werden kann. Wir müssen uns systematisch und energisch auf diesen Krieg vorbereiten.

Die heutige Generation wird sehen, daß ein neuer Sieg bei Grunwald in die Seiten der Geschichte eingeschrieben werden wird. Aber wir werden diesen Sieg — dieses Grunwald (es handelt sich um Grunwald bei Tannenberg, wo Polens Truppen 1410 siegreich waren und den deutschen Ritterorden schlugen) in den Vorstädten von Berlin erringen."

Deutlicher konnte nicht gesagt werden, daß Polen die Vernichtung Deutschlands wollte und herbeizureden versuchte. Dies wird auch bei B. Colonna in seinem Werk "Poland from the Inside" dokumentiert. Dort heißt es weitergehend:

"Unser Ziel ist es, uns Preußen vom Pregel bis zur Spree einzuverleiben. In diesem Krieg wird es keine Gefangenen geben, es wird keinen Platz für humanitäre Gefühle geben. Wir werden die ganze Welt mit unserem Krieg gegen Deutschland überraschen."

Um dieses Ziel zu erreichen, begann Polen noch im Jahre 1921 insgesamt 100.000 Deutsche von ihren Höfen zu verjagen, sie zu enteignen und aus ihrer Heimat zu vertreiben. Dies ging über volle zwölf Jahre so weiter. Am "schwarzen Palmsonntag" des Jahres 1933 kam es in Lodz (Litzmannstadt) zur Demolierung und Vernichtung deutscher Schulen, Verlage, Buchhandlungen und Geschäfte. Alle Beschwerden und Petitionen an den Völkerbund, der ja "die Sicherheit und Unversehrtheit der deutschen Minderheiten in Polen garantiert" hatte, wurden nicht einmal bearbeitet. (Siehe Rabl, K.: Das Selbstbestimmungsrecht der Völker).

Wenige Monate zuvor hatte der Manchester Guardian am 14. Dezember 1932 berichtet.

"Die deutschen und russischen Minderheiten in Polen sollen verschwinden. Polnische Politik ist es, dafür zu sorgen, daß sie nicht nur auf dem Papier verschwinden. Diese Politik wird unbarmherzig vorangetrieben."

Bis zum August 1939 wurden auf diese Art und Weise 1,5 Millionen Deutsche aus dem Land ihrer Väter vertrieben. In den Sommermonaten des Jahres 1939 betrug die Zahl der Vertriebenen bis zum 21. August 75.000 Menschen.

Wie Deutschland reagierte

Nach den preußischen Landtagswahlen von 1920 wurde Otto Braun Ministerpräsident in Preußen. Am 30. November dieses Jahres erhielt Preußen eine neue demokratische Verfassung. Das von Otto Braun mit zwei kurzen Unterbrechungen bis 1932 geleitete Land Preußen stemmte sich alle Jahre hindurch gegen die Forderung, daß "Preußen sterben müsse, damit das Reich leben" könne. Er hielt dagegen: "Wenn wir zu einem einheitlichen und geschlossenen Deutschen Reich kommen wollen, sollten wir Preußen erhalten." (Siehe Braun, Otto: Von Weimar zu Hitler).

Preußen sollte nach den Vorstellungen seines Ministerpräsidenten als Kern eines deutschen Einheitsstaates dienen, wie er dies im Februar 1927 vor dem preußischen Landtag verkündete. Immerhin gehörten drei Fünftel des gesamten Reichsgebietes und 60 Prozent der Bevölkerung Deutschlands zu Preußen, womit es zum größten deutschen Teilstaat wurde.

Dies blieb Preußen, bis am 24. April 1932 die Koalition einer Minderheitenregierung antrat, die am 20. Juli 1932 durch einen Staatsstreich des seinerzeit amtierenden Reichskanzlers von Papen am Amtieren gehindert wurde. Von Papen ließ sich zum Reichskommissar von Preußen ernennen. Am 17. November 1932 mußte er seinen Rücktritt einreichen und ebnete damit Hitlers Weg zur Kanzlerschaft.

Durch diese rechtswidrigen Aktionen des Reichskabinetts Papen-Gayl und Schleicher wurde am 20. Juli 1932 die Existenz Preußens beendet. Gauleiter und Reichskommissar hatten fortan in den Provinzen Preußens das Wort. Die Alliierten gaben Preußen am 25. Februar 1945 den Todesstoß.

Hitlers Weg mit Polen

Nachdem Reichspräsident von Hindenburg den General von Schleicher, der am 2. Dezember 1932 das Amt des Reichskanzlers übernommen hatte, fallenließ, begann am "Tage der Machtübernahme" durch Adolf Hitler die zwölfjährige Aera des Dritten Reiches. Hermann Göring wurde zum Ministerpräsidenten von Preußen ernannt, das preußische Kabinett am 21. April 1933 in Berlin gebildet.

Daß nach dem 30. Januar 1933 Polen weiter aktiv blieb und vom 6. bis 15 März ein weiteres Mal Truppen in Posen-Westpreußen versammelte, die jederzeit gegen Danzig, Ostpreußen und Schlesien marschieren konnten, war der deutschen Führung bekannt. Ebenso war ihr ersichtlich, daß jene drei deutschen Divisionen, die in Königsberg, Stettin und Berlin in Garnison lagen, sich im Kriegsfalle fünf polnischen Armeekorps mit insgesamt 15 Infanterie-Divisionen gegenübergesehen hätten.

Seit 1931 bauten die deutscherseits gut bekannten und periodisch wiederkehrenden Aufmarsch- und Operationspläne Polens, die vom französischen Generalstab ausgearbeitet wurden, auf Auseinandersetzungen mit Polen an seiner Westgrenze auf. Sie sahen "Angriffshandlungen mit Präventiv-Charakter" vor. Der von Polen seit dieser Zeit geplante "Präventivkrieg", mit dem die Lust auf weitere Beute aus dem deutschen Osten umschrieben wurde, konnte lediglich durch eine Weigerung Frankreichs, daran teilzunehmen, bis dahin vermieden werden. Hinzu kam die Furcht Polens vor einem Eingreifen der Sowjetunion, denn diese hatte ja die Scharte der Ukraine-Abtretung auszuwetzen. In Polen lebten neun Millionen Weißrussen und Ukrainer. Nur 62 % der Bevölkerung Polens gehörten dem polnischen Volke an. In allen Zeiten, in denen Polen selbständig war, hat es fremdes Land und fremde Volksteile für sich verlangt. Das war so von Mieszko I. bis zum heutigen Tag. Stets "fraß" es fremde Länder, ohne sie mit Nutzen für beide Teile regieren zu können.

Anläßlich der Besetzung des Rheinlandes durch deutsche Truppen im Jahre 1936 wollte Polen ein weiteres Mal dem Gegner im Westen — dem Reich — den "Fangstoß" versetzen. Dies trotz der Tatsache, daß Hitler im Jahre 1934 mit Polen einen Nichtangriffspakt abgeschlossen hatte.

Seit 1938 wurde die französische Operationsstudie Deutschland durch weitere Generalstabsarbeiten Frankreichs zu Händen Polens "verbessert und ergänzt".

Hitler, der sich 1938 um eine neue Regelung gegenüber Danzig und eine verbesserte Durchgangsregelung durch den Korridor bemühte, erfuhr über den deutschen Botschafter in Warschau, von Molkte, am Abend des 28. März 1939, daß weitere Bemühungen um Danzig und um eine verbesserte Regelung des Durchganges durch den polnischen Korridor eine polnische Kriegserklärung zur Folge haben würden. Das gleiche hatte der polnische Botschafter in Berlin, Lipski, zwei Tage zuvor in Berlin zum Ausdruck gebracht und Hitlers Verhandlungsangebot vom Oktober 1938 als "Kriegsdrohung" zurückgewiesen. (Siehe Deutsches Weißbuch Nr. 2, Dokument Nr. 208).

Auch die Interessenvertretung Danzigs durch Deutschland wurde kurze Zeit darauf als "Kriegsgrund" bezeichnet.

In dem Bericht des deutschen Botschafters vom 28. März brachte von Moltke eine Meldung zur Kenntnis der Reichsführung, welche die gleiche Sprache sprach:

"In der polnischen Selbstsicherheit und Überschätzung der eigenen militärischen Stärke, wie sie in der gesamten polnischen Presse zum Ausdruck kommt, liegt eine große Gefahr.

Daß es sich dabei nicht nur um eine Pressepropaganda handelt, zeigt eine verbürgte Äußerung des polnischen Vizekriegsministers Gluchowski, der in einer seriösen Unterhaltung ausführte, die deutsche Wehrmacht sei ein großer Bluff, denn Deutschland fehlten die ausgebildeten Reservetruppen, um seine Verbände auffüllen zu können. Auf die Frage, ob er glaube, daß Polen im Ernst Deutschland überlegen sein könne, erwiderte Gluchowski: 'Aber selbstverständlich!'" (Siehe Deutsches Weißbuch Nr. 2, Dokument 210).

EIN ZEITZEUGE BERICHTET

In der folgenden Phase; der einander überschlagenden Ereignisse; ist es notwendig, einen objektiven; in die Geschehnisse eingeweihten Zeitzeugen und Mitgestalter auf militärischem Gebiet zu Wort kommen zu lassen, um Atmosphäre und Ereignisse nüchtern zu belegen.

Der Autor war sich im Klaren darüber, dass nur der spätere Generalfeldmarschall Erich von Manstein hier zu Wort kommen könne. Er war es, der alle die folgenden Ereignisse persönlich miterlebte und wahrhaftig darstellen kann.

Erich von Manstein: Als Chef der Operationsabteilung und Oberquartiermeister I im Generalstab des Heeres

Am 1. Juli 1935 erhielt ich die Ernennung zum Chef der I. (Operations-) Abteilung des Generalstabes des Heeres. Inzwischen war ich zum Oberst avanciert. In dieser Position war es meine wichtigste Aufgabe, die Vorarbeit für einen etwa notwendig werdenden Einsatz des Heeres zu treffen.

So wurde im Herbst 1935 damit begonnen, den so genannten Aufmarschplan „Rot“ zu erarbeiten. Diesem Plan lag ein französischer Angriff auf Deutschland zugrunde. Es handelte sich um einen rein defensiven Aufmarsch.

Bei der Erarbeitung des Planes war ich immer wieder mit der neuen Panzertruppe konfrontiert worden, von der ich viel hielt.

Durch Wegfall der Versailler Beschränkungen ergaben sich ja gerade für die Panzertruppe viele neue Möglichkeiten. In dem unermüdlichen Oberst, dann General Guderian, wusste ich einen energischen Vorkämpfer für diese Waffe am Werke. Ich unterstützte ihn, wo ich konnte, denn gerade die Panzerwaffe erschloss der Strategie neue Bereiche. Ich schloss sie in meine Planungen ein, ohne dass es mir gelang, Guderians Forderungen in voller Höhe zu erfüllen, weil das einfach unmöglich war. Der Generalstab hatte das organische Wachstum der gesamten Wehrmacht im Auge zu behalten.

Eines steht fest: Ohne die Zähigkeit eines Guderian hätte die Panzerwaffe nicht im Zweiten Weltkrieg diese Rolle spielen können, die sie gespielt hat.

Guderian sah nur die Panzerwaffe. Und das sei ihm als Panzermann durchaus zugestanden. Dennoch war der Generalstab nicht so sehr rückständig, gegen den Einsatz großer selbstständiger Panzerverbände zu opponieren, oder sie gar zu verbieten. Im Gegenteil: Bereits im Frühjahr 1935, als die Wiederaufrüstung noch in den Kinderschuhen steckte, wurde auf der großen Generalstabsreise General Becks die Verwendung eines Panzerkorps durchgespielt, obwohl es ein solches überhaupt noch nicht gab.

In den folgenden Jahren, als ich maßgeblichen Einfluss auf diese Reisen hatte, wurde sogar der Einsatz von Panzerarmeen erprobt.

Durch diese operative Schulung hat der Generalstab „mitgezogen".

Die Einengungen, die Guderian mit Recht beanstandete, kamen jedoch nicht aus dem Geiste der Verneinung dieser neuen Waffe, sondern wurden durch die vorhandenen Möglichkeiten bedingt und direkt diktiert. Das Gesamtbedürfnis des Heeres, die Forderungen der Luftwaffe und der Kriegsmarine spielten mit in dieses Dilemma hinein, das durch die sogenannte „Stahlquote" begrenzt wurde. Auch die allgemeine Betriebsstofflage zwang dazu, Einschränkungen vorzunehmen. Die Möglichkeiten des Panzerneubaues waren ebenfalls begrenzt.

Die Masse des Heeres bestand aus Infanteriedivisionen.. Sie durften nicht vernachlässigt werden.

Da aber mit der Schaffung einer Panzerwaffe, die selbstständig operierte, das Problem der Überwindung des Stellungskrieges noch nicht gelöst war, musste sichergestellt werden, dass auch die Masse des Heeres, die Infanterie, ebenfalls über eine ausreichende Angriffskraft verfügte und dass sie schnell genug war, die Geländegewinne der Panzer rasch und sicher zu halten.

Mit dieser Frage beschäftigte ich mich in dem einen Jahr, als ich Chef der Operationsabteilung des Generalstabes war, vordringlich.

Ich forderte die Schaffung einer neuen Waffe, der Sturmartillerie.

Bereits in den letzten Jahren des Ersten Weltkrieges hatte es sich herausgestellt, dass Angriffserfolge der Infanterie nur unter besonders günstigen Bedingungen, und zwar so lange zu erreichen waren, als das bekannte feindliche Stellungssystem unter dem Trommelfeuer der Angriffsartillerie lag. In freiem Gelände aber konnten einige wenige, versteckt im Gelände eingerichtete Stützpunkte mit schweren MG und Geschützen einen Angriff der Infanterie zum Stehen bringen.

Die Infanterie musste also eine Hilfswaffe erhalten. Eine Waffe, die in der Lage war, auch die vordersten Teile der Infanterie im Feuerbereich zu begleiten, die erkannten MG niederzukämpfen und Bunker und Stellungen im direkten Beschuss zu vernichten.

Diese Aufgabe war im Jahre 1918 durch die bespannten Begleitbatterien zu lösen versucht worden. Sie hatten ihren Zweck oft erfüllt, waren aber noch nicht die ideale Lösung.

Alle diese Überlegungen führten mich zu dem Schluss, dass wir diese Batterien durch eine gepanzerte Begleitartillerie auf Selbstfahrlafetten ersetzen mussten.

In meiner Denkschrift dazu, legte ich noch 1935 dem Chef des Generalstabes und dem Oberbefehlshaber des Heeres meinen Vorschlag vor, die „Sturmartillerie“ – wie ich sie nannte –aufzubauen und zur unmittelbaren Unterstützung der Infanterie einzusetzen. Jede Infanteriedivision sollte eine Abteilung mit drei Batterien zu jeweils sechs Geschützen erhalten.

Mit dieser Denkschrift stieß ich damals in ein Wespennest, denn sowohl der Oberbefehlshaber des Heeres als auch der Chef des Generalstabes, der Chef des allgemeinen Heeresamtes und der Chef des Heereswaffenamtes waren Artilleristen. Sie musste es wurmen, dass ich ihrer Waffe die Fähigkeit absprach, eine ausreichende Wirkung zu erzielen.

Die Panzermänner sahen ebenfalls in der Schaffung dieser Waffe einen unerwünschten Konkurrenten. Dementsprechend war das erste Echo auf meine Denkschrift. So sagte zum Beispiel der Chef des Generalstabes, General Beck, zu mir: „Na, mein lieber Manstein, diesmal haben Sie aber fehlgeschossen!“

Dennoch konnte ich ihn dazu bringen, die Denkschrift dem Oberbefehlshaber des Heeres vorzulegen. Der Oberbefehlshaber des Heeres, Freiherr von Fritsch, der selbst aus der Reitenden Artillerie hervorgegangen war, die nun zum Aussterben verurteilt war, beeindruckte mein Argument, dass nunmehr die Sturmartillerie die Aufgaben der Reitenden Artillerie übernehmen sollte, wie es die Panzerwaffe für die Kavalleriedivisionen tun würde. Auch ihn konnte ich für meinen Plan gewinnen.

Das Eis war gebrochen, als ich vorschlug, die Ausbildung der Sturmartilleristen durch die Artillerie zu führen und die Abteilungen auch durch die Artillerie aufstellen zu lassen.

Aber auch die Panzerabwehrabteilungen der Panzerdivisionen sollten hinzugezogen werden.

So hatte ich die Lawine in Gang gesetzt. Das Heereswaffenamt unter General Becker arbeitete schnell, und schon bald stand das erste Modell eines Sturmgeschützes vor uns.

Die Entwicklung wurde in der neu gebildeten 8. (technischen) Abteilung des Generalstabes unter dem damaligen Oberst im Generalstab Model und seinem Chef, dem damaligen Major im Generalstab Röttiger – der später in der Bundeswehr nach dem Zweiten Weltkrieg erster Inspekteur des Heeres wurde – vorangetrieben.

Als aber die ersten Versuchsgeschütze fertig waren, begann das Tauziehen zwischen den Inspektionen der Infanterie und der Artillerie um die Vaterschaft. Jeder wollte das neue Kind als sein Eigen adoptieren.

Im Herbst 1937 unterzeichnete Generaloberst Freiherr von Fritsch den endgültigen Aufstellungsbefehl für die Sturmartillerie.

Nach diesem Aufstellungsbefehl sollten bis zum Herbst 1939 sämtliche aktiven Infanteriedivisionen je eine Sturmgeschützabteilung zu drei Batterien mit vorerst je vier Geschützen haben.

Vorausgeschickt sei, dass dieser Befehl leider nach der Verabschiedung von Generaloberst von Fritsch und seinem Ausscheiden aus dem Oberkommando des Heeres durch den neuen Oberbefehlshaber des Heeres, Generaloberst von Brauchitsch, wieder aufgegeben wurde.

Es wurden nur einige wenige Sturmgeschützabteilungen als Heerestruppen aufgestellt.

Das ursprünglich vorgesehene Ziel, die Sturmgeschützabteilungen zu integrierenden Bestandteilen der Infanteriedivisionen zu machen, um dadurch diesen Divisionen eine starke Angriffs- und Durchschlagskraft zu geben, wurde nicht erreicht. Im Kriege sollte es nur wenige Monate dauern, bis der letzte Zweifler wusste, was mit der Sturmartillerie vernachlässigt worden war und was sie für die Infanterie bedeutete. Diese junge Waffengattung wurde zu einem Begriff für die Infanterie. Für den Gegner wurde sie zu einem Schrecken. Bis Ende 1943 sollten die Sturmgeschütze allein über 13.000 Panzer abschießen. Im Frühjahr 1944 waren es 20.000 Panzer, die von Sturmgeschützen vernichtet worden waren.

Eine einzige Sturmgeschützbrigade schoss im Raume von Rshew binnen 15 Monaten 1.000 Feindpanzer ab. Wenn man bedenkt, dass zu dieser Zeit eine Brigade rund 20 Geschütze ins Gefecht führte, mag man diese Erfolge ermessen können.

Gelegentlich einer Unterredung mit Hitler im Jahre 1943 kam es zu einem Zwischenfall, der die Aufstellung der Sturmartillerie betraf. Hitler behauptete, er habe die Sturmartillerie der Armee aufzwingen müssen, gegen den Widerstand des Generalstabes. Ich stellte seinen Irrtum klar und sagte, dass ich selbst der Urheber der Idee gewesen sei und bereits im Jahre 1937 das erwähnte Programm der Sturmgeschützeinheiten aufgestellt hätte. Es sei bedauerlich gewesen, dass das Programm, das von Freiherrn von Fritsch befohlen war, von seinem Nachfolger sistiert worden sei.

Zum Abschluss meiner Tätigkeit als Chef der Operationsabteilung, nahm ich im August 1936 als Mitglied einer Abordnung deutscher Offiziere an den italienischen Königsmanövern als Gast teil. Am Eröffnungstage lernte ich Mussolini kennen. Als wir mit Mussolini anschließend zum Manövergelände fuhren, wurden wir in den Ortschaften wie erfolgreiche Schauspieler begrüßt. Man klatschte uns zu.

Ich sah den König und den Kronprinzen, Marschall Badoglio und Graf Ciano, Luftmarschall Balbo und andere Größen der Zeit. Der spätere und letzte Generalstabschef Italiens, General Roatta, begleitete uns.

Am 1. Oktober 1936 wurde ich schließlich unter Beförderung zum Generalmajor Oberquartiermeister I. Damit war ich gleichzeitig auch Vertreter des Chefs des Generalstabes, des Generalobersten Beck.

Ein Ereignis, das noch in meine Tätigkeit als Chef der Operationsabteilung fällt, war die Wiederbesetzung der entmilitarisierten Zone. Als die Wehrmacht in das Rheinland einrückte, waren militärische Vorbereitungen nicht getroffen worden. Erst kurz vor jenem 7. März 1936 hatte Hitler dem Reichskriegsminister und dem Oberbefehlshaber des Heeres vertrauliche Mitteilung darüber gemacht.

Beide sollen dem Vernehmen nach von einem solchen Vorhaben abgeraten haben. Ich als Chef der Operationsabteilung hatte von dieser Besprechung nichts erfahren. Erst am 5. März machte der Chef des Generalstabes mir und dem Chef der Organisationsabteilung davon Mitteilung. Unverzüglich mussten wir die erforderlichen Befehle bearbeiten, da die Befehlshaber der Wehrkreise, die Truppen für die Besetzung zu stellen hatten, bereits nach Berlin zitiert worden waren.

So wurde die Besetzung des Rheinlandes einer der seltenen Fälle, in denen die Geheimhaltung restlos glückte. Sie ging so weit, dass nicht einmal die Truppenkommandeure über das Ziel Bescheid wussten und überhaupt kein Gepäck mitnehmen ließen. Später hat Hitler oft erklärt, dass die Besetzung des Rheinlandes das größte Risiko gewesen sei, das er eingegangen war.

Durch diesen Streich hatte Hitler neben dem Versailler Vertrag auch den freiwillig geschlossenen Locarno-Pakt gebrochen, den er bis dahin als verbindlich anerkannt hatte.

Hitler hatte wieder einmal mit seiner Meinung recht behalten, dass er sich solche Gewaltakte gegenüber den übrigen Mächten leisten könne. Dabei hätte Hitler damals einer ernsten Kriegsdrohung der Westmächte weichen müssen.

Das deutsche Heer war noch nicht in der Lage, einen Krieg mit Aussicht auf Erfolg zu führen. Aber man schritt nicht ein und begünstigte dadurch die weiteren folgenden Gewaltakte Hitlers. Für uns Soldaten war die Wiederbesetzung eines Gebietes, das zum Reich gehörte, natürlich ein Auftrieb. Aber wir sahen auch die Gefahren, die in einer solchen Verhaltensweise lagen; Gefahren, die alles Aufgebaute wieder zu vernichten drohten.

Wie sah es nun mit der Wehrmacht aus, wie entwickelte sie sich in den Jahren von 1936 bis 1939?

Stärke und Kampfkraft der Truppen wuchsen nur langsam, trotz der mit großem Eifer betriebenen Heeresvermehrung. Neben Heer und Marine trat die neu gebildete Luftwaffe.

Hitler wünschte, dem Ausland durch die Zahl seiner Divisionen und die Modernität ihrer Bewaffnung zu imponieren. Ob er von Anfang an die Absicht hatte, einen Angriffskrieg zu führen, wusste niemand, denn solche Pläne hielt er streng geheim.

Das Oberkommando des Heeres und auch ich waren der Meinung, dass jeder Krieg für Deutschland eine Lebensgefahr bedeutete und lehnten kriegerische Abenteuer ab.

Wir wollten ein Heer aufstellen, das in der Lage war, jedem Angriffskrieg wirksam begegnen zu können. In dieser Entwicklungszeit der Aufrüstung hat das Oberkommando des Heeres immer wieder Hitler und der politischen Führung klarzumachen versucht, dass die Armee noch einer Reihe von Jahren bedürfe, ehe sie als voll kriegsbereit angesehen werden konnte.

Der Abschluss des Heeresaufbaues war für das Jahr 1942 vorgesehen. Dann konnte das Heer zwar für einen Verteidigungskrieg gerüstet sein, aber nicht für einen Angriffskrieg an mehreren Fronten. Diese Auffassung anerkannte auch Hitler bis in das Jahr 1938 hinein als zutreffend.

Während meiner Tätigkeit als Oberquartiermeister I forderte ich die Leitung der gesamten militärischen Operationen im Kriege durch den Oberbefehlshaber des Heeres, nicht durch den Reichskriegsminister. Dabei wurde ich vom Generalstab des Heeres voll unterstützt. Dem Kriegsministerium musste nach meiner Meinung die Aufgabe zufallen, die personellen Kräfte zu erfassen, die materiellen Mittel bereitzustellen und die Organisationsfragen zu koordinieren. Mit diesem Vorschlag scheiterte ich am Widerstand von Blomberg und Hitler.

Im Herbst 1937 hatte ich Gelegenheit, an den Manövern der ungarischen und bulgarischen Armee teilnehmen zu können. Ich fuhr mit General von Schwedler, dem Chef des Heerespersonalamtes, nach Ungarn. Wir wurden ausgezeichnet aufgenommen. Hier lernte ich auch den ungarischen Reichsverweser Admiral Horthy und Feldmarschall Erzherzog Joseph, Palatin von Ungarn, kennen.

Der Reichsverweser empfing uns mit dem weltmännischen Charme, der ihm eigen war. Er sollte nach dem Kriege im Nürnberger Zeugengefängnis einmal mein Bridgepartner werden.

In Bulgarien, wohin mich mein Adjutant, Rittmeister Strempel, begleitete, wurde unser dortiger Militärattaché, General Friderici, unser Führer.

Am Abend des letzten Manövertages empfing mich König Boris, der mich schon mehrfach freundlich begrüßt hatte, in seinem Zelt. Er sprach sehr freimütig und bedankte sich auch für die Jagdstaffel, die ihm von Deutschland geschenkt worden war.

In der Operationsabteilung hatte ich einige jüngere Mitarbeiter, die ihren Anteil an der geleisteten Arbeit hatten. Da war zum Beispiel der damalige Major Heusinger, der Leiter der Gruppe I geworden war, als ich Chef der Operationsabteilung wurde. Während des Zweiten Weltkrieges wurde schließlich er selbst Chef der Operationsabteilung. Die unter ihm arbeitenden Hauptleute im Generalstab Westphal, von Tresckow und von Lossberg waren ebenfalls tüchtige Offiziere.

Was uns in diesen Jahren, trotz der Abkehr von allem Politischen, tief verletzte, das waren die Deklassierungen verschiedener Volksteile und die Gewalt, mit der die nationalsozialistische Idee durchgesetzt und die Existenz andersdenkender Menschen vernichtet wurde. Dies entsprach nicht den Begriffen, in denen wir erzogen worden waren. Dennoch ahnten wir nicht im Entferntesten das ganze Ausmaß der Brutalität, der Unterdrückung und der Gewaltherrschaft.

Der Soldat lebte bis 1938 gleichsam auf einer Insel. Noch trauten sich weder SA, noch SS oder Gestapo an die Wehrmacht heran. Und der Verlust der politischen Freiheit – das muss leider gestanden werden – bedeutete dem Soldaten nicht viel, der bewusst unpolitisch gehalten wurde. Diese Entpolitisierung war nicht allein nach dem

Willen von Generaloberst von Seeckt vonstatten gegangen, sondern vor allem auch durch die Politiker der Weimarer Republik.

Hinzu kamen die Aufsehen erregenden Erfolge Hitlers. Wen sollte es denn beeindrucken, wenn nicht uns Soldaten, dass die neue Führung die Ohnmacht von uns genommen hatte.

Hitlers Stellung war nach diesen Erfolgen bei den Soldaten und im Volk praktisch nicht mehr zu erschüttern.

Kommen wir nun zu jenen schamlosen Machenschaften, durch die Anfang 1938 der Oberbefehlshaber des Heeres, Generaloberst von Fritsch, aus seinem Amte gedrängt wurde. Gegen ihn wurde der Vorwurf homosexueller Vergehen erhoben. Es wurde ein angeblicher Beweis der Schuld des Oberbefehlshabers im Amte Himmler gefertigt und ein Belastungszeuge gedungen.

In einer Ansprache Hitlers am 4. Februar 1938 erklärte er vor den versammelten Kommandierenden Generalen, die bisher nichts von der Sache gehört hatten, und den anderen hohen Offizieren die Umstände, die einmal zum Rücktritt von Fritschs und zum anderen zur Demissionierung von Blomberg geführt hatten.

Er war in Begleitung des, soeben zum Chef des Oberkommandos der Wehrmacht ernannten Generals Wilhelm Keitel und der drei Oberbefehlshaber der Wehrmachtteile erschienen. Generaloberst von Brauchitsch trat dabei zum ersten Mal als neuer Oberbefehlshaber des Heeres auf.

Göring aber hielt den Marschallstab in der Hand, den er allein als Nutznießer aus diesem trüben Geschäft ergattert hatte. Hitler erklärte, dass er und Göring als Trauzeugen zur zweiten Hochzeit von Blomberg gebeten worden seien. Blomberg habe zwar erklärt, dass seine Frau einfachen Verhältnissen entstamme, aber nicht gesagt, dass sie sogar unter Polizeiaufsicht gestanden habe. Aus diesem Vertrauensbruch resultiere, dass von Blomberg nicht mehr länger im Amt habe bleiben können.

An und für sich sei Generaloberst Freiherr von Fritsch als Nachfolger Blombergs vorgesehen gewesen, aber er – Hitler – habe ein Aktenstück erhalten, aus dem er erfahren musste, dass sich von Fritsch homosexuell vergangen habe. Dieser Vorwurf sei durch Beweismaterial erhärtet. Tatsache war, dass Hitler das Ehrenwort von Fritsch, die ganze Sache sei erlogen, nicht angenommen und dass Fritsch seinen Abschied gefordert hatte.

Ein Gutachten von Justizminister Gürtner legte Hitler ebenfalls vor, aus dem die Notwendigkeit einer gerichtlichen Untersuchung hervorging.

Ich war von diesem Wust von Schmutz völlig überrascht worden, denn in den letzten Januartagen 1938 wohnte ich gerade erst als Vertreter des Oberkommandos des Heeres einem Kriegsspiel des Wehrkreiskommandos I in Königsberg bei.

Auch der Oberbefehlshaber der Gruppe I, Generaloberst von Rundstedt, war dort. Mit ihm zusammen fuhr ich nach Ende des Kriegsspiels nach Berlin zurück, und auf der Fahrt erst erzählte mir von Rundstedt, dass er durch ein Telegramm des Generals

Beck dringend nach Berlin zurückgerufen worden sei. Man werde ihn auf dem Bahnhof Friedrichstraße erwarten.

„Das wird wahrscheinlich irgendwie mit der Person des Reichskriegsministers zusammenhängen, Manstein. Sie wissen ja, dass er Mitte Januar zum zweiten Male geheiratet hat“, erklärte von Rundstedt.

Ich wusste dies und wusste darüber hinaus auch, dass diese zweite Heirat für Blombergs Familie, wie auch für seine Kameraden eine vollendete Überraschung gewesen war, denn schließlich hatten auch wir alle erfahren, dass Blomberg etwas mit einer „Masseuse“ hatte.

Dass Hitler und Göring Trauzeugen waren, schien die Fama von der „Masseuse“ zu widerlegen. Hier aber, am frühen Nachmittag des 4. Februar 1938, erfuhr ich, dass sie Tatsache war.

Aber was uns alle noch mehr erschütterte, war der, gegen Freiherrn von Fritsch erhobene, Vorwurf der Homosexualität. Das konnte und durfte nicht stimmen.

Hitler schloss seine Ansprache mit dem Hinweis, dass selbstverständlich im Interesse des Staates und der Wehrmacht nichts über die wahren Gründe der Entlassung der beiden Persönlichkeiten an die Öffentlichkeit dringen dürfe.

Ich bin der Überzeugung, dass keiner der anwesenden Offiziere von Fritsch eine solche Handlungsweise zutraute. Wir kannten ihn und wussten, dass er ein Ehrenmann war.

Als Hitler seine Ausführungen über von Fritsch beendet hatte, war ich von dem Gefühl besessen, ihm meinen Degen vor die Füße zu werfen. Ich habe diesem Gefühl nicht nachgegeben und bedaure dies zutiefst.

Doch die kurze Spanne, diesen Gedanken in die Tat umzusetzen, verstrich, und Hitler verließ den Raum, gefolgt von den Oberbefehlshabern der drei Wehrmachtteile und Keitel.

Die Möglichkeit, dass Hitler diese schmutzige Intrige bewusst gespielt haben könnte, kam uns nicht, eher wohl die Vermutung, dass Himmler dahinter stecken könne.

Wir waren sicher, dass das von Hitler angeordnete Verfahren, das auch Generaloberst von Fritsch gefordert hatte, die Wahrheit ans Licht bringen würde.

Den Vorsitz in diesem viel zu spät angelaufenen Verfahren führte Hermann Göring. Als Beisitzer fungierten die Oberbefehlshaber des Heeres, Generaloberst von Brauchitsch, und der Oberbefehlshaber der Kriegsmarine, Generaladmiral Raeder. Hinzu kamen zwei Senatspräsidenten des Reichskriegsgerichtes. Der Verlauf der Verhandlung blieb geheim. Lediglich General Beck wurde laufend unterrichtet. Er war es auch, der unermüdlich Material sammelte, das Fritsch entlasten und seine Unschuld beweisen musste.

Der Chef des Amtes „Abwehr“, Admiral Canaris, unterstützte Beck ganz hervorragend, und so konnte auch der Homosexuelle gefunden werden, mit dem der Belastungszeuge verkehrt hatte.

Schließlich gelang es auch Göring, dem Belastungszeugen das Geständnis abzuringen, dass seine Behauptungen unwahr gewesen waren.

Generaloberst von Fritsch wurde wegen erwiesener Unschuld freigesprochen.

Was aber die Rehabilitierung des Generalobersten betraf, so ließ diese auf sich warten, und als sie schließlich erfolgte, war ihre Form ungenügend. General Beck war die treibende Kraft, dass diese Rehabilitierung endlich in vollem Umfange erfolgen müsse.

Anlässlich eines Kriegsspiels der Marine hatte ich eine längere Aussprache mit Generaladmiral Raeder und bat ihn eindringlich, ebenfalls von sich aus Schritte in dieser Richtung zu unternehmen. Der Generaladmiral sagte mir dies auch zu.

Schließlich schrieb Hitler an Generaloberst von Fritsch einen Brief, dass er in den Augen des deutschen Volkes nicht belastet sei. Auf die Forderung des Generalobersten, die Drahtzieher festzustellen und vor Gericht zu stellen, ist Hitler nie eingegangen.

Als Generaloberst von Brauchitsch immer wieder drängte, versammelte Hitler am 13. Juni 1939 den gleichen Kreis der Offiziere, denen er die angeblichen Verfehlungen von Fritschs vorgetragen hatte.

Dieses Treffen fand auf dem Flugplatz Barth statt, wo eine große Luftwaffen-Vorführung im Gange war. Hier verlas der Präsident des Reichskriegsgerichtes, General der Artillerie Heitz, das Urteil, das den Generalobersten freisprach.

Dann schilderte Hitler noch einmal die Lage und teilte mit, dass er von Fritsch zum Chef des Artillerie-Regiments 12 ernannt habe, dessen Kommandeur er früher gewesen war.

Die eigentliche Schuld an diesem Dilemma trage der Erpresser Schmidt. Er habe die Erschießung dieses Subjektes anordnen lassen.

Erst später kamen wir darauf, dass dieser Schlag gegen die Generalität in Wahrheit nicht gegen den Oberbefehlshaber der Armee gerichtet gewesen war, sondern gegen das Heer selbst. Es war keine, von Himmler angezettelte, Intrige gewesen, sondern der schmutzige Weg einer obersten Führung, missliebige, militärische Führer auszuschalten. Denn nicht nur der Generaloberst ging, sondern mit ihm wurden der Oberbefehlshaber der Gruppe 3, General Ritter von Leeb, die Kommandierenden Generäle von Kleist und Freiherr Kress von Kressenstein, der Inspekteur des Erziehungs- und Bildungswesens, von Niebelschütz und der Inspekteur der Kavallerie, von Pogrell, verabschiedet.

Daneben fanden im Oberkommando des Heeres Veränderungen statt. So wurde das Heerespersonalamt neu besetzt. Sein früherer Chef, General von Schwedler, erhielt ein Armeekorps. Nachfolger wurde Generalmajor Bodewin Keitel, der jüngere Bruder des neuen Chefs des Oberkommandos der Wehrmacht.

Vorangegangen war die Ablösung des Adjutanten der Wehrmacht bei Hitler, Oberst Hoßbach, durch Oberstleutnant Schmundt.

Auch ich wurde von diesem Revirement betroffen. Und zwar wurde ich als Kommandeur der 18. Infanteriedivision nach Schlesien versetzt. Mein Nachfolger als Oberquartiermeister I wurde General Halder.

Meine Ablösung ging – meiner Meinung nach – auf das Betreiben von Blomberg oder Keitel zurück. Ich musste ihnen als Verfechter des Führungsanspruches des Oberkommando des Heeres gegenüber dem Oberkommando der Wehrmacht ein Dorn im Auge sein.

Allerdings hätte meine Versetzung auch ohnedies bald erfolgen müssen, weil jeder Offizier, der auf der Leiter der militärischen Laufbahn höher klettern wollte, jeweils rechtzeitig wieder als Truppenführer arbeiten musste. Doch bei mir steckte mehr dahinter als nur eine routinemäßige Versetzung in die Front.

An und für sich hatte mein Werdegang im Generalstab mich als Nachfolger von General Beck qualifiziert, und man sah es auch als feststehend an, dass ich einmal Becks Nachfolger werden würde. Schon General von Hammerstein – Becks Vorgänger in diesem Amte – hatte mich dafür in Aussicht genommen.

Nunmehr war natürlich für mich die ehrenvolle Aussicht begraben, einmal den Platz einzunehmen, auf dem vor mir ein Moltke und ein Schlieffen gewirkt hatten.

Durch diesen Schlag Hitlers gegen die Führung der Wehrmacht und durch die Übernahme des Befehls über die Wehrmacht durch Hitler selbst, wurden der Politik Hitlers die Wege geöffnet, die direkt in einen Angriffskrieg einmünden sollten.

Wenn wir bis dahin geglaubt hatten, einen solchen Angriffskrieg vermeiden zu können, so wurde nach diesen Zwischenfällen des Frühjahres 1938 meine Meinung darüber unschlüssig.

Die weiteren Ereignisse ließen mich immer mehr daran zweifeln, dass Hitler – entsprechend der Auffassung der maßgeblichen Stellen – stillhalten würde.

Ich war zum Kommandeur der 18. Division in Liegnitz ernannt worden, konnte aber zunächst nicht von Berlin fort, weil ich auf Wunsch von General Beck an dessen Seite bleiben sollte, um den neuen Oberbefehlshaber des Heeres, Generaloberst von Brauchitsch zum einen mit den Aufmarschvorbereitungen vertraut zu machen und zum anderen ihm vorzutragen, welche weitere Entwicklung wir für das Heer, seinen Aufbau und den Ausbau der Landbefestigungen vorgesehen hatten.

So war ich an jenem historischen 7. März 1938 noch in Berlin und hatte General Beck in die Reichskanzlei zu begleiten, in die Hitler den Chef des Generalstabes befahl.

Wir wurden in Gegenwart Keitels von Hitler empfangen. Dieser eröffnete uns, dass er sich gezwungen sehe, in die innenpolitische Entwicklung in Österreich einzugreifen. Bundeskanzler Schuschnigg habe ihn durch seine, am 6. März, verkündete

Anordnung einer Volksabstimmung zum Handeln gezwungen, obgleich er nach dem Berchtesgadener Abkommen dies nicht beabsichtigt hätte.

Die überwältigende Mehrheit der Österreicher wünschte den Anschluss an das Reich. Weder Frankreich noch England würden dazwischentreten, sondern sich mit den rasch vollzogenen Tatsachen abfinden – ebenfalls die Tschechoslowakei.

Zum ersten Mal erlebte ich Hitler im kleinen Kreise und hatte durchaus den Eindruck, dass hier ein kühl rechnender Politiker sprach. Seine Ausführungen wirkten überzeugend. Zum Schluss sagte er, dass der Einmarsch am Samstag, dem 12. März 1938, erfolgen müsse, um dieser Volksabstimmung zuvorzukommen.

Nachdem General Beck sich kurz mit mir besprochen hatte, machte er Hitler den Vorschlag, nicht mit dem symbolischen Auftreten schwacher Kräfte vorzugehen, sondern eine ausreichende Kräfteentfaltung zu bieten, um die Nachbarn Österreichs – die Tschechoslowakei und Italien – daran zu hindern, ihrerseits Ansprüche anzumelden.

Unter einem behelfsmäßigen Oberkommando sollten die beiden bayerischen Armeekorps, das VII. Armeekorps in München und das XIII. Armeekorps in Nürnberg sowie die in Würzburg stehende 2. Panzerdivision nach Österreich einmarschieren.

Hitler stimmte zu. Später ordnete er an, dass auch noch die SS-Leibstandarte und das Panzergeneralkommando XVI teilnehmen sollten.

General von Bock sollte an die Spitze dieser provisorisch gebildeten Armee treten. In aller Eile musste eine Aufmarschanweisung bearbeitet werden, weil ein solcher „Fall Österreich" nicht vorgesehen war und keine Unterlagen darüber zur Verfügung standen. Der Einzug in Österreich klappte ohne jedes Blutvergießen. Es gab keinerlei Komplikationen. Da auch Himmler und Göring bereits in Österreich waren bzw. sich rüsteten, dorthin zu fliegen, schlug ich vor, dass der Oberbefehlshaber des Heeres sich auch dahin begab, um zu verhindern, dass dort Maßnahmen getroffen wurden, die den Interessen der Armee zuwider liefen.

Am Morgen des 13. März flog Generaloberst von Brauchitsch von Berlin ab. Ich begleitete ihn. Wir landeten in Linz, wo Hitler bereits weilte und uns Keitel mit der naiven Frage empfing, was denn der Oberbefehlshaber des Heeres in Österreich wolle. Hitler trugen wir vor, dass wir die Eingliederung des österreichischen Bundesheeres in die Wehrmacht organisatorisch vorbereiten wollten und flogen dann nach Wien weiter.

Man kann sich heute – oder will es nicht? – kaum eine Vorstellung davon machen, mit welch einem Jubel Hitler in Wien empfangen wurde. Den Höhepunkt bildete die große Parade am Abend des 15. März. Neben Formationen der deutschen Wehrmacht paradierten auch Abteilungen des österreichischen Bundesheeres, an ihrer Spitze kurioserweise das „Gardebataillon Dollfuß".

Unter Mithilfe unseres Wiener Militärattachés, General Muff, führten wir in den nächsten Tagen grundlegende Besprechungen über die Eingliederung des Bundesheeres in die Wehrmacht.

Österreichische Offiziere wurden zu deutschen Truppenteilen versetzt. Einer der jungen österreichischen Offiziere, der in meiner Division Dienst tat, Oberleutnant von Obermayer, erhielt, als einer der ersten im Polenfeldzug, das Ritterkreuz. Ebenfalls bei meiner Division unterrichtete sich General Maximilian de Angelis über Fragen der Infanterie, die er als Artillerist nicht so gut kannte, um nachher eine Division zu übernehmen. Er erhielt als Kommandeur der 76. Infanteriedivision das Ritterkreuz und wurde als General der Artillerie und Kommandierender General mit dem Eichenlaub ausgezeichnet. Zuletzt war er Oberbefehlshaber der (zweiten) 6. Armee.

Nach Berlin zurückgekehrt, übergab ich meine Geschäfte an General Halder und fuhr dann nach Liegnitz.

Die Stille vor dem Sturm – Kriegsgefahr

Der Aufenthalt im Städtchen Liegnitz an der Katzbach wurde für meine Familie die letzte schöne Zeit vor dem Krieg. Ich selbst fand hier eine noch unfertige Division vor, die sich in dauernder Unruhe befand, es gab Neuaufstellungen, Abgaben, Umstellungen.

Aber noch etwas anderes gab es. Unsere Wohnung wurde dank meiner Frau Jutta-Sibylle zu einem gesellschaftlichen Mittelpunkt der Stadt. Wir trafen hier viele Menschen, denen wir zugetan waren und die mich interessierten. Außerdem wohnten wir ja in der Heimatprovinz meiner Frau.

Zu jener Zeit hatte Liegnitz etwa 85.000 Einwohner. Die prächtigen Barockbauten, das Schloss der ehemaligen Piasten und der Ring, die Prachtstraße der Stadt, mit den prächtigen alten Häusern faszinierten mich.

Erst hier konnte auch ich als Gastgeber meinen Freunden einige schöne Stunden bereiten, wie es mir und meiner Frau schon lange vorgeschwebt hatte. Zu uns kamen nicht nur Offiziere, sondern auch die Männer aus der schlesischen Wirtschaft. Wir fanden ein erstklassiges Streichquartett, das uns manchen Abend verschönte.

Die Geschichte dieser Stadt, die seit dem Jahre 1164 Sitz der Herzöge von Liegnitz war und in deren Nähe im Jahre 1241 die Mongolenschlacht geschlagen wurde, wobei Herzog Heinrich von Schlesien im Kampfe fiel, beeindruckte mich sehr. Hier erfocht Friedrich der Große den Sieg über Laudon. Und hier an der Katzbach erkämpfte Blücher die große Wende im Befreiungskrieg 1813 und erhielt dafür den Ehrentitel „Fürst Blücher von Wahlstatt".

Die Königsgrenadiere lagen hier in Garnison, deren Chef der alte Kaiser Wilhelm I. war. Das Infanterieregiment 51, das später in Panzergrenadierregiment 51 umbenannt wurde, setzte die Tradition fort. In diesem Regiment diente unser Sohn Gero, und in seinen Reihen ist er am Ilmensee gefallen.

Die Schlesier, die in der Division dienten, gingen mit Schwung an die Sache heran. Ich wurde dabei von ganz hervorragenden Kommandeuren unterstützt. Der I.

Generalstabsoffizier der Division, Major Mauritz Freiherr von Strachwitz führte gegen Kriegsende als Generalleutnant die 87. Infanteriedivision, errang das Ritterkreuz, geriet in sowjetische Gefangenschaft und wurde in der Sowjetunion zu 25 Jahren Zwangsarbeit verurteilt, weil er „Generalstabsoffizier war und ein Buch über die Kavallerie geschrieben“ habe. Er starb 1953 ohne die Heimat wieder zu sehen.

Anfang August kehrte ich nach einem kurzen Sommerurlaub auf Sylt mit meiner Frau über Berlin nach Liegnitz zurück. In Berlin erfuhr ich, dass General Beck seinen Abschied gefordert habe.

Diese Forderung geht auf eine Denkschrift Becks zurück, die er Hitler vorlegte und in der er seine grundsätzlichen Bedenken gegen jede Politik vorgebracht hatte, die die Gefahr eines Krieges in sich einschließen könne. Anlass zu dieser Denkschrift war der drohende Konflikt mit der Tschechoslowakei. Hitler war jedoch nicht von seinen Plänen abzubringen.

Er befahl Beck, vorerst noch seinen Posten zu behalten. Dies war jedoch nur offiziell. Inoffiziell amtierte bereits General Halder als Chef des Generalstabes.

Ende August 1938 wurde ich von meiner Division fort zu einer Besprechung auf den Obersalzberg befohlen, wohin Hitler die Generalstabschefs aller, für einen Ernstfall, vorgesehenen Armeen zitiert hatte. Den Chef des Generalstabes hatte er jedoch nicht dorthin bestellt.

Im Berghof wurden wir von Hitler begrüßt. Ich saß beim anschließenden Frühstück neben ihm. Diesmal war Hitler nicht so gesprächig, und ich brachte das Gespräch auf die Kunst, weil ich nicht auf militärische und politische Fragen eingehen wollte.

Hitler wollte meine Meinung hören und mein Urteil über die kurz vorher im Haus der Deutschen Kunst in München gezeigte Ausstellung wissen.

Ich sagte ihm, dass ich zwar einige wirklich gute Bilder gesehen hätte, dass aber – im Großen gesehen – die Maler offenbar nicht recht wüssten, was sie malen dürften.

Hitler meinte dazu, dass die Ausstellung auch nach seiner Ansicht nicht viel wirklich Gutes enthalte. Anschließend fand jene Besprechung statt, in der Hitler uns in zweistündiger Rede vortrug, dass er beabsichtige, die Frage der Tschechoslowakei einer Lösung zuzuführen. In der folgenden Aussprache, zu der Tee serviert wurde, brachten die Chefs ihre Bedenken gegenüber einer Politik zum Ausdruck, die die Gefahr eines Mehrfronten-Krieges in sich barg. Es kam zu einem Wutausbruch Hitlers, als General von Wietersheim, der als Chef des Generalstabes der an der Westgrenze einzusetzenden Armee vorgesehen war, ausführte, dass der Westwall in keiner Weise verteidigungsfähig sei. Er könne mit den geringen Kräften, die im Westen stünden, nicht oder nur kurze Zeit gehalten werden, wenn das französische Heer zum Angriff antrete.

Hitler wütete und sprudelte hervor, dass der Westwall gegen jeden Gegner auch auf die Dauer zu halten sei, wenn nur die Generale ebenso tapfer wären wie die Musketiere.

Es war das letzte Mal, dass Hitler im Anschluss an eine seiner Verlautbarungen und Bekanntmachungen eine Erörterung darüber zuließ. Für mich war es ein Zeichen mehr, dass Deutschland unaufhaltsam auf einen bewaffneten Konflikt zutrieb.

Der Einmarsch in das Sudetenland am 1. Oktober 1938 ging unter dem Jubel der Bevölkerung als „Blumenkrieg" in die Geschichte ein. Das Münchener Abkommen vom 29. September 1938 zwischen Chamberlain, Daladier, Hitler und Mussolini hatte dazu den Weg geebnet. Die Tschechoslowakei – so kam man in München überein – musste das Sudetenland an Deutschland abtreten. Wieder einmal hatte Hitlers Vabanque-Spiel die Oberhand behalten. Die tschechische Regierung hatte ebenso vor diesen Beschlüssen kapituliert so wie die beteiligten Mächte vor Hitler.

Als Chef des Generalstabes der Armee Leeb, nahm ich mit dem Armeeoberkommando in Oberplan Quartier. Hier war der Dichter Adalbert Stifter geboren worden. Da für mich hier nicht mehr viel zu tun war, bat ich beim Oberkommando des Heeres um meine Ablösung und kehrte zu meiner Division zurück.

In Liegnitz erfuhr ich erst aus dem Radio und aus der Presse vom Marsch nach Prag und jenen Ereignissen zwischen dem 14. und 16. März 1939.

Die Schaffung des Protektorates Böhmen und Mähren und die Umwandlung der Slowakei in einen selbstständigen Staat waren einsame Entschlüsse des „Führers" gewesen. Damit war das Primat der Politik ein vollständiges und totales geworden.

Die Aufmarschanweisung „Weiß" – in der der Feldzug gegen Polen vorbereitet wurde – hatte Hitler bereits im Frühjahr 1939 bearbeiten lassen. Doch ich erfuhr erst im Sommer 1939 davon, da ich seit dem Rücktritt von Generaloberst Beck keinerlei Verbindung mehr zum Generalstab hatte.

Ich war in dieser Aufmarschanweisung als Chef des Generalstabes der Heeresgruppe Süd vorgesehen. Oberbefehlshaber dieser Heeresgruppe sollte der bereits im Ruhestand lebende Generaloberst von Rundstedt werden.

Ia der Heeresgruppe Süd wurde Oberst Blumentritt.

Das Kommando der Heeresgruppe trat am 12. August 1939 auf dem Truppenübungsplatz Neuhammer zusammen. Oberst im Generalstab Blumentritt leitete den Arbeitsstab, und ich betrachtete es als einen Glücksfall, dass mir dieser hoch befähigte Offizier zur Seite stand. Mitte August kam auch Generaloberst von Rundstedt in Neuhammer an.

Der Generaloberst war das, was man einen Kavalier der alten Schule nennt. Er war ein glänzender Soldat mit dem untrüglichen Blick für das Wesentliche, dem er sich auch ausschließlich zuwandte.

Meine 18. Division befand sich ebenfalls auf dem Truppenübungsplatz Neuhammer und absolvierte die alljährlichen Regiments- und Divisionsübungen.

Alle unsere Gedanken kreisten in diesen Tagen um das Wetterleuchten am Horizont, das den nahenden Krieg bedeuten konnte.

Wir hatten es zuerst nicht wahrhaben wollen, waren dann unsicher geworden und mussten schließlich – in Verfolg der bereits unternommenen Schritte Hitlers und in konsequenter Fortsetzung derselben – an die Möglichkeit eines Krieges denken. Falls nicht die Westmächte – wie vorher in München – Hitler erneut nachgeben würden.

Hitler, das hatte sich in den letzten zwölf Monaten erwiesen, war bis zum Fanatismus davon erfüllt, die territorialen Forderungen Deutschlands durchzusetzen; koste es, was es wolle!

Er hatte im Herbst 1938 mit Polen Verhandlungen geführt, die negativ verliefen. Großbritannien hatte Polen das Rückgrat gestärkt. In dieser britischen Garantie an Polen erkannten wir eine tödliche Bedrohung und eine ernste Warnung zugleich.

Aber immer noch hofften wir, dass selbst die Durchführung des Aufmarschplanes „Weiß“ noch nicht zum Kriege zu führen brauche, denn wir hatten erlebt, dass Hitler mit einem unglaublichen politischen Glück bisher alle seine Forderungen unblutig durchgesetzt hatte. Wenn man die Kette der Hitlerschen Taten sah, so erschien sie einem als Erfolg. Aber diesmal lag die Sache doch anders.

Aber hatte nicht Hitler wörtlich versichert, dass er kein Idiot sei, der wegen der Stadt Danzig oder wegen des polnischen Korridors in einen Weltkrieg hineinschlittern werde?

Wir wussten nicht, war dies der Beginn des Krieges oder ein neuer Bluff?

Am 13./14. August hatte ich, wie vorher erwähnt, die letzte Übung mit meiner 18. Division in Neuhammer, die mit einem Vorbeimarsch an Generaloberst von Rundstedt endete. Am 15. August 1939 ereignete sich ein tragischer Zwischenfall, als ein Artillerieschießen mit dem Einsatz eines Stukaverbandes gekoppelt wurde. Eine ganze Stukastaffel raste – aufgrund einer falschen Angabe über die Wolkenuntergrenze – mitten in einen Wald hinein. Eine einzige Maschine von insgesamt 14 entging dem Inferno. Am 19. August erhielten Generaloberst von Rundstedt und ich die Weisung, uns am 21. August auf dem Obersalzberg zu einer Besprechung einzufinden.

Hitler erläuterte den versammelten Oberbefehlshabern und Chefs sein Vorhaben, die deutsch-polnische Frage zu einer Entscheidung zu bringen. Göring, der kurz vor Hitler im großen Empfangsraum des Berghofes erschienen war, bot einen phantastischen Anblick. Er schien sich für ein Maskenfest kostümiert zu haben, denn er trug ein Lederwams in Grün, ein weißes Hemd darunter und graue Kniehosen mit grauseidenen Strümpfen, dazu an einem mit Gold geschmückten Wehrgehänge einen Dolch. Ich erinnere mich, dass ich meinem Nachbarn General von Salmuth zuraunte: „Der Dicke soll wohl den Saalschutz übernehmen?“

Hitler führte aus, dass die Westmächte, wenn sie die deutsche Entschlossenheit bemerkten, diese Frage zu lösen, wieder nicht zu den Waffen greifen würden.

Was aber noch größere Überraschung auslöste, als Hitlers Beurteilung der Lage, war die Verkündigung des mit der Sowjetunion vorbereiteten Paktes.

Ribbentrop – der anwesend war – wurde anschließend von Hitler verabschiedet. Er sollte nach Moskau fliegen, um mit Stalin einen Nichtangriffspakt abzuschließen. Hitler deutete an, dass er den Sowjets in Bezug auf das Baltikum bedeutende Zugeständnisse gemacht habe.

Auch jetzt waren viele der Anwesenden, so auch Generaloberst von Rundstedt und ich, noch nicht davon überzeugt, dass es zum Kriege kommen müsse.

Dass Hitler – einigen Veröffentlichungen zufolge – gesagt haben soll, er habe „nur Angst, dass ihm im letzten Augenblick noch so ein Schweinehund mit einem Vermittlungsvorschlag dazwischenkommen" könne, ist unzutreffend.

Es stimmt auch nicht, dass Göring – aus Freude über einen in Aussicht stehenden Krieg – auf den Tisch gesprungen sei, um ein Siegheil auf den Führer auszubringen, so amüsant sich dies auch lesen mag.

Auch die vorgeblichen wüsten Hasstiraden Hitlers sind der Phantasie einiger Herren entsprungen, die nicht dabei waren. Hitler war ein viel zu gerissener Mann, als dass er es vor diesem Gremium mit solchen unwirksamen Mitteln versucht hätte. Generaloberst von Rundstedt und ich waren der Ansicht, dass die ganze Versammlung, die nicht geheim bleiben konnte, ein weiterer Bluff sei, um Polen zum Nachgeben zu bringen.

Doch zurück zur internationalen Lage in Europa und zu jenen Schlüsselereignissen, die schließlich den Zweiten Weltkrieg auslösten.

VOR KRIEGSBEGINN

Die Tschechoslowakei

Nachdem die Alliierten Hitler am 29. September 1938 in München "den letzten territorialen Anspruch, den ich in Europa zu stellen habe" durch das in München geschlossene Abkommen zur "Heimkehr des Sudetenlandes ins Reich" erfüllt hatten, war der in Gefahr geratene Frieden scheinbar gesichert. So sahen es vermutlich Premierminister A.N. Chamberlain und E. Daladier. Mussolini dachte offenbar ebenso.

Das Abkommen von München, dem die Abtretung des Sudetenlandes durch Noten der Prager Regierung an Frankreich und England vorhergegangen war, hatte Hitlers Beurteilung der Lage wieder einmal mehr bestätigt und die zweifelnden deutschen militärischen Führer in ihre Schranken verwiesen. Dazu *Winston Churchill*:

"Hitler war ein Leitstern! Hier war ein Führer, dem Gehorsam gebührte. Auf diese Weise wurde Hitler schließlich der unangefochtene Herrscher in Deutschland, und die Bahn zum großen Ziel stand ihm offen." (Siehe Churchill, Winston S.: Der Zweite Weltkrieg). Das war noch Jahre zuvor Churchills Überzeugung.

Am 10. Januar 1939 reisten *Chamberlain* und Lord *Halifax* nach Italien. Am nächsten Tag trafen sie dort auch mit dem "Duce" *Benito Mussolini* zusammen. Außenminister Graf *Ciano*, der zugegen war, notierte in sein Tagebuch: "Wie weit sind wir von diesen Leuten entfernt! 'Diese Männer', sagte der Duce, 'sind nicht mehr aus demselben Stoff gemacht wie Francis Drake und die anderen prächtigen Abenteurer, die das britische Weltreich geschaffen haben. Sie sind letzten Endes die müden Söhne aus einer langen Reihe reicher Generationen.' "Die Engländer", fuhr Graf Ciano fort, "versuchen so langsam wie möglich zurückzuweichen, aber kämpfen wollen sie nicht."

Daß dies ein Trugschluß war, dem auch Hitler vefiel, sollte sich im März 1939 bei Englands Blanko-Garantie für Polen und seine Kriegserklärung an das Deutsche Reich am 3. September 1939 herausstellen.

Am 18. Januar 1939 befand sich Reichsaußenminister von Ribbentrop in Warschau und forderte dort die Souveränität Deutschlands über Danzig. Danzig war eine zu 97 % deutsche Stadt, und Polen hatte sich als Konkurrenz zu dem ungeliebten Danzig den Hafen und die Stadt Gdingen westlich von Danzig erbaut.

In der ersten Märzhälfte meldeten die alliierten Geheimdienste aus Wien, Salzburg und anderen Städten des Südostens des Reiches deutsche Truppenbewegungen in Richtung tschechische Grenze. Es seien 40 deutsche Divisionen in diesem Raum zusammengezogen und teilweise bereits in Marsch gesetzt worden.

Nach längeren Verhandlungen zwischen der tschechischen Regierung, britischen, französischen, italienischen und deutschen Teilnehmern, wurde am 29. September 1938 in München ein Abkommen unterzeichnet, nach dem das mehrheitlich von Deutschen besiedelte Sudetenland dem Deutschen Reich zufiel.

Deutsche Truppen rückten daraufhin im Oktober 1939 kampflos in das vertraglich festgelegte Gebiet des Sudetenlandes ein und gliederten es ins Deutsche Reich ein.

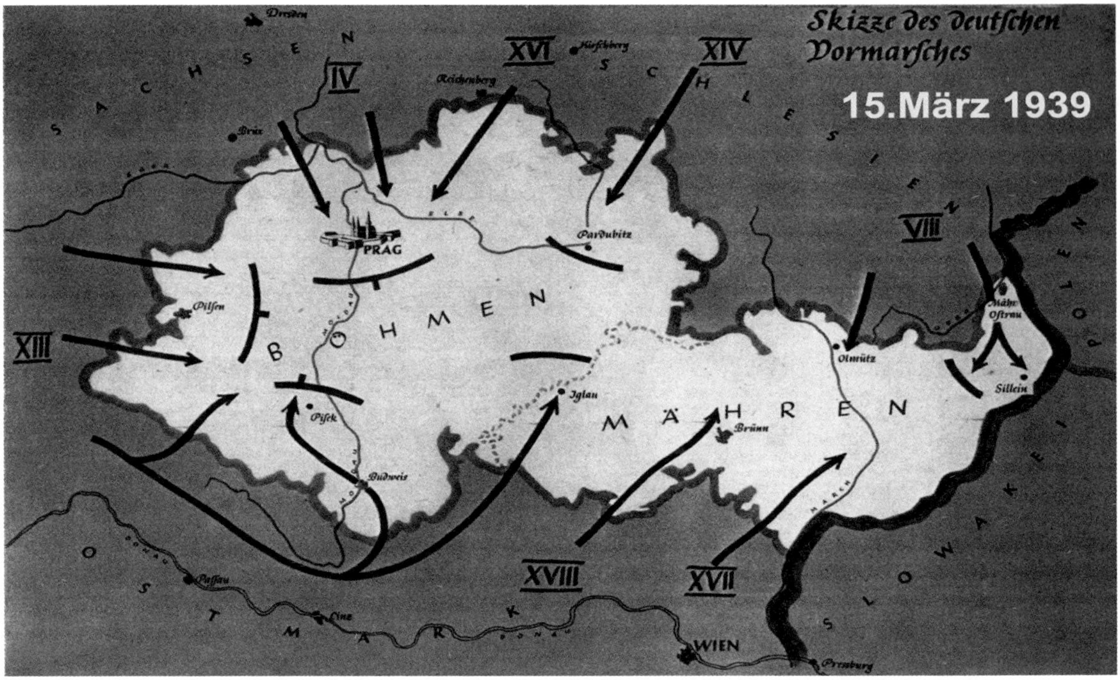

Nachdem die Slowakei 1939 einen eigenständigen Staat ausgerufen hatte, wurde auf Hitlers Druck hin am 14. und 15. März 1939 die „Rest-Tschechei" als Protektorat „Böhmen und Mähren" besetzt.

Hitler beim Einmarsch in Brünn am 15. März 1939. Nicht überall jubelte die Bevölkerung.

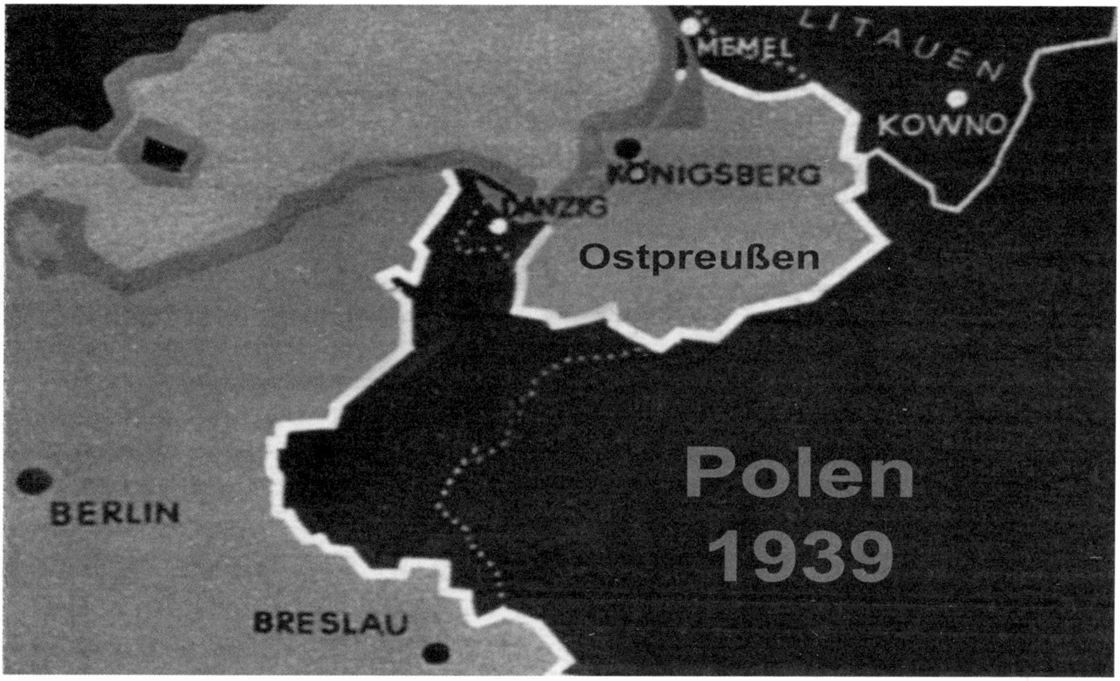

Hitlers letzte unblutige Erweiterung des Deutschen Reiches, war der mit Litauen vereinbarte Anschluss des Memellandes an Ostpreußen. Das Memelland wurde am 23. März 1939 in Besitz genommen.

Panzerspähwagen fahren über die ehemalige Grenzbrücke von Tilsit nach Memel hinein.

Im Alter von 50 Jahren war Hitler auf dem Zenit seines Erfolges angekommen. Ohne Krieg hat er das Deutsche Reich zur stärksten Macht in Europa erweitert. Ein große Parade am 20. April 1939 sollte der Welt die ganze Stärke der deutschen Wehrmacht demonstrieren.

Ein besonderer Schachzug war das Moskauer Nichtangriffsabkommen vom 23. August 1939 zwischen den beiden Diktatoren Hitler und Stalin. Ein geheimes Zusatzprotokoll regelte die Aufteilung Polens.

Hitler hatte schon am 30.Januar 1939 zur "Auflösung der Rest-Tschechoslowakei" aufgerufen. Der Landeschef des Bundesstaates Slowakei, Josef Tiso, der die Selbständigkeit von der Tschechoslowakei forderte, wurde von der tschechischen Regierung seines Amtes enthoben. Er beriet sich mit von Ribbentrop und wurde danach von Hitler empfangen, der ihm seine Unterstützung zusagte, obwohl ihm das Problem Slowakei wenig bekannt war.

Am 14. März 1939 erklärte Tiso im Preßburger Parlament mit der slowakischen Mehrheitspartei die Unabhängigkeit der Slowakei. (Siehe dazu: Venohr, W.: Aufstand in der Tatra. Der Kampf um die Slowakei 1939-1945, Königstein i.Ts.).

Der Anfang vom Ende der Tschechoslowakei war damit gekommen. Aus Polen kam als Echo dieser Selbständigkeitsaktion der Slowakei eine Verlautbarung des Außenministers, Oberst Beck, daß seine Regierung die Slowakei anerkennen werde.

In England fragten Unterhausabgeordnete Premierminister Chamberlain, was es nun mit der britischen Garantieerklärung für die Unversehrtheit der tschechischen Grenzen sei.

Müsse nicht England *jetzt* sofort eingreifen? Der Premierminister erwiderte, daß diese Garantie *nur* unter der Voraussetzung gegeben worden sei, wenn die Tschechoslowakei durch einen *unprovozierten* Angriff in Bedrängnis gerate. Was dort aber geschehe, sei eine "innertschechische Angelegenheit". Nicht nach nationalen, aber nach geopolitischen Maßstäben war Prag mit der Resttschechei nun mitten im Reich zwischen den zwei größten deutschen Städten, Berlin und Wien, gelegen. Hitler hatte keine Tschechen gewollt, doch auch kein sowjetisches Flugzeugmutterschiff mitten im Reich. Ein geplanter Vertrag, der die Resttschechei als selbständig garantieren sollte, war nie unterzeichnet worden, war also nicht in Kraft getreten. Hitler hatte gesagt "ich will gar keine Tschechen", doch unterschrieben hatte er nichts. Viele Politiker vieler Länder fühlen sich dann recht ungebunden. Hitler steht darin leider nicht allein. Wilson wäre als hohes Beispiel solcher Art zu nennen.

Am 14. März wurde der tschechische Staatspräsident Emil Hacha und sein Außenminister Frantisek Chvalkovsky von Hitler in der Reichskanzlei empfangen. Hitler sprach ihnen gut zu, erklärte, daß am folgenden Morgen deutsche Truppen die tschechische Grenze überschreiten und Prag besetzten würden. Möglicher Widerstand werde mit *allen* Mitteln gebrochen. Die Reste der Tschechischen Republik hatten das Bündnis mit der UdSSR nicht beendet.

Die beiden höchsten Politiker ihres Landes unterschrieben ein vorbereitetes Dokument, in dem sie erklärten, "das Schicksal ihres Volkes vertrauensvoll in die Hände des Führers" zu legen. (Siehe Akten des Auswärtigen Amtes zur: Auswärtigen Deutschen Politik, ADAP).

Während die beiden Staatsmänner in der Bahn heimfuhren, flog Hitler nach Prag und hielt seinen Einzug in die Prager Burg, noch ehe Hacha und Chvalkovsky daheim angekommen waren. Der Einzug in Prag verlief ganz ungestört, denn die tschechische Armee hatte rechtzeitig den Befehl ihres Premiers erhalten, keinen Widerstand zu leisten. Die unsinnig gewordenen 36 Divisionen der überrüsteten Resttschechei schienen Hitler nicht zu gefallen. Natürlich standen so wie 1968 1,5 Millionen Menschen auf den Gehsteigen und ließen die Panzer rollen.

Am selben Tage wurde über alle deutschen Rundfunksender und am nächsten Tage auch durch die Presse der Erlaß über das "Protektorat Böhmen und Mähren" veröffentlicht. Diese beiden Teilgebiete der ehemaligen österreichisch-ungarischen Monarchie wurden an das Großdeutsche Reich angegliedert, wobei ihnen Autonomierechte zugestanden wurden. Jubel darüber herrschte nur in den deutschbesiedelten Teilen der Resttschechei und bei den 50000 Prager Deutschen.

In seiner Proklamation "An das deutsche Volk" vom 15. März 1939 verkündete Hitler: "Die Tschechoslowakei hat aufgehört zu existieren."

Außenminister Konstantin Freiherr von Neurath wurde zum Reichsprotektor von Böhmen und Mähren ernannt. Sein Amtssitz war Prag. Die Slowakei wurde am selben Tage unter den Schutz des Reiches gestellt.

In dieser Lage zeigten sich die Nachbarländer der Tschechoslowakei nicht untätig. So ließ die ungarische Führung in den Ortschaften Munkacs und Ungvar Zwischenfälle provozieren, die Admiral Horthy den willkommenen Anlaß gaben, noch am 15. März die Karpatoukraine, die zur Tschechoslowakei gehörte, besetzen zu lassen. Polen unterstützte diesen ungarischen Coup mit Truppen.

Daneben gelang es Polen, sich bei der Auflösung des tschechoslowakischen Staates des Raumes von Tschechen — Karwin samt seinen Deutschen zu bemächtigen. Dieses Gebiet hatte bereits im Jahre 1919 — als es darum ging, es Österreich mit anderen Gebieten gleichzeitig zu entreißen — zu einem polnisch-tschechischen Krieg geführt, bevor 1920 der alliierte Schiedsspruch der Teilung dieses Gebietes entlang dem Olsafluß Polen und die Tschechoslowakei zunächst befriedigte.

Nun holte sich Polen auch den nur von einer tschechischen Minderheit bewohnten Teil und beteiligte sich solcherart kräftig an der Zerreißung dieses Nachbarn. Die Deutschen des Olsagebiets kassierte es mit. Damit taten sie genau *das*, wovor England und Frankreich Polen angeblich schützen wollten.

Am 15. März 1939 trat Premierminister *Chamberlain* vor das britische Unterhaus und erklärte: "Die Besetzung Böhmens durch deutsche Streitkräfte begann heute morgen um 6.00 Uhr. Die tschechische Regierung hat die Bevölkerung angewiesen, keinen Widerstand zu leisten."

Anschließend gab er bekannt, daß die britische Garantie-Erklärung gegenüber der Tschechoslowakei keine Gültigkeit mehr besitze, nachdem der slowakische Landtag die Unabhängigkeit der Slowakei erklärt habe.

"Mit einer solchen Erklärung bereitete sich der Staat, dessen Grenzen zu garantieren wir uns anerboten haben, durch innere Spaltung selbst ein Ende.

Die Regierung seiner Majestät kann sich demgemäß nicht mehr als durch diese Verpflichtung gebunden betrachten." (Siehe Churchill, Winston S.: a.a.O.).

Zum Schluß seiner Unterhausrede stellte Chamberlain den Abgeordneten zwei Fragen, auf die sie allesamt keine Antwort wußten:

"Ist dies der letzte Angriff auf einen Kleinstaat, oder sollten ihm noch weitere folgen? Ist dies nicht tatsächlich ein Schritt in der Richtung eines Versuches, die Welt mit Gewalt zu beherrschen?" (Siehe Churchill, Winston, S.: a.a.O.).

Was ist mit Polen und Litauen?

Daß einige weitere Kleinstaaten um ihre Freiheit fürchteten, zeigte sich am Besuch des litauischen Außenministers Juozas Urbsys am 22. März 1939 in Berlin. Dieser sah sich der Forderung von Ribbentrops gegenüber, die auf Rückgabe des vorwiegend von Deutschen besiedelten Memelgebietes drängte. Die litauische Regierung gab dieses Gebiet, das 1919 durch den Vertrag unter französische Besetzung geraten war und in der Luft hing, bis litauische "Freischärler" kamen, an Deutschland zurück. Der Vertrag über die Rückgabe von Memel und des gesamten dazugehörenden Küstengebietes rechts der Memel wurde am 22. März 1939 unterzeichnet. Damit wurden die von Polen erworbenen Transitrechte durch Memel hinfällig. In Polen war man offenbar der Überzeugung, daß es Litauen gelungen sein müsse, Hitler als Helfer für ihren Anspruch auf die Rückgabe von Wilna zu gewinnen. Das Gebiet von Wilna war Litauen 1920 von Polen entrissen worden, obgleich der Versailler Vertrag bestimmte, daß es Litauen gehören solle. Erst 1938 hatte Litauen auch formell unter dem Druck der Ereignisse auf Wilna Verzicht geleistet, aber nicht ohne auf die Chance zu warten, wo es sich dieses Gebiet wiederholen konnte. Dies schien nun der Fall zu sein.

Aus diesem Grunde erwog Polen, Litauen im Handstreich zu besetzen, um einer "möglichen litauischen Forderung dieser Art zuvorzukommen." (Siehe Golczewski, F.: Das Deutschlandbild der Polen 1928-1939, Düsseldorf 1974). Wahrheit ist, daß die Stadt Wilna fast nur von Juden und Polen bewohnt war, das Wilnagebiet hingegen vor allem von Weißrussen. Es gab dort nicht einmal 10 % Litauer, doch ist Wilna die historische Hauptstadt Litauens. Die Juden Wilnas sind in alle Welt zerstreut oder umgekommen, und Wilnas Polen siedeln derzeit in Schlesien und Pommern.

Seit geraumer Zeit war die Frage Wilnas unter der Regierungszeit des polnischen Ministerpräsidenten Ignac Moscicki erörtert worden, ohne jemals über die verbale Auseinandersetzung damit hinausgelangt zu sein. Erst nach Regierungsantritt von Felicjan Slavoj-Skladowksi schritt man zur vorbereitenden Tat und verlegte am 23. März 1939 nach Bekanntwerden der deutsch-litauischen Vereinbarungen eine Reihe polnischer Divisionen zur ostpreußischen Grenze, um dem befürchteten Einmarsch deutscher Verbände in die Flanke fallen zu können. Doch ein solches deutsches Vorgehen war weder geplant, noch kam es zur Durchführung. (Siehe Biddle, A.G.D.: Poland and the Coming of the War, Columbus, USA 1976).

Polen hatte zwar Hitlers Vorgehen gegenüber Österreich und vor allem die CSSR unterstützt und Hitler den Rücken gestärkt, aber es wollte dafür auch etwas haben: Nämlich freie Hand für das von ihm bereits proklamierte "Dritte Europa" — eine Wiederauferstehung des polnischen Reiches, wie es unter der Herrschaft der Jagiellonen bestanden hatte, von der Ostsee bis zum Dnepr — mit vielleicht einem Drittel von Bewohnern polnischer Sprache.

Polens Politik steuerte offenkundig auf eine bewaffnete Auseinandersetzung mit dem Reich zu, wie der britische Botschafter in Warschau, Kennard, am 25. März 1939 an seinen Außenminister telegraphierte:

"Die polnische Teilmobilisierung, die Außenminister Beck am 23. März 1939 eingeleitet hat, beläuft sich auf eine Verstärkung der polnischen Armee um 334.000 Köpfe."

Zwei Tage darauf mußte Kennard melden, daß eine kompetente Persönlichkeit als Zahl der unter Waffen stehenden Polen 750.000 Mann genannt habe, womit Herr Beck "die Diskussion über Danzig zu einem von ihm bestimmten Augenblick beginnen" werde. Allerdings schrieb Kennard auch: "Ich teile nicht die alarmierenden Meinungen einiger meiner Kollegen, daß die polnische Regierung einen Kampf mit Deutschland zu forcieren beabsichtigt." (Siehe: Documents on Britisch Foreign Policy 1919-1939, Document Nr. 523).

Im Dokument Nr. 524 wiederum, das nur wenige Stunden darauf nach London übermittelt wurde, klang dies bereits ganz anders.

"Vizeminister für auswärtige Angelegenheiten sagte, daß irgendein deutsches Ultimatum oder irgendein Übergriff auf den Korridor natürlich Krieg bedeuten würde. Die gegenwärtige öffentliche Meinung hier ist kriegerisch."

Drei Tage darauf berichtete der deutsche Botschafter in Polen:

"Die erregte Stimmung in Polen hat noch erheblich zugenommen. Von ernster Bedeutung ist das Entstehen einer Kriegsstimmung, die durch die Presse, durch antideutsche öffentliche Kundgebungen besonders in der Provinz, die bereits vielfach zu Zwischenfällen geführt haben, und zum Teil auch durch säbelrasselnde Propaganda gefördert wird.

In weiten Kreisen glaubt man heute, daß der Krieg unvermeidlich geworden sei und unmittelbar bevorstehe. Die praktischen Maßnahmen der polnischen Regierung tragen dazu bei, die vorhandene Kriegspsychose zu steigern. Das polnische Militärblatt `POLSKA ZBRIJNA' führt aus: `Wir Polen fühlen zum Unterschied von den Tschechen *kein* Gefühl der Unterlegenheit gegenüber mächtigen Völkern dieser Erde. Die Zahl der fremden Divisionen schreckt uns nicht, denn unsere eigene Armee, deren Ausrüstung und der kriegerische Geist des polnischen Volkes reichen dazu aus, um Polen den Sieg zu sichern'". (Siehe Deutsches Weißbuch Nr. 2, Dokument Nr. 210).

"Die polnische Diplomatie", führte Ch. *Tansill* in seinem Werk "Die Hintertür zum Kriege" aus, "war 1938-39 ein Musterplan des Unheils. Beck hatte Polen auf der Straße zum Krieg und zur nationalen Vernichtung weit hinausgetrieben. Eine solche Politik steuerte direkt auf das Verhängnis los."

Anläßlich des Besuches des polnischen Kriegsministers General Kasprzycki in Paris wurde diesem von französischen Generalstabsoffizieren die Frage gestellt, ob die polnischen Befestigungen an der Grenze zu Deutschland denn auch stark genug seien, den Angreifer zu stoppen. Die Antwort darauf lautete:

"Wir haben keine Befestigungen, denn wir gedenken einen Bewegungskrieg zu führen und gleich zu Beginn der Operationen in Deutschland einzufallen." (Siehe Bonnet, G.: Vor der Katastrophe).

Am 28. April 1939 sagte Hitler in seiner Rede vor dem Reichstag, daß mit der Garantieerklärung Englands und Frankreichs an Polen und durch die Militärpolitik dieser Länder, die den Verträgen zwischen Polen und Deutschland widersprächen, der deutsch-polnische Nichtangriffs- und Freundschaftsvertrag und zugleich auch das deutsch-britische Flottenabkommen des Jahres 1935 von der Gegenseite zerrissen worden seien. Polen und Großbritannien hätten sich - entgegen ihren Verträgen mit Deutschland — die Möglichkeit einer Gewaltanwendung gegen das Reich und für diesen Fall gegenseitige Hilfe bescheinigt und die polnische Teilmobilisierung sowie die bisher ohnehin schon rigorose Minderheitenpolitik durchgeführt bzw. gebilligt."

Damit bezog sich Hitler auf die öffentliche britische Erklärung des Freundschafts- und Beistandspaktes Englands für Polen. Am 31. März schaltete sich England abermals in diese Frage ein und erklärte durch seinen Premierminister:

"Ich habe jetzt das Haus davon in Kenntnis zu setzen, daß im Falle einer Handlung, durch die Polens Unabhängigkeit deutlich gefährdet würde und der mit Waffengewalt entgegenzutreten die polnische Regierung demnach für lebensnotwendig hielte, die Regierung seiner Majestät sich verpflichtet fühlen würde, der polnischen Regierung unverzüglich alle in ihrer Macht stehende Unterstützung zu gewähren. Sie hat der polnischen Regierung eine Zusicherung in diesem Sinne erteilt.

Ich möchte hinzufügen, daß die französische Regierung zu der Erklärung ermächtigt hat, sie nehme in dieser Angelegenheit die gleiche Stellung ein wie die britische." (Siehe Churchill, Winston, S.: a.a.O.).

Dazu Churchill: "Gott stehe uns bei! Wir können nicht anders!" Ob Gott Verbündeter Churchills oder Hitlers war, ist auf dieser Welt nicht zu ermitteln.

Der Fall "Weiß", der am 3. April in Deutschland in Auftrag gegebene Aufmarschplan gegen Polen, besagte, daß dieses Land — sobald es das Reich bedrohe — "mit überraschenden starken Schlägen besiegt werden" solle. Die Durchführung der Operationen sei etwa ab dem 1. September 1939 möglich.

Italiens Beitrag am Krieg

Am frühen Morgen des 7. April landeten italienische Streitkräfte in Albanien und überwältigten dieses Land binnen kurzer Zeit. Der albanische König Zogu mußte fliehen, und Viktor Emanuel III. übernahm die Regierung von Albanien in Personalunion. Seine Frau war Montenegrinerin, also Angehörige des schlimmsten Feindvolkes der Albaner, nämlich der Serben.

Damit hatte Italien jenes Aufmarschgebiet erreicht, das es für seinen geplanten Überfall auf Griechenland benötigte. Dieser erfolgte jedoch erst am 28. Oktober 1940 und endete mit einem entsetzlichen Fiasko für Italien; schließlich zwang er Deutschland dazu, entgegen seinem Willen auch auf dem Balkan aktiv zu werden.

Am 15. April 1939 traf Hermann Göring mit Mussolini und dessen Außenminister Graf Ciano zusammen, um die Italiener über die deutschen Planungen zu unterrichten. Am Tage zuvor hatte der US-Präsident Roosevelt seine "persönliche Botschaft an Hitler und Mussolini" absenden lassen. Darin beschwor er die beiden Staatsmänner, in den nächsten zehn Jahren keine weiteren Angriffe mehr zu unternehmen. In dieser "Quarantänerede" des US-Präsidenten ging Roosevelt noch weiter und forderte einen 25-jährigen Frieden, "wenn wir so weit voraussehen wollen".

Mussolini sah in diesem Brief eine "Folge der Kinderlähmung" des US-Präsidenten. Hitler wiederum ließ die von Roosevelt als bedroht genannten Staaten fragen, ob sie sich von Deutschland bedroht fühlten. Sie verneinten dies.

Gleichzeitig damit wurden die Vorbereitungen zum "Stahlpakt" getroffen, der am 22. Mai 1939 von den Achsenmächten unterzeichnet wurde. Dabei erklärte Mussolini, daß Italien infolge seiner desolaten Wirtschaftslage nicht vor 1943 als Bündnispartner Deutschlands antreten könne.

Am 23. Mai erhielten die Stabsstellen und die offizielle Wehrmachtsführung in Hitlers Reichskanzlei Weisungen, die darauf hinausliefen, daß nicht etwa Danzig *das* Objekt sei, sondern die Erweiterung des deutschen Lebensraumes im Osten. Da Polen sich von Deutschland abgewandt habe, entfalle die Notwendigkeit, dieses Land zu schonen. Es solle isoliert und bei nächster Gelegenheit angegriffen werden, um so dem polnischen Aggressionsdrang entgegenzuwirken, dessen deutschlandfeindliche Haltung überdeutlich geworden war.

Englands Rolle und die Sowjetunion

Zwischen England und der UdSSR entwickelte sich in diesen Monaten so etwas wie ein Aufeinanderzugehen. Die Zusicherungen der britischen Regierung zunächst gegenüber Polen, Griechenland und Rumänien waren nur dann von

Wert, wenn es zu entsprechenden Vereinbarungen mit der UdSSR kam. Ohne sowjetische Hilfe waren sie bedrucktes Papier.

Der englische Botschafter in Moskau, Sir William Seeds, war zugleich mit D. Lloyd George für ein Zusammengehen mit der Sowjetunion, Churchill und Eden schlossen sich ihnen an. Doch den Ausschlag gegen Rußland gaben zunächst die beiden Außenminister Polens und Rumäniens, Beck und Gafencu, die sich "nicht von den Russen beschützen lassen" wollten. (Siehe Gafencu G.: Europas letzte Tage, Zürich 1946).

Dies wiederum ließ Halifax und Chamberlain zögern, die "russische Karte zu spielen".

Daß Stalin in den Jahren von 1937 bis 1938 etwa 35.000 Offiziere der Roten Armee hatte umbringen lassen, darunter drei Marschälle und fast alle Divisionskommandeure und Chefs der Militärbezirke, hatte die Schlagkraft der Sowjettruppen derart geschwächt, daß die britische Regierung kein Eingreifen der Roten Armee, sondern lediglich eine Wirtschaftshilfe der UdSSR für die bedrohten Staaten wünschte.

Am 15. April 1939 kam es in Moskau zu einer Besprechung zwischen Botschafter Seeds und den Volkskommissar des Äußeren, Maksim M. *Litwinow.* Heraus kam ein sowjetischer Vorschlag für die Schaffung einer "gemeinsamen britisch-französisch-sowjetischen Front unter möglicher Teilnahme Polens zum Schutz der Grenzen aller jener Staaten, de von der deutschen Aggression bedroht sind".

Die zu beschützenden mittel- und osteuropäischen Länder aber wollten *unter keinen* Umständen von Moskau beschützt werden, weil sie sich vor diesem noch mehr als vor Hitler fürchteten.

Im Mai 1939 wurde Außenminister *Litwinow* abgelöst und durch Wjatscheslaw *Molotow* ersetzt. Dieser verfolgte eine Politik des Zusammengehens mit Deutschland auf Kosten von Polen. Immerhin hatte Moskau mit Polen noch ein fettes Hühnchen zu rupfen.

Dementsprechend gingen die sowjetisch-britischen Verhandlungen immer schleppender vor sich. Am 19. Mai, als sich das britische Unterhaus mit dieser Frage befaßte, waren weder die polnische noch die rumänische Regierung bereit, irgendeine sowjetische Sicherheitsgarantie anzunehmen. Das gleiche bekundeten auch die baltischen Staaten und Finnland.

Die Sowjets aber wollten einen solchen Beistandspakt mit Großbritannien nur abschließen, wenn Finnland und die baltischen Staaten darin einbezogen würden. Diese Staaten weigerten sich beharrlich. Finnland und Estland gingen sogar noch einen Schritt weiter, als sie gleichlautend bekundeten, daß ihre Länder eine Garantieerklärung aus Moskau *ohne* ihre Zustimmung als einen Angriffsakt betrachten müßten.

Am 7. Juni 1939 schritten Estland und Lettland zur Tat und unterzeichneten einen Nichtangriffspakt mit dem Deutschen Reich. Nun erst kam es zu weiteren Entscheidungen in England. Dort einigten sich am 24. Juni Großbritannien, Frankreich und die UdSSR auf "gemeinsame Beistandsverpflichtungen gegenüber Finnland, Estland, Lettland, Litauen, Polen, Rumänien, Griechenland, der Türkei und Belgien". Die britische Regierung kapitulierte vor der sowjetischen Forderung, daß Moskaus Truppen "nach *eigenem* Ermessen und *nicht* auf Ersuchen der betreffenden Staaten" zu "Hilfeleistungen" einmarschieren durften.

Wie diese "Hilfeleistungen" aussahen, das sollte sich sehr bald zeigen. Nach Abschluß einer Militärkonvention sollte Moskaus Abkommen mit Frankreich und Britannien in Kraft treten.

Die sowjetische Kehrtwendung

Noch war ein Krieg vermeidbar. Noch konnte jeder beteiligte Staat einlenken und durch gegenseitige Zugeständnisse den Ausgleich mit seinem Gegenüber suchen. Hitler beschloß nach dieser britisch-sowjetisch-französischen Vereinbarung, den Rückzug anzutreten. Er wollte "den Streit mit Polen beenden und in Nürnberg den `Parteitag des Friedens' veranstalten." (Siehe: Metzmacher, H.: Deutschlands Ausgleichsbemühungen im Sommer 1939. In: Vierteljahreshefte für Zeitgeschichte, 14/1966).

Weitere deutsche diplomatische Bemühungen, die Lage zu entkrampfen, schienen ein zweites München zu signalisieren.

Als es den Bemühungen von Außenminister Molotow nicht gelang, die Formel der "indirekten Aggession" in das britisch-sowjetisch-französische Abkommen einzubringen, das Rußland völlig freie Hand gegeben hätte, sich die baltischen Staaten und auch Finnland einzuverleiben, war England kein Verhandlungspartner Moskaus mehr.

Die UdSSR zog sich von den Westmächten zurück. Außenminister Molotow gelang es, die laufenden deutsch-sowjetischen Wirtschaftsverhandlungen von Moskau nach Berlin zu verlegen und sie in politische Verhandlungen umzupolen. Dort trafen sich am 26. Juli 1939 der sowjetische Geschäftsträger Georgij A. Astachow und sein deutscher Partner Karl Schnurre. Es kam sehr rasch zum Gesprächspunkt "Neuordnung des Raumes zwischen Ostsee und Schwarzem Meer unter Berücksichtigung der lebenswichtigen politischen Interessen beider Seiten."

Die folgende Unterredung zwischen Astachow und Außenminister von Ribbentrop am 2. August zeigten, daß Deutschland bereit war, den Sowjets in der Frage der baltischen Staaten entgegenzukommen.

In Moskau brach zur gleichen Zeit Verteidigunskommissar Woroschilow die Verhandlungen mit den britisch-französischen Unterhändlern, Admiral Reginald

Drax und General Joseph Doumenc, ab. *Stalin* erhielt so den Vorwand, sich nunmehr auch persönlich an *Hitler* zu wenden.

Am 19. August unterzeichneten Joachim *von Ribbentrop* und *Molotow* das deutsch-sowjetische Handelsabkommen, womit zunächst die Handelsbeziehungen auf eine breite Basis von 200 Millionen Reichsmark gestellt wurden.

In Moskau war der deutsch-sowjetische Faden weitergesponnen worden. Dem deutschen Botschafter Friedrich Werner *Graf von der Schulenburg* wurde der Entwurf eines Nichtangriffspaktes überreicht. Dieser gab ihn weiter, und über die Rechtsabteilung des Auswärtigen Amtes gelangte er zu *Hitler.*

Dieser *antwortete Stalin* persönlich und bat um dessen Einverständnis zur Entsendung von Ribbentrops nach Moskau. Dieser war einverstanden, und am 25. August landete von Ribbentrops Maschine in der sowjetischen Metropole.

Kurz nach Mitternacht des 24. August 1939 war der deutsch-sowjetische Nichtangriffspakt unterzeichnet, in welchem sich beide Staaten verpflichteten, einander in den nächsten zehn Jahren nicht anzugreifen noch einen fremden Angreifer zu unterstützen.

In einem geheimen Zusatzprotokoll wurde die Interessensphäre beider Seiten aufgeteilt. Finnland, Lettland und Estland wurden der UdSSR überlassen. Falls es zu einer territorialen Umgestaltung Polens kommen würde, sollten die Flüsse Narew, Weichsel und San die Trennungslinie darstellen. Litauen gehörte zuerst zur deutschen Interessensphäre, wurde dann aber gegen Ostpolen (Lublin) ausgetauscht.

Als dieser Nichtangriffspakt in London, Paris und Warschau bekannt wurde, waren die diplomatischen Dienste nicht sonderlich überrascht, wenngleich alle sich beunruhigt zeigten.

Hitler beschloß nun, der polnischen Drohung zur Vernichtung Deutschlands zuvorzukommen und "den Gegner hart und rücksichtslos zu vernichten". Der geplante Angriffstermin war der 26. August. Hitler unterbreitete Großbritannien und Frankreich noch einmal ein Friedensangebot, doch die Briten entschieden sich durch ihren Unterstaatssekretär Alexander G.M. *Codogan* für folgenden Antworttext:

"The gangsters' policy has to cease." Das zeigte keinerlei auch nur entfernten Willen einzulenken.

Dennoch bemühte sich auch *Cadogan* mit einigen prominenten Mitgliedern des britischen Kabinetts um die Wiederaufnahme direkter deutsch-polnischer Verhandlungen. Frankreich drängte die polnische Regierung ebenfalls zum Einlenken.

Außenminister Georgs *Bonnet* beschwor Warschau, eine Wiedervereinigung Danzigs mit Deutschland *nicht* als Kriegsgrund anzusehen. Daladier drohte damit, das französisch-polnische Militärbündnis von 1921, das immer noch in Kraft war, zu kündigen, wenn Außenminister Beck in der geschehenen Weise weiterhin untätig bleiben sollte.

Friedensbemühungen von Birger Dahlerus

Nachdem zwischen dem Reich und Polen alle Brücken abgebrochen schienen, fand am 7. August 1939 im Söhnke-Nissen-Koog in Schleswig Holstein, im Hause der Familie Dahlerus ein Treffen deutscher und englischer Unterhändler statt. Birger Dahlerus, ein schwedischer Zivilingenieur und Geschäftsmann, der bereits am 6. Juli in Karinhall Hermann Göring erklärt hatte, daß Großbritannien nicht bluffe, sondern zum Krieg gegen Deutschland bereit sei, hatte dieses Treffen vorgeschlagen. *Sieben englische Persönlichkeiten* waren *anwesend.* Ihnen gegenüber saßen Hermann *Göring*, sein Adjutant *General Bodenschatz* und *Dr. Schöttl.* Die anwesenden Engländer bekräftigten die britische Haltung in bezug auf die Garantieerklärung gegenüber Polen. Das Britische Empire werde marschieren, um dem polnischen Volk beizustehen, wenn Hitler es angreifen werde.

Hermann *Göring* erklärte auf Ehrenwort, daß er alles tun werde, was in seiner Macht stehe, um einen Krieg zu verhindern.

Am 23. August war es dann so weit, daß *Göring* die Vermittlerrolle von Birger *Dahlerus* annehmen mußte. Er bat diesen, rasch nach Berlin zu kommen. Dahlerus traf bereits am nächsten Mittag in der Reichshauptstadt ein. Schon um 14.00 Uhr sprach er mit Göring.

Als Göring versicherte, Deutschland habe den Wunsch, sich mit England zu verständigen, reiste Dahlerus nach London weiter, um am späten Nachmittag des 25. August mit Lord *Halifax* zusammenzutreffen. Dahlerus bat den britischen Außenminister Lord Halifax, er möge der deutschen Regierung gegenüber betonen, daß auch die britische Regierung eine Verständigung wünsche. Dahlerus hatte — so versicherte er nach dem Kriege vor dem Internationalen Militärtribunal in Nürnberg — den festen Eindruck, daß *Göring jener Mann* gewesen sei, der *am wahrscheinlichsten auf einen Frieden hinarbeiten würde.*

Lord Halifax schrieb einen Brief an Göring, in dem er darauf hinwies, daß die Regierung Seiner Majestät den Wunsch habe, eine friedliche Lösung herbeizuführen.

Mit diesem Brief reiste Dahlerus nach Berlin zurück und übergab ihn Hermann Göring. Beide fuhren anschließend in Görings Sonderzug in dessen Hauptquartier. *Göring* ließ, nachdem er die deutsche Übersetzung des Briefes erhalten hatte, auf der nächsten Station anhalten und *Hitler verständigen.*

Während Hermann Göring am 27. August morgens mit diesem Brief zu Hitler ging, wartete Dahlerus in seinem Hotel. Dort erhielt er 15 Minuten nach Mitternacht des 28. August den Besuch zweier Offiziere, die ihn baten, sofort zu Hitler zu kommen.

Hitler legte *Dahlerus* seine Absicht dar und bat ihn, sofort wieder nach London abzureisen, um dort seinen — Hitlers — Standpunkt darzulegen. Die Kernsätze dieses Standpunktes, der als Vorschlag ausgearbeitet war, lauteten:

"1. Deutschland wünscht ein Abkommen oder Bündnis mit England.
2. England soll Deutschland bei der Inbesitznahme von Danzig und des Korridors behilflich sein.
3. Deutschland gibt die Versicherung ab, daß es Polens Grenze nach dessen Rückgabe deutschen Gebietes garantieren werde. Polen sollte, damit es seinen Zugang zur Ostsee habe, in Danzig einen Freihafen erhalten. Daß es auch einen Korridor nach Gdingen erhalten würde, war bereits zugestanden worden." (Siehe Saunders, Hrowe H.: Forum der Rache)

Es kam in den folgenden Stunden und Tagen zu wechselseitigen Konsultationen und Gesprächen. England machte für den Korridor den Vorschlag, sofortige Verhandlungen mit Polen aufzunehmen. Hitler nahm diesen englischen Standpunkt an. Dies wurde Dahlerus mitgeteilt, der bereits wieder reisefertig war, um dieses Ergebnis nach London zu expedieren. Die Voraussetzung dazu aber sei, daß die Antwort des britischen Botschafters Henderson, die in den nächsten 48 Stunden erwartet werde, den gleichen Wortlaut habe wie das, was Dahlerus gemeldet habe.

Der Krieg schien vermieden. Die Frage des Korridors und Danzigs konnte auf diplomatischem Wege mit besonderen Zugeständnissen an Polen geklärt werden.

Am frühen Morgen des 29. August teilte Oberstleutnant Konrad dem Schweden Dahlerus die Nachricht aus der Reichskanzlei mit, daß *Botschafter Henderson* die *schriftliche Antwort seiner Regierung* überreicht habe und daß sie *im wesentlichen höchst zufriedenstellend* sei. Damit schien ein Krieg wieder in weite Ferne gerückt.

Als dann aber Botschafter Henderson am Dienstagabend mit Hitler ein weiteres Gespräch hatte, muß es vorher zu *Änderungen in der englischen Haltung* gekommen sein. Nach einem heftigen Wortwechsel gingen beide Parteien auseinander.

Göring bat Dahlerus, nachdem sie beide die Antwort Hitlers auf die letzte englische Note durchgegangen hatten, noch einmal nach London zu reisen und dort zu Gehör zu bringen, daß Hitler einen Vorschlag für Polen ausarbeite, der am nächsten Tag fertiggestellt sein werde.

Am Mittwochmorgen um 5.00 Uhr flog *Dahlerus* abermals in die englische Hauptstadt. Er *kam* unmittelbar nach seiner Landung in London *mit Chamberlain, Lord Halifax, Sir Horace Wilson und Sir Alexander Cadogan zusammen.*

Während dieser Besprechung wurde es Dahlerus klar, daß die *britischen Politiker "mißtrauisch* geworden waren". Sie "waren geneigt, anzunehmen, daß Hitler nichts mehr von einer Kriegserklärung an Polen abhalten könne".

Was dahinter stand, bleibt ungeklärt. Es gibt jedoch einige Indizien, die dafür sprechen, daß Polen unter *keinen* Umständen von dem ablassen wollte, was ihm 1919 und 1920 zugesprochen worden war. Dies entgegen dem Wunsche der britischen Botschaft in Warschau, "daß sich die polnische Regierung die größte Mühe geben sollte, irgendwelche Grenzzwischenfälle zu vermeiden."

Als Dahlerus am Mittwoch, dem 30. August 1939, wieder mit Göring zusammentraf, erarbeiteten beide eine Note für die britische Regierung und für Polen.

Am Morgen des 31. August stand Birger Dahlerus ein weiteres Mal dem Botschafter Englands gegenüber. Henderson bat den Schweden sogleich, mit seinem Vertreter Forbes zum polnischen Botschafter *Lipski* zu fahren. Dort angekommen, las Dahlerus Lipski die deutsche Note vor.

"Lipski", so Dahlerus in Nürnberg, "schien plötzlich ihren Inhalt nicht zu verstehen. Ich verließ deshalb den Raum, diktierte eine Note an den Sekretär und überreichte sie ihm. In der Zwischenzeit erklärte *Lipski* Forbes gegenüber, daß er *nicht daran interessiert* sei, über diese *deutsche Note* mit der Reichsregierung *zu diskutieren."* (Siehe: Der Prozeß gegen die Hauptkriegsverbrecher).

Auf die Frage von Dr. Stahmer, dem Befrager von Dahlerus in Nürnberg, was denn Lipski genau gesagt habe, erwiderte Dahlerus:

"Er sagte, daß er *keinen* Grund habe, mit der deutschen Regierung zu verhandeln. Wenn es zu einem Krieg zwischen Polen und Deutschland käme, so wisse er, der er fünfeinhalb Jahre in Deutschland gelebt habe, daß dann eine Revolution in Deutschland ausbrechen werde und daß sie (die Polen) auf Berlin marschieren würden!" (Siehe Nürnberg: a.a.O.).

Am Mittag dieses 31. August 1939 erhielt die Reichsregierung die Ablichtung eines abgehörten Telegramms von der polnischen Regierung in Warschau an Botschafter Lipski in Berlin. Der Text lautete:

"Polnische Regierung an Botschafter Lipski: Sie dürfen ohne besondere Ausweisung nicht mit der deutschen Regierung verhandeln."

"Diese Details schienen *eines* unter Beweis zu stellen, was auszusprechen das gesamte Druckwerk über den Nürnberger Prozeß mit allen Mitteln zu verhindern wußte: *Daß die polnische Regierung überhaupt nicht daran dachte, den Deutschen irgendwelche Zugeständnisse zu machen,* sondern *daß sie* — nicht zuletzt gestützt auf die französisch-britische Hilfezusicherungen — *die Konfrontation suchte,* um sodann "nach Berlin zu marschieren". (Siehe Saunders, Hrowe, H.: a.a.O.).

Als Dahlerus schließlich am frühen Morgen des 1. September 1939 noch einmal mit Göring zusammentraf, sagte ihm dieser, daß der Krieg mit Polen begonnen habe. Unmittelbar nach der Reichstagsrede Hitlers traf dieser noch einmal mit Birger Dahlerus zusammen. Dahlerus erklärte die Geschehnisse, soweit er sie beurteilen konnte, und Hitler sagte abschließend, er habe immer schon den Verdacht gehegt, daß England diesen Krieg wünschte.

In diesem Zusammenhang vorauszuschicken bliebe der 3. September 1939, als England um 9.00 Uhr Deutschland ein Ultimatum zustellte. Dahlerus erfuhr auch davon und drang zu Göring vor. Er beschwor diesen, eine vernünftige Antwort darauf zu erstellen und *selber nach England zu fliegen*, um dort noch vor 11.00 Uhr, dem Zeitpunkt des Ablaufes des Ultimatums, mit den führenden Männern zu sprechen. Göring telefonierte mit *Hitler*, dieser *war einverstanden*.

Dahlerus gab das Ergebnis seiner Bemühungen telefonisch nach London weiter. Das britische Außenministerium antwortete darauf mit der Floskel, daß es diesen deutschen Vorschlag nicht *vor* der deutschen Antwort auf das Ultimatum in Erwägung ziehen könne.

Der Krieg eskalierte wenige Stunden später durch die *Kriegserklärung Englands an Deutschland* und abermals einige Stunden darauf durch eine solche von *Frankreich an Deutschland zum Zweiten Weltkrieg*.

Bliebe noch zu klären, wie sich die Lage in der Freien Stadt Danzig entwickelt hatte.

Danzig — 1919 - 1939

Nachdem der Sozialdemokrat Müller und der Zentrums-Abgeordnete Bell am 29. Juni 1919 ihre Unterschrift unter den "Friedensvertrag" von Versailles gesetzt hatten, war auch das Schicksal Danzigs entschieden, denn in den Artikeln 100 bis 108 wurde Danzig als "Freie Stadt" begründet. Die Alliierten verpflichteten sich, "ein Übereinkommen mit der polnischen Regierung und der Freien Stadt Danzig zu vermitteln". Das Deutsche Reich, zu dem Danzig lange Jahrhunderte gehörte, blieb — wie überall in diesen Beratungen — draußen vor der Tür.

Die *"Freie Stadt"* wurde *in das polnische Zollgebiet* aufgenommen. Polen wurde die Benutzung aller Wasserstraßen und aller Hafen- und Dockanlagen freigestellt. Polen sollte auch die Überwachung und Verwaltung der Weichsel und des Eisenbahnnetzes innerhalb der Grenzen Danzigs übernehmen.

Vor allem aber sollte Polen sicherstellen, daß *in der "Freien Stadt" alle Menschen gleich behandelt* wurden. Und schließlich wurde *Polen* auch die *Führung aller auswärtigen Angelegenheiten der Freien Stadt Danzig übertragen*.

Womit das Wort *"Freie Stadt Danzig"* zu einer *Farce* degradiert wurde.

Während Frankreich diesen Zustand für ewige Zeit zementiert wissen wollte, um Deutschlands Position schwach zu halten, setzte sich in Großbritannien die Überzeugung durch, daß Danzig und auch der "polnische Korridor" in einigen Jahren, möglicherweise Jahrzehnten zu Deutschland zurückkehren würden.

In einem französisch-britischen Geheimabkommen wurden die Kompetenzen beider Länder in den Gebieten von Danzig und den west- und ostpreußischen

Abstimmungsgebieten verteilt. Der für Danzig eingesetzte Hohe Kommissar Sir Haking arbeitete demzufolge auf Weisung des Foreign Office.

Am 2. Februar 1919 wurde *Dr. Heinrich Sahm*, Geschäftsführer des Präsidiums des deutschen und preußischen Städtetages, zum neuen *Oberbürgermeister von Danzig* gewählt. Die erste Wahl in der Freien Stadt Danzig fand am 16. Mai 1920 statt. Die Verfassung, die sich die Stadt erstellte, mußte dem Völkerbund vorgelegt werden. Dieser verlangte einige Änderungen, ehe er ihr zustimmte.

Damit wurde selbst die Verfassung einer Freien Stadt der Zensur unterworfen, wie dies auch beim Grundgesetz der BR Deutschland der Fall war, das erst nach der Billigung durch die damaligen Militärgouverneure verabschiedet werden konnte. (Siehe: Ruhnau, Rüdiger: Die Freie Stadt Danzig 1919-1939).

Die 117 Artikel der Danziger Verfassung umrissen den Aufbau dieses zukünftigen Stadtstaates. Die Proklamation der Freien Stadt erfolgte am 15. November 1920. Der Völkerbund ernannte am 10. Dezember 1920 Prof. *Attolico* zum stellvertretenden *Hohen Kommissar*, und am 17. Dezember erhielt GenLt. Sir Richard *Haking* seine Ernennung zum *Hohen Kommissar*. Er war vorher Oberbefehlshaber der Alliierten Truppen in Danzig gewesen.

Polen errichtete in der Straße Neugarten Nr. 27 seine diplomatische Vertretung.

In den folgenden Jahren etablierten sich mehr und mehr polnische Firmen in Danzig. Um für diese Wirtschaftsbetriebe den freien Zugang zur Ostsee zu haben, war Danzig voll geeignet. Hinzu kam natürlich die politische Seite dieser Angelegenheit.

Danzigs Schutz gegenüber polnischen Bestrebungen der Polonisierung Danzigs bestand aus dem Völkerbund und den Verträgen Danzigs mit Polen. Wenngleich Polen immer wieder behauptete, daß auf seinem Boden (Danzig) der Völkerbund nichts mehr zu sagen habe, entschied der Hohe Kommissar in einer Reihe von Fällen gegen Polen und für Danzig. Dies machte ihn zum bestgehaßten Mann in Warschau.

Die polnischen Anstrengungen, sich Danzig einzuverleiben, wurden aus der Rede des polnischen Staatspräsidenten Wojciechowski deutlich, der im Mai 1923 betonte:

"Polen ist seit drei Jahren bemüht, Danzig durch Wohlwollen und Zugeständnisse zu gewinnen. Diese Epoche ist als beendet zu betrachten. Man muß Danzig jetzt all diejenigen lebenswichtigen Säfte abbinden, die es Polen entnimmt. —

Danzig hat nur zwei Wege, entweder einen Wirtschaftskampf gegen Polen, in dem wir rücksichtslos Widerstand leisten werden, oder ein loyales Vorgehen der Freien Stadt gegenüber dem großen polnischen Reich."

Die Volktstagswahlen des 18. November 1923 brachten bei einer Wahlbeteiligung von 81,59 Prozent von 165.311 abgegebenen Stimmen 7.212 für Polen.

Das waren ganze 4,4 Porzent der abgegebenen Stimmen. 95,64 Prozent der Danziger votierten für deutsche Parteien.

Danzig war nunmehr also ein "selbständiger" Staat. Das gesamte Staatsgebiet umfaßte (ohne das Frische Haff) 1888.44 qkm. Die Zahl der Einwohner belief sich nach der Zählung des 31. August auf 383.995 Menschen.

Nach einigen Jahren wirtschaftlicher Schwierigkeiten kam es am Volkstag des 26. November 1926 zu einem Notgesetz mit der Bezeichnung "Ermächtigungsgesetz", in welchem der Senat beauftragt wurde, einmal der "Notlage der Wirtschaft zu begegnen", zum anderen eine "produktive Arbeitslosenfürsorge" zu betreiben, sich drittens um fremdes Kapital für die Danziger Wirtschaft zu kümmern und das Auftragsvolumen aus dem Ausland zu vergrößern. Es wurden besondere Unterstützungsleistungen für Kriegsbeschädigte, Hinterbliebene und Erwerbslose ins Auge gefaßt. (Siehe dazu: Ruhnau, Rüdiger: a.a.O.).

Als Marschall Jozef Pilsudski als Oberbefehlshaber der polnischen Truppen im Mai 1926 einen Staatsstreich durchführte und sich selbst zum Kriegsminister und Ministerpräsidenten ernannte, begann in Polen ein diktatorisches Regime. Da Pilsudski russenfeindlich war, trat er später zum Deutschen Reich in ein respektables Verhältnis ein, das auch im Dritten Reich anhielt. Nach dem Eintritt des Reiches in den Völkerbund anno 1926 versuchte Stresemann, der Außenminister Deutschlands, bei der Verwaltung von Danzig deutsche Mitspracherechte zu erwirken. Die finanzielle Lage der Freien Stadt verschlechterte sich weiter. Die Zahl der Arbeitslosen stieg von 22.411 im Jahre 1926 auf 40.726 im Jahre 1933 um das Doppelte.

Danzig hatte die Ansprüche von 16.000 Beamten und 30.000 Rentenempfängern, insgesamt 200 Millionen Mark jährlich, zu erfüllen. Um nicht die Abwanderung dieser Deutschen ins Reich und damit die Schwächung des Deutschtums in Danzig zu verursachen, mußte die Reichsregierung einspringen.

Als Dr. Ernst *Ziehm* am 10. Januar 1931 als neuer *Senatspräsident* Heinrich Sahm ablöste, brach nach sechsmonatiger Regierungszeit der *Weltbörsenkrach* auch über Danzig herein. Am 13. Juli 1931 schloß die Bank für Handel und Gewerbe als erste ihre Schalter. Der Präsident der Bank von Danzig wurde polnischerseits zum Rücktritt aufgefordert. Die Forderung der Polen, die Danziger Guldenwährung auf Zloty umzustellen, wurde abgewiesen.

Am 2. August 1931 bereits (!) verkündete General *Rydz-Smigly*: "Polen wird bald gegen seinen Erbfeind Deutschland marschieren, wobei als erste Etappe der freche Zwergstaat Danzig besetzt werden wird." (Siehe: Ruhnau Rüdiger a.a.O.).

Die Bankkrise in Danzig wurde gemeistert, doch der Handelskrieg gegen die Freie Stadt, von Polen angezettelt, forderte hohe Opfer. Binnen zweier Jahre mußten 57 Danziger Firmen ihre Tore schließen.

Im Verlauf des Jahres 1931 wurde die Lage Danzigs bedrohlich. Der polnische Außenminister Zalewski erklärte, daß *"nur ein Polnisches Armeekorps die Danziger Frage lösen"* könne.

Marschall Pilsudski konnte diesen Außenminister nicht länger im Amt halten. Er wurde *1932 durch* den polnischen *Oberst Josef Beck abgelöst.* Kein Wechsel zum Guten. -

Nach der Machtübernahme der Nationalsozialisten im Reich war der Danziger *Gauleiter Forster* bemüht, eine Regierungsbeteiligung für seine Partei zu erlangen. Vor allem die Ämter des Senatspräsidenten und jenes des Innensenators wurden von ihm beansprucht. Albert Forster hatte bereits im Oktober 1930 die Führung der NSDAP in Danzig übernommen. Auf den *Volkstagswahlen des 16. November 1930 hatten 31.516 Danziger* die *NSDAP* gewählt. Zwölf Abgeordnete dieser Partei zogen in den Volkstag ein. Fraktionsvorsitzender der NSDAP wurde Arthur *Greiser,* der zugleich stellvertretender Gauleiter wurde.

Am 28. Mai 1933 wählten von 214.128 abgegebenen Stimmen *50,03 Prozent* gleich 107.331 Stimmen die NSDAP. Die SPD erhielt 17,7 Prozent der Stimmen, und auf das Zentrum entfielen 14,6 Prozent. Die Polnische Partei brachte es auf 3,1 Prozent.

Dr. Hermann *Rauschning* wurde Senatspräsident, Arthur *Greiser* Vizepräsident und Innensenator.

Die Regierungszeit Rauschnings dauerte nur bis zum 23. November 1934. Dann trat er einen "Krankheitsurlaub" an. Er kehrte nicht wieder nach Danzig zurück, sondern trat am 23. November 1934 zurück. Senatsvizepräsident und Innensenator *Greiser übernahm die Führung in Danzig. In der folgenden Volkstagswahl* vom 7. April 1935 erhielt die *NSDAP* 139.423 Stimmen und konnte die *Zahl ihrer Mandate von 38 auf 43 erhöhen.*

Nachdem sich Polen im Frühjahr 1939 an der Liquidation der Tschechoslowakei beteiligt und das Olsa-Gebiet an sich gerissen hatte, in dem neben 80.000 Polen 150.000 Nichtpolen lebten, wurde dies selbst den Westmächten zuviel. Sie sprachen von *Polen* nunmehr als den *"Hyänen des Schlachtfeldes"* (Siehe Ruhnau Rüdiger: a.a.O.). Hitler stimmte übrigens dieser polnischen Annexion zu.

Im Oktober 1938 bat Reichsaußenminister von Ribbentrop den polnischen Außenminister Oberst Beck anläßlich einer Unterredung in Berechtesgaden, die zwischen Berlin und Warschau schwebenden Fragen einer Lösung zuzuführen, insbesonders das, was den Freistaat Danzig betraf, den Deutschland zurückhaben wollte. Dann wolle Deutschland durch den polnischen Korridor eine Autobahn und eine Bahnlinie führen, um den Zugang nach Ostpreußen zu erleichtern. Im Danziger Gebiet werde Polen eine gleiche exterritoriale Straße, Autobahn- und Bahnlinie zugestanden. Ebenso ein Freihafen.

Dazu sei Hitler bereit, den seit 1934 bestehenden deutsch-polnischen Nichtangriffspakt um 10 oder 25 Jahre zu verlängern.

Die Antwort seiner Regierung, die Botschafter Lipski in Berlin im Dezember überreichte, *lehnte die Rückkehr Danzigs ins Deutsche Reich ab.* Die Frage einer Bahn- und Straßenlinie durch den Korridor werde noch entschieden.

Hitler traf den polnischen Außenminister Beck am 5. Januar 1939 wieder auf dem Obersalzberg. Hier sicherte er Polen die Einräumung weitgehender Wirtschaftsbeziehungen mit Danzig zu. Die Stadt aber müsse zum Reich zurückkehren. Falls Polen sich bereit erklärte, Deutschland eine Garantie zur Sicherung der Verbindungswege nach Ostpreußen zu geben, sei er, Hitler, bereit, Polen eine vertraglich gesicherte Granzgarantie zu geben, in welche auch der Korridor eingeschlossen sein würde.

"Ich allein", sagte Hitler zu Beck, "kann dem deutschen Volk dieses große Opfer zumuten, das mit dem Verzicht auf Westpreußen gegeben wird."

Doch Polen wollte Danzig nicht freigeben, obgleich es diese Stadt ja nicht besaß, die "Freie Stadt" war.

Die letzte Besprechung *zwischen Ribbentrop und Botschafter Lipski* in Berlin, in der noch einmal die Rückkehr Danzigs zum Reich gefordert wurde und die gleichen Garantien geboten waren, enthielt die polnische Antwort vom 26. März 1939, die Botschafter Lipski in Gestalt eines Memorandums ins Außenministerium in der Wilhelmstraße brachte. Darin wurden *die deutschen Vorschläge glatt abgelehnt. Weder Danzig noch die Exterritorialität der Verkehrswege durch den Korridor kamen in Frage.*

Ribbentrops Frage, ob dies das letzte Wort der polnischen Regierung sei, wurde von Lipski folgendermaßen beantwortet:

"Ich habe die unangenehme Pflicht, darauf hinzuweisen, daß jegliche weitere Verfolgung dieser deutschen Pläne, insbesondere soweit sie eine Rückkehr Danzigs zum Deutschen Reich betreffen, den Krieg mit Polen bedeuten würde."

Die Würfel waren für Danzig damit gefallen. Mit der Ermordung des Danziger Bürgers Max Grübnau durch den Polen Murawski, den Chauffeur des polnischen diplomatischen Vertreters in Danzig, Perkowski, am 20. Mai 1939 begann eine lange Reihe von Überfällen und Bluttaten. Polen mußte zwar seinen "Mörder-diplomaten" Perkowski aus Danzig zurückziehen, veranlaßte aber nichts, um weitere Ausschreitungen zu verhindern.

Polnische Truppenansammlungen an der Grenze zur Freien Stadt Danzig wurden gemeldet. Die Polen legten auf der von ihnen befestigten Westerplatte Stacheldrahtverhaue und MG-Nester an. Unter der Führung der über 100 polnischen Zollinspektoren in Danzig wurden irreguläre Kampfgruppen gebildet, die sich in der Altstadt u.a. in der polnischen Post, im Hauptbahnhof, in der Eisenbahndirektion am Olivaer Tor, in der diplomatischen Vertretung am Neugarten, im polnischen Pfadfinderheim, im Gymnasium und anderswo verbarrikadierten.

Am 10. August 1939 rief Gauleiter Forster anläßlich einer Großkundgebung auf dem Langen Markt aus:

"Wir fürchten die Kanonen Rydz-Smiglys nicht. Polen mag sich darüber klar sein, daß Danzig nicht allein und verlassen auf dieser Welt steht, sondern daß das Deutsche Reich, unser Mutterland, und unser Führer Adolf Hitler zu jeder Zeit entschlossen sind und im Falle eines polnischen Angriffs uns in der Abwehr desselben zur Seite stehen werden." (Siehe Ruhnau, Rüdiger: a.a.O.).

Am 23. August verkündete der Senat der Stadt, daß der Gauleiter von Danzig nunmehr auch Staatsoberhaupt derselben sei.

Hitler ließ Polen am 23. August 1939 sein letztes Angebot zugehen, in welchem die Rückkehr Danzigs ins Deutsche Reich gefordert wurde, dazu eine Volksabstimmung im Korridorgebiet Westpreußens und die Garantie sicherer Durchgangsstraßen für jede Seite. Polens Antwort war die Mobilmachung der Armee.

Am Abend des 26. August tauchte Minister Chodacki bei dem Hohen Kommissar von Danzig auf und beschwor diesen, noch in der Nacht die Freie Stadt zu verlassen, weil die Kampfhandlungen jeden Tag beginnen könnten.

Einen Tag vorher war das alte Linienschiff "Schleswig Holstein" zu einem Freundschaftsbesuch in den Danziger Hafen eingelaufen und legte an jenem Kai an, welcher dem polnischen Munitionsdepot auf der Westerplatte genau gegenüber lag.

Der "Schleswig Holstein" folgte ein weiterer deutscher Kriegsschiffsverband. Die darin laufende "Nürnberg", ein leichter Kreuzer, fing den FT-Spruch eines britischen Frachtschiffes an den polnischen Hafenkommandanten von Gdingen auf, in welchem den Polen "ein deutscher Kriegsschiffsverband mit 22 Einheiten auf dem Weg nach Danzig" gemeldet wurde.

Dieser deutsche Verband, der zum ersten vorgesehenen Angriffstermin, dem 26. August, einsatzbereit sein sollte, wurde durch das OKM zurückgerufen und kehrte in den Seebereich vor der Odermündung zurück.

Zum 26. August waren auch dem deutschen Konsulat in Danzig die Weisungen gegeben worden, die einen Kriegsfall signalisieren sollten, nämlich der Erhalt eines Telegramms mit dem Kodewort "Fischen". Dieses sei direkt nach Erhalt zu öffnen, denn in ihm seien die weiteren Instruktionen und die Angriffszeit vermerkt.

Dieses Telegramm traf am 25. August in Danzig ein und enthielt den Text: "Fischen 26.4.30", was soviel bedeutete, daß am 26. August 1939 die Deutsche Wehrmacht um 4.30 Uhr marschieren werde.

Noch ehe der Senat reagieren konnte, traf wenige Stunden darauf ein zweites Telegramm ein, welches das erste — und damit den Angriffstermin — außer Kraft setzte und "Warten!" befahl.

Dieses Telegramm und seine Annullierung hatten ein besonderes Vor- und Nachspiel.

Das Vorspiel zu "Fischen"

In der alten Reichskanzlei, in welcher auch Hitler seine Privatwohnung hatte, die unter dem großen Saal lag, darin Bismarck im Jahre 1878 den Berliner Kongreß geleitet hatte, drängte sich an dem bewußten 25. August 1939 eine Vielzahl von Personen aus Partei und Wehrmacht. In direkter Umgebung *Hitlers* befanden sich *Dr. Goebbels*, Reichsaußenminister Joachim von *Ribbentrop*, Sepp *Dietrich* und etwa 30 weitere Persönlichkeiten. Hitlers Adjutanten, Oberst *Schmundt* für das Heer, von *Puttkamer* für die Marine und von *Below* für die Luftwaffe, bildeten mit dem Verbindungsoffizier der Luftwaffe, General *Bodenschatz*, den militärischen Sektor dieser Gruppierung.

Hitler hatte verkündet, daß er — wie dies geplant war — um 14.00 Uhr das *Stichwort "Fall Weiß!"* geben würde. Der Oberbefehlshaber des Heeres, Generaloberst von *Brauchitsch*, hatte die Zusage Hitlers, daß er den Befehl spätestens um 15.00 Uhr in Händen halten würde.

Das Mittagessen begann an diesem Tage um 13.15 Uhr in dem Raum vor dem Gartensaal. Zehn Minuten dauerte dieses Essen, bevor Hitler die Tafel aufhob, denn er sollte den britischen Botschafter empfangen.

In der Begleitung *von Ribbentrops* schritt er zum Ehrenhof, wo soeben der Botschafter eintraf.

In dieser Besprechung versicherte Hitler dem Botschafter *Henderson* seine und des Deutschen Reiches Bereitschaft, mit England eine Verständigung zu erzielen. Er forderte allerdings als Voraussetzung dazu:

"1. Freie Hand in Polen zur Beendigung der dortigen 'mazedonischen Zustände',
2. die Befriedigung begrenzter deutscher Ansprüche im kolonialen Bereich.
3. Aufrechterhaltung der übernommenen Verpflichtungen Deutschlands gegenüber Italien und der UdSSR."

Dafür erbot er sich:

1. Das Britische Weltreich anzuerkennen,
2. Deutsche Hilfe zu leisten, wo immer England einer solchen bedurfte,
3. die Unverletzlichkeit der Westgrenzen des Reiches.
4. Vernünftige Rüstungsbeschränkungen in einem politischen und wirtschaftlich tragbaren Rahmen." (Siehe dazu: Vormann, Nikolaus von: So begann der Zweite Weltkrieg).

Wenige Sekunden nach 15.00 Uhr kehrte Hitler aus dem Musikzimmer zurück, in dem er mit von Ribbentrop das Ergebnis der Besprechung mit Botschafter Henderson einer kritischen Prüfung unterzogen hatte. Es war genau 15.02 Uhr, als er in der Mitte des Raumes stehenblieb und nur zwei Worte sagte: *"Fall Weiß!"*

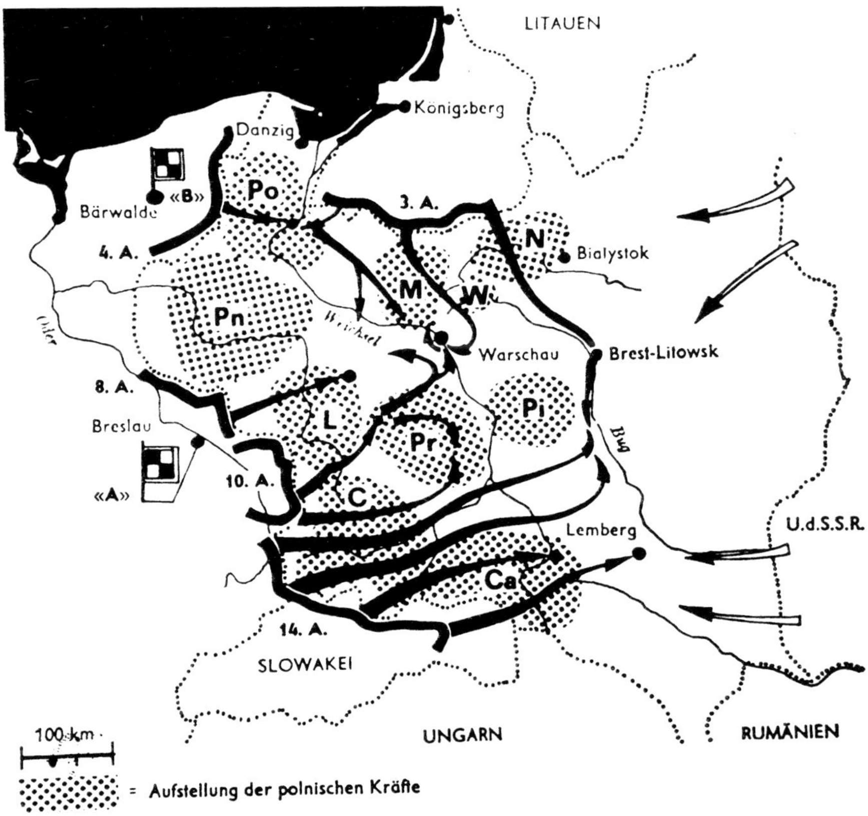

Planung für den Fall "Weiß": Feldzug gegen Polen

Oberst Nikolaus von Vormann, der Verbindungsoffizier des Heeres beim Führer, gab dieses Stichwort, das den Beginn des Krieges zum nächsten Morgen vorsah, per Telefon an die Operationsabteilung des Oberkommandos des Heeres weiter.

Damit war alles in Bewegung gesetzt. Die Mobilmachung lief auf vollen Touren. Das an der Ostgrenze des Reiches stehende Heer setzte sich in Richtung Ausgangsposition in Bewegung.

Um 18.00 Uhr meldete das Außenministerium dem Führer, daß um 17.40 Uhr in London *der englische Bündnisvertrag mit Polen unterzeichnet worden sei.*

Wenig später verkündete der französische Botschafter in Berlin, Robert Coulondre, daß *Frankreich mit seinen Streitkräften* vertragsgemäß *auf polnischer Seite* stehen werde.

Wenig später traf auch der italienische Außenminister Bernardo **Attolico** ein und meldete, daß der Duce, *Benito Mussolini*, ihm Weisung gegeben habe, in Berlin zu erklären, daß *Italien noch nicht für einen Krieg gerüstet sei.*

Hitler befahl dem Verbindungsoffizier, von Vormann, den Oberbefehlshaber des Heeres zu bitten, zu ihm zu kommen. Generaloberst von Brauchitsch traf um 19.00 Uhr in der Reichskanzlei ein. Dieser meldete Hitler, daß das deutsche Heer noch nicht voll ausgerüstet sei und zu viele immobilen Verbände habe. Auf die Frage nach der polnischen Stärke erklärte er, daß dieser Gegner über 60 Divisionen verfüge, die allerdings nicht alle aufgestellt und ausgerüstet seien.

Hitlers Frage nach den einsatzbereit stehenden eigenen Divisionen beantwortete von *Brauchitsch*:

"Wir treten morgen früh mit insgesamt 27 immobilen Divisionen an. An der Westgrenze haben wir keinerlei ausreichende Rückendeckung. Geben Sie mir acht Tage Zeit, die Mobilmachung planmäßig durchzuführen und den Aufmarsch zu fahren, dann stehen über hundert Divisionen zu meiner Verfügung. Ich verpflichte mich, das bereits befohlene Antreten für den Angriff zum 26. August um 4.45 Uhr noch vor der Grenze aufzuhalten. Sie gewinnen so Zeit für Ihr politisches Spiel." (Siehe Vormann, Nikolaus von: a.a.O.).

Hitler stimmte sofort zu. Er war erleichtert über den Ausgang dieser Besprechung. Aber die Ausführung des Anhaltebefehls war infolge des Umzuges des OKH nach Zossen nicht mit einem Ferngespräch zu bewirken; das OKH war auf dem Marsch und per Draht nicht zu erreichen, weil die Umschaltung aus Berlin nach Zossen gerade getätigt wurde.

Um 19.45 Uhr schickte Generaloberst von *Brauchitsch* von Vormann mit einem mündlichen *Befehl an den Generalstabschef des Heeres, General Halder*. Der Befehl lautete:

"*Kein* Beginn der Feindseligkeiten. Die befohlene Bereitstellung zum Angriff und alle Bewegungen im Osten sind anzuhalten. Mobilmachung und Eisenbahnaufmarsch planmäßig weiterführen. Im Westen die Räumung der Zone XII (das Saargebiet) stoppen." (Siehe Vormann, Nikolaus von: a.a.O.).

Um 20.40 Uhr stand Oberst von Vormann vor dem Generalstabschef des Heeres und dessen Oberquartiermeister 1, der neben dem Chef der Operationsabteilung durch General Halder herbeizitiert worden war. General Halder wiederholte den Befehl Hitlers:

"Der Krieg ist abgeblasen. Die Grenze darf nicht überschritten werden."

War dies überhaupt möglich, oder gab es Verbände, die bereits angetreten waren?

Die "Abwehr" als Spitzenreiter

Kurz vor Kriegsbeginn, im August 1939, erließ das OKW-Amt Ausland/Abwehr den Befehl zur schnellsten und möglichst umfassenden Sicherstellung wichtiger Aktenbestände aus den Karteien des Gegners. Es ging darum, sich anhand dieser Unterlagen ein rasches und zutreffendes Bild von den getroffenen Maßnahmen der feindlichen Führungsstellen zu verschaffen, um dementsprechend handeln zu können. Aus diesen Akten mußten auch die Namen aller jener Spione und Agenten zu erfassen sein, die sich in Deutschland befanden und in den betreffenden Vertretungen der Feindländer standen oder als Untergrund-Agenten tätig waren.

Diese Sonderrolle fiel der Abteilung "Ausland/Abwehr II" zu. Sie erhielt Weisung, mit ausgesuchten, bestens geschulten Trupps unmittelbar nach und teilweise noch *vor* den deutschen Angriffstruppen in die vorher ausgespähten Archive einzudringen und diese Akten unter allen Umständen sicherzustellen.

Ein Frontaufklärungskommando der Abwehr II erhielt Weisung, aus polnischen Nachrichtenstellen und Archiven der 2. Abteilung des polnischen Generalstabes in Warschau alles Material zu bergen und zu durchleuchten.

Dazu wurde von der Abwehrstelle Breslau ein Frontaufklärungskommando zusammengestellt und unter der Führung von Major Heinz Schmalschläger durch die Abwehrstelle Wien in Richtung Warschau in Marsch gesetzt. Dieser Trupp sollte nach der Inbesitznahme der polnischen Hauptstadt alles nachrichtendienstliche Material des 2. Büros des polnischen Generalstabes, das sich mit allen Geheimdienstaktionen befaßte, sicherstellen.

Daneben standen für einen Sondereinsatz gegen Polen zwei Sondereinheiten der "Brandenburger" bereit.

Es waren:

1. Die Deutsche Kompanie und
2. Die Kampfgruppe Ebbinghaus.

Mit ihnen sollte vorsorglich der wichtige Jablunkapaß noch vor Kriegsbeginn im Handstreich besetzt und so lange gehalten werden, bis das Heer nachgekommen war. Angriffsbeginn war der späte Abend des 25. August 1939, wenige Stunden vor Beginn des "Fall Weiß". Die zweite Aufgabe war, durch Fallschirmeinsatz strategisch wichtige Objekte in Polen ebenfalls noch vor Kriegsausbruch handstreichartig zu besetzen. Auch diese strategisch wichtigen Positionen mußten so lange gehalten werden, bis das Heer nachgekommen war.

Darüber hinaus wurden ukrainische Nationalisten und Volksdeutsche aus Polen mit Waffen und Material ausgerüstet, um Stör- und Sabotageaktionen durchzuführen.

Das Sonderkommando unter Führung von Oblt. Dr. Albrecht Herzner erhielt den wichtigsten Auftrag: Besetzung des Jablunkapasses, Lahmlegung aller

Sprengvorrichtungen und Halten der Paßhöhe bis zum Eintreffen der in Sillein in der Hohen Tatra einsatzbereit wartenden deutschen Division.

Der Sonderverband Herzner unterstand direkt der Abwehr II. Diese hatte auch die Inbesitznahme der Stadt Kattowitz durch eine 400 Mann starke Einheit der Abwehr II, die Gewinnung und Sicherung der wichtigen Eisenbahnbrücke bei Dirschau über die Weichsel und die Lahmlegung des polnischen Kraftwerkes von Königshütte-Jahm durchzuführen.

Der Einsatz Jablunkapaß

Am Abend des 25. August brach der Sonderverband Herzner aus Sillein auf. In Fahrzeugen der nachfolgenden Division, für die er die Vorhut bildete, fuhr er bis Dadca. Während von dort aus die Wehrmachtswagen nach Sillein zurückkehrten, marschierte der Sonderverband in Richtung Jabklunkapaß. Bis zum Ziel waren noch fünf Kilometer in schwierigem Gelände zurückzulegen.

Gegen Mitternacht wurde die polnische Grenze erreicht. Hier versammelte Dr. Herzner alle Unterführer zu einer letzten Befehlsausgabe um sich. Die Aufklärermeldungen von der vergangenen Nacht hatten gezeigt, daß jenseits der Grenze ein kleiner polnischer Verband stationiert war. Dieser mußte außer Gefecht gesetzt werden. Dazu wurde ein Zug des Sonderverbandes bereitgestellt. Es war der Pionierzug, dem die Aufgabe zufiel, alle möglichen Punkte, die für eine Sprengung geeignet erschienen, nach Sprengkammern zu untersuchen und die Sprengleitungen zu kappen. Nur im Notfall sollte von der Schußwaffe Gebrauch gemacht werden.

Volksdeutsche, die das Gelände kannten und sich für diesen Sondereinsatz gemeldet hatten, führten die drei Kampfgruppen des Sonderverbandes an. Der erste Zug marschierte mitten durch den Bergwald zur Paßhöhe empor. Als diese Männer aus ihrer überhöhten Position schräg unter sich den Tunneleingang erkannten, sahen sie unter dem davor stehenden Signalmasten einen Doppelposten. Der Zugführer und einige Männer überwältigten diese Posten, ohne daß ein Schuß gefallen wäre.

Danach arbeiteten sich die Männer des Zuges durch den Tunnel vorwärts. Der in der Mitte des Tunnels stehende Posten der Polen, der als Verbindungsmann diente, wurde am Aufglühen einer Zigarette erkannt und niedergeschlagen. Am jenseitigen Ende des Tunnels standen vier polnische Wachsoldaten. Vier Männer des Sonderverbandes schlichen sich an sie heran und überwältigten auch sie lautlos.

Mit dem ortskundigen Führer ging der Kampfgruppenchef weiter vor. Drei Minuten später sahen sie die kleine Bahnstation Mosty. Auch dort waren polnische

Soldaten zu sehen, und zwar am Lagerschuppen ebenso wie vor den drei Baracken des polnischen Truppenlagers.

Der Führer wurde zurückgeschickt, um die Männer nachzuziehen. Dort war inzwischen auch Oblt. Dr. Herzner mit dem Gros des Sonderverbandes eingetroffen. Alle Brandenburger arbeiteten sich nach Ausschaltung der Wachen vor dem Lagerschuppen an die drei Barackenunterkünfte heran. Als erstes wurde aus der Offiziersbaracke der Kommandeur der Polen, ein Oberstleutnant, herausgeholt, anschließend alle übrigen Offiziere gefaßt. Die Mannschaftsräume wurden im Handstreich besetzt. Erst als ein polnischer Soldat eine Handgranate scharf machte, kam es zum ersten "Knall". Einer der Brandenburger entriß dem Polen die Handgranate und schleuderte sie durch das Fenster. Sie detonierte in der Luft. Warnschüsse in die Decke der Unterkunft trieben die polnischen Soldaten zurück. Dadurch gelang es einer Reihe Soldaten, sich in den übrigen Mannschaftsräumen zu verbarrikadieren.

Dr. Herzner versicherte dem polnischen Kommandeur, daß sich Deutschland seit 4.45 Uhr dieses Tages mit Polen im Krieg befinde. Er konnte ihn überreden, zu seinen Leuten zu sprechen. Diese verließen kurz darauf waffenlos ihre Unterkünfte und wurden im Güterschuppen eingesperrt.

Die Sprengstellen beiderseits des Tunnels waren inzwischen von den Pionieren entschärft worden. Jeden Augenblick mußte auch die deutsche Division aus Sillein eintreffen. Und damit war die Aufgabe des Sonderverbandes beendet. Aber die deutsche Division kam nicht. Der Krieg war — wie dargestellt — kurzfristig abgeblasen worden. 70 deutsche Soldaten hatten den Jabklunkapaß im Handstreich erobert und 800 polnische Soldaten entwaffnet. Nun standen sie in Polen allein.

Zu allem Überfluß lief nun auch ein polnischer Truppentransportzug ein, der sich durch Pfeifsignale ankündigte. Ein Volksdeutscher, der sich mit den Bahnsignalen auskannte, stellte das richtige Signal auf "Halt!" Der Zug wartete einige Minuten vor dem Signal und rollte dann langsam in den Bahnhof von Mosty hinein. In den Waggons wurden 1.200 polnische Soldaten transportiert. Die polnischen Offiziere, die den Zug verließen und in die Bahnhofshalle traten, wurden mit vorgehaltener MPi empfangen. Der Transportführer, ein Oberst, wurde zu dem gefangenen Oberstleutnant geführt. Beide berieten sich, und der Oberst sprach schließlich auch die Kapitulation der 1.200 im Zug befindlichen polnischen Soldaten aus.

Erst am Mittag des 26. August kam eine Verbindung mit Sillein zustande. Der Divisionskommandeur berichtete Dr. Herzner, daß der Angriffstermin kurz nach Abmarsch des Sonderverbandes verschoben worden sei und die nachgeschickten Melder ihn nicht mehr erreicht hätten. Dr. Herzner blieb es überlassen, seinen verblüfften Soldaten mitzuteilen, daß der Krieg nicht stattfinde.

Am Abend dieses Tages brach die gesamte Kampfgruppe Herzner in entgegengesetzter Richtung durch den Tunnel durch. Es gelang ihr, sich vom Feind zu lösen und den Rückmarsch anzutreten. Die 2000 polnischen Soldaten waren ihrer Gefangennahme entgangen.

Die letzten Stunden

Über diesen Vorstoß der Brandenburger wurde in keiner Zeitung berichtet. Das Ausland hatte von diesem Coup nicht das Geringste erfahren. Der 26. August wurde nunmehr zum ersten Mobilmachungstag. Mit Keitel, von Brauchitsch, Göring und von Ribbentrop beriet Hitler die nun zu treffenden Schritte. Als am Abend dieses Tages ein Brief des französischen Premierministers Daladier vom französischen Botschafter überreicht wurde, gab es noch einmal einige Hektik, ehe Hitler dieses Schreiben am 27. August beantworten ließ. In seiner Antwort beteuerte er letztmalig seine Friedensliebe und die Bereitschaft, mit Frankreich nach einer Verständigung zu suchen.

Am Sonntag, dem 27. August, hatten die Divisionen der Ersten Welle ihre Aufstellung beendet. 13 standen im Westen und 18 im Osten einsatzbereit. Der weite Eisenbahnaufmarsch vollzog sich präzise, so daß am 1. September 1939 sowohl im Westen als auch im Osten das Heer, die Luftwaffe und die Marine dort standen, wohin sie gehörten.

Am 29. August kam es in verschiedenen polnischen Städen zu Übergriffen gegen deren volksdeutsche Bewohner. Plünderungen und Morde wurden gemeldet. Polen hatte nun ebenfalls mobilgemacht.

30 Minuten nach Mitternacht des 31. August verkündete Hitler zum zweitenmal den "Fall Weiß!" Er war einen halben Tag früher gegeben worden, als dies notwendig gewesen wäre. Offenbar wollte Hitler damit zeigen, daß es nun endgültig so weit war. Dies, obgleich die diplomatischen Bemühungen immer noch auf Hochtouren liefen, den Krieg zu vermeiden. Um 20.00 Uhr hatte das deutsche Heer seinen Aufmarsch beendet, während der Eisenbahnaufmarsch weiterlief.

Der Zweite Weltkrieg konnte beginnen. In Europa war er am 3. September da.

TEIL II
DER FELDZUG GEGEN POLEN

Die eingesetzten Verbände

Der Feldzugsplan gegen Polen war nach den Worten des schweizerischen Panzerexperten Prof. Eddy Bauer "einfach in seinen Generallinien, in den Einzelheiten klug durchdacht und unter Berücksichtigung der Art des Grenzverlaufs gegen Polen angelegt, was eine Einschließungsbewegung begünstigte." (Siehe: Bauer, Eddy: Der Panzkrieg).

Die Ausgangslage wurde von Prof. Bauer folgendermaßen umrissen:

"Das Deutsche Reich trat Polen gegenüber mit Forderungen auf und besaß daher die diplomatische Initiative. Diese wurde am Tage X zur strategischen Initiative in Anbetracht der früheren Mobilmachung der Deutschen Wehrmacht. (Siehe Bauer, Eddy: a.a.O.).

Der deutsche Aufmarsch sah im Osten folgende Truppen vor:

DIE *HEERESGRUPPE A (SÜD)* - Generaloberst von Rundstedt, Standort Breslau.

14. Armee - General der Infanterie List, Standort Mährisch-Ostrau.
XVIII. Gebirgskorps - 3. GebDiv., 4. le. Div., 2. PD
XVII. Armeekorps - drei InfDiv.
VIII. Armeekorps - drei InfDiv., 5. PD, SS-Rgt. "Germania"
10. Armee - General der Artillerie von Reichenau, Standort Oppeln.
XV. Panzerkorps - 2. le. Div. + PzRgt. 25, 3. le. Div.
IV. Armeekorps - zwei InfDiv.
XIV. Armeekorps mot. - 13. ID (mot.), 29.ID (mot.)
XVI. Panzerkorps - zwei InfDiv., 1. PD, 4. PD,
XI. Armeekorps - zwei InfDiv.
Der Heeresgruppe A direkt unterstellt:
VII. Armeekorps - 27., 68., 62., 213. und 221. ID.
Der 10. Armee direkt unterstellt: 1. le.Div., PzRgt. 6.
8. Armee - General der Infanterie Blaskowitz, Standort Glogau
XIII. AK - zwei InfDiv, SS-Rgt. Adolf Hitler
X. AK - eine InfDiv.

DIE *HEERESGRUPPE B (NORD)* - Generaloberst von Bock, Standort Bärwalde.

4. Armee - General der Artillerie von Kluge, Standort Neu-Stettin.
III. Armeekorps - eine InfDiv., Brigade "Netze".
II. Armeekorps - zwei InfDiv.

XIX. Panzerkorps - 2. ID (mot.), 20. ID (mot.), 3. PD.
3. Armee: - General der Artillerie von Küchler, Standort Osterode.
XXI. Armeekorps - zwei InfDiv.
I. Armeekorps - zwei InfDiv, PzVerband Kempf.
XXVI. Armeekorps - zwei InfDiv., 1. KavBrig.
Gruppe Brand - Brigade Lötzen, Brigade Goldap.
Der Heeresgruppe B direkt unterstellt: 73., 208. 206. ID.
Der 4. Armee direkt unterstellt: 23. und 218. ID.
Der 3. Armee direkt unterstellt: 217. ID.
Insgesamt standen dem Heer damit 57 Großverbände zur Verfügung.
Die polnischen Kräftegruppierungen waren: (Von Norden)
Armee Pommerellen - General Mlot-Fijalkowski (Nordabschnitt) mit 18. und 33. InfDiv., KavBrig. "Suwalki" und "Podlaska".
Armee Posen - General Kutrzeba mit 14., 17., 25., 26. ID, KavBrig. "Großpolen" und "Podolien".
Armee Lodz - General Rommel mit 2., 10., 18., 30. ID, KavBrig. "Grenze" und "Wolhynien".
Armee Krakau - General Szyling mit 6., 7., 21., 23., 45. und 55. ID KavBrig. "Krakau".
Armee Karpaten - General Fabryci mit 11. und 24. ID, 2. und 3. GebBrig.
In der zweiten und dritten Linie standen (von Norden):
Armee Modlin - General Przedrzymirski mit 8. und 20. ID, KavBrig. "Mazovi" und "Nowgorod".
Armee Preußen - General Dab-Biernacki mit 3., 12., 13., 19., 29., 36. ID, KavBrig. "Wilna".
Kräftegruppe Wyksow - General Skwarczynski mit 1., 35. und 41. InfDiv.
Kräftegruppe Piskor - mit 39. InfDiv., PzBrig. "Warschau".
Armee Narew - General Mlot-Fijalkowski mit 18., 33. InfDiv., KavBrig. "Suwalki" und "Podlaska".

Die 5. und 44 InfDiv. wurde nach Kutno in Marsch gesetzt. Die 11., 22. und 38. ID marschierte in den Raum Deblin und Przemysl. (Kartenskizze *FELDZUG IN POLEN).*

Damit stellten die polnischen Streitkräfte 30 aktive Infanterie-Divisionen, neun Reserve-Divisionen, 11 Kavallerie-Brigaden und drei Gebirgs-Brigaden ins Feld. Diese sollten nach dem Aufmarschplan Polens die 1.600 km langen Grenzstellungen schützen und in den acht Armeen, die dem Großen Hauptquartier in Warschau direkt unterstanden, verteidigen. Von den in vorderster Front eingeplanten 29 Verbänden standen jedoch am 1. September 1939 erst 20 Großverbände und sechs Kavallerie-Brigaden in ihren Stellungen. Von ihnen wurde die Hälfte den Armeen "Thorn" und "Posen" und dem Danziger Eingreifkorps zugeteilt und im Raume Westpreußen-Posen aufs Spiel gesetzt.

Die polnische Luftwaffe war mit ihren 447 Flugzeugen den Flugzeugen der deutschen Luftflotten 1 und 4 hoffnungslos unterlegen. Diese verfügten über 1302 Maschinen, zu denen noch 133 dem Ob.d.L. direkt unterstellte Flugzeuge, 288 Nahaufklärer des Heeres und 216 der Heimatluftverteidigung Ost kamen, was insgesamt 1.939 Flugzeuge ausmachte, von denen 1.538 einsatzbereit waren. Diese Unterlegenheit bestand auch dann, wenn man der deutschen Leseart folgt, nach welcher Polen 277 Jagdflugzeuge, 203 Mehrzweckflugzeuge, 66 Bomber und 199 Nahaufklärer gleich 745 Flugzeuge einsatzbereit gehabt hätte.

Was die Panzertruppe anlangt, so konnte Polen insgesamt 600 gepanzerte Fahrzeuge in Kavallerieverbänden und in der einzigen motorisierten Brigade mit modernen Panzern aufbieten. Deutscherseits stand ein Großteil der insgesamt verfügbaren 3.195 Panzer für den Polenfeldzug zur Verfügung.

Im Operationsplan des Heeres heißt es zum Angriff gegen Polen:

"Operationsziel ist die Vernichtung der polnischen Wehrmacht. Die politische Führung fordert, den Krieg mit überraschenden starken Schlägen zu eröffnen und zu schnellen Erfolgen zu führen. Absicht ist: Einer geordneten Mobilmachung und Versammlung des polnischen Heeres zuvorzukommen und die westlich der Weichsel-Narew-Linie zu erwartenden Massen desselben durch konzentrierte Angriffe aus Schlesien einerseits, aus Pommern und Ostpreußen andererseits zu zerschlagen.

Zur Durchführung dieser Aufgaben werden die Heeresgruppe Süd, bestehend aus der 14., 10. und 8. Armee, die Heeresgruppe Nord mit der 4. und 3. Armee gebildet."

Die Heeresgrupe A (Süden) unter Generaloberst von Rundstedt hatte Befehl erhalten, aus Schlesien heraus mit dem Panzerschwerpunkt bei der 10. Armee (mit der 1. und 4. PD und dem Panzerregiment 25) zwischen Zawiercie und Wielun in Richtung Warschau anzugreifen. Schnelle Truppen sollen in überraschendem Vorprellen die Weichselübergänge nehmen und diese für die nachfolgenden Truppen freihalten. Durch diese Aktionen sollten die in Westpolen stehenden Feindtruppen im Zusammenwirken mit der Nordgruppe gestellt und vernichtet werden.

Die 14. Armee und darin eingebunden die 2. und 5. Panzerdivision sollten die rechte Flanke dieses Angriffs gegen Feindkräfte aus Galizien decken, während die 8. Armee die Deckung der linken Flanke in der weiten Lücke zwischen Posen und Kutno übernahm.

Die unter dem Kommando von Generaloberst von Bock stehende Heeresgruppe B (Nordabschnitt) erhielt Weisung, über Westpreußen vorstoßend die Verbindung Ostpreußens mit dem Reich herzustellen und anschließend aus Ostpreußen heraus in Richtung Warschau vorzustoßen und den Gegner ostwärts der Weichsel auszuschalten. Dazu standen im XIX. Panzerkorps im Raume Pommern, das von General der Panzertruppe Guderian geführt wurde, die 3. PD und die beiden motorisierten Divisionen 2 und 20 zur Verfügung.

Der Kriegsmarine und der Luftwaffe wurden Unterstützungsaufgaben zugewiesen.

Der erste Blitzfeldzug beginnt

Planmäßig um 4.45 Uhr des 1. September 1939 überschritten die deutschen Sturmtruppen überall angriffsweise die polnische Grenze.

Aus Schlesien traten die drei Armeen der Heeresgruppe A unter Generaloberst von *Rundstedt* an. Ihr Vorstoß ging nach Osten und Nordosten.

Die Heeresgruppe B unter Generaloberst von *Bock* eröffnete den Angriff mit der 4. Armee aus Pommern und der 3. Armee aus Ostpreußen nach Süden mit dem Auftrag, gleichzeitig den Korridor abzuschnüren.

Die Masse des polnischen Heeres, die — wie angedeutet — in Posen stand, wurde bei diesen Angriffen völlig ausgespart. Sie sollte sich im Sack befinden, wenn sich hinter Warschau die große Zangenoperation vollendete.

Die Führerweisung Nr. 1 vom 31. August 1939 hatte für den Westen befohlen, "England und Frankreich eindeutig die Eröffnung von Feindseligkeiten zu überlassen und geringfügigen Grenzverletzungen zunächst rein örtlich entgegenzutreten.

Die von uns Holland, Belgien, Luxemburg und der Schweiz zugesicherte Neutralität ist peinlichst zu beachten.

Die deutsche Westgrenze ist zu Lande an keiner Stelle ohne meine ausdrückliche Genehmigung zu überschreiten.

Eröffnen England und Frankreich die Feindseligkeiten gegen Deutschland, so ist es Aufgabe der im Westen operierenden Teile der Wehrmacht, unter möglichster Schonung der Kräfte die Voraussetzungen für den siegreichen Abschluß der Operationen gegen Polen zu erhalten. Den Befehl zum Beginn von Angriffshandlungen behalte ich mir in jedem Falle vor."

Am 1. September 1939 um 10.00 Uhr war der Deutsche Reichstag zusammengetreten. Ohne besondere Erregung in der Stimme, aber doch sehr ernst verkündete *Hitler* in der Krolloper dem Deutschen Volk, daß es *sich seit dem frühen Vormittag mit Polen* im Krieg befinde.

Hitler umriß die *Notwendigkeit des Eingreifens*, um den polnischen Provokationen entgegenzutreten, und beteuerte, daß das Reich alles in seiner Macht Stehende getan habe, um den Frieden zu erhalten.

An die Adresse von England und Frankreich gerichtet sagte er:

"Ich habe feierlich versprochen, und ich wiederhole es, daß wir von diesen Weststaaten *nichts* fordern und nie etwas fordern werden. Ich habe versichert, daß die *Grenze zwischen Frankreich und Deutschland eine endgültige* ist. Ich habe *England immer* wieder eine *Freundschaft* und, wenn notwendig, *das engste Zusammengehen angeboten."*

1. September 1939:

Es herrschte noch tiefste Dunkelheit, als der Vormarsch der deutschen Verbände begann. Der polnische Schlagbaum an der Grenze bei Wegirska Corka fiel unter den Axthieben der Pioniere. Dann marschierte die Infanterie in Richtung jener Höhenstellung, auf welche nun das deutsche Artilleriefeuer niedertrommelte. Diese beherrschende Höhe bei Zawodzie wurde im Sturmangriff genommen, die Bergstellungen gesäubert. Entlang des Tales der Sola ging der Angriff weiter. Nächste Ziel war Zywice; es wurde durch eine Bunkerstellung der Polen bei Ciecina geschützt, die ebenfalls überwunden wurde. Die gesamte Bankerstellung der Sperrlinie Wegierska Corka war damit in deutscher Hand.

Am Korridor traten deutsche Sturmgruppen ebenfalls zum Angriff an. Mit Beginn des Artilleriefeuers überwanden sie den Grenzbach, dessen Brücke bereits vor einigen Tagen vom Gegner gesprengt worden war. In Schützenreihe ging es durch das dicht mit Buschwerk bestandene Wiesengelände vorwärts. Gewehrschüsse und MG-Feuerstöße peitschten durch den sich mählich lichtenden Morgen.

Hinter der Infanterie, die den Bachübergang überwunden hatte, rollten Pioniere heran, um die Pontonbrücke zu schlagen, über welche die deutschen gepanzerten Fahrzeuge nach vorn rollen und der Infanterie den Weg freischießen sollten. Die ersten Panzer rollten bereits heran und fuhren in die spärlichen Deckungen, um vor vermuteten Feindangriffen von Bombern und Jägern gesichert zu sein.

Die polnischen Gefechtsvorposten zogen sich vor den deutschen Truppen zurück.

Die 1. Panzerdivision, die im Rahmen der 10. Armee im Südabschnitt auf ihren Einsatz wartete, um aus Schlesien heraus mit dem Panzerschwerpunkt bei der 10. Armee zwischen Zawiercie und Wielun in Richtung Warschau anzugreifen, rollte nach der Feuereröffnung durch die deutsche Artillerie und nach dem Auftauchen der Luftwaffe mit ihrer PzAufklAbt. 4 los. Ihr Ziel war die Liswarte. Über eine Notbrücke ging es an das andere Ufer. Der Vorstoß ging zügig voran.

15 Minuten später folgte die 1. Schützen-Brigade der Division nach, die den Fluß ebenso unangefochten überwand wie die Panzeraufklärer.

Generalleutnant Rudolf Schmidt, der Divisionskommandeur, und sein Erster Generalstabsoffizier, Major i.G. Walter Wenck, hatten an diesem Morgen des 1. September sehr bald erkannt, daß nicht etwa der polnische Gegner, sondern die polnischen Straßenverhältnisse der "Feind Nr. Eins" waren. Es ging an der

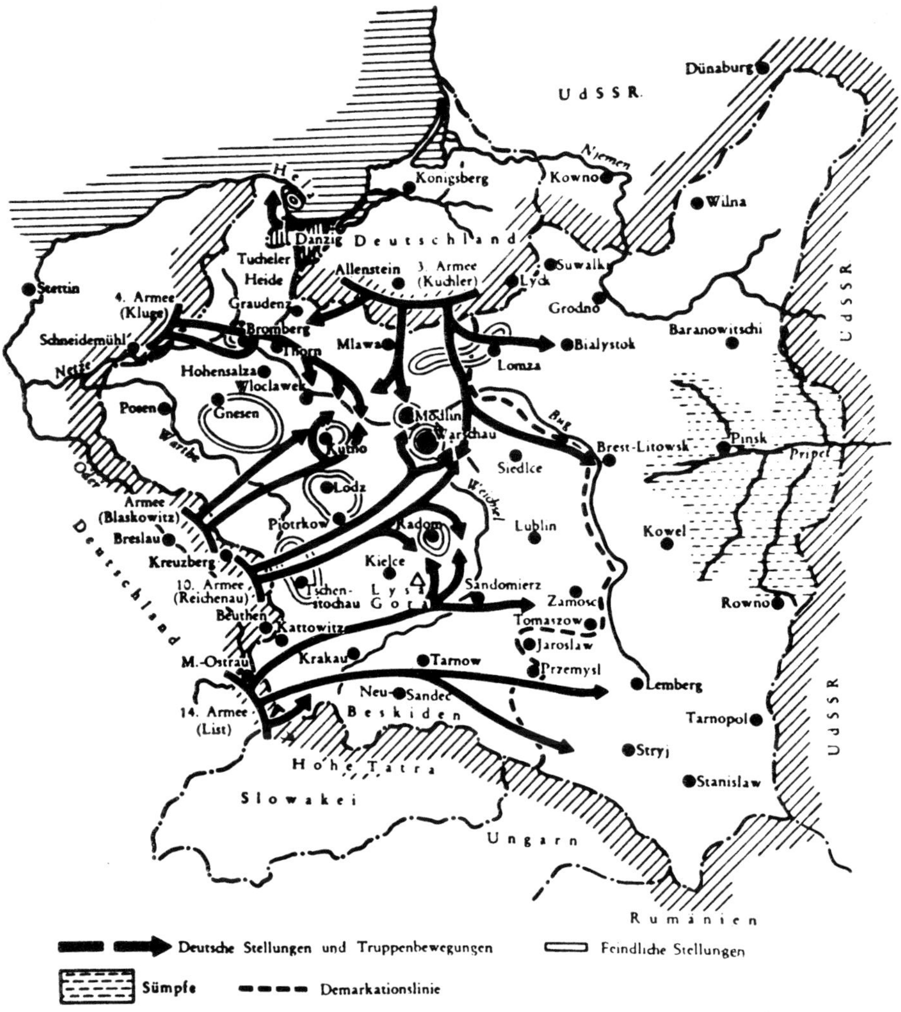

Der erste Blitzfeldzug und sein Verlauf

Liswarte durch sumpfige Uferwiesen hinunter und am jenseitigen Ufer durch tiefen Sand weiter nach Osten. Zugmaschinen kamen zum Einsatz, um die steckengebliebenen Wagen flottzumachen.

Die 1. Schützenbrigade unter Generalmajor Kirchner trat aus der Linie Panki - Pyri an, während die 1. Panzerbrigade unter Oberst Harpe sich südlich Walenczów zum Angriff bereitstellte.

Der Vorstoß der Panzer gestaltete sich reibungslos. Der geringe Feindwiderstand wurde in schnellem Zugriff gebrochen. Um 18.00 Uhr hatte die 1. PD die Bahnlinie westlich von Klobuck erreicht. Diese Stadt war von den polnischen Truppen vor dem Verlassen in Brand gesteckt worden. Alle Brücken waren gesprengt.

Schon am ersten Kampftag zeigte sich, daß von einem polnischen Vorstoß in Richtung Berlin nicht mehr die Rede sein konnte. Es ging nach Osten und nicht nach Westen. Klobuck wurde kurz nach 20.00 Uhr in Besitz genommen. Die 7. polnische Division, die hier Widerstand leisten sollte, zog sich beinahe schon fluchtartig zurück. 20 Kilometer tief drang der gepanzerte Stoß der 1. PD am ersten Kampftage nach Polen hinein.

Der Angriff aus Ostpommern

In Ostpommern stellte sich das XIX. PzK. unter General der Panzertruppe *Guderian* und seinem erfahrenen Chef des Generalstabes, Oberst i.G. Walther K. Nehring, mit seinen beiden motorisierten Infanterie-Divisionen und der 3. PD zum Angriff bereit. Die 23. ID, geführt von General von *Brockdorff-Ahlefeldt*, stand als Reserveverband dicht dahinter.

Hier galt es, zunächst den Übergang über die Brahe zu gewinnen. General *Guderian* hatte von dem OB der 4. Armee den Befehl erhalten:

"Zwischen Zempolno (rechts) und Konitz (links) Vorgehen über die Brahe. Schnelles Erreichen der Weichsel und Abschneiden der im `polnischen Korridor' stehenden polnischen Verbände und Vernichtung derselben. Sodann ergeht über die Fortsetzung der Bewegung neuer Befehl."

Rechts vom XIX. PzK. sollte das Korps *Strauß* ebenfalls mit dem Ziel schnellstes Erreichen der Weichsel losprechen. Links vom XIX. PzK. wiederum erhielt das Korps unter der Führung von General *Kaupitsch* den Befehl, sich direkt *Danzig* zuzuwenden. Die Stadt solte am ersten Angriffstage im Handstreich genommen werden. Angesichts der Tatsache der festungsartigen Besetzung und des Ausbaues der Westerplatte erhielt die Kriegsmarine Weisung, mit der "Schleswig-Holstein" in die dortigen Kämpfe einzugreifen und die feindlichen Bunker durch gezieltes Feuer zu vernichten.

Schwerpunkt des Angriffs dieses schnellen Korps lag bei der 3. PD. Ihr sollte die Korpsreserve in Gestalt der 23. ID rasch folgen. General *Wiktorin* würde diese Division führen.

Das gesamte Korps *Guderian* ging am Morgen des 1. September in breiter Front über die Grenze. In der ersten Welle die 3. Panzerbrigade und an ihrer Spitze der Kommandierende General. Es war *Guderian* selber, der diese Art des Führens vorn bei der Truppe als Schöpfer der deutschen Panzerwaffe eingeführt hatte. Nur so konnten Panzerführer in den rasch wechselnden Gefechten einer so schnellen Truppe frontnahe und den jeweiligen Kampfeslagen entsprechende Befehle geben.

"Die erste Granate dieses Feldzuges schlug etwa 50 Meter vor meinem Befehlspanzer ein, die zweite 50 Meter dahinter. Ich vermutete, daß der nächste Schuß ein Volltreffer sein würde, und befahl dem Fahrer, rechtsum zu machen. Der Mann wurde durch den ungewöhnten Krach nervös und fuhr den Wagen mit Vollgas in einen Graben. Die Vorderachse des Halbkettenfahrzeuges war verbogen, so daß die Lenkfähigkeit stark beeinträchtigt wurde. Hierdurch war meiner Fahrt vorläufig ein Ende gesetzt. Bei dieser Gelegenheit sei erwähnt, daß ich als erster Kommandierender General gepanzerte Befehlswagen benutzte, um meine Panzer auf das Gefechtsfeld begleiten zu können. Sie waren mit Funkgerät ausgestattet und ermöglichten ständige Verbindung zum Korpsgefechtsstand und den unterstellten Divisionen." (Siehe: Guderian, Heinz: Erinnerungen eines Soldaten).

Die 3. PD, die als stärkste Friedensdivision im Schwerpunkt des XIX. PzK stand und von GenLt. Frhr. *Geyr von Schweppenburg* geführt wurde, erhielt den Auftrag, mit der AA 3, die zu diesem Handstreich verstärkt wurde, nach Gewinnung der Brahebrücken bis an die Weichsel vorzuprellen. Der Divisionsbefehl dazu lautete:

"Brahe ostwärts Prust bei Hammermühle erreichen und Stoß auf die Weichsel bei Schwetz fortsetzen."

Der Division wurde die Panzer-Lehrabteilung unter Major *von Lewinski*, das Flak-Regiment 101 und eine Staffel Heeresflieger unterstellt. Die Panzerbrigade 3 verfügte am Morgen des 1. September über 324 Panzer und gepanzerte Mannschaftswagen der Typen P I und II, während die PzLehrAbt. bereits mit Panzern III und IV ausgestattet war.

Der Gegner, der dem XIX. PzK. gegenüberlag, war zunächst die "Armee Pommerellen" unter General Bartnowski, die sich in eine Ost- und Westgruppe gegliederte. Die Ostgruppe unter General Boltuc hatte Weisung, mit ihrer 4. und 16. ID die Westflanke der Armee Modlin zu schützen und — falls die deutsche Offensive in diese Richtung lief — die Linie Straßburg — Graudenz zu halten.

Unter General Skotnicki stand die Westgruppe mit der 9. und 15. ID abwehrbereit. Die KavBrig. "Pommerellen" kam hinzu. Diesem Verband oblag das Halten des Korridors und der Flankenstellung Bromberg-Nakel.

Die 27. ID bildete die Armeereserve.

Im Frühnebel des 1. September begann der Vorstoß der 3. PD. Es war 4.45 Uhr, als die Panzermotoren eingeschaltet wurden. Als Spitzendivision der Wehrmacht rollte die 3. PD aus Berlin-Brandenburg nach Polen hinein. An der Spitze der leichte Zug der I./PR 6 unter Oblt. Buchterkirch. Er hatte folgende Weisungen erhalten:

"Gefechtsaufklärung im Angriffsstreifen des Regimentes und Durchstoß über Prust zur Sicherung der Eisenbahnführung." (Siehe: Traditionsverband der 3. Panzerdivision: Geschichte der 3. Panzer-Division).

In breiter Front rollte die 3. PzBrig. hinterher, und auch die PzLehrAbt. schloß sich dem Vorstoß an.

Binnen weniger Minuten hatte die Vorhut mehrere Kilometer Geländegewinn erzielt, und als Oblt. Buchterkirch den ersten Halt einlegte, sah er auf dem Tacho seines Befehlswagens, daß sie 15 km tief nach Polen hineingefahren waren.

Vor der Ortschaft Zahn tauchte ein polnischer Verband auf, Fahrwerkskolonnen, von Reitern eskortiert. Das Feuer wurde eröffnet, die feindliche Kolonne auseinandergesprengt. Die Sturmfahrt ging nach Klein-Klonia weiter. Prust wurde um 9.15 Uhr erreicht. Ein Krad rollte auf die Vorausgruppe zu. Es waren polnische Offiziere, die die Arme hoben und sich gefangen gaben.

Das PR 6 befand sich bereits mit einem Feindverband im Gefecht. Die 7. Kp. dieses Regimentes stieß gegen 10.00 Uhr vor einem Waldstück bei Groß-Klonia auf den Feind. Aus dem Wald schoß polnische Pak und vernichtete zwei deutsche Panzer durch Volltreffer. Die Umgehung des Waldes mißlang ebenfalls. Die 5./AR 75 unter dem Kommando von Hptm. Haselbach zog vor und eröffnete aus 800 Meter das Feuer auf diese Feindstellungen. Die 3. PD erlitt hier ihre ersten Verluste.

Hier verteidigten polnische Truppen mit großer Entschlossenheit; jedes ihrer Widerstandsnester mußte einzeln zerschossen werden, ehe es das Feuer einstellte.

Als erster Verband der Division erreichte die Kp. des Hptm. Edler von Planitz des PR 5, über Prust vorstoßend, gegen 11.00 Uhr die Brahe. Sie wurde von polnischer Artillerie und von Pak unter Feuer genommen, und erst, als auch die 1./PR 6 unter Hptm. Nedtwig eintraf und in den Kampf eingriff, in den auch die Vorausgruppe Buchterkirch verwickelt war, gelang es, die isolierten eigenen Panzer zu befreien.

Die gesamte 3. PD hatte bis zum Nachmittag das Tagesziel, die Brahe, erreicht. GenLt. *Geyr von Schweppenburg* fuhr ins Korps-HQ, um *Guderian* Bericht zu erstatten.

Eine zerstörte Brücke über den Bug

Die Weichselbrücke bei Dirschau von den Polen gesprengt

Auch diese Brücke bei Harnow wurde gesprengt. Pioniere bessern sie aus

Dieser polnische Panzerzug wurde bei Suchow von den Stukas vernichtend getroffen

Kavallerie-Spähtrupp geht vor

Mitten durch eine zerstörte Stadt

Der Vorstoß in Richtung Karthaus

Deutsche Infanterie jenseits der polnischen Grenze

Die Infanterie hat Myslowice erreicht

Dieses Dorf wird verteidigt. Infanterie greift an

Auf Handgranaten-Wurfweite herangekommen

Zerstörte Waffen und Wagen

Die »Schleswig-Holstein« feuert Breitseiten gegen die Westerplatte

Treffer auf der Westerplatte

Deutscher Marinestoßtrupp auf der Westerplatte

Die Rückzugsstraße einer Armee

Die Reichskriegsflagge über der Westerplatte

Die erbeutete Standarte des 8. polnischen Schützen-Regiments

Denkmal für den polnischen Staatschef Marschall Pilsudski

Deutscher Panzer am Ufer der Brahe

Die Vormarschstraße nach einem Regenguß

Infanteriegeschütz an der Bzura

Gut getarnt in Stellung

Gefallener polnischer Soldat

Nach einem Luftbombardement auf der Rückzugsstraße

Allgemeine Übersicht

Der erste Tag des Feldzuges sah beträchtliche deutsche Bodengewinne, doch auch das XIX. PzK hatte nicht alle Tagesziele erreicht, da die 2. ID (mot.) vor den polnischen Drahthindernissen liegengeblieben war. Alle drei Infanterie-Regimenter dieser Division mußten frontal eingesetzt werden, um den Feind zu überwinden. Die Division stand nun ohne Reserven im Kampf. Doch General *Guderian* behielt kühlen Kopf und befahl, das im linken Frontabschnitt stehende Regiment in der Nacht herauszuziehen und hinter den rechten Flügel dieser Front zu verschieben. Am nächsten Morgen sollte es mit dem ersten Büchsenlicht hinter der 3. PD zur Umfassung dieses Gegners in Richtung Tuchel angesetzt werden.

Der 20. ID (mot.) war es trotz schwerer Kämpfe gelungen, das Tagesziel Konitz zu erreichen; sie kam aber nicht weiter nach Osten voran. Hier trat eine Situation ein, die nur durch das sofortige Eingreifen von General *Guderian* bereinigt werden konnte. Geben wir dem Generaloberst a.D. selber das Wort:

"Nach Mitternacht meldete die 2. Division, daß sie gezwungen sei, vor polnischer Kavallerie zurückzugehen. Ich war zunächst sprachlos, fragte dann aber den Divisionskommandeur" (Generalleutnant Bader), "ob er je gehört habe, daß pommersche Grenadiere vor feindlicher Kavallerie die Flucht ergriffen hätten. Er verneinte und versicherte nun, seine Stellungen halten zu können. Ich entschloß mich aber, am nächsten Morgen zu dieser Division zu fahren. Gegen 5.00 Uhr fand ich den Divisionsstab immer noch einigermaßen ratlos. Ich setzte mich nun an den Anfang des in der Nacht herausgezogenen Regiments und führte es selbst bis an den Kamionka-Übergang nördlich Groß-Klonia, um es auf Tuchel anzusetzen. Der Angriff der 2. (mot.) Division kam nunmehr schnell in Fluß. Die Panik des ersten Kriegstages war überwunden." (Siehe: Guderian, Heinz: a.a.O.).

Die Infanterieverbände des Ostheeres drangen an diesem Tage an mehreren Stellen bis zu 15 Kilometer tief auf polnisches Gelände vor. Doch am Ende des 1. September zu sagen, der Blitzfeldzug gegen Polen habe begonnen, wäre falsch. Der Gegner leistete durchaus an verschiedenen Stellen erbitterten Widerstand. Eines der größten Widerstandsnester war die Westerplatte, und selbst in Danzig wurde in den ersten Tagen des Septembers noch erbittert um einige Widerstandsnester polnischer Truppen gekämpft.

"Schleswig-Holstein" im Kampf um die Westerplatte

Die zum Angriff gegen Polen bereitgestellten deutschen Seestreitkräfte unter Generaladmiral *Albrecht*, dem Befehlshaber des Marinekommandos Ost, hatten am 1. September Kurs auf Gdingen und die stark befestigte Westerplatte genommen.

Das ehemalige Linienschiff "Schleswig-Holstein", ein Veteran der Skagerrakschlacht des Ersten Weltkrieges, lief bis in günstige Schußentfernung vor die Westerplatte und eröffnete das Feuer aus allen Geschützen. Die 28 cm-Rohre erzielten Treffer auf polnische Bunker und Kampfstände, doch der Versuch der Marine-Sturmkompanie, die Westerplatte im Handstreich zu nehmen, wurde abgewiesen.

Zur gleichen Zeit versuchten die Zerstörer (wie im Abschnitt über die See-Einsätze dargestellt) die Feind-Batterien auf Hela auszuschalten, die nach wie vor in voller Aktion waren. Am Morgen des 2. September lief die "Schleswig-Holstein" zur nächsten Beschießung heran. Ihre 28 cm-Türme eröffneten das Feuer um 11.45 Uhr. Dichte gelbe Rauchschwaden stiegen über dem Schiff empor und hüllten es nach den ersten Salven völlig ein. Auf den Höhen der Westerplatte wurden wenig später die Einschläge sichtbar. Die dort stehenden in Sand und Erde eingewühlten Bunker wurden von Vollstreffern zerrissen. Geräte und Waffen flogen im wilden Wirbel durch die Luft. Dann traf es ein Munitionsdepot. Ein gewaltiger Feuerschlag grellte dort auf; Flammen stiegen höher und höher empor. Darüber schwarzer und grauer Qualm.

Das feindliche Gelände wurde mit jeder Salve dichter eingedeckt. Dort, wo sie niedergingen, war der Feind vernichtet.

Dies würde für die Marine-Infanterie und die Pioniere in den Bereitstellungen genügen, um mit dem dort noch Widerstand leistenden Gegner fertig zu werden.

Das Feuer der "Schleswig-Holstein" verlegte in jenen Raum zurück, in dem die polnischen Reserven durch die Aufklärer des Heeres erkannt worden waren. Auch dort wurde die Erde umgewühlt.

Vom vorderen Scheinwerferstand des Schulschiffes beobachtete der Kommandant des Schiffes die Einschläge und deren Wirkung. Die 15 cm-Kanonen schossen im schnellstmöglichen Salventakt. Da hinein dröhnten die Abschüsse der schweren Türme.

Als das Feuer schließlich schwieg und die "Schleswig-Holstein" abdrehte, eröffneten die Sturmtruppen den Angriff. Doch aus einer Reihe von Bunkern und Stellungen peitschte ihnen noch immer das dichte Abwehrfeuer der polnischen Truppen entgegen, die hier mit aller Verbissenheit verteidigten, um ihren in Danzig in den verschiedensten Widerstandsnestern noch kämpfenden Truppen die bitter notwenige Unterstützung zu geben. Der deutsche Angriff drang nicht durch. Die Sturminfanterie mußte in die Ausgangsstellungen zurückgenommen werden.

Während im übrigen Polen auf jedem Angriffsstreifen der Kampf vorwärtsging, war hier bei der Westerplatte der Kampf noch lange nicht zu Ende. Er sei an dieser Stelle vorgetragen, um den Zusammenhang zu wahren.

Am 4. September liefen die "Schleswig-Holstein" und T 196, das Torpedoboot aus dem Ersten Weltkrieg, gemeinsam mit der "Von der Gröben" (dem alten

Minensuchboot M 107, das als Räumboot-Begleitschiff diente) ein weiteres mal vor die Westerplatte; sie eröffneten die Beschießung mit den beiden 28 cm-Türmen, in die schließlich die 15 cm-Kanonen einfielen. Doch auch diesmal konnte die Westerplatte mit der einen Kompanie Marine-Sturmsoldaten und dem Zug Pioniere nicht in Besitz genommen werden.

Erst nachdem die Westerplatte am Morgen des 7. September ein weiteres Mal unter Beschuß genommen worden war, drangen die Marinesoldaten und die Pioniere in diese zäh verteidigte Stellung ein und rollten sie auf. Die polnischen Verteidiger kapitulierten.

Jetzt erst wurde erkannt, daß diese polnischen Bunker bis zu drei Meter tief in die Erde eingesenkt worden waren.

Um nicht den dicht daran anschließenden Danziger Vorort Neufahrwasser und vor allem dessen Bewohner zu gefährden, waren diese rechtzeitig evakuiert worden.

In Danzig standen viele Bewohner der Stadt auf ihren Dächern, um sich dieses fürchterliche Schauspiel der Beschießung und Bombardierungen durch die deutschen Stukas anzusehen. Sie sahen dann auch, wie die letzten Männer der Besatzung — insgesamt 200 Soldaten mit ihren Offizieren — in die Gefangenschaft marschierten.

Danzig selber war das gleiche Schicksal erspart geblieben. Westlich des Danziger Gebietes lagen zwar polnische Truppen seit einigen Monaten in schnell ausgeschachteten Stellungen abwehrbereit und wollten sogar zum Sturm auf Danzig antreten, sobald sie die Befehle dazu erhalten würden.

Die hier am frühen Morgen des 1. September antretenden deutschen Verbände erstürmten Adlerhorst, wurden aber im sofortigen Gegenstoß polnischer Verbände wieder geworfen. Es gelang den Polen, auch auf Danziger Gebiet vorzudringen. Polnische Artillerie schoß nach Zoppot hinein. Doch am 2. September wurde die alte Staatsgrenze wieder besetzt. An diesem Tage stießen schnelle Kampfgruppen der Wehrmacht bei Deutsch-Ochsenkopf über die Danziger Staatsgrenze und waren wenig später in der Stadt.

Die "Heimwehr Danzig"

Die "SS-Heimwehr Danzig" drang bei Kriegsausbruch in Richtung Dirschau vor, um die wichtigste Weichselbrücke im Handstreich in Besitz zu nehmen und deren Sprenung zu verhindern, wie dies in einem Geheimbefehl gefordert worden war. Doch die Sprengung konnte nicht mehr verhindert werden. Die Dirschauer Weichselbrücke flog in die Luft.

Die genannten Widerstandsnester in Danzig hielten sich zunächst. Jenes im Postamt am Heveliusplatz in der Altstadt war besonders stark zur Verteidigung ausgebaut worden. Die meterdicken Mauern dieses alten Gebäudes schienen zu einer uneinnehmbaren Festung geworden zu sein, die jedem Versuch der Erstürmung standhielt.

Die in Postuniform steckenden polnischen Soldaten lagen hinter Sandsäcken und kugelsicheren Fensterverkleidungen. Sie unterhielten aus allen Stockwerken heftiges Gewehr- und MG-Feuer auf die angreifenden Heimwehren.

Ein schnell herbeigeschafftes leichtes Feldgeschütz zerschoß zwar die schwere Eingangstür, doch jeder Versuch, durch diese ins Innere des Gebäudes einzudringen, kostete Opfer an Toten und Verwundeten.

Die Heimwehr, die sich aus der Hitlerjugend, Gymnasiasten und Studenten zusammensetzte und von Obersturmführer Goetze befehligt wurde, und einige Gruppen der beiden Landespolizeiregimenter der Landespolizeibrigade unter Generalmajor Eberhard waren zu schwach, um alle Aufgaben gleichzeitig wahrzunehmen und auch noch dieses Zentrum des politischen Widerstandes zu überwinden.

Schließlich wurden "unter Ausnutzung der toten Winkel Schläuche in die Kellerfenster des Postamtes eingeführt. Durch sie floß Benzin in die Keller, das durch Handgranaten zur Entzündung gebracht wurde." (Siehe Ruhnau, Rüdiger: a.a.O.).

Es dauerte nur wenige Minuten, bis die Flammen sich in das Erdgeschoß durchgefressen hatten, und nach einer Viertelstunde stand das gesamte Gebäude in hellen Flammen. Die Polen gaben auf und verließen diese entscheidende Verteidigungsstellung. Die übrigen Häuser waren bereits erstürmt worden.

Am 1. September 1939 erschien Gauleiter *Forster* in der Residenz des Völkerbundkommissars, die in dem ehemaligen Generalkommando an der Silberhütte eingerichtet worden war. Forster ersuchte den Kommissar *Burckhardt*, das "Territorium der Stadt binnen zweier Stunden zu verlassen", und sagte diesem, daß er persönlich nichts gegen ihn habe, daß dies aber der Befehl von oben sei.

Der Hohe Kommissar des Völkerbundes, Carl Jacob *Burckhardt*, hatte bereits alle Aufzeichnungen vernichtet. Er verließ Danzig im Personenkraftwagen.

Am selben Tage noch verkündete Gauleiter *Forster* in einem vorbereiteten "Staatsgrundgesetz" die Wiedereingliederung von Danzig in das Deutsche Reich. Damit endete diese letzte Zeit der sog. "Freien Stadt", der alten Hansestadt, der Stadt der Ordensritter.

Zusammenfassung des ersten Tages

Als der 1. September 1939 zu Ende ging, war Danzig wieder deutsch. Die Truppen des XIX. Panzerkorps unter General *Guderian* hatten den Korridor durchstoßen und befanden sich auf dem Vorstoß nach Kulm und Graudenz. Dabei zeichnete sich bereits am ersten Tage die Einschließung starker Teile der polnischen Armee Pommerellen ab.

Der Durchbruch der 10. Armee mit dem XV. PzK. unter General der Infanterie *Hoth* und dem XVI. PzK. unter General der Kavallerie *Hoepner* hatten den Durchbruch beiderseits Tschenstochau eingeleitet und die 7. polnische ID unter Brigadegeneral Gosiorowski vernichtend geschlagen.

Nach dem ersten Wehrmachtsbericht vom 1. September 1939 um 11.55 Uhr, in welchem bekanntgegeben wurde, daß "der Führer und Oberste Befehlshaber die Wehrmacht beauftragt hat, den aktiven Schutz des Reiches zu übernehmen", wurde am Abend dieses Tages der erste Bericht über die Kampfhandlungen veröffentlicht. Er lautete:

"Im Zuge der deutschen Kampfhandlungen aus Schlesien, Pommern und Ostpreußen wurden an allen Fronten schon heute die erwarteten Anfangserfolge erzielt. Die von Süden über das Gebirge vorgegangenen Truppen haben die Linie Neumarkt - Sucha erreicht. Südlich Mährisch-Ostrau ist die Olsa bei Teschen überschritten. Südlich des Industriegebietes sind unsere Truppen in Höhe von Kattowitz im zügigen Vordringen. Die aus Schlesien angesetzten Truppen sind im flüssigen Vorgehen in Richtung Tschenstochau und nördlich davon.

Im Korridor nähern sich unsere Truppen der Brahe und haben die Netze bei Nakel erreicht.

Dicht vor Graudenz wird gekämpft.

Aus Ostpreußen vorgehende Kräfte stehen tief auf polnischem Gebiet im Kampf.

Die deutsche Luftwaffe hat heute in wiederholten kraftvollen Einsätzen die militärischen Anlagen auf zahlreichen polnischen Flugplätzen, so z.B. Rahmel, Putzig, Graudenz, Posen, Plock, Lodz, Tomaszow, Radom, Ruda, Kattowitz, Krakau, Lemberg, Brest, Terespol angegriffen und zerstört. Außerdem unterstützen mehrere Schlachtgeschader wirkungsvoll das Vorwärtskommen des Heeres.

Die deutsche Luftwaffe hat sich damit heute die Luftherrschaft über den polnischen Raum erkämpft, obwohl starke Kräfte in Mittel- und Westdeutschland zurückgehalten wurden.

Teile der deutschen Seestreitkräfte haben Positionen vor der Danziger Bucht eingenommen und sichern die Ostsee.

Das in Neufahrwasser liegende Schulschiff "Schleswig-Holstein" nahm die von den Polen besetzte Westerplatte unter Feuer.

In Gdingen wurde der polnische Kriegshafen durch die Luftwaffe bombardiert."

Mit den Panzerdivisionen vorwärts!

Die PzAA 4 der 1. PD stieß mit dem ersten Tageslicht des 2. September in Richtung Warthe vor. Ihr Ziel waren die drei Warthebrücken bei Garnek, Gidle und Plawno, die in schnellerer Fahrt erreicht wurden. Bei Garnek gelang es Lt. Graf Dürckheim, die bereits brennende Zündschnur in letzter Sekunde zu kappen und diesen Übergang für die nachfolgenden Verbände zu retten.

Das Schützen-Regiment 12 stieß an diesem Tage bis nach Kozinka vor. Zur gleichen Zeit wurde von Vorausgruppen der 1. PD der Übergang über die Warthe erzwungen, stürmten die Einheiten der 14. ID in Richtung Tschenstochau vor, um im Kampf um diese Stadt erste Verluste zu erleiden.

Als am Abend dies 2. September 1939 die 1. Panzerbrigade auf dem rechten Flügel vorstieß, erhielt sie starkes polnisches Artilleriefeuer. Deutsche Kampfflieger stießen auf diese Batterien nieder und brachten sie teilweise zum Schweigen.

Bei den Ortschaften Plawno und Gidle war von der PzAA 4 der Übergang über die Warthe vollzogen worden. Der weitere Widerstand vor der 1. PD war unbedeutend. Es galt, "die Motorenkraft einzusetzen, und der polnische Versuch, die 1. PD aufzuhalten, würde an den jetzt rasch vorstoßenden Panzern scheitern. Die Polen brachen teils nach Süden auf Tschenstochau aus; schwache Teile gingen kämpfend in den Warthebogen zurück." (Siehe Stoves, Rolf O.G.: 1. Panzer-Division 1935-1945).

Die auf der rechten Flanke der 1. PD eingesetzte 1. Panzerbrigade unter Oberst *Harpe*, die durch Kampffliegereinsätze gegen die sie beschießenden polnischen Batterien merklich entlastet worden war, stieß weiter vor. Im Verlauf des 2. September hatte die 1. PD weitere 30 km Geländegewinne erzielt und stand fast vollständig ostwärts der Warthe. Am Abend dieses Tages ließ General der Kavallerie *Hoepner* einen FT-Spruch an die 1. PD absetzen: "Ich bin stolz auf die Division!"

Für den nächsten Tag lauteten die Weisungen der Divisionsführung folgendermaßen:

"Gruppe *Kirchner* besetzt mit der 1. Schützenbrigade Radomsko. Gruppe *Harpe* marschiert in Richtung Bugaj."

Generalleutnant Schmidt, der Kommandeur der 1. PD, befand sich am frühen Morgen des 3. September gerade in seinem neuen Gefechtsstand in Gidle in einer Besprechung mit dem Ia, Major i.G. Wenck, und Hptm. Berlin, als die Ortschaft von polnischen Fliegern angegriffen wurde. Der 01 der Division, Oblt. Baron Freytag von Loringhoven, sichtete die Flieger zuerst und warnte den Stab, der sofort in volle Deckung ging.

Als sich im Verlaufe der Besprechung herausstellte, daß die rechte Flanke der Division an der Pilica durch starke Feindkräfte gefährdet war, erhielt die

Ortskampf in einer polnischen Stadt.

Panzerspähwagen auf einem Flugfeld der Henschel Hs-123 Schlachtflieger, die sich bis 1942 bewährten.

Deutsche Infanteristen an einem geborstenen, polnischen Betonbunkern.

General Guderian (Bildmitte) übergibt Brest-Litows am 22. September 1939 an die Russen, wie es im geheimen Zusatzprotokoll zwischen Hitler und Stalin vereinbart worden war.

Sowjets und Deutsche treffen sich an der Demarkationslinie. Kaum 2 Jahre später sollten sie erbitterte Gegner sein.

1./PR 2 unter Hptm. Werlhoff Befehl, die Brücke bei Przedborz zu erreichen und die feindbesetzte Ortschaft zurückzugewinnen.

Hptm. Werlhoff rollte mit seinen Panzern in die Ortschaft hinein und kämpfte die in den Häusern und hinter Mauern in Stellung gegangenen polnischen Truppen nieder. Die Panzerkanonen zerschossen die feindlichen MG-Nester. Der 3. Zug der 2. Kp. des Kradschützen-Bataillons 1 unter Lt. Huppert nahm die feindbesetzten Häuser im Straßenkampf in Besitz.

Unter der persönlichen Führung von Oberst *Keltsch* rollte das PR 2 bei Jala in einen starken feindlichen Feuerüberfall hinein und erlitt erhebliche Verluste. Die Gruppe Kirchner mit dem PR 1 unter Oberstleutnant Nedtwig gelangte unter den Bombenwürfen polnischer Flieger in das brennende Kamiensk hinein. Hier stellte sich der Gegner zum Kampf. Er hielt den ganzen 3. September über tapfer stand. Am frühen Morgen des 4. September jedoch waren die Feindstellungen leer. Die Polen hatten sich in der Nacht zurückgezogen. Der Angriff ging zügig weiter vorwärts, und der Korpsbefehl für den 5. September lautete:

"Division vernichtet den Feind vor ihr und gewinnt Petrikau."

Dieser Angriff der 1. PD führte zu einem der ersten großen Gefechte. Zweimal versuchten polnische Verbände hier, nach Norden ausholend, einen Gegenangriff in die offene Flanke der Division, weil dort die etwas zurückhängende 4. PD noch nicht aufgeschlossen hatte.

Der erste polnische Angriff mit stärkeren Panzereinheiten in die Divisionsflanke wurde von der Panzerjägerabteilung 37 zerschlagen. Die Hälfte der angreifenden polnischen Panzer — überwiegend alter und schwacher Bauart — wurde abgeschossen.

Um 19.00 Uhr erreichte das Schützen-Regiment 1 unter Oberst *von Boineburg* Petrikau. Zwei Stunden dauerte der Kampf um den Besitz der Stadt. Dann hatte sich der letzte Gegner zurückgezogen oder war in Gefangenschaft geraten.

Im Morgengrauen des 5. September erfolgte ein polnischer Kavallerieangriff auf das PR 1, das auf der Ebene vor Petrikau rastete.

Den hier angreifenden Kavalleristen war — das ergaben spätere Gefangenenaussagen — gesagt worden, daß die deutschen Panzer nur aus Pappe und Blech bestünden und ein großer Bluff seien. So griffen denn die polnischen Schwadronen mit eingelegter Lanze gegen diese Panzer an. Die Sicherungen des PR 1 eröffneten das Feuer aus nur 400 Meter Distanz und schossen die angrifenden Reiterschwadronen der Polen zusammen. Der polnische Angriff blieb unter sehr hohen Verlusten liegen. Die Überlebenden zogen sich zurück. Sie nahmen die Gewißheit mit nach Osten, daß diese deutschen Panzer *echt* waren.

Das im Brückenkopf von Wolborz stehende PR 2 wurde ebenfalls im Morgengrauen des 6. September von starken polnischen Kräften — auch hier wieder Kavallerie — angegriffen. Auch dieser Angriff wurde blutig abgewiesen.

Bis zum Abend des 6. September erreichte die 1. PD Tomaszów-Nord und erhielt für den 7. September den Befehl:

"Vorwärts zur Weichsel!"

Damit sollte nunmehr der Austritt aus den Wäldern ostwärts Tomaszów erkämpft und der weitere Vorstoß entlang der Pilica angetreten werden.

Die 4. PD mußte sich am 3. und 4. September 1939 über schlechte Wege vorwärtskämpfen und fiel gegenüber der 1. PD etwas zurück. Dennoch erreichten die Gruppen der Aufklärungsabteilung und das Schützenregiment 13 die Widawka am 3. September, überschritten den Fluß und standen am Abend dieses Tages etwa 20 Kilometer südlich von Kamiensk. Das PR 35 kam jedoch erst am 5. September wieder zügig vorwärts und erreichte Gomulin westlich von Petrikau. Im Zuge dieser Bewegungen stieß lediglich die 6./PR 35 auf einen Gegner, der sich mit Artillerie und Pak zur Wehr setzte. Er wurde in die Wälder zurückgeworfen.

Am 6. September nahm das PR 35 Bedkow und Rudnik; es rollte am 7. September an der Spitze der Division und hatte damit den Anschluß an die 1. PD wiedergewonnen. Der Sturmangriff auf Ujazd, aus der Vorwärtsbewegung ohne Bereitstellung angetreten, endete mit der wilden Flucht des Gegners. Um 9.00 Uhr wurde Lubochnia erreicht, und am Abend rollten die Panzer dieses Regimentes durch Rawa Mazowiecka. Sie hatten an diesem Tag 40 Kilometer zurückgelegt und fanden am Ortsausgang dieser Stadt ein Hinweisschild: "Warschau 115 Kilometer."

Der Divisions-Tagesbefehl für den 8. September endete mit den Worten: "Vorwärts nach Warschau!"

Zusammenfassung zum 7. September

Bereits am 5. September 1939 hatte der polnische Kriegsminister Rydz-Smigly den allgemeinen Rückzug hinter die Weichsel befohlen. Die Generale Tadeuz Kutrzeba und Wladislaw Bortnowski, die sich -in Unkenntnis über diesen Befehl — selbständig abzusetzen versuchten, hatten den nachdrängenden deutschen Truppen den Weg nach Nordosten freigemacht.

In den nächsten Tagen setzte General von Reichenau seine 10. Armee mit allen Verbänden voll ein. Das XVI. PzK. unter General Hoepner, das von General Hermann *Hoth* geführte XV. AK und das XIV. AK unter dem Kommando des Generals *Gustav von Wietersheim* stürmten unaufhaltsam weiter. Und während die 1. PD den Weichselübergng bei Gora Kalwarja sperrte, rollte die schnellen Verbände der 4. PD unter General Reinhardt in Richtung Warschau vorwärts.

Durch die unvorhersehbare Wende der Front der Truppen von General Kutrzeba zwang dieser die Divisionen der 8. Armee unter Generaloberst von *Blaskowitz* zum Kampf mit "verwandter Front". (Siehe dazu auch: Manstein, Erich von: Verlorene Siege).

Generaloberst von *Rundstedt*, OB der Heeresgruppe Süd, und sein Chef des Generalstabes, General von *Manstein*, waren einer solchen Schlacht nicht abgeneigt, denn sie mußte bei Stehenbleiben der angegriffenen Verbände zur Einkesselung der polnischen Kräfte und zu deren Vernichtung führen.

Die 30. ID unter GenLt. Kurt von *Briesen* hielt dem nach Osten drängenden Feind stand, und als die nach Westen herumgeworfenen Verbände des XIV. AK eingriffen, wurde die polnische Bewegung der Armee Kutrzeba gestoppt. GenOberst von Rundstedt ließ die 10. Armee unter von Reichenau mit ihren Korps Weichs (das XI.) und Leeb (das XIII.) gegen die Bzura aufschließen.

Generaloberst von Bock. OB der HGr. Nord, ließ sein III. AK, das unter General *von Hases* Führung südwärts von Kowel im Angriff stand, der HGr. Süd unterstellen, womit die Vorbereitungen zur Entscheidungsschlacht gegeben waren.

Der Führer kommt!

"An das Deutsche Volk!

An die Nationalsozialistische Arbeiterpartei!

An die Soldaten der Ostarmee.

An die Soldaten der Westarmee!"

Mit diesen vier Aufrufen an das deutsche Volk, die NSDAP und die Truppen an der Front reagierte Hitler auf die Kriegserklärungen Englands und Frankreichs an Deutschland am 3. September 1939. Das englische Ultimatum dieses Tages, das bis 11.00 Uhr befristet war und in dem England offiziell den Krieg erklärte, *wenn* bis zu diesem Zeitpunkt die Feindseligkeiten in Polen nicht eingestellt und die deutschen Truppen wieder über die deutsche Grenze zurückgezogen worden seien, rief die oben angeführten Erlasse Hitlers hervor. Darin wurde England der Kriegshetze beschuldigt, während sich Hitler gegenüber Frankreich, das diesen Schritt noch nicht getan hatte, zurückhielt.

Aber um 11.00 Uhr überreichte auch der französische Botschafter in Berlin, Robert *Coulondre*, das bis 17.00 Uhr befristete Ultimatum Frankreichs.

Hitlers Antwort darauf lautete: "Auf keinen Fall dürfen Feindseligkeiten gegen Frankreich von unserer Seite beginnen." (Siehe Vormann, Nikolaus von: a.a.O.).

Noch am Vormittag waren die Oberbefehlshaber der drei Wehrmachtsteile zur Lagebeurteilung zu Hitler bestellt worden. Sie trugen nacheinander vor, und Hitler stimmte ihren Vorschlägen für die Führung der Operationen zu. Generaloberst von *Brauchitsch* sprach die Erwartung aus, daß bereits am 2. September die

Entscheidung im Korridor fallen und sich nach etwa einer Woche die Kesselschlacht um Warschau entwickeln werde.

Noch am Abend des 3. September befahl Hitler, die Vorbereitungen für seine Fahrt zur Front zu treffen. Um 21.00 Uhr fuhr der Autokonvoi zum Anhalter Bahnhof, wo auf einem zurückliegenden Nebengeleise der "Führerzug" abfahrtbereit stand.

In diesem Führerzug gaben sich alle Größen der Politik und der Partei ein Stelldichein. An Soldaten standen Hitler zur Beratung zur Verfügung:

General Wilhelm *Keitel*, der Chef des OKW, General *Jodl* als Chef des Wehrmachtsführungsstabes, General der Flieger *Bodenschatz* als Verbindungsoffzier zur Luftwaffe, Oberst von *Vormann* als Verbindungsoffizier zum Heer und zwei Führergehilfen, die Keitel und Jodl zur Verfügung standen. Oberst Erwin *Rommel*, derzeitiger Kommandant des Führerhauptquartiers, befand sich nicht im Zuge.

Mit diesem Führerzug sollte Hitler — gewissermaßen als Zuschauer — volle zwei Wochen durch Polen fahren.

Der Sonderzug "Heinrich" war für Außenminister *Ribbentrop, Lammers* und *Himmler* vorgesehen, die ihre vollen Stäbe mitgenommen hatten. *Görings* Sonderzug blieb nahe Berlin stehen, von dort führte der Generalfeldmarschall die Luftwaffe. Generaloberst von *Brauchitsch* führte das Heer aus dem neuen HQ in Zossen, während Großadmiral *Raeder* in Berlin blieb. Dort war auch der Wehrmachtsführungsstab unter GenMaj. *Warlimont* zurückgeblieben.

Hitler hatte — sehr zum Erschrecken des Begleitkommandos — die Absicht verkündet, so oft wie möglich zur Front zu fahren. Er brachte es schließlich auch auf acht Frontfahrten.

Die erste Frontfahrt führte Hitler am 4. September nach Polzin, dem Gefechtsstand der HGr. Nord, wo er von GenOberst Fedor von Bock empfangen wurde.

Hitler erfuhr hier, daß Bromberg bereits gefallen und nördlich davon die Weichsel erreicht sei. Bei General von *Kluge*, OB der 4. Armee in Komierów, erfuhr Hitler mehr über die Ereignisse des vergangenen Tages, und als er zum Gefechtsstand des II. AK unter General der Infanterie *Strauß* weiterfuhr, der in Pruszcz eingerichtet war, sprach er mit einigen Divisions- und Regimentskommandeuren, um anschließend mit GenMaj. *Lichel* zu dessen 3. ID nach Tolopno an der Weichsel zu fahren.

Auf dem hohen Ufer der Weichsel, jenem Punkt, an dem der Überlieferung nach auch der Landmeister des Deutschen Ordens, Hermann Balk, gestanden haben sollte, als er erstmalig nach Preußen fuhr, konnte Hitler den großartigen Anblick über das Kulmerland genießen. Die Türme der alten deutschen Stadt Kulm, nach deren Gesetzgebung später fast alle preußischen Städte des Deutschen Ordens regiert wurden, waren deutlich zu erkennen.

Die hier liegenden Truppen hatten ungestörten Zugang zu Hitler, eine Absperrung gab es nicht. Hitler drückte viele Hände. Hier der Bericht von Nikolaus von Vormann als Augenzeuge darüber:

"Hitler drückte unzählige Hände und war so unbefangen und gelassen, wie ich ihn nie vorher und nie wieder nachher gesehen habe. Für mich war es ein besonderes Erlebnis, nach langen Jahren *das* Land wiederzusehen, in dem meine Eltern geboren, in dem ich zur Welt gekommen und aufgewachsen war." (Siehe von Vormann, Nikolaus: a.a.O.).

Am 5. September fuhren die beiden Sonderzüge über Neustettin zum Truppenübungsplatz Groß-Born in Pommern. Hier erhielt Hitler die erste Nachricht über "das *viehische Hinschlachten der deutschen Bevölkerung in Bromberg."* (Siehe Vormann, Nikolaus von: a.a.O.).

Hitler wurde durch diese grausigen Ereignisse, die im folgenden Absatz dargestellt werden sollen, auf die Politik Polens aufmerksam und erklärte nach seiner Rückkehr zum Führerzug:

"Solange Pilsudski lebte, war die Politik Polens klar und sicher. Er war ein erbitterter Feind Rußlands, strebte die Lösung aus der Abhängigkeit von Frankreich an und suchte Anlehnung und Versöhnung mit Deutschland.

Außenpolitisch hat er sein Ziel erreicht, innenpolitisch ist er gescheitert. Es ist ihm nicht gelungen, sein Volk zu einem Staat im westeuropäischen Sinne zu formen. Wahrscheinlich ist eine Lösung dieser Aufgabe überhaupt unmöglich, wie die polnische Geschichte der letzten Jahrhunderte zeigt. Polen hat gut 30 Millionen Einwohner; davon sind 7 Millionen Ukrainer, 3 Millionen Weißrussen, über 5 Millionen Juden und immer noch über eine Million Deutsche, also rund die Hälfte der Einwohner Polens sind *keine* Polen. Die andere Hälfte steht unter dem Einfluß der Kirche." (Siehe Vormann, Nikolaus von: a.a.O.).

Der neue Staatspräsident Rydz - Smigly, der im Herbst 1938 den amtierenden Staatspräsidenten Moscicki schlug, hatte seinen Generalen Skarwczynski, Goretzki und Tomaschewski freie Hand gegeben, und diese forderten dann "die Rückgabe von Ostpreußen, Pommern und Schlesien bis zur Oder, ja bis zur Elbe". Dazu wollte Rydz-Smigly nach seinen eigenen Worten "die minderwertige deutsche Armee vor Berlin zerhacken". (Siehe Vormann, Nikolaus von: a.a.O.).

Dennoch beschloß Hitler, nach der in den nächsten Tagen zu erwartenden Eroberung von Krakau am dortigen Grab von Marschall Pilsudski eine militärische Ehrung durchzuführen, um die noch immer starke Anhängerschaft des Marschalls in Polen für sich zu gewinnen.

Hitlers nächste Frontfahrt am 6. September ähnelte jener des Vortages, nur daß es diesmal zur 4. Armee in die Tucheler Heide ging. Auf dem Gefechtsstand der 4. Armee erfuhr Hitler über Funk, daß Krakau gefallen war. Nach seiner Rückkehr wollte er sofort Näheres über diese Operationen wissen.

Der Vortrag zeigte ihm, daß die Planungen des Oberbefehlshabers des Heeres, Generaloberst von *Brauchitsch*, aufgingen. Dem Heer war es mit tatkräftiger Unterstützung der Luftwaffe gelungen, den Großteil der polnischen Armeen noch westlich der Weichsel zu stellen. Einige Divisionen waren in diesem Kessel gefangen, zwei große weitere Kessel um das Gros der polnischen Truppen zeichneten sich um Warschau und um Radom ab. Jene Gruppe Polen, mit der Rydz-Smigly nach Berlin marschieren wollte, um das deutsche Heer zu "zerhacken", stand in ihren alten Stellungen und hatte jeden Anschluß nach rechts oder links verloren. Es war nur noch eine Frage der Zeit, bis sie kapitulieren mußte. Die polnische Gesamtführung hatte aufgehört. Im nördlichen Pommerellen war ein polnisches Korps völlig eingekreist. Es versuchte an dem Tage, da Hitler dort bei der 4. Armee war, nach Süden durchzubrechen und wieder Anschluß an die Gesamtkräfte zu finden.

Auch hier waren polnische Kavallerieverbände mit eingelegten Lanzen gegen die deutschen Panzerverbände angestürmt und jämmerlich zusammengeschossen worden. Alle Straßen waren mit liegengebliebenen Wagen und Kriegsgerät dicht besät. Die Zahl der Gefangenen war hoch.

Generaloberst Brauchitsch Großadmiral Raeder vor Hitler

Am 7. September waren die Oberbefehlshaber des Heeres und der Marine nach Groß Born zum Vortrag gebeten worden. Noch während sie hier eintrafen, liefen Meldungen von der Front ein, die bestätigten, daß der deutsche Blitzfeldzug in Polen nunmehr begonnen hatte. Das polnische Heer war zum Großteil an der Weichsel abgefangen worden. Von polnischen Flugzeugen am Himmel war nichts mehr zu entdecken. Die polnische Marine hatte sich in Nichts aufgelöst. Einige ihrer Verbände kämpften allerdings immer noch auf der Halbinsel Hela mit dem Mute der Verzweiflung. Auch die Westerplatte leistete noch einige Stunden Widerstand, ehe sie sich an diesem Tage ergeben mußte.

Während Generaloberst von *Brauchitsch* die Erfolge des Heeres in Polen zusammenfaßte und anschließend auch auf die ruhige Lage an der Westfront einging, erfuhr er von Hitler nichts über dessen Pläne im Westen, so daß dieses Gespräch sofort nach der Berichterstattung verebbte. Von *Brauchitsch*, der auf dem Rückweg zum Flugzeug, das ihn nach Zossen bringen sollte, mit Oberst von *Vormann* sprach, bat diesen, sämtliche Weisungen und Andeutungen Hitlers über den Westen sofort nach Zossen zu melden. Er bemerkte dazu:

"Sie wissen, daß es völlig unmöglich ist, daß wir gegen die Maginotlinie anlaufen können. Ich muß sofort wissen, wenn auch nur gesprächsweise derartige Ideen auftauchen sollten." (Siehe Vormann, Nikolaus von: a.a.O.).

Der Oberbefehlshaber der Kriegsmarine wiederum mußte Hitler eingehend über die Haltung Frankreichs seit der Kriegserklärung Bericht erstatten. Er meldete:

"Auf Grund der politischen Lage verhält sich Frankreich abwartend. Die Stellungnahmen der Neutralen sind im großen und ganzen sachlich und zu klarer Neutralität weisend. Auch die USA bekennen sich nach außen hin dazu; deshalb sollte der U-Boot-Krieg folgende Einschränkungen in Kauf nehmen:

"Keine Feindhandlungen gegen Franzosen.

Passagierdampfer auch im Geleitzug schonen.

Ein Teil der U-Boote soll zunächst, um sie für die spätere Ablösung klar zu haben, zurückgezogen werden." (Siehe: KTB der 1. Skl).

Nach der Anschauung des Großadmirals war es England nicht gelungen, Frankreich bedingungslos in den Krieg hineinzuziehen. Frankreich sehe *kein* Kriegsziel und sei deshalb bestrebt, sich aus dem Krieg herauszuhalten. Dies, obgleich es ja — wie England — Deutschland den Krieg erklärt hatte; zum Schluß sprach Großadmiral Raeder das aus, was Hitler zu hören gehofft hatte:

"Nach dem bald zu erwartenden Zusammenbruch Polens ist möglicherweise Frankreich und dann vielleicht auch England zu einer gewissen Anerkennung der inzwischen im Osten geschaffenen Lage bereit."

Damit war für Hitler klar, daß er im Westen Gewehr bei Fuß stehenbleiben mußte, um nach Kriegsende in Polen den Alliierten ein Angebot machen zu können, das sie annehmen mußten.

Die Sondermeldung des 6. September abends gab bekannt:

"Die deutschen Truppen sind in den Mittagsstunden des Mittwoch ohne Kampf in die Stadt Krakau eingerückt. Der Kommandierende General sowie der Divisionskommandeur haben am Grabe Pilsudskis militärische Ehren erwiesen. Eine Ehrenwache ist aufgezogen. Die dortigen Weichselbrücken sind nicht zerstört. Bromberg ist von den deutschen Truppen genommen. Die Netze wurde in Gegend Bromberg nach Süden überschritten.

Am Mittwoch um 14.00 Uhr wurde die Straße Lask-Unjewo in Richtung Lodz von unseren Truppen überschritten. Der wichtige Eisenbahn- und Straßenknotenpunkt Kielce am Fuße der Lysa Gora wurde in den heutigen Morgenstunden von unseren Truppen in Besitz genommen."

Damit war der erste, wichtigste Abschnitt des Polenfeldzuges erfolgreich beendet. Nun kam es nur noch darauf an, den Feind nicht mehr zum Sichsetzen kommen zu lassen, den Sturmlauf nach Warschau fortzusetzen und diesen Feldzug in wenigen Tagen oder Wochen zu beenden, um den Großteil der hier kämpfenden Truppen an die Westfront zu schaffen, bevor der Gegner hier antrat, was er bis dahin unverständlicherweise immer noch nicht getan hatte.

Der Blutsonntag von Bromberg

Nachdem Hitler die Meldung erhalten hatte, daß sich polnische Truppen eines Massakers in Bromberg schuldig gemacht hatten, befahl er, sofort eine Untersuchungskommission dorthin zu entsenden, um alle Fakten dieses Massakers in Wort und Bild festzuhalten.

Am 21. März 1946 nahm der sowjetische Hauptankläger des Nürnberger Prozesses Reichsmarschall Hermann Göring ins Kreuzverhör. Nach einigen anderen Fragenkomplexen verlas er einen russischen Text über "deutsche Greueltaten in Bromberg". General *Rudenko* versuchte, den Blutsonntag von Bromberg — den 3. September 1939 — als von Deutschen an Polen begangene Massaker hinzustellen, und erklärte, daß diese Bluttaten nicht vor dem Einmarsch der deutschen Truppen, sondern nachher erfolgt seien.

Göring verwies darauf, daß es sich um zwei verschiedene Fakten handele, und General *Rudenko* gab dies schließlich als "möglich" zu.

Was war wirklich an jenem 3. September 1939 in Bromberg geschehen, was sich als durch Aussagen belegt erweisen konnte?

In den Dokumenten "Verschleppungsmärsche der Deutschen aus Posen und Pommerellen im September 1939", die sich im Bundesarchiv zu Koblenz unter der Bezeichnung "Ostdokumentation Nr. 7" befinden und einzusehen sind, doch auch in der Dokumentation "Die polnischen Greueltaten an den Volksdeutschen in Polen", die im Auftrage des Auswärtigen Amtes aufgrund urkundlichen Beweismaterials zum Ausdruck kamen, sind Greueltaten festgehalten, die in 6.100 (!) Einzeldokumentationen belegt wurden.

Die ersten Ermittlungen dazu wurden von der Wehrmachtsuntersuchungsstelle am 4. September 1939 an Ort und Stelle aufgenommen.

"Marine-Oberstabsrichter, Dr. Ulrich Schattenberg und Wehrmachts-Oberinspekteur Dirks führten am 7. September die ersten eidlichen Zeugenvernehmungen in Bromberg durch. Aus ihnen gingen ohne jeden Zweifel *die ungeheurlichen Bluttaten polnischer Truppen und Zivilisten*, begangen *an* dort lebenden *Volksdeutschen*, hervor.

Dr. Marcel *Junid* vom Internationalen Komitee vom Roten Kreuz erbat in einem Gespräch vom 22. September 1939 von Dr. Rudolf Lehmann, dem Chef der Wehrmachts-Rechtsabteilung, Belege über Bromberg, Ostoberschlesien und Galizien, wo ähnliche Massaker gegen Volksdeutsche verübt worden waren.

Dr. Lehmann ließ dem Internationalen Roten Kreuz das Belegheft der "Untersuchungssache Bromberg" vom 14. September 1939, das gerichtliche Urkundenmaterial und die Lichtbilder der Opfer zugehen. Ebenso das Dokumentenmaterial über die Massaker von Pleß und Stopnica. Der Kernsatz der Ermittlungen lautete:

"Den Höhepunkt erreichte das Mordwerk der Polen am 3. September 1939 in der Zeit von 10.00 bis 11.00 Uhr vormittags bis etwa 15.00 Uhr nachmittags. Zur amtlichen Tarnung der Niedermetzelung der deutschen Bevölkerung gehörte natürlich der von fast allen Bromberger Zeugen erhobene Vorwurf der polnischen Soldaten sowie der polnischen Zivilbevölkerung, daß aus von Volksdeutschen bewohnten Häusern Schüsse gefallen seien oder daß Waffen in ihnen versteckt seien.

Ausnahmslos alle Zeugenaussagen haben eidlich erhärtet, daß dieser Vorwand erfunden wurde, um in die Wohnungen der Deutschen einzudringen und diese abtun zu können." (Siehe: Alfred M. de Zayas: Die Wehrmachtsuntersuchungs-stelle).

Aus diesen Dokumenten, die teilweise auch in polnischen Originalen vorliegen, geht hervor, daß die polnischen Behörden von langer Hand Listen von allen zu inhaftierenden Personen angelegt hatten. Sie umfaßten die gesamte deutsche Intelligenz der beiden West-Woiwodschaften. Anhand dieser Listen wurden die darin aufgeführten Menschen, soweit man ihrer habhaft werden konnte, am 1. und 2. September 1939 (also weit *vor* dem deutschen Einmarsch in Bromberg) ohne richterlichen Haftbefehl inhaftiert. Dieser ersten Verhaftungswelle folgten weitere Verhaftungen von seiten der kommunalen Behörden.

"Allein im Kreise Obornik wurden 700 Deutschbürtige inhaftiert, von denen nachweislich 223 dabei umgekommen sind. Die deutschen Dokumentationen nennen 1.131 Ortschaften in Posen und Pommerellen, aus denen Deutsche verschleppt worden sind. Insgesamt ließen sich 40 größtere Marschgruppen zwischen 10 und 100 Menschen feststellen, die bis zu 300 Kilometer Fußmarsch zurücklegten. Die Verschleppungsortschaften sind kreisweise zusammengefaßt, die Massenexekutionen in der polnischen Karte eingezeichnet." (Siehe Zayas, Alfred M.de.: a.a.O.).

Daß diese Dokumente in Nürnberg abgelehnt wurden, weil sie die polnischen Völkerrechtsverletzungen — und nicht deutsche zweifelsfrei bewiesen, gehörte zur betriebenen Taktik dieses "Gerichtshofes". Sie konnten ja nichts anderes zum Prozeßverlauf beitragen als die Tatsache, daß *Kriegsverbrecher vor und hinter den Schranken dieses Gerichtes saßen.*

Neben diesen genannten Zahlen und Daten werden von vielen Autoren einander widersprechende Angaben über die Verluste unter den volksdeutschen Zivilisten gemacht. So wurde auch von polnischer Seite ein "Aufstand der deutschen Volksgruppen" ins Spiel gebracht; er habe niedergeschlagen werden müssen. Diese Farce konnte jedoch nach dem Krieg nicht mehr aufrechterhalten werden, weil die Fakten dagegen sprachen. So bequemten sich K. Pospieszalski dazu, von 2000 deutschen Opfern zu sprechen. Die Autoren A. Komjathy und R. Stockwell kommen in ihrem Werk mit dem Titel 'German Minorities und the Third Reich, Ethnic Germans of East Central Europe between the Wars', New York-London 1980, zu einer anderen, der Wahrheit etwas näherkommenden Haltung.

Die polnische Menge schloß sich in diesen ersten Feldzugstagen der Miliz an.

"Zentausende von Volksdeutschen wurden in die Konzentrationslager Bereza Kartuska und Chodzen getrieben und davon etwa 5000 ermordet. Davon wiederum rund 1.000 um Bromberg, Hohensalza und Neutecklenburg am 3. September 1939." (Siehe Dahms, Hellmuth Günther: Die Geschichte des Zweiten Weltkriegs).

Den seinerzeit nach Bromberg eingeladenen internationalen Journalisten neutraler Staaten erklärte Generalrichter Dr. Hans *Boetticher*:

"Die Vernehmungen, die gemacht worden sind, haben tatsächlich polnische Greueltaten erwiesen." Die Journalisten hielten diese Anschuldigungen für Goebbelssche Propagande, die ja davon sprach, daß 58.000 Volksdeutsche diesen Massakern zum Opfer gefallen seien.

"Aber die Kartei der Posener Zentralstelle für die Gräber ermordeter Volksdeutscher enthält dennoch 5.495 Karten für Tote und Vermißte." (Siehe Karol Pospielszalski: Documenta Occupationis, VII, Poznan 1959).

Die 4. Panzer-Division vor Warschau
Die 1. Panzer-Division nimmt Tomaszów

Am 7. Septmeber 1939 rollte die 4. PD in schneller Fahrt nach Nordosten und überholte erstmals im Polenfeldzug die benachbarte 1. PD. Bereits zu Mittag dieses Tages ließ GenLt. Reinhardt einen FT-Spruch an das Korps Guderian richten:

"Feind flieht! — Division verfolgt!"

Bis zum Abend dieses Tages erreichte die Division die Ortschaft Babsk. Sie hatte an diesem Tage 40 Kilometer zurückgelegt. Auf dem Gefechtsstand der Division sah GenLt. Reinhardt die Karte ein und fand schließlich jene Distanz, die er suchte: "Bis Warschau noch 60 Kilometer!"

Um auch die Erfolge der 1. PD durchzutasten, verfiel Major i.G. Walter Wenck, wenn auch ein wenig täppisch, auf die Versform, als er den FT-Spruch aufsetzte:

"Der Feind vor Euch entsetzt entfloh,

Wir nahmen dafür Tomaszów." (Märkisch gesprochen: Tomascho).

Da der 1. PD jetzt nur eine Vormarschstraße zur Verfügung stand, zogen sich die Verbände mehr und mehr auseinander. Schließlich gingen die weiter zurückhängenden Teile links und rechts dieser Straße zur Ruhe über, um etwas Luft zu schaffen.

Am Tage darauf trat die 1. PD wieder an, um in einer sich ständig steigernden Verfolgungsfahrt dem zurückweichenden Gegner hinterherzufahren.

Auch auf dieser Straße waren die unverkennbaren Spuren kopfloser Flucht zu erkennen. Das Gelände links und rechts dieser Straße war mit fortgeworfenen Ausrüstungsstücken und Waffen übersät. Immer wieder mußten die Spitzenfahrzeuge der Division anhalten, um die Straßen zu räumen. Um 11.15 Uhr erreichten die Spitzengruppen Chynow, etwa 10 km westlich der Weichsel.

Die polnischen Verbände wurden hier erreicht, wo der Rückstau von der Weichsel her endete. Nach einigen Schußwechseln ergaben sich diese demoralisierten Truppen. Sie wurden entwaffnet und ohne Begleitung zurückgeschickt. Mit der Gefangennahme und Zählung der Gefangenen konnte und wollte sich die 1. PD nicht abgeben. Sie stürmte weiter nach Nordosten, der Weichsel entgegen. Vorn in der Spitzengruppe des Kradschützen-Bataillons 1 unter Major von der Schulenburg fuhr GenLt. *Schmidt* mit. Die vorausgeschickten schnellen Spähtrupps meldeten anstelle der fünf Weichselübergänge nur deren zwei bei Opacz und Brzumin. Bei letzterer Brücke wurde der hier noch haltende Feind um 15.00 Uhr über die Weichsel geworfen. Hier leisteten polnische Verbände noch einmal erbitterten Widerstand.

Als die Nacht einfiel, waren die Spitzenverbände der 1. PD an diesem Tage um 100 (!) Kilometer, also weit vor der übrigen Front der HGr. Süd voraus. Die Gruppe *Harpe* hatte die Weichsel südlich von Warschau erreicht; damit war der erste Großauftrag für das XVI. Korps (mot.) binnen acht Tagen ausgeführt worden.

Auf der linken Flanke dieses Panzerkeils aber war die 4. PD in einem ebensolchen Sturmlauf bis in die ersten Vorstädte der polnischen Hauptstadt Warschau vorgedrungen. Die Division hatte während dieses Tages mehrfach polnischen Widerstand niedergekämpft und war über Radziejowice und Wolica Sekocin auf Raszyn weitergestürmt. Ihr Ziel war es, die dort stehenden beiden Weichselbrücken unversehrt in Besitz zu bekommen. Doch kurz vor dem Eintreffen der Panzertrupps flogen beide Brücken mit Donnergetöse in die Luft.

Es gelang einer Pioniereinheit, die Übergänge notdürftig wieder instandzusetzen. Hptm. von Lauchert erhielt hier den Besuch des Kommandierenden Generals, Gen.d.Kav. Hoepner, dem er die Lage erläuterte. Oberst *Harpe* schlug dem Kommandierenden General und seinem ebenfalls nach vorn gekommenen Divisionskommandeur vor, die Lage auszunutzen, ohne weitere Divisionsteile abzuwarten, direkt nach Warschau vorzustoßen und die Stadt im Handstreich zu nehmen.

Die polnische Regierung hatte Warschau zur offenen Stadt erklärt; demzufolge durften in der Hauptstadt keine polnischen Truppen vorhanden sein, die sie hätten aufhalten können.

General Hoepner erteilte die Genehmigung dazu, und per Flugzeug wurden von der Heeresgruppe einige Stadtpläne herbeigeschafft, damit die einrollenden Verbände sich orientieren konnten.

In Warschau aber standen starke Truppenverbände unter dem Kommando von General Karaszzewicz-Tokarzewski. Von einer offenen Stadt konnte nicht die Rede sein. Warschau wimmelte von Soldaten, die Befehl hatten, die polnische Hauptstadt bis zum letzten Blutstropfen zu verteidigen.

Um 17.00 Uhr trat das Regiment Harpe zum Angriff auf Warschau an. Die Vorstädte wurden erreicht. Aus einzelnen Häusern fielen Schüsse, die vorrollenden Verbände achteten nicht darauf. Dann war die Kolonie Rakowiec erreicht. Die Häuser hörten auf. Eine Straßenbrücke wurde überquert.

"Dahinter sind bis zum eigentlichen Stadtrand noch 400 Meter zu überwinden, die teils offen, teils mit Schrebergärten bedeckt sind. Die Straße zum Stadtrand ist durch eine Barrikade aus umgestürzten Straßenbahnen und Möbelwagen gesperrt.

Als unsere Panzer sich nähern, blitzt Geschützfeuer auf. Sofort fahren unsere Wagen von der Straße herunter und durch die Schrebergärten in die Seitenstraßen. Aber auch dort prasselt von den vierstöckigen Häusern, aus Dachluken, Fenstern und Kellerlöchern und hinter weiteren Barrikaden hervor Feuer aller Waffen. Einer unserer wenigen Panzer IV erhält einen Volltreffer. Er wird abgeschleppt.

Die Sonne geht unter. Die Dämmerung hüllt die Straße vor uns ein. Der Regimentskommandeur muß erkennen, daß die Polen sich nicht an das Wort von der offenen Stadt Warschau halten und daß er diese stark verteidigte Großstadt nicht im Handstreich nehmen kann." (Siehe Schäufler, Hans: So lebten und so starben sie).

Damit war der Befehl des OB der 10. Armee, General von *Reichenau*, für den 9. September nicht erfüllt worden; das gelang der geringen Streitmacht nicht, die dies versucht hatte.

Aus der Vorstadt Praga am östlichen Weichselufer schoß die polnische Artillerie in jene Vorstädte der Hauptstadt hinein, die von der 4. PD erreicht worden waren.

Noch am Morgen vor dem Angriff der schnellen Gruppe *Harpe* hatten fünf Stukagruppen des StG 77 unter Oberst *Schwartzkopf* und der ihm unterstellten III./StG 51 einen Angriff auf alle erkannten Artilleriestellungen im Raume der polnischen Hauptstadt geflogen.

Am Morgen des 9. September erfolgte dann der Angriff der 4. PD mit allen inzwischen aufgeschlossenen Verbänden. Das Ziel dieses Angriffs war der polnische Hauptbahnhof. Dicht davor blieben die deutschen Panzer im Abwehrfeuer polnischer Pak liegen. Mit *einer* Division war die Eroberung der mit Truppen vollgepackten Stadt nicht zu erreichen. Die 4. PD zog sich in die Ausgangsstellungen der Vororte zurück.

Als am Vormittag des 10. September 1939 *Hitler* mit seiner üblichen Begleitung in einer Ju 52 zum Flugplatz Konskie flog und dort nahe dem HQ der 10. Armee landete, meldete ihm General der Artillerie *von Reichenau,* daß seine Truppen am zehnten Tage des Polenfeldzuges in die polnische Hauptstadt eingerückt seien. Was er verschwieg, war die Tatsache, daß die 4. PD die Stadt wieder hatte räumen müssen und in die Vororte zurückgegangen war.

Durch polnische Gefangene und Überläufer wußte die 10. Armee, daß die Stadt von dem polnischen General Rommel verteidigt wurde. Bereits am Abend des 8. September hatte eine Sondermeldung verkündet:

"Deutsche Truppen sind am 8. September um 17.15 Uhr in Warschau eingedrungen.

Schnelle Truppen haben die Weichsel bei Sandomierz in Südpolen und bei Góra Kalwarja südostwärts von Warschau erreicht."

Doch Warschau fiel nicht. Warschau sollte sich noch mehr als zwei Wochen halten, ehe sich das schreckliche Schicksal dieser Stadt erfüllte, das die polnische Führung selber heraufbeschwor.

Frontfahrten Hitlers

Vom 8. bis zum 11. September wurde die polnische Armee "Preußen" unter dem Kommando von GenLt. *Dav-Biernacki* im Großraum Radom gestellt und durch das IV. AK, Gen.d.Inf. von Schwedler und die Korps XV und XVI des Heeres eingeschlossen; sie mußte schließlich kapitulieren. Hier gingen etwa 70.000 polnische Soldaten in die Gefangenschaft. Die am 9. September ausbrechende Armee "Posen" stieß im Kern auf die 30. ID unter Generalmajor *von Briesen.*

Am 10. September flog *Hitler* zur Front und fuhr vom Flugplatz Opocz zum GefStand der 10. Armee nach *Kielce.* Hier berichtete ihm General *von Reichenau,* daß er im Begriff stehe, 8-10 polnische Divisionen zu kassieren, die von seiner 10. Armee eingeschlossen seien.

Auch am nächsten Tag unternahm Hitler wieder eine Frontfahrt, ebenfalls in den Raum der 10. Armee. Bei Skiernewice wurde die 18. ID erreicht, die unter dem Befehl von GenMaj. *Cranz* stand und mit letztem Einsatz kämpfte.

Die Meldungen, die Hitler nach seiner Rückkehr am Abend im Führerzug erhielt, zeigten ihm, daß der Feldzug bereits gewonnen war. Es gab nur noch die Posener Gruppierung der Polen, die noch nicht geschlagen — weil nicht angegriffen — worden war. Hitler, der von den harten Kämpfen bei der 30. ID mehrfach gehört hatte, befahl, am 13. September dorthin zu fahren. Er wollte deren Kommandeur danken.

Von Gogolin flog die Ju 52 bis dicht vor Lodz. Von dort aus ging es — um die Stadt herum, weil die Gefahr bestand, daß sich noch polnische Freischärler darin befinden könnten — zum Gefechtsstand der 8. Armee am Ostrand von Lodz.

Generaloberst *von Blaskowitz* berichtete Hitler über die Kämpfe an der Bzura und über die Einschließung von Warschau, die inzwischen vollendet worden war. Hitler sagte dem Armeeführer, daß er Warschau, wenn dies eben möglich sei, noch am 21. September in deutscher Hand wissen wolle. An diesem Tage kam der US-Kongress zusammen, und dieser sollte wissen, daß die Deutsche Wehrmacht in Polen gesiegt habe. Hitler war aber dagegen, sich in starke und verlustreiche Straßenkämpfe einzulassen. Blaskowitz solle unter der Drohung konzentrischer Angriffe mit Infanterie und Panzern Warschau zur Kapitulation auffordern.

Von der 8. Armee ließ sich Hitler direkt zum Gefechtsstand der 10. ID fahren, wo er von GenLt. *von Cochenhausen* einen Überblick über die Lage im Divisionsabschnitt erhielt. Von dort aus ging es zum GefStand der 17. ID weiter. Auch GenMaj. Loch wußte Hitler erfreuliche Ergebnisse zu berichten. Die dritte Station war der Gefechtsstand des X. AK, in dem GenLt. Ulex Vortrag hielt.

Als besonderer Höhepunkt war dann der letzte Besuchspunkt, die 30. ID, ausersehen, die dem ersten Ansturm der Polen bei deren Drehung standzuhalten hatte.

Generalmajor *von Briesen*, ein alter preußischer Offizier, der bereits im Ersten Weltkrieg an vielen entscheidenden Kämpfen teilgenommen hatte und dessen Heimat in Hinterpommern lag, wo er den Grenzschutz gegen polnische Banden 1919 organisiert hatte, war der "Vater" dieser Division, die er selber in Lübeck aufgestellt hatte.

Während der Kämpfe der vergangenen Tage hatte er eine Unterarmverwundung erlitten, die den Knochen durchschlagen hatte. Mit eingegipstem Arm blieb er bei der Truppe, um seine Männer nicht in dieser kritischen Lage allein zu lassen.

Dort, wo sein Vater als General im Ersten Weltkrieg gefallen war, meldete GenMaj. Kurt *von Briesen* dem Führer. Er trug in einer Panjehütte vor. Hitler sah zu diesem General auf; er war nicht nur beeindruckt, er war erschlagen. Dies kam auch in den Worten zum Ausdruck, die er seinem Begleitoffizier, Oberst *von Vormann*, sagte, als sie wieder in den Kraftwagen stiegen, um zum Flugplatz zurückzufahren:

"So habe ich mir als Kind immer einen preußischen General vorgestellt!" *(Kurt von Briesen* fiel als General der Infanterie und Kommandierender General des LII. AK am 20. November 1941 in der UdSSR).

Wie nun die Schlacht an der Bzura aus der Sicht der Truppenführung geschlagen wurde, sei im folgenden Absatz erklärt.

Die Schlacht an der Bzura

Wie bereits in einem der vorangegangenen Abschnitte dargelegt, begrüßten GenOberst *von Rundstedt* und sein Chef des Generalstabes, *General Leutnant Erich von Manstein*, die Kehrtwendung der Armee Kutrzebas, auch wenn sie bei der 8. Armee zu einer Krise geführt hatte. Die 30. ID unter GenLt. *von Briesen* hatte dem polnischen Ansturm standgehalten, die übrigen Truppen waren elastisch etwas zurückgewichen, ohne daß den Polen ein Durchbruch gelungen wäre.

Nunmehr erarbeitete Generalleutnant *von Manstein* den Plan der großen Kesselschlacht, die sich mit diesen Bewegungen anbot. Das XVI. AK unter Hoepner wurde herumgeworfen und verlegte der polnischen Armee den Ausweg. Die 10. Armee unter General *von Reichenau* schloß mit dem XI. AK unter General der Kavallerie *von Weichs* und dem XIII. AK unter Generaloberst *Ritter von Leeb* zur Bzura hin auf, während das südostwärts von Kowel angreifende III. AK der HGr. Nord der HGr. Süd zur Verfügung gestellt wurde.

Die Kesselschlacht bahnte sich an. Im Einschließungsraum befanden sich etwa 19 polnische Infanterie-Divisionen und drei Kavalleriebrigaden. General *Kutrzeba* setzte sich mit seinem Stab und einem Regiment in die Wälder von Kampinos hinein ab. Sie versuchten sich über Leszno nach Modlin oder Warschau durchzuschlagen. Dorthin waren bereits Moscicki, *Beck* und Slawoj-Skladkowski geflohen, während Staatspräsident *Rydz-Smigly* nach Brest Litowsk fuhr, um dort eine neue Front aufzubauen. Er ließ Stachiewicz in Warschau zurück, womit das polnische Oberkommando auseinanderzufallen drohte. General Rommel übernahm in Warschau die Führung.

Die Absicht der Heeresgruppe unter Generaloberst *von Rundstedt* und seines Chefs des Stabes war es gewesen, einer um Lodz vermuteten Feindgruppe von 5-6 Divisionen durch die 10. Armee den Rückzugsweg nach Warschau abzuschneiden, während die 8. Armee gleichzeitig diesen Gegner von Westen umgehen sollte. "Daneben blieb der ursprüngliche Auftrag dieser Armee, die Gesamtoperation der Heeresgruppe in der Nordflanke durch tiefe Staffelung zu decken, naturgemäß bestehen." (Siehe Manstein, Erich von: Manstein-Memoiren, i.MS. mit Franz Kurowski).

Als dann am Morgen des 10. September die 8. Armee meldete, daß ihre 30. Division überraschend aus Norden durch erheblich überlegene Kräfte angegriffen werde, entstand dort eine Krisenlage, die nur durch das eiserne Halten dieser Armee bereinigt werden konnte.

"Es handelte sich unzweifelhaft um starke, zum großen Teil aus der Provinz Posen zurückgeführte Kräfte, die von der 8. Armee zum Stehen gebracht werden mußten. Immerhin erbat die Armee die Zuführung eines Panzer-Korps, um einen Durchbruch des Gegners nach Süden auf Lodz, das am 9. September kampflos besetzt worden war, verhindern zu können." (Siehe Manstein, Erich von: a.a.O.).

Die Heeresgruppenführung mit *von Rundstedt* und *von Manstein* an der Spitze sah hier ihre Chance, diese starken Kräftegruppen des Gegners, die sich noch westlich der Weichsel den deutschen Truppen zum Kampf gestellt hatten, einzukesseln und zu vernichten.

Die 8. Armee erhielt Weisung, auch ohne Unterstützung zu halten, während die Heeresgruppe die Einkreisung dieses Gegners, wie bereits dargelegt, einleitete.

Durch ihren Besuch bei der 8. Armee erhielten Generaloberst *von Rundstedt* und General *von Manstein* den Eindruck, daß die Sache auch dort nicht so schlecht stehe. Da auch Hitler anwesend war, kam es dazu, daß das Oberkommando des Heeres die Gesamtleitung dieser Großoperation selber übernahm, während die Armeeführer, Generaloberst *von Reichenau* für die 10. Armee und Generaloberst *von Blaskowitz* für die 8. Armee, selbst bei ihren Verbänden führen sollten.

Der Kampf begann und weitete sich zur Schlacht aus. Im Verlaufe dieser erbitterten Kämpfe kam es zu Duellen zwischen Einzelkämpfern ebenso wie zwischen Panzern und Artillerie. Die Luftwaffe — soweit sie im Osten zurückgeblieben und nicht schon nach dem Westen abgezogen worden war — griff in diese Kämpfe ein und zerschlug jene Feindgruppierungen, die entlang der Weichsel in Richtung zur starken Festung Modlin zu entkommen trachteten.

General *von Manstein* empfahl nun auch, das XV. AK (mot.) aus dem Großraum Radom heranzuziehen und dem Feind diesen letzten Ausweg zu verlegen.

In den nächsten Tagen verwandelte sich das weite Schlachtfeld an der Bzura in ein trostloses Konglomerat von zerwühlten Feldern, aus denen die Rauchschwaden brennender Dörfer gen Himmel stiegen. Entlang der Straße lag das Strandgut des Krieges: zerstörte Panjefahrzeuge ebenso wie Kraftwagen, einige Panzer, Geschütz-Batterien und tote Pferde. Dazwischen Tote und Verwundete, waffenlose Gefangene, die ohne jede Bedeckung dorthin zogen, wohin sie gewiesen wurden.

Die letzten Tage dieses Ringens vom 13. bis zum 17. September brachten Polens endgültige Niederlage. Truppen der ehemaligen polnischen Armee Posen zogen einmal nach Süden, dann wieder nach Südosten, um irgendwohin zu entkommen. Doch daran war nun nicht mehr zu denken.

Am 18. September brach der letzte Widerstand in der großen Kesselschlacht an der Bzura zusammen. Die 10. Armee meldete 80.000 Gefangene, während die 8. Armee 90.000 Polen kassiert hatte. Die Beute an Kriegsmaterial war nicht zu übersehen. Insgesamt waren neun Infanterie-Divisionen, drei Kavallerie-Brigaden und Teile von 10 weiteren Divisionen in diesem weiten Kessel gefangengenommen worden.

"Damit war die "Schlacht an der Bzura" die größte in sich abgeschlossene Kampfhandlung des polnischen Feldzuges gewesen; sein Gipfelpunkt, wenn auch noch nicht seine Entscheidung. Diese lag, operativ gesehen, bereits in der

Die Vorstadt Warschaus nach dem Großangriff

Fort IX der Festung kapituliert

Polnische Unterhändler treffen ein: zu spät für Warschau!

Einmarsch in Warschau

Deutsche Stellungen vor Modlin, das erbittert verteidigt wurde

Der VB beobachtet die Trefferlage vor Modlin

Hitler in Polen bei der Truppe

Am Boden zerstörtes polnisches Flugzeug

weitausholenden Umfassung der polnischen Gesamtkräfte durch die Heeresgruppe Nord im Norden und durch die 14. Armee im Süden beschlossen. Das Schicksal des polnischen Heeres war besiegelt." (Siehe Manstein, Erich von: a.a.O.).

Der Wehrmachtsbericht vom Donnerstag, dem 21. September, meldete darüber:

"Noch immer ist das Ergebnis der Schlacht im Weichselbogen nicht im vollen Maß zu übersehen. Bis zum Nachmittag des 20. September war die Zahl der Gefangenen auf 170.000 gestiegen und ist immer noch im Wachsen. Eine der beiden an der Schlacht beteiligten deutschen Armeen hat bisher allein 320 Geschütze und 40 Kampfwagen erbeutet.

Auf polnischer Seite kämpften nach den bisherigen Feststellungen in dieser Schlacht neun Divisionen, Teile von 10 weiteren Divisionen und drei Kavallerie-Brigaden.

Im Süden haben sich nach hartem Kampf bei Zamosz und Tomaszow starke polnische Kräfte den deutschen Truppen ergeben, darunter der Oberbefehlshaber der polnischen Südarmee. Seit dem 10. September wurden dort 60.000 Gefangene gemacht und 108 leichte und 22 schwere Geschütze erbeutet.

Die Beute in den Kämpfen um Gdingen ist auf 350 Offiziere, 12.000 Mann und etwa 40 Geschütze gestiegen. Widerstand wird jetzt nur noch in Warschau und Modlin, südostwärts von Warschau bei Gora Kalvarja und auf der Halbinsel Hela geleistet. In den nächsten Tagen wird das Oberkommando der Wehrmacht einen zusammenfassenden Bericht über den Feldzug in Polen geben." (Siehe: Die Wehrmachtsberichte 1939-1945).

Nach dieser fortlaufenden Darstellung der Lage zurück in den Nordabschnitt und hier zum XIX. AK (mot.) unter General *Guderian.*

Der Weg des XIX. AK (mot.) nach Brest-Litowsk

Nach einem Ruhetag auf dem Truppenübungsplatz Arys trat die 3. PD am Sonntag, dem 10. September 1939, in Richtung Bielsk an. Bis zum Morgen des 12. September war diese Stadt erreicht. Im Kampf mit der verteidigenden 35. polnischen ID konnte die Stadt noch im Verlauf des Tages in Besitz genommen werden.

Am selben Tage gelang es der 20. ID (mot.) mit den Teilen der 10. PD, die zu ihrer Unterstützung herangerollt waren, polnische Verbände bei Andrzejewo einzuschließen. Die 10. PD erreichte an diesem Tage Wysokie Litowskie. General *Guderian* fuhr unmittelbar nach Eingang der Meldung, daß Bielsk der 3. PD zugefallen war, nach vorn. Er traf den Divisionskommandeur Frhr. *von Geyr von Schweppenburg* und erhielt die Lagemeldung aus erster Hand.

"Ihr Ziel ist Brest-Litowsk!" schärfte *Guderian* seinem Kampfgefährten ein.

Schnell vorgeworfene Einheiten sperrten die Bahnlinie Brest-Bialystok noch am selben Tag. Am nächsten Tag setzte sich das Kradschützen-Bataillon 3 unter Hptm. von Wechmar an die Spitze der Division und klärte in Richtung Brest-Litowsk auf. In der Ortschaft Zabinka stieß es am Bahnhof auf einen polnischen Panzerzug, der das Feuer eröffnete. Aus den Häusern der Stadt peitschte MG-Feuer. Karabinerschüsse und Handgranatendetonationen fielen darin ein. Die Kradschützen mußten sich zurückziehen. Einige der eigenen Fahzeuge erhielten Volltreffer, ein Munitionswagen explodierte. Es gab Verwundete und Tote. Dann rollten plötzlich vier polnische Panzer aus ihren Deckungen heraus, und gemeinsam mit ihnen eröffneten auch einige Pak das Feuer. Es gab weitere Verluste auf deutscher Seite. Erst nach Herankommen der 6. Batterie des AR 75 gelang es Lt. Jaschke, diesen Gegner aus der Ortschaft hinauszuschießen.

Um 14.00 Uhr rollten die Kradschützen ein zweites Mal nach Zabinka hinein. Alle vier Feindpanzer waren abgeschossen worden.

Zur gleichen Zeit rollte die 2. ID (mot.), die bis dahin Heeresgruppen-Reserve gewesen war, wieder zum XIX. AK (mot.) zurück. Sie erhielt von *Guderian* den Befehl, mit dem "Divisionskommandeur voraus" in die befohlene Position zu rollen, sich dort in die Kampfhandlungen einzuschalten und den Weg nach Brest zu erkämpfen.

Auf der Straße rollte General Bader zwischen Bransk und Bielsk in einen polnischen Truppenverband hinein, der aus dem Einschließungsraum Andrzejewo entkommen war. Einige Stunden lang hing das Leben dieser vorausgerollten Gruppe um den Divisionskommandeur am seidenen Faden, bis es der Funkstelle gelang, das XIX. AK zu verständigen, von wo aus sofort Hilfe geschickt wurde.

Die polnischen Truppen bei Andrzejewo kapitulierten an diesem Tage. Der Kommandeur der polnischen 18. Division geriet hier in Gefangenschaft.

Nachdem am 14. September bereits Teile der 10. PD in die Fortlinie von Brest-Litowsk eingedrungen waren, setzte General *Guderian* sein Korps zum nächsten Tage auf die Festung an.

Am Morgen des 15. September wurde der Ring um die Festung Brest-Litowsk auf dem Ostufer des Bug geschlossen. Da auch die 20. ID (mot.) mit Spitzengruppen bereits herangekommen war, trat nun auch jene Kampfgruppe am Morgen des 15. September an, die den Handstreich zur Inbesitznahme ausführen sollte. Es waren Teile des PR 6, des Kradschützen-Bataillons 3 unter Oberstleutnant *von Manteuffel*, des PiBatl. 39 unter *Major Mertens*, der 6./AR 75 unter *Oberleutnant Kersten* und ein Zug der 4./AR 75 unter Lt. Stiller.

Um 3.45 Uhr trat die Kampfgruppe an. Ihr Auftrag lautete: "Besetzen des Forts III von Brest-Litowsk." In schneller Fahrt wurde die Stadt erreicht, ohne daß ein einziger Schuß gefallen wäre. Das Fort III geriet kampflos in die Hand der Kampfgruppe. Im Fort ging die 2./K 3 unter Hptm. Pape als Sicherungsgruppe zur Ruhe. Der Kampfverband rollte weiter bis zum Zentralbahnhof und besetzte die dortige hochgelegene Bahnüberführung. Auch hier war nichts von einem Gegner zu entdecken. Lediglich aus der vorgelagerten Zitadelle eröffneten die Verteidiger nun das Feuer. Auf dem Rangierbahnhof wurde ebenfalls geschossen.

Gegen Mittag war die Verbindung mit der aus Norden angreifenden 20. ID (mot.) hergestellt. *Oberst Weidling*, der Kdr. der Artillerie-Verbände der 20. ID (mot.), führte nun die gesamte Artillerie, um mit gezielten Feuerschlägen die Widerstandsnester zu zertrümmern.

Um 14.30 Uhr traten die Sturmgruppen der 20. ID (mot.) zum Sturmangriff gegen die Zitadelle an. Dieser wurde abgewiesen. Der zweite Angriff mit begrenzten Kräften auf den Ostrand der Festung schlug ebenfalls fehl.

Einer gewaltsamen Erkundung von Teilen des Schützen-Regimentes 3 südlich der Zitadelle ging es ebenso. Der Feind zeigte hier keine schwache Stelle.

Dann griffen von Osten her zwei Kompanien des PR 6 an und versuchten, an die Festung heranzukommen, doch um 22.00 Uhr, als dies bereits gelungen war, erhielt das Regiment den Befehl zur Kampfeinstellung und zur Rückkehr in die Ausgangspositionen.

Am nächsten Tag umging die 3. PD die Festung Brest im Osten und stieß nach Süden hinunter, um das neue Ziel, Wlodawa, zu erreichen.

General *Guderian* setzte nun die 10. PD und die 20. ID (mot.) zum Angriff auf die Zitadelle am 16. September an. Dieser Sturmangriff erreichte die Wallkrone; dort blieb er liegen, weil das Infanterie-Regiment der 10. PD diesen Angriff nicht mitgemacht hatte.

General *Guderian* fuhr sofort dorthin. Das Regiment trat nun doch noch an und erlitt auf dem Wege nach vorn durch die polnische Artillerie schwere Verluste. General *Guderian* geriet in einen diser Feuerschläge der Polen hinein. Er blieb unverletzt, während sein Adjutant, Oberstleutnant *Braubach*, durch einen polnischen Scharfschützen so schwer verwundet wurde, daß er einige Tage später im Lazarett diesen Verwundungen erlag.

Es handelte sich — wie später erkannt wurde — gar nicht um polnisches Feuer, sondern um das Feuer eigener Artillerie.

Der Angriff wurde am 17. September erneut vorangetrieben. Diesmal stürmte das IR 76 unter Oberst Hans Gollnick in die Festung hinein. Der Gegner, der sich bereits teilweise in der Nacht über die unversehrte Burgbrücke nach Westen abzusetzen begann, stieß nun endgültig ins Freie und gab Brest-Litowsk auf. General *Guderian* verlegte am selben Tage das Generalkommando seines Korps nach Brest hinein.

In der Sondermeldung am Abend des 17. September 1939 heißt es dazu:

"Die Zitadelle von Brest-Litowsk wurde genommen. Damit ist die Festung Brest-Litowsk in deutscher Hand. Bei Wegnahme der Zitadelle wurden 600 Gefangene gemacht."

Zu diesem Abschluß des Polenfeldzuges durch das XIX. AK schrieb Generaloberst *Guderian* in seinen Memoiren:

"Der Polenfeldzug war die Feuerprobe für meine Panzerverbände. Ich hatte die Überzeugung gewonnen, daß sie sich voll bewährt hatten und daß sich die an ihre Errichtung gewendete Mühe gelohnt hatte. Wir standen am Bug mit der Front nach Westen, bereit, den Rest der Polen zu empfangen. Der Rücken des Korps wurde durch die 2. ID (mot.) geschützt, die vor Kobryn noch heftige Kämpfe zu bestehen hatte. Wir erwarteten jeden Augenblick, Fühlung mit den von Süden herankommenden Panzerkräften zu gewinnen. Unsere vordersten Aufklärer erreichten Lubomil." (Siehe Guderian Heinz: a.a.O.).

Die Russen kommen!

Am 17. September 1939 eröffnete Jossef *Stalin* dem in den Kreml gebetenen deutschen Botschafter von der Schulenburg um 2.00 Uhr früh, daß die Rote Armee an diesem Morgen nach Polen einrücken werde. Als der polnische Botschafter in Moskau, Waclaw Grzybowski, in den Kreml fuhr, um dort Stalin gegenüber zu protestieren, wurde er nur durch den Stellvertreter des Außenkommissars empfangen. Dieser erklärte dem fassungslosen Polen, daß jener Staat, den er vertrat, "zu bestehen aufgehört" habe und daß "alle Verträge mit ihm hinfällig" seien. Es gelte für sein Land, die UdSSR, "den Schutz der Weißrussen und Ukrainer jenseits der Grenze sicherzustellen". (Siehe: Polnisches Weißbuch, Dokument Nr. 184).

Der polnische Botschafter weigerte sich, diese ihm vorgelesene Note in Empfang zu nehmen. Er erklärte vielmehr, daß die UdSSR durch diese Maßnahme nicht nur den Friedensvertrag von Riga aus dem Jahre 1921 verletzen werde, sondern auch das 1929 geschlossene Baltikum-Abkommen und den 1932 zwischen Polen und der UdSSR abgeschlossenen Nichtangriffspakt, der ja noch im Jahre 1934 verlängert worden sei. Darüber hinaus verletze die UdSSR auch die Londoner Konvention über das Verbot fremder Einmischung und das Völkerbundstatut. Doch Potemkin verwarf alle Einwände, der Entschluß der UdSSR stand fest und war nicht mehr umzustoßen, denn die Rote Armee marschierte bereits.

Mit zwei Heeresgruppen, der Weißrussischen Front unter General Kowalew und der Ukrainischen Front unter General Timoschenko, stieß die Rote Armee über die polnische Ostgrenze vor, um den Polen jene Teile ihres Reiches wieder zu entreißen, die ihnen vom Versailler Vertrag wider alle Vernunft zugesprochen worden waren.

Nun wußten die polnischen Spitzenfunktionäre und Führer, was die Glocke geschlagen hatte. Noch am selben Tage zogen sich Moscicki, Beck und Slawoj-Skladkowski bei Kuzny *über die rumänische Grenze zurück.* Staatschef *Rydz-*

Smigly folgte nach. Die Rumänen, die sowohl vor der deutschen als auch vor der sowjetischen Rache zitterten, internierten alle Polen rechtswidrig.

In Bukarest liefen daher sehr bald die französischen und englischen Proteste ein. Dadurch bewirkten sie zwar nicht die Entlassung der Internierten, veranlaßten aber Rydz-Smigly dazu, seine Befugnisse als Staatspräsident Polens gemäß Artikel XIII b der polnischen Verfassung auf den im Ausland weilenden Senatsmarschall Wladyslaw Raczkiewicz zu übertragen. Dieser bildete nun eine Exilregierung mit Sitz zunächst in Paris, später in London. (Siehe: Antonow. G.O.: Der Marsch nach Polen im September 1939).

Bis zur konstituierenden Sitzung des neuen polnischen Kabinetts in Paris unter General Ladislaus *Sikorski* vergingen mehrere Wochen.

Ostwärts von Brest erschienen am 18. September einige sowjetische Spähwagen, die von einem Oberleutnant geführt wurden. Dieser Offizier rollte zum Gefechtsstand des XIX. AK (mot.) weiter und machte General *Guderian* Meldung darüber, daß eine sowjetische Panzerbrigade im Anrollen sei. Erst darauf erhielt das Korps *Guderian* die Nachricht des Auswärtigen Amtes, daß mit Moskau eine Demarkationslinie vereinbart worden sei und daß die Festung Brest-Litowsk — da der Bug hier die Grenze bilde — der Roten Armee zu übergeben sei und sich die Truppe bis zum 22. September zurückzuziehen habe.

Diese politische Entscheidung *ohne* Konsultation der Truppe stellte das Korps *Guderian* vor schwierige Probleme, denn noch mußten erst die Verwundeten zurückgeschafft werden. Alle schadhaften Panzer waren zu bergen; alles dies Verzögerungsgründe, die von den militärischen Stellen sicherlich zur Sprache gebracht worden wären.

"Diese sowjetische Operation wurde und wird auch heute noch als Befreiungsfeldzug bezeichnet." (Siehe Gosztony, Peter: Die Rote Armee).

"Dieser Vorstoß hat das Ziel, die Bevölkerung der Westukraine und Westbjelorußlands zu befreien und zu verhindern, daß die Faschisten weiter nach Osten vordrangen. — Diszipliniert, organisiert und bereit, dem Feind gebührend entgegenzutreten, befreite die Rote Armee die Werktätigen der bjelorussischen und der ukrainischen Westgebiete vom Joch der polnischen Gutsbesitzer *und* der drohenden faschistischen Gefahr." (Siehe Zukow, G.K.: Erinnerungen und Gedanken, Stuttgart 1969).

Die deutschen Truppen zogen sich gemäß den getroffenen Absprachen hinter die Demarkationslinie zurück, die nach dem deutsch-sowjetischen Geheimprotokoll vom 23. August 1939 der Sowjetunion zugedacht worden war.

Daß die Sowjets von Polen als Befreier aufgenommen worden wären, ist alles andere als richtig. Vielmehr leisteten die Verteidiger von Lemberg unter der Führung von General Langner den Truppen Timoschenkos erbitterten Widerstand, ehe Lemberg am 22. September kapitulieren mußte.

Mit ihrem zwölf Tage dauernden "Polenfeldzug" gelang es der Führung der UdSSR, ihre Westgrenzen um 250 bis 300 Kilometer weiter nach Westen zu verschieben und ein Gebiet von 190.000 qkm mit zwölf Millionen Einwohnern sich selber einzuverleiben. Die beiden "Fronten" der Roten Armee hatten dafür mit 737 Toten und 1.859 Verwundeten bezahlt. "Die Rote Armee nahm 230.670 polnische Soldaten, darunter 15.000 Offiziere gefangen. Diese Zahl erhöhte sich noch um die bereits demobilisierten polnischen Reserveoffiziere, die nachträglich als Kriegsgefangene nach Osten abgeführt wurden." (Siehe Zawodny J.K.: Zum Beispiel Katyn. Klärung eines Kriegsverbrechens, München 1971).

Noch war Warschau nicht gefallen, als am Samstag, dem 23. September 1939, der Wehrmachtsbericht meldete, daß es gelungen sei, "die Süduferstraße an der Weichsel zwischen Modlin und Warschau zu überschreiten und damit beide Städte getrennt abzuriegeln."

Danach erschien noch am 23. September der zusammenfassende Bericht des Oberkommandos der Wehrmacht über den Feldzug in Polen, der mit den Worten endete:

"Das deutsche Volk kann wieder mit Stolz auf seine Wehrmacht blicken. Sie aber sieht mit sieghaftem Vertrauen ihren weiteren Aufgaben entgegen."

Am 23. September 1939 gab das Oberkommando der Wehrmacht den nachstehenden Abschlußbericht bekannt:

Der Feldzug in Polen ist beendet

In einer zusammenhängenden Reihe von Vernichtungsschlachten, deren größte und entscheidendste die im Weichselbogen war, wurde das polnische Millionenheer geschlagen, gefangen oder zersprengt. Keine einzige der polnischen aktiven oder Reservedivisionen, keine ihrer selbständigen Brigaden usw. ist diesem Schicksal entgangen. Nur Bruchteile einzelner Verbände konnten sich durch die Flucht in die Sumpfgebiete Ostpolens der sofortigen Vernichtung entziehen. Sie erliegen dort den sowjetrussischen Truppen.

Von der gesamten polnischen Wehrmacht kämpft zur Zeit nur mehr ein geringfügiger Rest auf hoffnunslosem Posten in Warschau, in Modlin und auf der Halbinsel Hela. Daß er das noch kann, verdankt er ausschließlich der gewollten Schonung unserer Truppen und unserer Rücksichtnahme auf die polnische Zivilbevölkerung.

Anlage und Ablauf der Operationen

Als sich seit dem Frühjar 1939 die Anzeichen verstärkten, daß Polen, bauend auf die ihm zugesicherte fremde Hilfe, in der Verfolgung seiner weitgespannten nationalen Interessen auch einen Waffengang mit dem Deutschen Reich nicht scheuen würde, wurden in sorgfältigen Prüfungen die wahrscheinlichen Operationsabsichten Polens zu klären versucht. Die aus der polnischen Literatur und aus der Tagesjournalistik gewonnenen Eindrücke gaben in Verbindung mit den unterdes bekannt gewordenen militärischen Maßnahmen der polnischen Heeresleitung ein ungefähres Bild der Absichten der polnischen Führung.

In einer Reihe von Besprechungen des Führers mit den Oberbefehlshabern des Heeres, der Marine und der Luftwaffe, ihren Generalstabschefs und dem Chef des Oberkommandos der Wehrmacht wurden die sich daraus für die Deutsche Wehrmacht ergebenden operativen Gedanken erörtert und geklärt.

1. Polnische Absichten

Schon die Verfolgung der allgemeinen und wehrwissenschaftlichen Literatur Polens vermittelte ein Bild der Vorstellung, das sich der polnische private und staatliche Chauvinismus über die künftige Entwicklung des polnischen Staates gemacht hatte. Publizistische Forderungen der Tagespresse sowie rednerische Ergüsse polnischer Militärs verstärkten diese Eindrücke. Der im Zuge der polnischen Mobilmachung in Erscheinung tretende Aufmarsch der polnischen Streitkräfte dürfte als letzte Bestätigung dieser Absichten gelten.

Die polnische Heeresleitung lebte in Unterschätzung der deutschen Wehrkraft in dem Glauben, daß es ihr mit Rücksicht auf die Bindung starker deutscher Kräfte im Westen des Reiches gelingen würde, den Krieg im Osten zumindest in einem gewissen Ausmaß offensiv führen zu können. Der beherrschende Gedanke war, den Freistaat Danzig sofort zu besetzen, Ostpreußen von drei Seiten anzugreifen und als vom übrigen Reich abgeschnürte Insel einzunehmen.

Zu diesem Zweck fand folgende Kräftegruppierung statt: Eine polnische Armee stand im Raum nördlich von Warschau, ebenso befähigt, einen etwa drohenden deutschen Vormarsch aus Ostpreußen gegen Warschau zu hemmen, wie stark genug, den eigenen Angriff durchzuführen. Diese polnische Grenze sollte rechts flankiert werden durch eine beachtliche Kräfteansammlung, die aus östlicher Richtung Ostpreußen bedrohen konnte, am linken Flügel durch eine sehr starke Armee im Korridor. Die Aufgabe der Korridor-Armee war, den Freistaat Danzig zu besetzen, um dann auch von dieser Seite offensiv gegen Ostpreußen vorgehen zu können.

Um dieser Operation die notwendige Rückendeckung zu geben, wurde im Raume um Posen die weitaus stärkste polnische Armee aufgestellt. Sie sollte im Falle eines deutschen Angriffs gegen den Korridor mit ihren überlegenen Kräften die Flanke dieses Angriffs bedrohen. Sie konnte aber ebenso der südwärts von ihr aufmarschierenden schwächeren polnischen Armee jederzeit zu Hilfe eilen. Durch ihre Stärke und ihre zentrale Aufstellung im Raume um Posen bedrohte sie somit durch ihre bloße Existenz jede deutsche Angriffsoperation aus dem mittleren Oberschlesien und aus Pommern in der tiefen Flanke. Die polnische Südarmee im Raume Krakau/Lemberg war nach Auffassung der polnischen Heeresleitung stark genug, um die wichtigen Industriegebiete zu schützen.

Sie konnte je nach dem Verlauf der Operationen noch zu weiteren Einsätzen herangezogen werden, sei es zur direkten Hilfeleistung bei den anderen polnischen Armeen, sei es zum Angriff gegen das für Deutschland lebenswichtige oberschlesische Industriegebiet.

2. Ziele der deutschen Wehrmacht

Das Ziel der deutschen Operationen war, die im großen Weichselbogen konzentrierte gewaltige polnische Armee umfassend anzugreifen, zu stellen und zu vernichten. Zu diesem Zwecke wurden vom Oberbefehlshaber des Heeres — Generaloberst von Brauchitsch — (Chef des Generalstabes General der Artillerie Halder) zwei Heeresgruppen gebildet:

a) die Heeresgruppe Süd unter dem Befehl des Generaloberst von Rundstedt mit Generalleutnant von Manstein als Chef des Generalstabes;

b) die Heeresgruppe Nord unter dem Befehl des Generaloberst von Bock mit Generalleutnant von Salmuth als Chef des Generalstabes.

Der Heeresgruppe Süd waren drei Armeen unterstellt:
die Armee des Generaloberst List,
die Armee des Generals der Artillerie Reichenau und
die Armee des Generals der Infanterie Blaskowitz.
Der Heeresgruppe Nord waren unterstellt:
die Armee des Generals der Artillerie von Kluge und
die Armee des Generals der Artillerie von Küchler.

Die Aufgaben der beiden Heeresgruppen

Der Auftrag der Heeresgruppe Süd war, mit der mittleren Armee des Generals von Reichenau aus dem Raum um Kreuzburg in nordöstlicher Richtung auf die Weichsel durchzustoßen. Zur Abschirmung der rechten Flanke dieser Armee sollte die Armee des Generaloberst List aus Oberschlesien und am Nordrand der West-Bestiden in östlicher Richtung vorgehen. Ihre Aufgabe war, die dort befindlichen polnischen Kräfte zu stellen, um sie dann mit den von Süd nach Nord aus dem slowakischen Raum einbrechenden Verbänden zu umfassen und ihnen, wenn möglich, den Rückweg nach Osten zu verlegen. Zur Sicherung der linken Flanke des Generals von Reichenau sollte die Armee des Generals Blaskowitz aus dem Raum östlich Breslau ebenfalls in allgemeiner Richtung auf Warschau gestaffelt vorgehen, um so den zu erwartenden Flankenstoß der polnischen Heeresgruppe aus dem Raum Posen aufzufangen und abzuwehren.

Der Auftrag der Heeresgruppe Nord war, mit der Armee des Generals der Artillerie von Kluge in kürzester Frist die Verbindung mit Ostpreußen herzustellen, den Weichselübergang zwischen Bromberg und Graudenz zu erzwingen und mit einer aus Ostpreußen gegen Graudenz angesetzten Gruppe dann in allgemein östlicher Richtung die Vereinigung mit dem Nordflügel der Heeresgruppe Süd zu suchen. Die zweite Armee des Generaloberst Bock unter dem Befehl des Generals der Artillerie von Küchler hatte den Auftrag, aus Ostpreußen über den Narew und Bug östlich der Weichsel die Verbindung mit der Armee des Generals von Reichenau herzustellen bzw. Warschau vom Osten abzuriegeln.

Im Zuge der weiteren Operationen sollte versucht werden, polnische Streitkräfte, denen unter Umständen der Rückzug über die Weichsel doch gelingen würde, durch eine erweiterte große Umfassung hinter San und Bug abzufangen.

Alle aus dieser Anlage sich ergebenden Operationen wurden von der Führung hervorragend gemeistert und von der Truppe glänzend gelöst. Das erste große Operationsziel, möglichst starke Teile des feindlichen Heeres westlich der Weichsel zur Schlacht zu stellen und zu vernichten, ist in einem geschichtlich einmaligen Ausmaß gelungen. In einer zusammenhängenden Schlachtenfolge gelang es, das Schicksal des polnischen Heeres und damit das des ganzen Feldzuges praktisch bereits nach acht Tagen zu entscheiden. Der Vernichtung der polnischen Armee im Korridor folgte schon wenige Tage später die Einkesselung der vor der Armee Reichenau zurückweichenden polnischen Truppen im Raum von Radom. Vorgeworfene Kräfte der Armee von Reichenau verlegten alsdann vor den Toren Warschaus den polnischen Armeen in Posen und im Korridor den Rückzug hinter die Weichsel. Gegen diesen starken Feind schwenkte in der Folgezeit die Armee Blaskowitz und die Masse der Armee von Reichenau ein.

Die in fortgesetzten Angriffen mehr und mehr zusammengetriebenen polnischen Divisionen versuchten durch verzweifelte Gegenstöße an verschiedenen Stellen den Ring, der sie umschloß, zu sprengen. So wie sich vorher die Angriffskraft der deutschen Divisionen auf das höchste bewährt hatte, so bewährte sich nun nicht minder ihre Standfestigkeit. Das Ergebnis dieser Schlachtenfolge war die fast restlose Vernichtung der westlich der Weichsel angesetzten polnischen Armeen. Die Gefangenenzahl, die sich aus den in der großen Operation zusammenhängenden drei Kapitulationen ergab, beträgt über 300 000. Die Gefangenenzahl im gesamten aber hat bisher 450 000 überschritten. Die Zahl der erbeuteten Geschütze beträgt schon jetzt rund 1200; das sonstige Kriegsmaterial läßt sich noch nicht annähernd übersehen.

Die Schnelligkeit dieser Operationen und die Größe des Gesamterfolges stehen in der Kriegsgeschichte einzigartig da.

In diesen gewaltigen Erfolgen waren Truppen aller deutschen Stämme, in Formationen junger aktiver und solche älterer Jahrgänge in gleicher Weise beteiligt.

Die deutsche Infanterie hat ihren unvergänglichen Ruhm erneuert. Ihre Leistungen im Marschieren, im Ertragen aller Strapazen waren nicht geringer als ihre Leistungen im Kampf. Ihr Angriffsmut wurde ergänzt durch eine unerschütterliche, zähe Standhaftigkeit, die jede denkbare Krise überwand. Ihr Angriffsschwung wurde unterstützt durch die Schwesterwaffen. Die leichte und die schwere Artillerie haben mitgeholfen, die großen Erfolge zu ermöglichen. Dank ihrem Eingreifen und dem der Pioniere gelang es, die befestigten Grenzstellungen der Polen in kürzester Zeit zu zerschlagen, zu stürmen oder zu überrennen, um den Gegner dann in unaufhaltsamer Verfolgung zu vernichten.

In großartigem Zusammenwirken haben dabei die Panzer- und Motorverbände, Kavallerie, Panzerabwehr und Aufklärungsverbände die in sie gesetzten Hoffnungen erfüllt.

Mit ihnen kämpften Schulter an Schulter die dem Heer unterstellten Formationen der SS-Verfügungstruppe.

Nach den Befehlen des Generalfeldmarschalls Göring (Chef des Generalstabes: Generalmajor Jeschonnek) wurden zwei starke Luftflotten unter den Generalen der Flieger Kesselring und Löhr gebildet und zur Führung des Luftkrieges gegen Polen eingesetzt. Die beiden Luftflotten haben die polnische Fliegertruppe restlos zerschlagen, den Luftraum in Kürze beherrscht. In engster Zusammenarbeit mit dem Heere haben in ununterbrochenem Einsätzen Schlacht- und Sturzkampfflieger Bunkerstellungen, Batterien, Truppenansammlungen, Marschbewegungen, Ausladungen usw. angegriffen. Durch ihre Todesverachtung haben sie dem Heere unendlich viel Blut erspart und zum Gesamterfolg in höchstem Ausmaße beigetragen. Die Flakartillerie nahm den deutschen Luftraum unter ihren Schutz und wirkte besonders im Anfang des Feldzuges mit an der Vernichtung der polnischen Fliegertruppe. Im ganzen sind rund 800 Flugzeuge vernichtet oder vom Heer erbeutet, ein letzter Rest ist außer Landes geflüchtet und interniert.

Zur See haben Teile der deutschen Seestreitkräfte unter dem Befehl des Generaladmirals Albrecht seit Beginn der Feindseligkeiten die Danziger Bucht abgeriegelt und damit jeden Seeverkehr von und nach den polnischen Seehäfen unterbunden. Mit Ausnahme eines U-Bootes sind alle am 1. September noch in der Ostsee befindlichen polnischen Seestreitkräfte vernichtet oder in neutralen Häfen interniert worden. Auch hieran hat die Luftwaffe einen ruhmvollen Anteil.

Die hervorragenden Leistungen auf dem Gebiet der Nachrichtenverbindung der rückwärtigen Dienste, insbesondere der Wiederherstellung von Straßen, Brücken und Eisenbahnen, bei der sich auch der Arbeitsdienst besonders bewährte, haben der Führung ihre Aufgabe außerordentlich erleichtert. Die seit Jahren in stiller Pflichterfüllung arbeitende Grenzwacht besetzte die rückwärtigen Armeegebiete und machte es der Führung möglich, alle Truppen des Feldheers an der Front einzusetzen.

So haben in vorbildlichem Zusammenwirken alle Waffen zum Gesamterfolg beigetragen. Er war nur dadurch möglich, daß das Westheer und starke Teile der Luftwaffe zuversichtlich und entschlossen bereitstanden, jeder noch so großen feindlichen Überlegenheit zu trotzen, und daß die Kriegsmarine die Sicherheit des deutschen Nordseeraumes und der deutschen Küsten gewährleistete.

Der polnische Soldat hat sich vielfach hartnäckig geschlagen; an der Unzulänglichkeit seiner Führung und seiner Organisation ist er zerbrochen.

Dank der vorzüglichen Führung, dem hohen Ausbildungsstand und der modernen Bewaffnung der deutschen Wehrmacht sind ihre Erfolge mit eigenen Verlusten verbunden, die im Vergleich zu den gewaltigen des Gegners als ungewöhnlich gering bezeichnet werden müssen. Ihre genauen Zahlen werden in wenigen Tagen bekanntgegeben werden.

Material und Bewaffnung der neuen Wehrmacht haben den höchsten Anforderungen entsprochen. Der Munitions- und Betriebsstoffverbrauch dieses Feldzuges betrug nur einen Bruchteil einer monatlichen Erzeugung. Das deutsche Volk kann wieder mit Stolz auf seine Wehrmacht blicken. Sie aber sieht mit sieghaftem Vertrauen ihren weiteren Aufgaben entgegen.

Warschau fällt

Die polnische Hauptstadt, die seit dem 24. September bombardiert wurde, um den für den 25. geplanten Sturmangriff ohne größere Verluste durchziehen zu können, war durch Bürgermeister Stefan Stanzynski mit einer Rundfunkansprache zum weiteren entschiedenen Widerstand aufgefordert worden. Trotz der ausgebrochenen Brände, der Treffer in der Wasser- und Stromversorgung harrten Soldaten und Zivilisten aus. Die drei in der Hauptstadt zurückgebliebenen Generale Stachiewicz, Czuma und Rommel hatten den Widersand organisisert. Sie vertrauten auf die angeblich bereits im Westen losgebrochene Großoffensive der Franzosen und Engländer, die überhaupt nicht stattgefunden hatte. In ihrem gemeinschaftlichen Werk mit dem Titel `Obrona Warszawy i Modlina' hatten Rommel und L. Glowacki dargelegt, daß sie felsenfest auf diese Hilfe vertraut hätten.

Da das OKW einen Sturmangriff vermeiden wollte und statt dessen die 8. Armee damit beauftragte, Warschau zu umklammern, flogen die Maschinen der Flieger-Division z.b.V. unter Generalmajor von Richthofen am 25. September den bisher stärksten Angriff mit 550 Maschinen, die 72 Tonnen Brand- und 486 Tonnen Sprengbomben warfen. Die aufgenommenen Verhandlungen brachen jedoch auch danach wieder ab, und der nächste Angriff des 26. September sah eine Wiederholung des Vortageangriffs.

Erst am späten Abend des 27. September ergab sich die Besatzung von Warschau "zu ehrenhaften Bedingungen". Am Morgen ds 28. September streckten 120.000 Kämpfer, die bis dahin in der polnischen Hauptstadt ausgehalten hatten, die Waffen.

An diesem Tage wurde in Moskau der *deutsch-sowjetische Freundschaftsvertrag* durch die Außenminister *von Ribbentrop* und *Molotow* abgeschlossen.

Am nächsten Tag *kapitulierte* auch die Festung *Modlin*, die bis dahin von General Thomée verteidigt worden war. Auch hier gingen 92.000 polnische Sodaten in Gefangenschaft. Am 1. Oktober legten die polnischen Marineverbände auf der *Halbinsel Hela* die *Waffen nieder*. Es waren noch 4.000 Mann, die unter ihrem Festungskommandanten, Konteradmiral Unrug, gekämpft hatten.

Der *Polenfeldzug war beendet*. Generaloberst *von Rundstedt* wurde am 3. Oktober 1939 als Oberbefehlshaber Ost das Kommando über alle in Polen bleibenden Truppen übertragen. Es waren dies insgesamt 30 Divisionen unter den Armeeoberkommandos 3., 8. und 14. Die übrigen Streitkräfte wurden in die Heimat verlegt und marschierten nach kurzer Auffrischungszeit an die Westfront ab.

Das Fazit des Polenfeldzuges

Die Gesamtzahl der im Polenfeldzug von deutschen Truppen gemachten Gefangenen betrug 694.000 Mann. Die Rote Armee hatte nach einer Mitteilung Molotows an den deutschen Außenminister in Polen 230.670 Mann entwaffnet. Etwa 100.000 polnische Soldaten entkamen über die verschiedensten Grenzen. So nach Litauen, Lettland und Rumänien. Die Mehrzahl aber wurde von Ungarn aufgenommen. Alle diese Polen reisten im Verlaufe der nächsten Zeit nach Westeuropa, um sich den Streitkräften des Generals *Sikorski* anzuschließen.

"Die blutigen Verluste des polnischen Heeres wurden auf 66.300 Tote und 66.300 Verwundete geschätzt. Die Rote Armee hatte 737 Gefallene und 1.859 Verwundete gemeldet.

Die Deutsche Wehrmacht nannte die Zahl von 10.572 Gefallenen, 30.322 Verwundeten und 3.404 Vermißten." (Siehe Dahms, Hellmuth Günther: a.a.O.).

Der letzte Wehrmachtsbericht, der über Kampfhandlungen in Polen berichtete, war jener des 6. Oktober. Darin heißt es:

"Der Führer und Oberste Befehlshaber der Wehrmacht besuchte gestern die Truppen der 8. Armee vor Warschau und ließ Teile der an der Einnahme der Festung beteiligten Divisionen an sich vorbeimarschieren.

Bei Kock ostwärts Deblin streckten heute um 10.00 Uhr die letzten Reste des polnischen Heeres, etwa 8000 Mann, unter dem polnischen General Kleber die Waffen.

Ostwärts der Weichsel begann gestern die Vorwärtsbewegung zur Besetzung des Gebietes bis zur deutsch-russischen Interessengrenze." (Siehe: Die Wehrmachtsberichte 1939-1945).

In seiner Reichstagsrede am 6. Oktober 1939 legte Hitler seinen Rechenschaftsbericht ab und sagte:

"Ich glaube Ihnen aus den großen Reihen der so rasch aufeinanderfolgenden Schlachten und Kämpfe nur zwei Episoden als Beispiel für viele erwähnen zu dürfen. Als sich die Armee `Posen' mit vier Divisionen und einigen Kavallerieverbänden auf die einzige deutsche aktive Division (gemeint ist die 30. ID) warfen, die auseinandergezogen eine Linie von fast 30 km zu decken hatte, fing diese Division den Angriff auf, warf den Feind zum Teil im blutigsten Handgemenge zurück und wich und wankte nicht." (Siehe Vormann, Nikolaus von: a.a.O.).

Diese Erwähnung zeigte, wie sehr Hitler von General *von Briesen* und seiner Division beeindruckt war.

Der zweite Einsatz, den Hitler erwähnte, war der Kampf einer Landwehr-Division, die Gdingen befreite, Osthöft erstürmte und die Halbinsel Hela nach hartem Kampf eroberte. Hitler bat die Versammlung, sich zu Ehren der Toten von ihren Plätzen zu erheben, die er anschließend nannte.

Das von ihm den Westmächten in dieser Rede unterbreitete *Friedensangebot* wurde am 10. Oktober von Frankreich und zwei Tage darauf von England abgelehnt.

DIE WESTFRONT IM JAHRE 1939

Truppenstärken im Westen

Als Hitler am 1. September die Masse seiner Panzerverbände im Osten gegen Polen einsetzte, ging er im Westen ein unübersehbares Risiko ein. An der Westfront standen am ersten Kriegstage etwa 32 deutsche Divisionen. 20 dieser Großverbände waren erst vor einigen Monaten aus eingezogenen Rekruten aufgestellt worden; ihr Kampfwert war — bei allem Idealismus — nicht eben hoch. Mit der Waffenausstattung war es ebenso karg bestellt wie mit der Ausbildung im Verband.

Diese Divisionen wurden zur Heeresgruppe C zusammengefaßt, deren Führung Generaloberst Wilhelm Ritter von Leeb übernahm. Zur HGr. C gehörten:

7. Armee - General der Artillerie Dollmann; mit sechs Divisionen im Raume des Oberrheins.

1. Armee - General der Infanterie von Witzleben; mit 15 Divisionen an Rhein und Mosel.

5. Armee - General der Infanterie Liebmann; mit 10 Divisionen und einer Teildivision in der Eifel.

Bis zum 9. September gelang es dem OKH, weitere 12 Infanterieverbände nach Westen zu entsenden. Sie bildeten die 9. Armee - General von Hammerstein, die sich nördlich der 5. Armee in die Westfront einschob.

Frankreich hatte Deutschland am 3. September den Krieg erklärt. Dennoch dauerte es bis zum 8. September, ehe die französische 2. Heeresgruppe unter General *Prételat* die französisch-deutsche Grenze überschritt und bis zum 12. September etwa *sechs Kilometer auf deutsches Gebiet vordrang*, obgleich die deutschen Truppen befehlsgemäß nur hinhaltenden Widerstand leisteten und dem Gegner diesen Teil des Vorfeldes des Westwalles überließen, in der Hoffnung, er werde nicht kämpfen. Und so war es auch.

Während man in Polen wochenlang auf einen entscheidenden Angriff Frankreichs wartete und in dessen Erwartung sogar Warschau in die Kämpfe einbezog und dort verteidigte und dabei den Tod von Tausenden Zivilisten auf sich nahm, dachte Frankreich überhaupt nicht daran, zu marschieren, obgleich die alliierte Übermacht erdrückend war und Frankreich mit England gemeinsam die Westfront einfach hätte überrollen können, denn immerhin standen den Franzosen einige tausend Panzer zur Verfügung.

Aber General *Prételat* erhielt den Befehl seines Oberkommandos, in den erreichten Stellungen stehenzubleiben. Damit standen den vorgeprellten zehn französischen Divisionen etwa 17 Divisionen der 1. Armee Witzlebens zwischen Rhein und Mosel gegenüber.

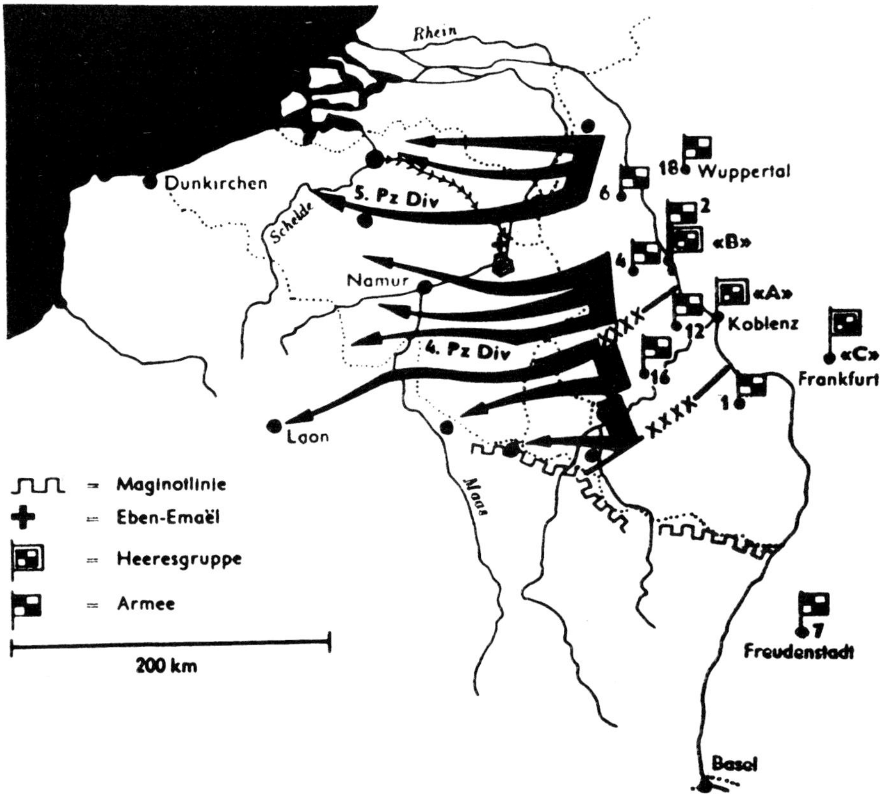

Planung Fall "Gelb", Westfeldzug

Nur ein starker und entschlossener Angriff der Westmächte hätte Polen helfen können. Und so erhebt sich hier die Frage: *wollten* Frankreich und England um Polen überhaupt kämpfen, *war ihr Kriegseintritt aus der Bündnistreue Polen gegenüber oder aus ganz anderen Motiven erfolgt?*

Bis Ende September hatten die vorhandenen deutschen Divisionen ihren Aufmarsch im Westen beendet und ihre Einsatzräume erreicht. *Hitlers Friedensangebot* vom 29. September wurde *abgelehnt*, weil Frankreich und England die vierte Teilung Polens zwischen Deutschland und Rußland nicht anerkennen wollten. Damit stand die deutsche Führung vor der Tatsache, daß mit Ende des Polenfeldzuges der *Krieg noch nicht zu Ende war*, sondern daß es nun darauf ankam, dieses neue strategische Problem zu lösen. *Hitler wollte* es positiv, also *durch einen Angriff lösen.*

Hitler plante nun die Vernichtung dieses westlichen Gegners, um ihn nicht zur Entfaltung seiner Blockade kommen zu lassen, die bereits im Ersten Weltkrieg so verheerende Wirkung — vor allem auf die deutsche Bevölkerung — gezeigt hatte. Damit schien auch der Angriff im Westen eine zwingende politische Notwendigkeit geworden zu sein.

Das Oberkommando des Heeres war allerdings nicht dieser Auffassung. Es hatte klar genug erkannt, daß das Heer in Polen in bezug auf seine Gliederung und Ausbildung Schwächen gezeigt hatte. Diese hätten zuerst ausgebügelt werden müssen, ehe man sich dem "Angstgegner Frankreich" zuwenden konnte.

Als Generaloberst von *Brauchitsch Hitler* diese Bedenken des OKH vortrug, wies dieser eine solche negative Kritik am deutschen Heer, das in Polen einen so glänzenden Sieg errungen hatte, entschieden zurück und forderte am 9. Oktober einen Aufmarschplan, der ihm schnellstens vorzulegen sei.

Der *"Fall Gelb"*, wie dieser Aufmarschplan genannt wurde, lag Hitler am 19. Oktober zur Genehmigung vor. Hitler forderte einige Änderungen, und am 29. Oktober war der "Fall Gelb" in seine endgültige Form gebracht. Den zum Einsatz kommenden 102 deutschen Divisionen wurden folgende Aufgaben gestellt:

Heeresgruppe C - Generaloberst von Leeb:
Zwischen Hüningen und Mettlach Verteidigung der Front.
Dazu standen 18 Divisionen zur Verfügung.

Heeresgruppe A - Generaloberst von Rundstedt.
Heeresgruppe B - Generaloberst von Bock.
Angriff auf der gesamten Frontbreite Mettlach-Geldern.

Schwerpunkt rechts bei der HGr. B, der folgende Verbände unterstellt wurden:
4 Armeen mit 43 Divisionen, darunter 9 PD und 4 ID (mot.).

Mittelabschnitt: 6. Armee - Generaloberst von Reichenau und die 4. Armee - Generaloberst von Kluge. Damit sollte, die Festung Lüttich nach Norden und Süden umgehend, der Durchstoß in zwei Angriffskeilen durch Belgien erfolgen. Der rechte mit Stoßrichtung Gent, der linke auf Thuin zielend.

Dieser Angriff des Zentrums sollte nach Norden und Süden durch zwei Armeen abgeschirmt werden. Es waren dies die

18. Armee — General der Artillerie von Kügler und die 2. Armee — General der Kavallerie von Weichs.

In dieser ersten Phase des Angriffs zielten die beiden Angriffsspitzen auf Dünkirchen und Boulogne mit dem Ergebnis der Vernichtung der alliierten Streitkräfte nördlich der Somme.

Die Heeresgruppe A hatte eine Sicherungsaufgabe zu Gunsten der Hauptoperation zu erfüllen. Sie sollte im Raume Laon-Charignon-Longwy mit der 12. Armee unter Generaloberst *List* und der 16. Armee unter General der Infanterie *Busch* mit insgesamt 22 Divisionen halten.

Als Reserven des OKH blieben 19 Divisionen übrig, davon waren zwei Divisionen (mot.).

Kavallerie auf polnischen Landstraßen

Unter der Parlamentärsflagge

Der letzte polnische Panzerzug ist vernichtet

Polnische Kinder in Warschau

Ein Panzer II in der Warschauer Vorstadt.

Die polnische Festung Moldin hielt sich trotz Bombenhagel sehr tapfer.

Unaufhaltsam kämpften sich die deutschen Panzerkolonnen durch Polen hindurch.

Nach dem siegreichen Polenfeldzug lässt Hitler in Warschau eine Parade abhalten.

Auf Feindflug

Die Festung Modlin im Bombenhagel

Startvorbereitungen für die Stukas

Mit dem Bombenladewagen werden die schweren »Brummer« zu den Maschinen geschafft

Hitlers Weisung vom 19. Oktober sah die schnelle Eroberung Belgiens durch die Armeegruppe N vor. Sie wurde dem OB des Heeres, Generaloberst *von Brauchitsch*, persönlich unterstellt.

Doch dies alles sollte nicht "der Weisheit letzter Schluß" sein, wie sich im folgenden Unterabschnitt zeigen wird.

Der Plan des Generals von Manstein

In Lodz, dem Hauptquartier des Oberbefehlshabers Ost, Generaloberst *von Rundstedt*, das in dem ehemaligen Zarenschloß Spala eingerichtet worden war, herrschte kein Zweifel daran, daß die militärische Aufgabe dieses Kommandos: Sicherung des polnischen Gebietes, die weitere Ausbildung der frischen, in der Ausbildung begriffenen Divisionen und die Erkundung einer nach Osten gerichteten Befestigungslinie, nicht Aufgabe eines solchen Stabes sein durfte.

Anläßlich der am 6. Oktober in Warschau stattfindenden Truppenparade hatte Generaloberst von Rundstedt Hitler gegenüber erklärt, daß er die "Belassung seines Oberkommandos als Besatzungsbehörde in Polen als Zurücksetzung" empfinde. (Siehe Manstein, Erich von: a.a.O.).

Im selben Sinne sprach Generalleutnant *von Manstein* den Chef des Generalstabes des Heeres, General *Halder*, an. *Manstein* ging noch einen Schritt weiter. In einem Gespräch mit dem Oberquartiermeister I, General von Stülpnagel, erklärte er, daß bei einer anstehenden Offensive im Westen ein zweites, also *ihr* Heeresgruppenkommando, nach dem Westen müsse.

General von Stülpnagel versprach *Manstein*, sich um diese Sache intensiv zu kümmern. Am 15. Oktober traf denn auch Oberst Heusinger von der Operationsabteilung des OKH in Lodz ein. Er brachte die erwartete Mitteilung, daß das Oberkommando der HGr. Ende Oktober 1939 an die Westfront verlegen werde. An dessen Stelle würde das AOK 8 unter General *von Blaskowitz* als Oberbefehlshaber Ost fungieren.

Am folgenden Tag erhielt Generalleutnant *von Manstein* den Befehl des OKH, am 21. Oktober in Zossen zu sein, um dort die Aufmarschanweisung für den Westen in Empfang zu nehmen.

Der Aufmarsch verlief glatt und reibungslos. Binnen zweier Tage erreichte das Heeresgruppenkommando die Westfront. Hier übernahm Generaloberst *von Rundstedt* die neugebildete Heeresgruppe A, deren Sitz Koblenz wurde. Ihr waren die 12. und 16. Armee unterstellt.

Nun wurde der Plan des Oberkommandos der HGr. A mit dem Ziel, die volle Entscheidung zu erzwingen, erarbeitet. Darin ging es darum, den Schwerpunkt der Kampfhandlungen, wie er im Fall "Gelb" vorgesehen war, vom Nordflügel zum Südflügel zu verlegen. Dazu war ein Ansatz starker Panzerkräfte durch die Ardennen notwendig. Eine zu erwartende feindliche Gegenoffensive sollte in offensiver Abwehr gestoppt werden. Es war Generalleutnant *Erich von Manstein*, der die dazu notwendigen Denkschriften verfaßte und den Plan bis in alle Einzelheiten hinein ausarbeitete. Dazu von Manstein:

"Wir wollten eine Anlage der Offensivoperation in unserem Sinne erreichen, wie sie nach unserer Auffassung allein einen entscheidenden Erfolg im Westen ermöglichen würde. Schließlich habe ich im Februar 1940 — bereits nach meiner Entfernung aus der Stelle als Chef des Generalstabes der Heeresgruppe A — Gelegenheit gehabt, die Gedanken, welche das Oberkommando dieser Heeresgruppe so lange vergeblich beim OKH durchzusetzen versucht hatte, *Hitler selbst* vorzutragen. Wenige Tage darauf hatte dann das OKH eine neue Aufmarschanweisung herausgegeben, die auf unseren Gedenkgängen und Vorschlägen fußte." (Siehe Manstein, Erich von: a.a.O).

Bereits am 31. Oktober 1939 hatte Generaloberst *von Rundstedt* seine Unterschrift unter jenes entscheidende Memorandum gesetzt, das *von Manstein* ihm vorgelegt hatte. In diesem Memorandum verdienen jene Kernsätze besondere Erwähnung, die den Sinn der neuen Planung verdeutlichen:

"Der erstrebte erste Erfolg über Belgien und vorgeworfene französisch-englische Kräfte ist denkbar. Das Gelingen der Gesamtoperation hängt aber nicht von diesem Anfangserfolg ab, sondern davon, daß es gelingt, die in Belgien bzw. nördlich der Somme kämpfenden Feindkräfte insgesamt zu schlagen und sie zu vernichten, nicht nur sie frontal zu werfen. Zugleich muß der mit Sicherheit aus südlicher bzw. südwestlicher Richtung, wenn auch erst spät zu erwartende französische Gegenangriff abgefangen werden. Diese Überlegungen führen nach Ansicht der HGr. zwingend dazu, den Schwerpunkt der Gesamtoperationen, von denen der erstrebte Anfangserfolg der schnellen Kräfte in Belgien doch nur die Einleitung ist, auf den Südflügel zu legen." (Siehe: Manstein, Erich von: a.a.O.).

Daß es damit zu dem angestrebten Angriffsverlauf kommen würde, daran zweifelten selbst *von Rundstedt* und auch *von Manstein.* Es bedurfte noch einer langen Arbeit, um diesem genialen Plan zur Durchführung zu verhelfen.

Zu dem ursprünglichen Plan einer Neuauflage des Schlieffenplanes von 1914 bemerkte *von Manstein*:

"Diesen Plan hatte der Gegner bereits einmal gegen uns mit allen Konsequenzen durchexerziert und wußte also Bescheid. Doch dann zeigte sich mir bei näherem Studium, daß es doch nicht ein Neuaufguß des Schlieffenplanes war, sondern daß die 'Aufmarschanweisung Gelb' dem Schlieffenplan nur in zwei Punkten ähnelte: Erstens hinsichtlich des Schwerpunktes im Norden und zweitens hinsichtlich des Durchmarsches durch Belgien. Viele Details dieses Aufmarschplanes waren auf falschen Voraussetzungen aufgebaut und rechneten Reaktionen des Gegners ein, die *so* nicht einzutreten brauchten. Schließlich hatte eine entschlossene feindliche Führung die Möglichkeit, den ja erwarteten deutschen

Stoß durch Belgien aufzufangen und dann im Gegenzug selbst an der Südflanke der Heeresgruppe B zu einer Offensive anzutreten.

Für diesen Gegenschlag würden der französischen Führung rund 60 Divisionen zur Verfügung stehen. Ob dann die Heeresgruppe A mit ihren 22 Divisionen den Stoß hätte aufhalten können, war mehr als fraglich." (Siehe Kurowski, Franz: Generalfeldmarschall Erich von Manstein — Als Soldat immer im Dienst i.Ms.).

Alle diese Wenn und Aber veranlaßten Generalleutnant *von Manstein* andere Vorschläge einzureichen, nach denen der Schwerpunkt, wie dargestellt, bei der HGr. A liegen sollte. In diesem Sinne forderte Manstein in seinem Memorandum, daß von der HGr. B eine Armee und starke Panzerkräfte zur HGr. A verlegt werden müßten.

Der Besuch des Oberbefehlshabers des Heeres, GenOberst *von Brauchitsch*, am 3. November in Koblenz zeigte ebenso wie sein "Nachhall", daß "die führenden Männer des OKH dem neuen Plan große Vorbehalte entgegenbrachten." (Siehe Kurowski, Franz: a.a.O.).

Am 12. November 1939 ging bei der HGr. A ein Fernschreiben *Hitlers* ein. Darin wurde erklärt, daß dieser eine dritte Gruppe am Südflügel der 12. Armee einsetzen wolle. Diese Gruppe sollte sich aus dem Stab des XIX. PzK. mit der 2. und 10. PD, einer Infanteriedivision (mot.), der "Leibstandarte Adolf Hitler" und dem Infanterie-Regiment "Großdeutschland" zusammensetzen. Kommandierender General dieses Panzerkorps war *Heinz Guderian.*

Dieser war zunächst nicht sehr erfreut über den geplanten Einsatz, weil er darin eine Verzettelung der Panzerkräfte sah.

Erich von Manstein informierte seinen Kameraden *Guderian* in einem längeren Gespräch eingehend über die operativen Auffassungen der HGr. A und deren Bestreben, den Schwerpunkt der Gesamtoperationen auf den Südflügel, also zur HGr. A zu verlegen.

"Als ich *Guderian* das lockende Ziel der Sommemündung gezeigt hatte, war er von unserem Plan begeistert. Bereits an dieser Stelle sei gesagt, daß er den Raid unserer Panzerverbände durch seinen vorwärtsdrängenden Schwung ermöglicht und beflügelt hat.

Es muß aber hier betont werden, daß *Hitler* mit dieser Zuweisung des XIX. Pzk keineswegs im Sinne der Vorschläge der HGr. A eine operative Gesamtentscheidung anstreben wollte. Er hatte richtig erkannt, daß bei Sedan ein schwacher Punkt des Gegners sein würde. Die Maginotlinie endete ostwärts Sedan; nördlich dieser Stadt war das Tal der Maas tief ausgeschnitten. *Hitlers Gedanke* war, durch den Vorstoß des XIX. PzK der auf dem linken Flügel der HGr. B vorgehenden 4. Armee den schwierigen Maasübergang bei Givet zu öffnen. Er strebte also ein *taktisches Ziel an, nicht* die *operative Entscheidung.*

Weitgehend mag ihn die Versicherung *Görings* beeinflußt haben, der erklärte, mit der Luftwaffe den Abtransport der Engländer aus Dünkirchen verhindern zu können, und die Erklärung *Keitels*, daß nach der Geländekenntnis aus dem Ersten Weltkrieg das Gelände um Dünkirchen zur Panzerverwendung ungeeignet sei und daß Hitler die Panzer-Divisionen für den zweiten Teil des Feldzuges intakt halten wollte." (Persönlicher Bericht von Generalfeldmarschall *von Manstein* an Franz *Kurowski).*

Am 21. November 1939 trafen der OB des Heeres und sein Generalstabschef in Koblenz ein, wo sich die Armeeführer der Heeresgruppe mit deren Oberbefehlshaber und dem Chef des Generalstabes versammelt hatten. Die Besprechung, der dieses Zusammenkommen diente, verlief insofern bemerkenswert, als Generaloberst von *Brauchitsch* es verstand, den Vortrag der Ansichten der Heeresgruppenführung über den Plan "Fall Gelb" und die Aufmarschanweisung des OKH zu unterbinden.

"Hitler hatte jedoch zwischenzeitlich bereits einige Konsequenzen gezogen. Er hatte eine Weisung an das OKH erlassen, daß eine rasche Verlagerung des Schwerpunktes von der Heeresgruppe B zur Heeresgruppe A für den Fall vorbereitet wurde, daß bei letzterer raschere und größere Erfolge eintreten sollten, als dies bei der Heeresgruppe B der Fall sein würde."

Am 23. November sprach Hitler vor den höheren Führern der drei Wehrmachtsteile in Berlin. Am Tage darauf wurde Generaloberst *von Rundstedt* mit den Generalen Busch und *Guderian* von Hitler empfangen. Hitler habe, so sagte Busch Generalleutnant *von Manstein* auf der Rückfahrt nach Koblenz, für seine — von Mansteins Auffassung — viel Verständnis gezeigt.

Es schien also möglich, daß Hitler mit seiner Weisung Ende November sichergestellt wissen wollte, daß die Verlagerung des Schwerpunktes von der HGr. B auf die HGr. A machbar war.

Die französische Seite

Durch eine Absprache der Generalstäbe in London und Paris war beschlossen worden, den Beitrag Englands auf dem westlichen Kriegsschauplatz auf 26 Großverbände zu beschränken. Dies bedeutete, daß Frankreich zu einem Waffengang gegen das Reich, den es ja aus seiner Verpflichtung Polen gegenüber und aus seiner Kriegserklärung an Deutschland antreten mußte, weit über 100 Divisionen zu stellen habe. Dazu hoffte man jene 22 Divisionen Belgiens und die 9 der niederländischen Streitkräfte auf die westliche Seite ziehen zu können.

Der französische Nachrichtendienst hatte dem französischen Oberbefehlshaber Maurice Gustave *Gamelin* gemeldet, daß Deutschland mit Leichtigkeit 150 Divisionen würde stellen können, ohne daß das Menschenpotential völlig ausgeschöpft sei.

Doch weder *Daladier* noch Lord *Halifax* konnten *König Leopold* von Belgien und *Königin Wilhelmina* der Niederlande davon überzeugen, daß sie sich auf ihre Seite schlagen müßten. Diese beiden Staaten wollten nicht von ihrer Neutralität weichen, solange Hitler sie in Ruhe ließ. Erst unter dem Druck der Ereignisse des 10. Mai 1940 sollte es zu einer improvisierten Vereinigung beider Länder mit den Alliierten kommen.

Die beiden Hauptquartiere der Alliierten in Frankreich, zu Vincennes für General *Gamelin*, und zu La Ferte-sous-Jouarre für General *Georges*, dem Oberbefehlsahber auf dem nordostwärtigen Kriegsschauplatz, prüften bereits im September 1939, wie die beiden Armeen der kleineren Nachbarländer Frankreichs in die alliierten Truppen eingebracht und voll integriert werden könnten, falls diese Chance sich ergeben sollte. Allerdings kamen sie nicht zu mehr als theoretischen Ergebnissen.

Am 26. September ließ General *Georges* die Heeresgruppe 1 unter General *Billotte* von der Alpenfront an die Nordseefront nach Longuyon verlegen.

Ab dem 3. Oktober rückte die British Expeditionary Force unter dem Kommando von General *Gort* mit zwei Armeekorps und vier Infanterie-Divisionen in den Abschnitt Lille ein.

Diese Verlegungen wurden dem Plan "Schelde" der Alliierten entsprechend einbezogen. Der am 24. Oktober unterzeichnete Plan sah den Einsatz der HGr 1 an der Schelde zwischen Conde und dem Brückenkopf Gent vor.

Dort hoffte man auf die kämpfend vom Albertkanal zurückgehenden belgischen Truppen warten zu können, um sie aufzunehmen.

Die Verteidigung des Abschnittes Longuyon – Conde sollte von der 2. Armee unter General *Huntzinger* übernommen werden. An der Grenze nach Deutschland standen das Detachement "Ardennen" unter General Corap und die von General *Blanchard* geführte 1. Armee.

Damit konnte der vorgesehene Vorstoß auf belgisches Gebiet zur Unterstützung der belgischen Truppen lediglich durch die britischen Expeditionsstreitkräfte und durch die 7. franz. Armee unter General *Giraud* durchgeführt werden. Letztere aber lag im Oktober 1939 im Raume Reims. Sie sollte auch erst *dann* antreten, wenn *König Leopold* in "angemessener Zeit" Frankreich und England um Hilfe bitten würde.

Am 11. November erfolgte auf französischer Seite ein Alarm. Im alliierten Hauptquartier war man zu der Ansicht gelangt, daß *Hitler* unter Umständen (seine Nachsicht gegenüber Frankreich war auffallend) direkt auf die britische Hauptinsel übersetzen lassen wollte. Dies würde bedeuten, daß er dann nur durch niederländisches Gebiet vorgehen würde. Um dies zu erschweren, wurde beschlossen, die 7. Armee Frankreichs unter General *Giraud* zu verlegen und sie an der britischen Front Hazebrouk – Dünkirchen einzuschieben.

Unter Vorbehalt der Zustimmung Belgiens faßte das alliierte Hauptquartier den Entschluß, diese 7. Armee direkt an die Scheldemündung zu verlegen und mit ihr die Insel Walcheren und die Enge von Woensdrecht zu besetzen. Damit war ein völlig neuer französischer Operationsplan entstanden, der sich auf *eine Fiktion* gründete, denn *Hitler* war *noch immer entschlossen, die niederländische Neutralität zu wahren.*

Sechs Tage später wurden diese Anordnungen wieder verworfen. General *Georges* wies darauf hin, daß die 18 belgischen Divisionen, die einsatzbereit waren, eine Linie "K.W." einrichten und sich darin verschanzen sollten. Bei dieser Linie handelte es sich um ein durchlaufendes Panzerhindernis zwischen Antwerpen und Namur. Dazu sollte sich das Detachement Ardennen, zur 9. Armee aufgestockt, von Revin bis nach Namur zur Abwehr an der Maas einrichten. Dieser "Dyle-Plan" sah dann vor, daß weiter nördlich die 1. Armee von Avesnes bis Conde — an der Pforte von Gembloux — in Stellung gehen sollte, während das Britische Expeditionskorps die Dyle zwischen Wavre und Löwen besetzen und verteidigen würde.

Der 7. Armee wurde eine Reserveposition mit dem Ziel eingeräumt, im Bedarfsfalle den linken Flügel der belgischen Truppen zu verlängern.

Aufgrund dieses letzteren Planes gliederte sich die Heeresgruppe 1 der Alliierten wie folgt:

7. Armee - General Giraud mit dem I. und XVI. AK, 1 le. mech. Div., 9. und 25. ID(mot.), 4., 21. 60. und 68. ID

Britische Armee General Gort mit dem I., II. und III. AK, 50. mot. Div., 1., 2., 3., 4., 5., 52., 44. und 48 ID

1. Armee - General Blanchard mit dem KavK., III., IV., V. AK, 2. und 3. le. mech. Div., 1. GebDiv., 2. und 5. nordafr. Div. 32. ID, 101. Festungs-Div.

9. Armee - General Corap mit dem II., XI., XXXXI. AK, 1. und 4. le. KavDiv., 3. Spahi-Brig., 4. nordafr. Div., 5. ID (mot.), 18., 22., 53., 61. ID, 102. FestID.

2. Armee - General Huntzinger mit dem X. und XVIII. AK, 2. und 5. le. KavDiv., 1. KavBrig., 3. kol.ID, 3. nordafr. ID, 41., 55., und 71 ID.

Damit standen der Heeresgruppe 1, die an vorderster Front zu kämpfen hatte, in ihren fünf Armeen 41 Divisionen zur Verfügung. Das war, gemessen an den Truppen der Heeresgruppe 2, welcher die Verteidigung der Maginotlinie von Schlettstadt im Elsaß bis nach Longuyon übertragen worden war, mit 26 Infanterie-Divisionen sehr wenig, denn die HGr. 2 verfügte außerdem noch über eine Reihe von Festungsverbänden und andere Truppen.

Die Heeresgruppe 3 unter General *Besson* stand entlang der französisch-schweizerischen Grenze und am Rhein von Pontarlier bis Schlettstadt im Elsaß mit dem XXXXV. Festungs-Korps unter General *Dalle* und der 8. Armee unter General *Garchery*. Sie verfügte insgesamt über 41 Divisionen, darunter jene acht Divisionen, die in den Festungen lagen.

Die Reservetruppen der Alliierten beliefen sich auf insgesamt 16 Infanterie-Divisionen. Hinzu kamen jene drei reinen Panzer-Divisionen, über die Frankreich verfügte, während der Großteil seiner Panzer in den Heeresverbänden integriert war und keine selbständigen Verbände bildete. Sie lagen im Großraum Chalons-sur-Marne.

Die Aufstellung der alliierten Truppen in Frankreich war dergestalt, daß sich am Tage X nur 48 Divisionen aller Typen in der Front befanden, während 59 weitere praktisch entweder in Reserve standen oder zu reinen Abwehraufträgen fest stationiert wurden. Daß sich mit Beginn des Westfeldzuges weitere 21 Divisionen auf "fremden Kriegsschauplätzen" befanden, sei dem zweiten Band des Gesamtwerkes vorbehalten. Ebenso die endgültige Aufstellung des OKH für den Angriff im Westen.

Bei den Divisionen an der Westfront

Nach dem ersten tastenden Vorfühlen der französischen Truppen im September 1939 waren alle Bewegungen an der Westfront zum Stillstand gekommen. Diese Art von Waffenruhe wurde auf allen Seiten ähnlich beurteilt. Während man in Frankreich vom "Drole de guerre" sprach, nannten die Engländer diese Art von Krieg "Phoney War", während man deutscherseits vom "Sitzkrieg" sprach. (Siehe dazu: Requin, E.: Combats pour l' honneur, Paris 1946).

In der Maginotlinie residierte nach den Worten von R. Davet eine "Armee von Hausmeistern". Die Folgen der "herumlungernden französischen Soldaten" (General Sir Edward Spears) wurden unerträglich.

"Die von der Zivilbevölkerung evakuierten Gebiete wurden ausgeplündert. Überall Akte des Vandalismus, was nicht getrunken oder gestohlen werden konnte, das wurde zerschlagen." (Siehe Jamet, Claude: zitiert bei Spears, E.: Assignment to Catastrophe, 2. Bd. London 1954).

Bereits im ersten Kriegsmonat mußten französische Kriegsgerichte Todesurteile gegen Marodeure fällen. (Siehe Dahms, Hellmuth Günther: a.a.O.).

Die in Frankreich starken pazifistischen Strömungen, die von Andre *Gide*, Jean-Paul *Sartre*, Simone *de Beauvoir* getragen wurden, waren derart penetrant, daß sich der Flieger und Schriftsteller *Antoine de Saint-Exupéry*, 40 Jahre alt, zum Fronteinsatz meldete, "weil ich in der Atmosphäre dieses Landes nicht mehr atmen kann." (Siehe Exupéry, Antoine de Saint: Pilote de Guerre, Paris 1942).

Das Konzentrationslager Vernet füllte sich mehr und mehr. 34 Parlamentarier wurden ins Gefängnis geworfen. Der Generalsekretär der Kommunistischen Partei Frankreichs, Maurice *Thorez*, desertierte aus der Armee und floh über Brüssel nach Moskau. (Siehe Koester, A.: Scum of Earth. London 1941) Frankreich war nicht kriegsbereit.

Auf deutscher Seite: Die 6. Infanterie-Division im Westwall

Die Verbände der 6. ID erhielten am 25. August 1939 den Mobilmachungsbefehl und verlegten am 27. dieses Monates in die Saarpfalz, um beiderseits des Bliestales am Westwall eingesetzt zu werden. Der erste Verband dieser Division , der sich dort einsatzbereit meldete, war das Artillerie-Regiment 6 unter Oberst *Schopper.* Die Infanterie-Regimenter 18 und 37 folgten dichtauf nach. Das Pionier-Bataillon 6 unter der Führung von Oberstleutnant *Wiese* übernahm die vom PiBatl. 36 gelegten Minensperren und alle Sperraufgaben in diesem Abschnitt. Es machte das Schußfeld frei, errichtete Stollen und Stellungen und legte Stege über die Blies und die Schwarzbach.

Die in der "Roten Zone" (dem zu erwartenden Kampfgebiet) wohnenden Menschen mußten ihre Häuser verlassen, um ihren Schutz zu gewährleisten. Als am 1. September 1939 der Polenfeldzug begann, wurde auch in den Stellungen der 6. ID der Aufruf des Führers verlesen:

"Der polnische Staat hat die von mir vorgeschlagenen Friedensvorschläge verweigert. Wir haben nunmehr zu den Waffen gegriffen. Die Deutschen in Polen sind ungeheuren Terrormaßnahmen ausgesetzt und werden von Haus und Hof vertrieben. Eine Reihe von Grenzzwischenfällen beweisen, daß der polnische Staat die deutsche Reichsgrenze nicht achtet. Um diesem wahnwitzigen Treiben ein Ende zu bereiten, habe ich mich entschlossen, Gewalt gegen Gewalt zu setzen. Die Deutsche Wehrmacht wird den Kampf um die Ehre und die Lebensrechte des wiedererstandenen nationalen Staates mit fester Entschlossenheit führen.

Ich erwarte, daß *jeder* Soldat seine Pflicht bis zum letzten erfüllen wird. Bleibt Euch stets und in jeder Lage bewußt, daß Ihr Nationalsozialisten des Großdeutschen Reiches seid.

Es lebe unser Volk und unser Deutsches Reich!" (Siehe: Großmann, H.: Geschichte der rheinisch-westfälischen 6. Infanterie-Division 1939-1945).

Der Divisionsgefechtsstand kam am 1. September aus der Kaserne in Homburg/ Saar ins Taubental. Nach der französischen Kriegserklärung wurden die soeben eingetroffenen S-Minen am 3. und 4. September im Vorgelände verlegt.

In den nächsten Tagen geschah in diesem Frontabschnitt nichts. Erst am 8. September vormittags erkannten die Spähposten einen französischen Trupp von etwa 20 Mann, der bei Habkirchen und Reinheim die deutsche Grenze überschritt.

Die Brücke bei Reinheim wurde befehlsgemäß gesprengt, der Gegner durch Karabinerschüsse zurückgetrieben.

Um 6.00 Uhr des folgenden Tages griff ein französischer Verband im dichten Nebel bei Reinheim an. Der Angriff wurde mühelos abgewiesen, die ersten Gefangenen gemacht.

Schrittweise gingen die französischen Truppen am anderen Morgen wieder vor. Hptm. Warrelmann brachte diesen Angriff mit der 11. und 12./IR 37 am 11. September zum Stehen. Der erwartete französische Großangriff erfolgte nicht. Es kam zu gegenseitigen Späh- und Stoßtruppenunternehmen. Bei einem dieser Einsätze am 27. September und während des folgenden Stoßtruppunternehmens am 2. Oktober wurden Gefangene gemacht und nach ihren Truppenteilen verhört. Als der Gegner sich auf die Ausgangsstellung zurückzog, drängten die Bataillone des IR 58 unter Oberst Windeck sofort dichtauf nach.

Der deutsche Angriff, der am 18. Oktober morgens begann, hatte die beherrschende Höhe nördlich der Ortschaft Medelsheim zum Ziel. Er schlug durch und führte zur Inbesitznahme dieser Höhe und zur Gefangennahme von drei Offizieren und 84 Soldaten des Gegners.

An diesem Einsatz waren noch einige andere Verbände beteiligt. Ihnen allen sprach der OB des Heeres ebenso wie der OB der HGr. C, Generaloberst *Ritter von Leeb*, volle Anerkennung aus.

Der Gegner war aus seinen gewonnenen Stellungen auf deutschem Boden hinausgeworfen worden, womit die Vorfeldkämpfe zu einem ersten Abschluß kamen.

In der Nacht zum 27. Oktober 1939 wurde die 6. ID aus ihren Stellungen von der 252. ID abgelöst und verlegte ins rückwärtige Operationsgebiet an der Nahe und im Hunsrück.

Die 16. und 215. Infanterie-Division in der Eifel und im Rheinabschnitt

Wie die 6. ID, so wurde auch die 16. ID mit Beginn des Zweiten Weltkrieges zur Sicherung der deutschen Westgrenze eingesetzt. Unter dem Befehl von GenMaj. Gotthard *Heinrici* stand sie in der Armeeabteilung A unter Generaloberst *Frhr. von Hammerstein*. Sie hatte den Auftrag, in Bunkern und Feldstellungen des noch nicht fertigen Westwalls im Raume Bitburg die Grenze gegen Luxemburg zu sichern.

Abgesehen von einigen Spähtrupp-Unternehmungen blieb es im Abschnitt dieser Division völlig ruhig. Die "Weihnachtsstoßtrupps" brachten lediglich Weihnachtsgeschenke und Päckchen aus der Heimat nach vorn in die Waldhütten an der

Our und in die Blockhäuser der HKL. Hier erlebte der "Sitzkrieg" seinen absoluten Höhepunkt, und auch die Wehrmachtsberichte wußten seit Wochen nur von Spähtrupps beider Seiten im Westen zu berichten.

Ebenso erging es der 215. ID, die aus ihrem Bereitstellungsraum bei Bruchsal am 9. Oktober alarmiert wurde, um von Karlsruhe über Rastatt bis Baden-Oos im Rheinabschnitt die dort stehenden Truppen abzulösen.

Direkt am Rhein in Stellung gehend, immer noch mit dem totalen Schießverbot belegt, wurden die Regimenter dieser Division in den Bunkern entlang des Rheins, der hier etwa 200 Meter breit ist, eingesetzt.

Sobald der deutsche "Aufklärungsflieger vom Dienst" über diesem Abschnitt erschien, eröffneten die französischen MG-Gruppen am anderen Flußufer das Feuer auf diesen. Den ersten Verwundeten der Division sah ein Duell mit einem französischen Spähtrupp bei Stollhofen. Als schließlich der Rhein Hochwasser führte, war ein Teil der Bunker nur noch mit Kähnen zu erreichen. Die B-Stelle der 10. Batterie des AR 215 wurde einmal so stark unter Wasser gesetzt, daß sich deren Besatzung auf die Bunkerkuppel flüchten mußte, wo sie am anderen Morgen von den Pionieren "abgeborgen" werden konnte. Aber auch die französischen Bunker soffen ab, denn das gegenüberliegende Ufer war noch etwa einen Meter niedriger. Am 10. November wurde die 215. ID aus dem "Gran Chaco — der grünen Hölle des Altrheins" — abgezogen und in den Raum Bruchsal verlegt.

In dieser und ähnlicher Weise verlief die Zeit im Sitzkrieg an der Westgrenze. Polen, das auf alliierte Hilfe gehofft hatte, blieb allein im Regen stehen und ging unter.

Die letzten Wochen des Jahres 1939

Am 12. November 1939 hatten *König Leopold* von Belgien und *Königin Wilhelmina* der Niederlande ein *Friedensvermittlungsangebot* an Großbritannien und Frankreich auf der einen und Deutschland auf der anderen Seite gemacht. Dieses wurde von den Alliierten am 12. und von Deutschland am 14. November abgelehnt.

Der Beginn der Großoffensive gegen Frankreich verzögerte sich wegen des schlechten Wetters auf einen immer späteren Termin. Dies gab Generalleutnant *von Manstein* die Chance, am 6. Dezember in einem persönlichen Brief an den Chef des Generalstabes des Heeres, *Halder*, einen *vollständig neuen Operationsplan* vorzustellen.

"Bis zum 15. Dezember hatte ich noch keine Antwort erhalten und rief deshalb den Oberquartiermeister I, General von Stülpnagel, an. Ich fragte ihn, ob sich das OKH auch weiterhin totstellen wolle. Als Antwort darauf erhielt ich einen

Anruf *Halders*, der mir sagte, daß man beim OKH *ganz* anderer Ansicht sei, aber strikten Befehl habe, die Schwerpunktbildung bei der Heeresgruppe B beizubehalten. Man wolle abwarten, wohin der Schwerpunkt verlegt werden könnte. Auf diese Handlungsweise trifft ein Wort Moltkes zu:

'Ein Fehler im ersten Aufmarsch läßt sich nicht wiedergutmachen.'

Wir mußten also weiter um die Durchsetzung unseres Planes ringen."

Doch Generalleutnant *von Manstein ließ sich nicht unterkriegen.* Am 18. Dezember legte er Generaloberst *von Rundstedt* den Entwurf einer Aufmarschanweisung vor, der ihm als Unterlage für seinen Vortrag beim Oberbefehlshaber des Heeres und — wenn dieser einverstanden war — auch bei Hitler dienen sollte.

Am 22. Dezember fand dieser Vortrag statt. Er wurde dem Generaloberst von Brauchitsch gehalten. Hitler hörte ihn sich nicht an.

Von seinem Urlaub in Liegnitz fuhr Generalleutnant von Manstein auf der Rückfahrt nach Koblenz zunächst nach Zossen zum Hauptquartier des OKH. Er traf hier zunächst mit General von Stülpnagel zusammen, der ihm erklärte, daß das OKH weitgehend mit diesem Plan übereinstimme, daß aber Hitlers Weisungen nach wie vor bindend seien. *Er* wollte sich die Bildung des Schwerpunktes offenhalten, und dabei blieb es zunächst auch. Erst der Januar 1940 sollte in dieser Hinsicht die Auffassung von Mansteins durchsetzen.

Der Widerstand — Attentat auf Hitler
Der Venlo - Zwischenfall

Noch im Herbst 1939 bildeten sich in Deutschland einige Widerstandsgruppen, die in Hitlers Absicht, den Krieg nach dem Sieg über Polen im Westen fortzusetzen, ein tödliches Unterfangen erblickten.

Man wollte der Reichsführung in den Arm fallen, wußte aber nicht, wie man dies bewerkstelligen sollte. Weder der *Gördelerkreis* mit Carl Friedrich Goerdeler an der Spitze sowie *Hjalmar Schacht* und General *Ludwig Beck* noch der von diesem eingeleitete Kontakt zu anderen Persönlichkeiten des Reiches sahen einen gangbaren Weg. Das Auswärtige Amt konnte zwar Nachrichtenkanäle anzapfen und Dienstreisen durchführen lassen, war aber darüber hinaus nicht derart engagiert, daß dies einen Ausschlag hätte geben können. Die sogenannte *"Grafengruppe"* mit Peter York von Wartenburg, Adam von Trott zu Solz, Wilhelm Graf Schwerin und Schwanenfeld und Fritz Dietloff von der Schulenburg sowie Wolf Heinrich von Helldorf wollte sich ebenfalls nicht zu weit vorwagen. Der *"Kreisauer Kreis"* — nach dem schlesischen Besitz der Familie Moltke so genannt — arbeitete isoliert. Helmuth James von Moltke kannte zwar die Verschwörer dieser Gruppe, handelte allerdings in keinem Falle entgegen jener Verpflichtung, die er als

Völkerrechtler im Oberkommando der Wehrmacht eingegangen war. (Siehe: Moltke, F.v. und Balfour, M. und Frisby J.: Helmuth James von Moltke 1907-1945. Anwalt der Zukunft).

Der *"harte Kern der Verschwörer"* war *in der Zentralabteilung der Abwehr* zusammengekommen. Allerdings hielt sich der oberste Chef derselben, Admiral Canaris, weise zurück, ohne seinen Offizieren Einhalt zu gebieten. So konnte sich Oberst Hans Oster, der den Angriffstermin des Westfeldzuges verriet, mit einer Reihe von Offizieren dieses Spezialzweiges der Wehrmacht verbünden und auch General Georg Thomas und den Reichsgerichtsrat Hans von Dohnany in diesen Kreis hineinziehen. (Siehe: Schlabrendorff F.v.: Offiziere gegen Hitler).

Darüber hinaus wurde auch das *Oberkommando des Heeres von Verschwörern durchsetzt.* Hier waren es General Halder, Hans Heinrich von Stülpnagel und Friedrich Olbricht mit einer Reihe weiterer Offiziere, die sich der Ausweitung des Krieges durch Hitler widersetzten. Von ihnen aus wurden die Verbindungen zu den Führern des Feldheeres und der Wehrkreise geknüpft.

Die Ziele dieser Zusammenschlüsse wurden von den einzelnen Kreisen verschieden ausgelegt. Zwar sprach man in allen diesen Kreisen vom "Tyrannenmord" (Siehe Deutsch, H.D.: Verschwörung gegen den Krieg), aber es gab viele Einwände dagegen. So jene von Goerdeler, Beck und Canaris aus religiösen Gründen, ferner Halders Bewertung eines solchen Mordes als "unerwünschte Notlösung".

Einverstanden mit einem Attentat auf Hitler und dessen gewaltsamer Beseitigung waren Oster, Groscourth, Etzdorf und Kordt. Letzterer bat darum, ihm einen Sprengkörper zu verschaffen, mit dem er Hitler eigenhändig umbringen könne.

Es kam zu einer Reihe von Geheimsitzungen, zu Versprechungen und Mißverständnissen.

Halder und von Stülpnagel waren nicht bereit, von Zossen aus das Signal zum Losschlagen zu geben, weil ein "Aufstand für uns die ultima ratio, die letzte verzweifelte Möglichkeit der Kriegsverhinderung bedeute, einen Entschluß, den wir fassen würden, wenn alle Bemühungen, Hitlers Westoffensive zu verhindern, gescheitert waren." (Siehe Kosthorst, E.: Die deutsche Opposition gegen Hitler zwischen Polen- und Frankreichfeldzug).

Als Hitler in der Besprechung mit dem Oberbefehlshaber des Heeres am 5. November dessen Memorandum anhörte, konnte Generaloberst *von Brauchitsch* nur einige Punkte verlesen, bevor *Hitler wütend* aufsprang und den Raum verließ.

Generaloberst *von Brauchitsch* hatte von den Putschplänen seiner Untergebenen keine Ahnung und war von Hitlers wütender Haltung überrascht. Nicht so General Halder, der die dunklen Drohungen Hitlers über den "Geist von Zossen" wohl verstand und befürchten mußte, daß dieser in die Verschwörung eingedrungen war oder zumindest etwas davon ahnte.

Im Gespräch mit von Stülpnagel beschlossen die beiden, alle bereits *vorliegenden Unterlagen über das Komplott zu vernichten.* Der Panzerverband des Generals Hoepner, der aus Polen zur Westfront überführt werden sollte und im Raume Berlin zum Zwecke der Durchführung dieses Putsches festgehalten worden war, wurde schleunigst nach dem Westen verladen.

Halder und von Stülpnagel lösten sich rasch von der Verschwörergruppe. Nun bestand noch jene Gruppe des engen Verschwörerkreises der Abwehr. Oberst Oster und Lahousen wollten aus dem Quenzgut bei Brandenburg/Havel, einer Ausbildungsstätte der Brandenburger und anderer Verbände der Abwehr, den benötigten Sprengstoff beschaffen, während Kordt sich verpflichtete, das Attentat auf Hitler am 12. November 1939 auszuführen.

Ein anderer Attentäter kam ihm jedoch zuvor. Als Hitler am 8. November zur Erinnerung an den Marsch zur Feldherrnhalle 1923 den Münchener Bürgerbräukeller betrat, tickte bereits jene Zeitzünderbombe, die der *Attentäter* Georg Elsner in der Nähe jenes Platzes angebracht hatte, den Hitler bei seiner Gedenkrede einnehmen würde.

Doch als diese Bombe um 21.20 Uhr detonierte, hatte Hitler bereits seit 11 Minuten den Raum verlassen.

Eine der großen Säulen, in dessen Nähe das Rednerpult stand, brach auseinander, die Galerie und Teile der Decke stürzten ein. Sechs Männer und eine Kellnerin starben unter den Trümmern. 63 weitere Personen wurden größtenteils schwer verletzt.

Hitler war dem Attentat entgangen, weil er etwa 15 Minuten vor dem geplanten Ende aufbrechen mußte, um den Sonderzug nach Berlin zu erreichen. Er hatte am folgenden Morgen des 9. November in Berlin eine Sitzung über den Angriffsbeginn zu leiten und wollte rechtzeitig zur Stelle sein.

Hitler war der felsenfesten Überzeugung, daß hinter diesem Attentat der britische Secret Intelligence Service stehen mußte, zu dem ja über Kordt beste Fühlung bestand.

Einige Wochen vorher hatte Richard *Heydrich* mit SS-Brigadeführer *Walter Schellenberg* Kontakt aufgenommen, der sich in Dortmund befand, um die neu aufzubauende Abwehr an der Ruhr in die Wege zu leiten und den Spionagefall eines polnischen Werkmeisters zu untersuchen.

Als *Schellenberg Heydrich* Bericht erstattete, sagte ihm dieser zum Schluß: "Ich habe noch eine andere Aufgabe für Sie. In Holland läuft seit einigen Monaten eine interessante Agentenverbindung unmittelbar zum Secret Service. Es ist jetzt die Entscheidung gekommen, ob wir diese Verbindung weiter aufrechterhalten wollen oder ob wir den Fall abschließen." (Siehe: Schellenberg, Walter: Aufzeichnungen).

Der seit Jahren in den Niederlanden arbeitende Geheimagent "F. 479" hatte dieses Netz aufgebaut und stand auch mit dem Deuxieme Bureau Frankreichs in enger Verbindung.

Schellenberg schlug seinem Vorgesetzten vor, diese Nachrichtenquelle noch nicht zu verschließen, und erbot sich, als aktiver Wehrmachtsoffizier unter dem Deckmantel Schemmel nach Düsseldorf zu gehen. Da es im OKW einen Transportoffizier namens Schemmel gab, war die Tarnung ausgezeichnet. Dieser Offizier wurde zu einer langen Dienstreise nach Lodz geschickt.

Am Abend des 20. Oktober erhielt *Schellenberg* Nachricht, daß der Agent am 21. in Zutphen weilen würde und sich mit Hauptmann *Schemmel* treffen wolle. Zwei Offiziere des Secret Service würden ihn begleiten.

Von Düsseldorf aus fuhr *Schellenberg* mit einem seiner Mitarbeiter nach Zutphen. Der Übergang über die niederländische Grenze erfolgte reibungslos.

In Zutphen stand — wie avisiert — ein großer Buick-Kraftwagen bereit, an den Schellenberg mit seinem Wagen heranrollte und anhielt.

Schellenberg stellte sich und seinen Begleiter vor, und der Fahrer des Wagens sagte, daß er Captain Best sei. Dieser erklärte ihnen, daß sie nun nach Arnheim weiterfahren würden, wo Major Stevens und Lt. Copper auf sie warten würden.

Den beiden Männern des Secret Service sagte *Schellenberg*, daß in höheren deutschen Offizierskreisen eine starke Opposition gegen das Hitlerregime bestehe und daß er als deren Vertreter zu ihnen geschickt worden sei. Ziel dieser Opposition sei es, Hitler gewaltsam zu beseitigen und eine neue deutsche Regierung zu bilden.

Die beiden Offiziere erklärten ihrerseits, daß die Regierung in London ein echtes Interesse an allen Bestrebungen habe, deren Ziel es sei, *Hitler zu stürzen*, um eine Ausweitung des Krieges zu verhindern und so bald wie möglich Frieden zu schließen.

"Wir hoffen", sagte Major Stevens, "daß wir bei unserer nächsten Zusammenkunft bindende Erklärungen unserer Regierung vorlegen können."

Ein neuer Besprechungstermin wurde zum 30. Oktober vereinbart. *Schellenberg* kehrte nach Düsseldorf zurück, meldete *Heydrich* und wurde nach Berlin zitiert. Dort beschloß man, dieses Spiel weiter *fortzusetzen.*

Am 29. Oktober fuhr *Schellenberg*, diesmal in Begleitung von Oberstarzt *Dr. de Crinis*, seines väterlichen Freundes und Chefs der Psychatrischen Abteilung der Berliner Charité, nach Arnheim, wo sie am 30. pünktlich um 12.00 Uhr am vereinbarten Treffpunkt waren. Sie warteten 45 Minuten vergeblich auf das Eintreffen der Engländer, fuhren dann langsam die Straße hinunter und wurden von zwei Polizisten angehalten, die sie nach kurzer Befragung zur Wache zitierten. Dort wurden die beiden untersucht und anschließend verhört.

Mitten in dieses Verhör platzte dann Lt. Copper hinein, der sich und dann die beiden Deutschen als seine Freunde legitimierte und sie hinauskomplimentierte, wo Major Stevens und Captain Best auf sie warteten.

Gemeinsam wurde am Nachmittag die Weiterfahrt nach Den Haag angetreten, wo es in der Dienststelle von Major Stevens zur zweiten Unterhaltung kam, während derer man sich darauf einigte, Hitler zu beseitigen und seine engsten Mitarbeiter ebenfalls auszuschalten. Der sofortige Friedensschluß mit den Westmächten sollte unmittelbar nach Einsetzung der neuen Regierung erfolgen. Hinzukommen sollte die Wiederherstellung der österreichischen, der tschechoslowakischen und der polnischen Selbständigkeit und andere Dinge mehr, über die ein schriftliches Protokoll angefertigt wurde.

Major *Stevens* sprach mit seiner Hauptstelle in London, die sich erbot, sofort mit Außenminister *Halifax* in Verbindung zu treten. Zum Abendessen wurde auch Agent "F. 479" eingeladen.

Am nächsten Morgen fand *in der niederländischen Firma N.V. Handelsdienst voor het continent im Nieuwe Uitleg 15 die abschließende Besprechung statt.* Dies war übrigens eine *Tarnfirma des britischen Secret Service.* Hier wurde den Deutschen ein englisches Sende- und Empfangsgerät übergeben, ein Spezialcode und ein Rufzeichen (ON 4) vereinbart. Dann erhielten die Deutschen eine *Bescheinigung für die niederländischen Dienststellen, ständig eine Geheimnummer in Den Haag anrufen zu dürfen.* In den Niederlanden gab es also ein "feines" Zusammenspiel mit den Briten. Das Deutsche Reich überfiel am 10. Mai 1940 keine politische Jungfrau.

Schellenberg kehrte nach Berlin zurück. Nun sollte ein General "als Kopf der Verschwörergruppe" mitgenommen werden, um bis nach London vorzudringen. Ein neuer Zeitpunkt zum Treffen wurde auf den 7. November vereinbart. Treffpunkt war ein nahe der Grenze gelegenes niederländisches Café. Zeit 14.00 Uhr.

Dieses Treffen fand statt, und *Schellenberg* erklärte den Engländern, daß der führende General des Widerstandes sich entschließen werde, direkt nach *London* zu kommen, um die *Verhandlungen auf höchster Ebene abzuschließen.* Dazu würde, so erklärten die beiden Secret Service-Männer, auf dem Flugplatz Schiphol ständig eine Sondermaschine bereitstehen.

Nach Düsseldorf zurückgekehrt, ließ sich Walter *Schellenberg* sofort mit seinem Chef verbinden. Von ihm erfuhr er, daß Hitler sich noch nicht entschieden habe, den Fall weiter zu behandeln. Er — der Führer — neige dazu, ihn zu beenden.

Hitler hatte den Großangriff gegen Frankreich auf den 14. November festgesetzt, womit diese Versuche einer weiteren Düpierung ja entfallen wären.

Am 8. November befand sich *Schellenberg* erneut in Bereitschaft. Nach einem kurzen Gespräch wurde ein Treffen zum nächsten Tag vereinbart. Am Abend meldete sich ein SS-Führer bei Schellenberg und erklärte, daß er auf Weisung aus Berlin gekommen sei und bereits seinen — Schellenbergs — Grenzübertritt gesichert habe. Dabei habe er feststellen müssen, daß der betreffende Grenzabschnitt von Polizei und Geheimagenten völlig abgeriegelt sei. Zum folgenden Ereignis *Schellenberg*:

"In der Nacht wurde ich durch einen Anruf Himmlers aus Berlin geweckt. "Wissen Sie eigentlich, was passiert ist?' fragte er mit erregter Stimme. —

'Heute abend nach Schluß der Ansprache im Bürgerbräukeller ist ein Attentat auf den Führer verübt worden. Der Führer hat jedoch den Saal einige Minuten zuvor verlassen. — Es handelte sich hier bestimmt um einen Anschlag des britischen Secret Service. Der Führer hat mir den Befehl erteilt, Ihre englischen Gegenspieler am Verhandlungsort in Holland zu arretieren und nach Deutschland zu bringen. Eine Grenzverletzung ist ihm in diesem Falle völlig gleichgültig. Sie können das zu Ihrem Schutz eingesetzte Sonderkommando zur Durchführung des Befehls einsetzen. Haben Sie das verstanden?" (Siehe Schellenberg, Walter: a.a.O.).

Am 9. November gegen 13.35 Uhr überschritten Walter Schellenberg und sein Begleiter bei Venlo die niederländische Grenze. In dem Venloer Café des Treffpunktes dauerte es sehr lange, bevor der Buick angebraust kam und Schellenberg mit seinem Begleiter ins Freie trat, um die Ankömmlinge in Empfang zu nehmen. In diesem Augenblick fuhr auch das Auto des SS-Kommandos über die nahegelegene Grenze; dann fielen einige Schüsse. Leutnant *Copper* sprang aus dem Wagen, zog seine Waffe und schlug diese auf Schellenberg an. Der Wagen des Kommandos raste in diesem Augenblick auf den Parkplatz. *Copper* drehte sich nach diesem um und eröffnete das Feuer. Glas splitterte. Der Kommandoführer sprang aus dem Wagen und schoß auf Copper, der noch ein, zwei Schüsse auf diesen abfeuerte, ehe er zu Boden stürzte.

Die beiden Offiziere *Best* und *Stevens* wurden von den Männern des Kommandos in den Kommandowagen geschleift. *Schellenberg* und sein Begleiter rannten zu ihrem Fahrzeug, und alles fuhr in schneller Fahrt der deutschen Grenze entgegen.

Die Grenzer ließen beide Wagen, ohne das Feuer auf sie zu eröffnen, passieren.

Zwei Tage nach diesem gelungenen Coup wurden *Best* und *Stevens* von Abwehrspezialisten vernommen. Lt. *Copper*, der in *Wirklichkeit der niederländische Generalstabsoffizier Klop (!) war*, erlag seinen Schußverletzungen.

Best und *Stevens* konnten nach langen Verhören glaubhaft machen, daß weder sie noch der Secret Service etwas mit dem Anschlag auf Hitler im Münchener Bürgerbräukeller zu tun hatten.

Allerdings ergaben die Untersuchungen die *Tatsache*, daß der *Secret Service und andere britische Nachrichtendienste seit langer Zeit in Holland ein gegen Deutschland gerichtetes Nachrichtennetz* errichtet und unterhalten hatte. Die *enge Zusammenarbeit des niederländischen mit dem britischen Geheimdienst* wurde ebenso *zweifelsfrei* eruiert.

Der Chef des niederländischen militärischen Geheimdienstes wurde seines Dienstes enthoben. Die niederländische Regierung sah diese Tätigkeit ihres eigenen Geheimdienstes "als eine den Neutralitätsgesetzen widersprechende Handlung an." (Siehe Schellenberg, Walter: a.a.O.).

Inzwischen hatte man auch den Konstrukteur der Bombe, den Schreiner Georg Elsner, bei dem Versuch verhaftet, bei Konstanz die Schweizer Grenze zu überschreiten. Er gestand, die Höllenmaschine gabaut *und* persönlich in einer Säule des Bürgerbräukellers eingebaut zu haben. Elsner erklärte, daß ihm zwei Männer dabei geholfen hatten. In diesen beiden sah Hitler zu Unrecht die britischen Offiziere.

Das Venlo-Kommando erhielt auf dem Hof der Reichskanzlei von Hitler die verliehenen Eisernen Kreuze I und II.

Daß alle folgenden Annäherungsversuche deutscher Offiziere oder gar Generale englischerseits als nichts anderes denn Bluff angesehen wurden, darf in Kenntnis der Venlo-Aktion nicht als außergewöhnlich angesehen werden.

So hatte diese zwar nicht die Urheber des Attentats auf Hitler erwischt, wohl aber die Aversion Englands gegen solche Art von geheimen Verschwörungen gestärkt.

"Dem zerschmetternden Angriff Hitlers auf Polen und den Kriegserklärungen Englands und Frankreichs an Deutschland war im Westen also nur eine lange und bedrückende Pause gefolgt. In einem von seinem Biographen veröffentlichten privaten Brief bezeichnete *Chamberlain* diese Phase als *'Twilight War'*. Die französische Armee unternahm keinen Angriff auf Deutschland. Sie blieb nach Abschluß ihrer Mobilmachung unbeweglich an der ganzen Front entlang mit dem Feind in Fühlung. - - -

Der *Krieg zur See* setzte dagegen *von der ersten Stunde* an mit voller Heftigkeit ein." (Siehe Churchill, Winston: a.a.O.).

TEIL III
DER LUFTKRIEG 1939

Die Überschätzung der Luftwaffe

Nach Beginn der Serienproduktion der Ju 88, eines schweren Horizontal- und Sturzkampfbombers, und der rasanten Entwicklung der Me 109, mit der Flugkapitän Wendel am 26. April 1939 mit 755 Stundenkilometern einen neuen Weltrekord flog, bei dem allerdings der "fliegende Sauzahn" — wie die Me 109 genannt wurde — keine Waffen an Bord hatte, schien die deutsche Luftwaffe gegenüber jedem europäischen Feind die Führung übernommen zu haben. Immerhin war die Ju 87 bereits mit ihren neuen Mustern, der Ju 87 und den stärkeren Jumo-Motoren 211 mit ihren 1.150 PS Leistung, eine Waffe, von der sich die deutsche Führung viel versprach.

Der 15. August 1939 zeigte allerdings auch, daß dieser Sturzkampfbomber nur unter guten Sichtverhältnissen starten und kämpfen konnte.

Am Morgen dieses Tages war die I. Staffel des Stukageschwaders 76 unter ihrem Kommandeur Hptm. Walter Sigel vom Fliegerhorst Cottbus zum Truppenübungsplatz Neuhammer gestartet. Dort sollte den wartenden hohen Luftwaffenoffizieren der Einsatz einer Stukagruppe vorgeführt werden, um sie von der Wirksamkeit dieses Flugzeugtyps zu überzeugen.

Über dem Zielgebiet war von der Wettererkundungsstaffel eine Wolkenhöhe von 2.000 Meter und eine Wolkenuntergrenze von 900 Meter gemeldet worden. Es herrschte gute Bodensicht: alles in allem ideales "Angriffswetter" für die Ju 87. Der Angriff konnte beginnen.

Kurz vor 6.00 Uhr erhielten die drei Staffeln vom Gruppenkommanduer den Befehl zum Sturzangriff. In der Reihenfolge 2., 3. und 1. Staffel — voraus die Führungskette mit Hptm. Sigel, seinem Adjutanten Oblt. Eppen und dem technischen Offizier — stürzten die 30 Sturzkampfflugzeuge auf die Ziele herunter.

Als Hptm. Sigel Bodensicht erhielt, erkannte er, daß er noch höchstens 100 Meter über Grund war.

"Ziehen, ziehen, ziehen!" befahl er über die Bord-Bord-Sprechverbindung.

Ihm selber gelang es, seine Maschine nur wenige Meter über dem Erdboden abzufangen und durch eine Waldschneise hindurch wieder Höhe zu gewinnen.

Seine beiden Begleitmaschinen jedoch konnten dieses Abfangen nicht mehr mitvollziehen und blieben im Wald hängen. Die gesamte 2. Staffel jagte, dichtauf folgend, beinahe senkrecht in den Erdboden hinein. Neun Ju 87, an ihrer Spitze Staffelkapitän Oblt. Goldmann, zerbarsten beim Aufprall in grellen Flammenbündeln.

Die nachfolgende 3. Staffel kam zum größten Teil rechtzeitig frei. Aber auch sie verlor einige Maschinen, während die zum Schluß stürzenden Maschinen der 1. Staffel geschlossen wieder hochziehen konnten.

Insgesamt verlor die I./StG 76 13 Flugzeuge. 26 Flieger fanden den Tod.

Einer der hohen Fliegerführer, der auf dem "Feldherrnhügel" zur Beobachtung der Schauvorführung stand, war Generalmajor *von Richthofen*. Er hatte sich als einer der wenigen *gegen* den Bau von Sturzkampfflugzeugen eingesetzt. Aber ausgerechnet ihm wurden diese Maschinen im Polenfeldzug anvertraut. Er sollte im weiteren Verlauf des Krieges zum "Nahkampfführer" werden, dessen Hauptwaffe die Stukas waren.

Noch am selben Tag trat unter dem Vorsitz von General *Sperrle* ein Kriegsgericht zusammen. Nach langer Verhandlung wurde *kein* Urteil gefällt. Der Bodennebel, der diese Katastrophe hervorgerufen hatte, war erst *nach* dem Einsatz der Wettererkundungsstaffel ganz plötzlich aufgetreten.

Die I./StG 76 wurde in den nächsten Tagen durch Abgaben anderer Stukaverbände wieder aufgefüllt. Dennoch blieb sowohl bei den Zuschauern als auch bei den Piloten ein Gefühl der Unsicherheit zurück, das sich erst nach den aufsehenerregenden Erfolgen in Polen und Frankreich legte.

Diese beiden Muster Ju 87 und Ju 88 waren sowohl von General *Wever* als auch nach dessen Tod von Generalmajor *Kesselring* als neuem Generalstabschef der Luftwaffe forciert worden. Auch Kesselrings Nachfolger *Jeschonnek* forderte noch einen leichten, schwach bewaffneten Schnellbomber, der den angreifenden Jägern dank seiner Schnelligkeit entkommen konnte *und* zugleich sturzflugfähig war.

Für diese Konzeption waren allerdings nicht *nur* strategische oder taktische Erwägungen im Oberkommando der Luftwaffe ausschlaggebend, sondern vor allem rüstungstechnische. Die Rohstoff-Frage war *der* wichtigste Aspekt. Deutschland war *nicht* in der Lage, eine Armada schwerer Bomber zu bauen und damit einen strategischen Luftkrieg zu führen. Es konnte sich im Hinblick auf seine Industriekapazität *und* seiner Rohstoffe *keine* große Bomberflotte leisten. Darüber hinaus war man sich sowohl in der politischen als auch in der militärischen Führung darin einig, daß die Führung des Luftkrieges darauf zu sehen habe, nur Treffer auf militärische Objekte ohne übergroße Gefährdung der Ziel-Umgebung zu erzielen.

In der Fliegertruppe sprach sich insbesondere General *Felmy*, der Oberbefehlshaber der Luftflotte 2, die den Luftkrieg gegen England führen sollte, gegen *jeden* Angriff auf englische Städte aus. Bereits im September 1938 hatte er der Luftwaffe eine Denkschrift zur Führung des Luftkrieges gegen England vorgelegt, in welcher er in nüchterner Beurteilung des Kriegs- und Wirtschaftspotentials Großbrianniens und der dort zu gewärtigenden Abwehrmaßnahmen entschieden gegen eine Bombardierung britischer Städte war.

Der Kernpunkt seiner Denkschrift lautete: "Ich beurteile die Gefährdung Deutschlands durch britische Gegenschläge stärker als unsere eigenen Erfolgsaussichten." Die Aussage brachte kein reines, aber verständliches Deutsch.

Zwar wurden seine Bedenken in Erwägung gezogen, doch zum Schluß der Beratungen darüber fielen *Felmy* und sein Chef des Generalstabes, Oberst i.G. *Wühlisch*, in Ungnade.

"Für *Göring"*, so *Jeschonnek*, "war diese Denkschrift ein Schlag ins Gesicht. Im Gespräch mit General *Felmy* sagte *Jeschonnek* wenig später: "Der Generalfeldmarschall läßt Ihnen sagen, daß sich der Himmel über London verdunkeln wird, wenn er die Luftwaffe gegen England einsetzt."

Die Überschätzung der Kampfkraft der Luftwaffe durch Göring wurde auch *von Hitler geteilt*. Bereits am 9. März 1935 hatte er die Aufstellung der Deutschen Luftwaffe verkündet und im Zuge der Propaganda war selbst *Winston Churchill* zu der Überzeugung gelangt, daß die deutsche Luftwaffe sehr stark sein müsse. Er schrieb am 6. Juni 1938 an den französischen Ministerpräsidenten Chamberlain:

"Vermutlich wird die deutsche Luftwaffe bis zum April 1939 aus 300 Geschwadern bestehen. Sie wird bis zum 1. April 1940 auf 400 Geschwader auswachsen."

Daß dies auch nur ein "Aprilscherz" gewesen war, wurde auf Seiten der Gegner ebenso wie auf deutscher Seite erkannt.

Hitler war diese Überschätzung der Luftwaffe nur recht. Auch er überschätzte sie, weil die ihn erreichenden Meldungen frisiert waren, um ein Vielfaches.

Die Schlagkraft der Luftwaffe lag in Wahrheit bedeutend unter den gemeldeten Zahlen, und die Luftwaffenstäbe bemühten sich, die von General *Felmy* aufgedeckten Fehler und Mängel so rasch wie möglich auszubügeln.

Felmys Behauptung, es fehle sogar an Zielkarten für den Englandeinsatz, stellte sich als richtig heraus. Der Chef des Nachrichtendienstes der Luftwaffe, Oberst *Schmidt*, suchte diese Lücke zu schließen. Als dies geschehen war, stellte man fest, daß es nicht genügend Flugzeuge gab, um die vordinglichsten Ziele anzugreifen und diese wirkungsvoll zu bekämpfen.

Dennoch war der Angriff auf Polen beschlossene Sache. Hitler ließ am 23. August 1939 die Oberbefehlshaber und alle Kommandierenden Generale der drei Wehrmachtsteile Heer, Luftwaffe und Marine mit ihren Stabschefs nach Bergheim zu einer Besprechung kommen. Der *Ansprache des Führers* war eine Besprechung der Luftwaffenbefehlshaber vorausgegangen. *Göring* hatte seine Generale in die Bergheimer SS-Kaserne befohlen. Dort ließ er sich noch einmal über den Stand der Vorbereitungen für den Luftkrieg gegen Polen unterrichten. Er hörte sich die Wünsche und Bedenken der Luftflotten-Befehlshaber und Kommandierenden Generale an.

Wenig später saßen alle Oberbefehlshaber und Kommandierenden Generale *Hitler* im großen Empfangsraum der Kaserne gegenüber. Hitler sprach sehr lange und nach der Aussage von General Kesselring "in beherrschter Ruhe". Der spätere Generalfeldmarschall *Kesselring* berichtete darüber in seinem Werk "Soldat bis zum letzten Tag":

"Ich war froh zu hören, daß auch er noch nicht von einem endgültigen Bruch sprach. Allerdings war nach seinen Darlegungen damit zu rechnen. Was mich beunruhigte, war zweierlei: einmal die Tatsache, daß die aus dem Krieg mit Polen entstehenden Weiterungen nicht zu übersehen waren.

Die belastendste Überlegung aber war zweitens das Verhalten Rußlands. Wenn ich auch der Ansicht war, daß die Luftflotte oder die Wehrmacht im ganzen trotz ihrer nur bedingten Kriegsbereitschaft ihre Überlegenheit gegenüber Polen beweisen würde, so war die Deutsche Wehrmacht der sowjetischen Rüstung nicht gewachsen."

Als Kesselring nach dieser denkwürdigen Besprechung zu seinem Gefechtsstand zurückgekehrt war, besprach er mit allen Stäben und Truppenkommandeuren, die seinem Befehl unterstanden, die Lage. Er erfuhr, daß die Stimmung gut war und man "ernst, aber siegesbewußt" diesem Kampf entgegensah.

Die Deutsche Luftwaffe bestand am 1. September 1939 aus folgenden Verbänden:

Luftflotte 1: General der Flieger Kesselring.
Luftflotte 2: (nicht besetzt).
Luftflotte 3: General der Flieger Sperrle.
Luftflotte 4: General der Flieger Löhr.

Diesen Luftflotten unterstellt waren:

Luftwaffenkommando Ostpreußen: Generalleutnant Wimmer.
General der Luftwaffe beim OKH: Generalmajor Bogatsch.
Kommandeur der 7. Flieger-Division: Generalmajor Student.
Kommandeur der Luftwaffen-Lehr-Division: Generalleutnant Foerster.

Es bestanden sechs Flieger-Divisionen:

1. Flieger-Division: Generalleutnant Grauert
2. Flieger-Division: Generalmajor Loertzer
3. Flieger-Division: Generalmajor Putzier
4. Flieger-Division: General der Flieger Keller
5. Flieger-Division: Generalmajor Ritter von Greim
6. Flieger-Division: Generalmajor Dessloch.

Die territorialen Dienststellen und ihre Standorte waren:

Luftgaukommando I - Königsberg
Luftgaukommando III - Berlin
Luftgaukommando IV - Dresden
Luftgaukommando VI - Münster/Westfalen
Luftgaukommando VII - München

Luftgaukommando VIII - Breslau
Luftgaukommando XI - Hannover
Luftgaukommando XII - Wiesbaden
Luftgaukommando XIII - Nürnberg
Luftgaukommando XVII - Wien.

Den vier Luftflotten standen an Flugzeugen zur Verfügung:

Jagdflugzeuge: 771
Bomber: 1.176
Zerstörer: 408
Stukas: 366
Nahaufklärer: 356
Fernaufklärer: 257
Seeflugzeuge: 167
Schlachtflugzeuge: 40.

Von diesen Maschinen waren 90 Prozent einsatzbereit. Von den insgesamt 3.641 Maschinen wurden im Rahmen der Luftflotten 1 und 4 1.302 im Polenfeldzug eingesetzt. Weitere 627 Flugzeuge unterstanden direkt dem Heer, größtenteils als Aufklärer und Kurier- sowie Transportflugzeuge. Von den damit auf 1.929 Maschinen angewachsenen Aufgebot gegen Polen waren insgesamt 897 Bombenflugzeuge.

Damit würden etwa zwei Drittel der Deutschen Luftwaffe im Polenfeldzug zum Einsatz kommen.

Die polnischen Luftstreitkräfte bestanden aus:

277 Jagdflugzeugen
203 Mehrzweckflugzeugen
199 Nahaufklärern und
66 Bombern.

Das wichtigste Einsatzziel der Luftflotten 1 und 4 in den ersten Tagen des Polenfeldzuges war die Ausschaltung feindlicher Fliegerkräfte möglichst noch am Boden in ihren versteckten Basen ebenso wie in der Lahmlegung des Nachrichtensystems der polnischen militärischen Führung.

Der Luftflotte 1 unter General *Kesselring* war der Auftrag erteilt worden, gemeinsam mit der Flotte die Halbinsel Hela anzugreifen und sturmreif zu bomben. Dazu hatte General Kesselring die 1. Flieger-Division unter GenLt. *Grauert* ausersehen. Die Luftwaffen-Lehr-Division unter Generalleutnant *Foerster* sollte die 3. Armee unterstützen.

Am Vorabend des Beginns des Zweiten Weltkrieges erklärte Hitler, daß die Deutsche Luftwaffe *nur* dazu da sei, die britische und französische Luftwaffe daran zu hindern, die deutschen Truppen und das Reichsgebiet anzugreifen. Der Einsatz der Deutschen Luftwaffe gegen England sei darauf begrenzt, die britischen Nachschublinien über See zu unterbinden, Angriffe auf Rüstungsbetriebe zu fliegen und Truppentransporte nach Frankreich zu verhindern. Unmittelbar vor Kriegsbeginn wurden alle fliegenden Besatzungen der Luftwaffe — selbst jene der Aufklärungsstaffeln — durch Befehle der höheren Kommandostellen darauf hingewiesen, daß *keinerlei* Waffenwirkung auf zivile Wohnsiedlungen erfolgen dürfe.

Am 1. September sagte Hitler in seiner Rede vor dem Deutschen Reichstag:

"Ich will nicht den Kampf gegen Frauen und Kinder führen. Ich habe meiner Luftwaffe den Auftrag gegeben, sich bei den Angriffen auf militärische Objekte zu beschränken." (Dieses noch einmal ausgesprochene Verbot des Angriffs auf Wohnsiedlungen war übrigens bereits in der Luftwaffen-Dienstvorshcrift 64/2 enthalten und jedem Flieger bekannt).

Noch am selben Tage ließ sich auch der US-Präsident *Roosevelt* vernehmen. In seinem Appell an alle Regierungen in Deutschland, England, Frankreich, Italien und Polen beschwor er die Verantwortlichen, sich auf der Grundlage der Gegenseitigkeit dazu zu verpflichten, "in keinem Falle und unter keinen Umständen Zivilpersonen oder unbefestigte Orte aus der Luft anzugreifen." Das war auf die Dauer kein guter Witz.

(Siehe State Departement Bull, 1939/181).

Als Antwort darauf sagte Hitler am 2. September:

"Der Gedanke, außerhalb militärischer Operationen Luftangriffe auf nichtmilitärische Ziele zu unterlassen, entspricht *ganz* meiner Absicht und wurde schon immer von mir unterstützt. Ich stimme dem Vorschlag einer öffentlichen Erklärung der beteiligten Regierungen bedingungslos zu und teile mit, daß ich bereits öffentlich bekanntgegeben habe, daß den deutschen Luftstreitkräften die Beschränkung ihrer Angriffe auf militärische Objekte befohlen wurde. Die Aufrechterhaltung dieses Befehls hängt von der gegenseitigen Beachtung dieser Regeln ab."

Der deutsche Reichsaußenminister Joachim *von Ribbentrop* ließ der polnischen Botschaft eine entsprechende Mitteilung zugehen. *England und Frankeich verpflichteten sich am 2. September 1939 zu einer gleichlautenden Erklärung*, "die Feindseligkeiten mit dem festen Willen zu führen, die Zivilbevölkerung zu schonen und die Denkmäler der menschlichen Zivilisation möglichst zu bewahren." (Siehe Revue Internationale de la Croix-Rouge).

Alle diese Erklärungen wurden am 15. September in einer Ansprache von Papst Pius XI. mit Befriedigung und "in der Hoffnung" erwähnt, "daß der Zivilbevölkerung dementsprechend in allen kriegführenden Ländern der Schrecken des Krieges erspart bleiben möge."

Zur gleichen Zeit flogen *in den USA bereits verschiedene Versionen von Langsteckenbombern mit* Reichweiten von 8.000 Kilomtern, *die einzig zum Zwecke des operativen Bombenkrieges entwickelt worden waren*: Die B 17 "Fortress" und die B 24. Damit befolgte das US-General Headquarters Air Force die Weisung des US-Senate: "Angriffselemente zu schaffen, die strategische Bombenangriffe durchführen konnten." Was heißen sollte: *"Angriffe auf deutsche Städte und die deutsche Zivilbevölkerung."* Das geschah 1939 vor dem Bombenkrieg.

Einsätze der Luftwaffe gegen Polen

Am 1. September 1939 starteten um 4.22 Uhr — also 23 Minuten *vor* dem offiziellen Beginn des Zweiten Weltkrieges — drei Stukas der 3. Staffel des StG 1 von Elbing in Richtung Dirschau. Unter Führung des Staffelkapitäns, Oblt. Dillex, hatten sie die Aufgabe, die Bahnlinie unmittelbar vor der Dirschauer Weichselbrücke zu vernichten.

Die drei Stukas jagten im Tiefflug auf dieses Ziel los. Dilley sichtete es als erster, überflog die Bahnlinie und warf, als der Eisenbahndamm im Reflexvisier auftauchte.

Die ersten Bomben des Zweiten Weltkrieges zerstörten diese Bahnlinie. Das Ziel des Angriffs war erreicht.

60 Minuten darauf griffen die Maschinen der 9. Staffel der III./KG 3, in Heiligenbeil startend, ebenfalls die Bahnlinie bei Dirschau an. Auch diese Bombenwürfe des "Blitzgeschwaders" lagen im Ziel. Damit eröffnete die Luftwaffe den Zweiten Weltkrieg. Von den zur Verfügung stehenden 897 Bombern der Luftflotten 1 und 4 stiegen zunächst nur vier Kampfgruppen auf. Das Unternehmen "Wasserkante" — ein zusammengefaßter Angriff aller deutschen Geschwader — auf Warschau fand nicht statt.

Die im Südabschnitt liegende Luftflotte 4 unter General der Flieger *Löhr* hatte gutes Flugwetter. Hier startete die II. Gruppe des Kampf-Lehrgeschwaders unter Major *Spielvogel* mit 36 Schlachtflugzeugen des Typs HS 123 zum Angriff gegen Polen. Das polnische Grenzdorf Przystain, das von starken Feldbefestigungen umgeben war, wurde angeflogen und die Feldstellungen im Tiefflug zerschlagen. Dieser Einsatz wurde von Generalmajor Wolfram *Freiherr von Richthofen* als Fliegerführer z.b.V. geführt. Aus seinem Gefechtsstand in Schönwald, zehn Kilometer von der polnischen Grenze entfernt, führte er seine Nahkampf-Verbände, die aus vier Stukagruppen und jeweils einer Schlachtflieger- und Zerstörergruppe bestanden. Mit diesen Gruppen sollte er den Vorstoß der 10. Armee durch die polnischen Grenzbefestigungen ermöglichen und deren schnellen Vorstoß auf die polnische Hauptstadt sichern helfen.

In Schönwald hatte auch der OB der 10. Armee, General der Artillerie *Walther von Reichenau*, sein HQ einrichten lassen.

Zwei Stukagruppen wurden von Generalmajor *von Richthofen* zum Angriff gegen Krakau und dessen Flugplätze der 2. Flieger-Division unter GenLt. Loerzer unterstellt, wie der Ia des Fliegerführers z.b.V., Oberstleutnant *Seidemann*, in seiner Tagesmeldung bestätigte.

Als erste deutsche Luftwaffenverbände tauchten die Maschinen der I. und III./KG 4 "General Wever" auf. Es waren insgesamt 60 He 111, die aus ihren Horsten bei Langenau gestartet waren und die Bekämpfung der Ziele bei Krakau mit 96 Tonnen Bomben durchführten. Als Begleitschutz flogen Me 110 der I./ ZG 76 mit, um möglicherweise angreifende polnische Flugzeuge abzuwehren. Doch sie brauchten nicht einzugreifen, weil keine feindlichen Flugzeuge in der Luft waren.

Die I./StG 2 vernichtete - den He 111 dichtauf folgend - Hallen und Startbahnen des Flugplatzes Krakau. Weitere Einheiten vor allem im Südabschnitt, wo der Nebel nicht so dicht war wie im Norden der Front, flogen Unterstützungsangriffe für die Heeresverbände.

Als weitere Aufgabe galt die Zerstörung der polnischen Nachschubeinrichtungen und die Vernichtung weiterer Flugplätze mit den darauf stehenden Maschinen. Der "gewaltige Schlag der Luftwaffe" aber, der als Legende durch die Gazetten und Berichte geisterte, fand nicht statt, weil ein beträchtlicher Teil der Luftwaffe wegen des starken Morgennebels nicht starten konnte. Die gesamte Luftflotte 1 konnte am Vormittag dieses ersten Kampftages nur vier Gruppen zum Start bringen. Zwei weitere folgten am späten Vormittag nach.

In der Meldung des Oberkommandos der Wehrmacht vom Abend des 1. September 1939 hieß es über den Luftwaffeneinsatz:

"Die deutsche Luftwaffe hat heute in wiederholten kraftvollen Einsätzen die militärischen Anlagen auf zahlreichen polnischen Flugplätzen, so z.B. Rahmel, Putzig, Graudenz, Posen, Plock, Lodz, Tomaszow, Radom, Ruda, Kattowitz, Krakau, Lemberg, Brest und Terespol angegriffen und zerstört.

Außerdem unterstützten mehrere Schlachtgeschwader wirkungsvoll das Vorwärtskommen des Heeres.

Damit hat sich die Luftwaffe heute die Luftherrschaft über den polnischen Raum erkämpft, obwohl starke Kräfte in Mittel- und Westdeutschland zurückgehalten wurden."

Daß anstelle der im Wehrmachtsbericht genannten "Schlachtgeschwader" lediglich die II. Gruppe des LG 2 eingesetzt gewesen war und mit den Staffeln 1 unter Hptm. Otto Weiß und 2 unter Oberleutnant Adolf Galland die polnischen Feldstellungen zerschlagen und die feindliche Infanterie mit MG-Feuer angegriffen hatte, sei am Rande erwähnt.

Neben den bereits genannten Verbänden, deren Angriffe gegen Krakau und dessen Flugplatz gerichtet waren, hatte noch die I. Gruppe des Stukageschwaders 2 unter Major Dinort Hallen und Startbahnen des Krakauer Flugplatzes angegriffen und in Brand geworfen.

Die ihnen folgenden Maschinen des KG 77 sahen bereits von weitem den Feuerschein der brennenden Objekte. So konnte die angreifende III./KG 77 unter Oberst Wolfgang *von Stutterheim* das Ziel nicht verfehlen. Allerdings mußte er im Tiefflug angreifen, wenn er durch den Qualm und Dunst seine Ziele erkennen wollte.

Die Do 17 der Gruppe stießen bis auf 20 Meter herunter und warfen ihre 50-Kilo-Bomben auf die Startbahnen, die weitgehend zerstört wurden.

Im Verlaufe dieses 1. September 1939 erfuhr Generalmajor *von Richthofen*, daß die von ihm selber abgelehnten Stukas wertvolle Unterstützungshilfe für die Heerestruppen leisteten. Als ihm am Mittag dieses Tages bei Wielun starke Ansammlungen polnischer Kavallerieverbände gemeldet wurden, die den linken Flügel des XVI. deutschen AK gefährdeten, und daß weiterhin auch bei Dzialoszyn an der Warthe und nördlich von Tschenstochau ebenso wie auf der Bahnlinie von Zdunska Wola Truppentransporte ins Kampfgebiet gemeldet wurden, die dem gleichen Aufmarschraum zustrebten, ließ von Richthofen die Stukaverbände noch einmal starten. Die I./St. G 2 unter *Major Dinort* und der Kommodore des LG 2, dem die Gruppe unterstellt worden war, *Oberst Baier*, erhielten durch *Oberstleutnant Seidemann* ihre Einsatzbefehle. 30 Ju 87 B starteten ab 12.50 Uhr.

Auf der Straße bei Wielun bewegten sich die Feindtruppen vorwärts. Über die Flügel abkippend röhrten die Stukas mit 70 Grad Sturzflugwinkel der Erde entgegen. Sie sahen die polnischen Reiter bereits deutlich, als sie bis auf 1200 Meter heruntergegangen waren und nunmehr ihre Bomben warfen, um Sekunden darauf ihre Maschinen wieder in steilem Winkel in den Himmel zurückzureißen.

Die polnische Flak feuerte auf die sich über Wielun sammelnden Stukas, die nunmehr den Nordausgang dieser Ortschaft erreichten. Das polnische Hauptquartier kam in Sicht. Die Stabskette mit *Major Dinort* an der Spitze stürzte sich durch das Flakfeuer darauf herunter und löste erst in 800 Meter ihre Bomben aus. Das HQ der Polen ging in Flammen und Rauch unter.

Neben dieser Gruppe griffen noch die I./StG 77 unter *Oberst Schwartzkopf* und die I./KG. 77 unter *Major Balk* in diesem Raum in das Kampfgeschehen ein. Die hier erkannte polnische Kavallerie-Brigade wurde vernichtet. Ihre Reste flohen nach Osten.

Die deutsche Infanterie zog am Abend dieses 1. September 1939 als Sieger in Wielun ein.

Am Nachmittag des 1. September gelang es auch der Luftflotte 1, einige Erfolge zu erzielen, nachdem sich gegen Mittag der Nebel über Pommern und Ostpreußen gelichtet hatte. Der gesamte nordpolnische Raum wurde angegriffen. Das verstärkte Kampfgeschwader 1 (dem zwei Stukagruppen zugeführt worden waren) unter *Oberst Kessler* bombte Hafenanlagen in der Danziger Bucht, bei Gdingen und Hela und andere Ziele einschließlich der Westerplatte.

Das Hauptziel der Luftflotte 1 war jedoch *Warschau* mit den in der Nähe liegenden Flugzeugfabriken und den Flugplätzen. Der Start gegen diese Ziele wurde um 13.25 Uhr von Berlin aus freigegeben. Das Kampfgeschwader 27 startete von seinen Plätzen Delmenhorst, Wunsdorf und Hannover-Langenhagen mit seinen He 111. Unter der Führung von *Oberst Behrendt* erschienen die Maschinen dieses Geschwaders um 17.30 Uhr über Warschau. Kurz vorher waren die Warschauer *Flugplätze Goclaw, Mokotow und Okecie* vom Lehrgeschwader 1 und der I./StG 1 unter Hptm. Werner Hozzel *gebombt* worden, wobei letzterer Verband noch die Punktziele der polnischen Sender Babice und Lacy anzugreifen hatte, von wo aus die polnische Armee ihre verschlüsselten Befehle über Funk erhielt.

Als die He 111 über Warschau warfen, starteten die Flugzeuge der "Verfolgungsbrigade Pawlikowski". Es waren 30 polnische Jäger des Typs PZL II C, deren Chef Oberst Pawlikowski war.

Zwischen ihnen und dem deutschen Begleitschutz, Zerstörern der I./LG 1 unter *Hptm. Schleif*, entbrannte der Luftkampf. Fünf polnische Jäger wurden abgeschossen, ehe die Me 119 wegen Spritmangels den Luftkampf abbrechen mußten, was auch einige Feindjäger bereits getan hatten.

Am Ende dieses Tages waren zirka 30 Feindflugzeuge am Boden zerstört und weitere neun im Luftkampf abgeschossen worden. Die Luftwaffe hatte 14 Maschinen überwiegend durch die polnische Flak verloren.

Der Führungsstab der Luftwaffe in Berlin formulierte den Einsatzbefehl für den 2. September wie folgt:

"Die Luftflotten 1 und 4 setzen am 2.9. den Kampf gegen die feindlche Luftwaffe fort. Besonders die Flugplätze um Warschau, Deblin und Posen sind fortgesetzt zu überwachen."

Hermann *Göring* befahl, den Verbleib der polnischen Flugzeuge festzustellen und dazu mit dem ersten Büchsenlicht des 2. September ausreichende Aufklärung anzusetzen. Startbereite Kampfgruppen seien zu dem Zweck zurückzuhalten, erkannte polnische Flugzeugansammlungen zu bekämpfen.

Das Kampfgeschwader 4 unter Oberst *Martin Fiebig* startete am Morgen des 2. September mit 88 He 111 Flugzeugen zum Angriff gegen Deblin und dessen drei Flugplätzen, die 90 km südlich Warschau lagen. Alle drei Plätze wurden weitgehend zerstört. Eine Staffel Me 110 begleitete den Verband und sicherte ihn nach oben. Als dieser Verband die Weichsel erreichte, erhielt er das erste Flakfeuer. Martin Fiebig, der an der Spitze seines Geschwaders flog, sah, wie die Staub- und Dreckfontänen aus den emporstiebenden Flammensäulen hochstiegen. Sie zeigten ihm, daß die geworfenen Bomben im Ziel lagen. Dann schlugen die ersten Treffer in die Hallen hinein und setzten sie in Brand.

Als die Begleitflugzeuge einige am Platzrand stehende Flugzeuge entdeckten, die von dem Bombenhagel noch nicht erreicht worden, stießen zwei Schwärme im Steilflug darauf herunter. *Oberleutnant Nagel und Leutnant Lent* zerschossen eine dieser Maschinen, die in Flammen aufging. Danach gelang Lent ein weiterer Vernichtungsschlag. Diese Maschine brannte und explodierte. Die beiden anderen

Me 110-Piloten schossen ebenfalls einige der Flugzeuge ab, und Oblt. Nagel schaffte die Vernichtung der beiden letzten Flugzeuge auf diesem Platz. Elf PLZ II C standen in Flammen am Platzrand.

Aufklärer waren befehlsgemäß bis weit nach Ostpolen hinein im Einsatz, um weitere Flugzeugansammlungen zu melden. Wo sie polnische Maschinen sichteten, gingen wenig später Bomben auf diese nieder und zerschmetterten sie.

In freier Jagd gelang es Lt. Lent und Oblt. Nagel, noch zwei Gegner im Luftraum über Lodz abzuschießen. Hier verloren die 1. und 2. Staffel des ZG 76 drei Me 110 im Kampf gegen polnische Jäger.

Am Abend des 2. September hieß es im Wehrmachtsbericht zum Einsatz der Luftwaffe:

"Die deutsche Luftwaffe hat blitzschnelle und wuchtige Schläge gegen militärische Ziele in Polen geführt. Zahlreiche polnische Flugzeuge wurden im Luftkampf vernichtet. Auf der Erde wurde eine große Anzahl von Militärfliegerhorsten angegriffen, insbesondere bei Gdingen, Krakau, Lodz, Radom, Demblin, Brest, Terespol, Lublin, Luck, Gotab Warschau-Okecie, Posen-Lawica.

Die in den Hallen und auf den Rollfeldern befindlichen Flugzeuge gingen in Flammen auf.

Ferner wurden an den wichtigsten Bahnlinien Gleisanlagen zerstört sowie Militärtransporte zum Entgleisen gebracht und im Rückzug befindliche Marschkolonnen mit Bomben belegt.

Die Munitionsfabrik Skarzysko-Komienna flog nach einem Angriff in die Luft.

Nach den Erfolgen des heutigen Tages ist damit zu rechnen, daß die polnische Fliegertruppe in ihrem Bestand aufs schwerste getroffen ist.

Die deutsche Luftwaffe hat die uneingeschränkte Luftherrschaft über dem gesamten polnischen Raum und steht nunmehr für weitere Aufgaben zum Schutze des Reiches zur Verfügung."

Stukas gegen die polnische Flotte

Am 3. September versuchten 15 polnische Jäger einen überraschenden Angriff auf die mit Me 109 D ausgerüstete I./ZG 76. Hier kam es zu den wohl dramatischsten Luftkämpfen des Polenfeldzuges überhaupt, in denen elf Feindjäger abgeschossen wurden. Einige weitere polnische Flugzeuge wurden am Boden zerstört. Dennoch kamen polnische Bomber an diesem 3. September zu einem Erfolg, als sie das in Richtung Graudenz vorstoßende XXI. AK bombten. Von ihrem Feldflugplatz in Strasburg startend, der noch nicht zerstört worden war, tauchten sie völlig überraschend über den deutschen Truppen auf und warfen Splitterbomben, die einige Verluste kosteten. Die herbeigerufene Luftunterstützung traf zu spät ein. Der Gegner war bereits spurlos vom Himmel verschwunden. Wohin er sich abgesetzt hatte, war zunächst nicht zu erfahren.

Bereits an diesem Tage war klar, daß die Luftwaffe ihre Aufgabe in Polen erfüllt hatte. Es kam in den nächsten Tagen nur noch zu vereinzelten Luftkämpfen oder Bombeneinsätzen polnischer Flieger. Oberst i.G. Litynski dazu:

"Bereits am zweiten Feldzugstag versagten Telefon und Fernschreiber. Meldungen und Befehle überschnitten sich. Wenn überhaupt, dann kamen sie in der falschen Reihenfolge in die Hände der Empfänger. Die polnische militärische Führung war dadurch praktisch ohnmächtig."

Nachdem die 4. Staffel der Trägergruppe 186, die unter dem Kommando von *Major Hagen* stand, mit ihren Ju 87 C die polnische Flotte in Hela und Heisternes angriff und *Hptm. Blattner*, der Staffelkapitän, einen Volltreffer auf dem polnischen Zerstörer "Wicher" erzielte, kamen auch noch weitere Seefliegerverbände zum Wurf. Diese Gruppe II/186 war als Trägergruppe am 1. November 1938 aufgestellt worden. Ihre 5. Staffel verfügte über Me 109 E-Maschinen.

Über Aufstellung und Einsatz der weiteren Seefliegerverbände für die Ostsee ist zunächst zu berichten, daß die am 21. August 1939 im Ostseeraum vorhandenen zehn Marineflieger-Staffeln der Kriegsmarine unterstellt wurden. Generalmajor Coeler übernahm deren Führung am 2. November 1938 als F.d.L. Ost.

Seeluftwaffe im Polenfeldzug

Bereits am 23. August 1939 wurde mit den Überwachungsflügen in der Ostsee begonnen, deren Ziel es war, die Stationierung der polnischen Seestreitkräfte in der Danziger Bucht festzustellen und dauernd zu verfolgen. Polnische Stützpunkte und Häfen wurden aufgeklärt und die polnischen See- und Luftstreitkräfte überwacht. Sämtliche Ostseeeingänge, die See selber und der gesamte Raum bis in den Finnischen Meerbusen hinein stand von diesem Tage an unter permanenter Überwachung.

Generalmajor *Coeler* erfuhr bei einer Besprechung im Marinekommando Ost am Morgen des 23. August, daß seine Seeflieger im "Fall Weiß" die Luftaufklärung bis 58 Grad nördlicher Breite durchzuführen hätten. Sie richte sich vornehmlich gegen die polnischen See- und Luftstreitkräfte.

Am 24. August wurde die "Aufklärung Lübeck" gestartet, die ergebnislos verlief. Weder in Gdingen noch im Putziger Tief waren polnische Streitkräfte zu erkennen.

Am 25. August wurde die Überwachung der Danziger Bucht fortgesetzt. Eine Maschine der I./Küstenfliegergruppe 506 unter *Lt. Kopitzki* meldete im Planquadrat 2188 Flakbeschuß. Damit hatte diese Maschine lange vor Beginn des Polenfeldzuges die erste Feindberührung gehabt.

Von Kamp aus startete die 2./KFlGr. 706 zu einer Aufklärung in Richtung Skagerrak und Kattegatt, weil die Marinegruppe Ost eine Sperrung der beiden Gewässer durch eine englische Blockade vermutete.

Am 30. August ging die Meldung von U 31 ein, das im Quadrat 2344 M drei polnische Zerstörer gesehen hatte, die mit Kurs 330 Grad und 18 Knoten Fahrt liefen. Die von Dievenow startenden Aufklärer der KFlGr. 306 suchten das Seegebiet auf der Linie zwischen Rügen und Brüsterort-Öland-Südspitze ab. Sie fanden nichts.

Die am nächsten Tag angesetzte Fernaufklärung bestätigte schließlich diese U-Boot-Meldung. Die Maschinen B und C der 2./KFlGr. 306 sichteten im Quadrat 1804 F drei polnische Zerstörer auf nördlichem Kurs, die mittlere bis hohe Fahrt liefen.

Viereinhalb Stunden nach der deutschen Kriegserklärung an Polen erhielten die Küstenfliegergruppen in den Ostseehorsten den Befehl "Startbereitschaft". Um 8.45 Uhr wurden Nest, Kamp und Dievenow befohlen, jeweils eine Kette He 60 bzw. He 114 in höchster Startbereitschaft zu halten, um einen vielleicht erfolgenden polnischen Angriff auf die deutschen Seeluftstreitkräfte abfangen zu können, denn auf den einzelnen Plätzen war keine Flak vorhanden.

Der erste Angriff der Seefliegereinheiten wurde um 14.30 Uhr befohlen. Die 3./KFlGr. 506 und die 3./KFlGr. 706 erhielten Weisung, zwei Angriffe gegen die Westerplatte zu fliegen, um damit die Beschießung dieser starken polnischen Festung durch das Schulschiff "Schleswig-Holstein" zu unterstützen. Da sich jedoch die deutsche Bevölkerung dieses Gebietes noch im Angriffsraum befand, sollten die Seeflugzeuge zunächst nur die feindlichen Seestreitkräfte in der Danziger Bucht und bei Hela angreifen.

Hptm. Stein, Staffelkapitän der 3./KFlGr. 706, flog mit seinem Verband in Richtung Kahlberg in Wartestellung, als ihm über Funk dieser Befehl übermittelt wurde. Er dirigierte seine neun Maschinen um, und von diesen kamen nur zwei zum Bombenwurf, dessen Wirkung bei eingefallener Dunkelheit nicht erkannt wurde. Wegen Brennstoffmangel kam die Staffel nicht mehr zum eigenen Horst zurück, sondern mußte nach Pillau ausweichen.

Zwei Stunden nach Mitternacht griff die in der Luft befindliche 3./KFlGr. 506 den alten und neuen Hafen von Gdingen an. Auch hier war wegen der Nachtfinsternis kein Ergebnis zu entdecken.

Die 4./Staffel der II./Trägergruppe 186, die zunächst der 1. Flieger-Division unterstellt war, wurde um 14.00 Uhr dieses 2. September zum F.d.L. Ost entlassen. Sie erhielt von Generalmajor *Coeler* den Befehl, die Seeziele und eine erkannte Flakbatterie auf der Ostseite der Südspitze von Hela anzugreifen, sie außer Gefecht zu setzen und anschließend nach Brüsterort weiterzufliegen, wo sie der II./Trägergruppe 186 wieder zugeführt werden sollte.

Um 17.00 Uhr startend griffen 11 Ju 87 - die kampfstärksten Maschinen der Gruppe - die Batterie an und setzten sie offenbar mit einigen Treffern außer Gefecht. Dies sollte sich als Trugschluß erweisen.

Es war 19.50 Uhr, als die KFlGr. 506 Befehl erhielt, von 21.00 Uhr bis 03.30Uhr des 3. September rollende Angriffe gegen das Hauptziel, die inzwischen erkannten weiteren Batterien auf der Südspitze von Hela, und als Nebenziel Gdingen durchzuführen und den Erfolg des Einsatzes zu melden.

In dieser Nacht wurden von der genannten Küstenfliegergruppe insgesamt 27 Angriffe geflogen. Doch auch ihre Wirksamkeit konnte nicht durch exakte Sichtungen und Erkenntnisse erkannt werden.

Erst der 3. September sollte mit einem Großeinsatz die ersten zählenden und zählbaren Erfolge bringen. Ab 14.15 Uhr flogen die 3./KFlGr. 506, die 3./KFlGr. 706 und die Stukas der 4./Trägergrupe 186 einen Angriff gegen die im polnischen Kriegshafen liegenden Einheiten. Es waren dies: der Zerstörer "Wicher", der Minenleger "Gryf" und das Kanonenboot "General Haller".

Unter Führung von Hptm. Blattner starteten die 11 Ju 87 der 4./186. Diese Staffel war erfolgreich und meldete: "Treffer `Wicher' mittelschiffs und Back. Schiff brennt, ist gekentert. Treffer auf "Gryf" Mitte Back. Treffer auf FlaMasch- und Munitionslager auf Pier 4 Treffer. Minen sind hochgegangen."

Es war die Maschine von *Oblt. Rummel*, die den polnischen Zerstörer voll getroffen und zum Kentern gebracht hatte. Sie wurde auf dem Rückflug durch polnische Flak abgeschossen.

Zwischen 17.25 Uhr und 18.15 Uhr griffen die Maschinen der 3./706 und der 3./506 im Einzelanflug an und trafen den auf Grund gesunkenen, mit seinen Aufbauten aus dem Wasser ragenden Minensucher "Gryf" noch einmal schwer.

Mehrere Angriffe auf die Flak-Batterien auf Hela-Süd blieben auch diesmal ohne zählbare Erfolge. Auch ein Nachtbombenangriff der 3./406 schlug nicht durch.

Der 4. September brachte dann für die Küstenfliegergruppen nur noch Überwachungsaufträge. Um 12.30 Uhr konnte der F.d.L. Ost in sein Tagebuch eintragen: "Da Schwerpunkt von jetzt ab Nordsee, soll der Friedens F.d.L. Ost auf den Hauptkriegsschauplatz überwechseln. Deshalb Verlegung des F.d.L. Ost nach Jever und Wechsel mit dem F.d.L. West. In der Ostsee verbleiben 1 Stukastaffel (die 4./186) sowie vier KFl-Staffeln in Dievenow und Nest. Die KFlGr. 306 verlegt mit zwei Staffeln nach Hörnum auf Sylt und einer Staffel nach List. Nach seiner Verlegung von Jever nach Dievenow setzte sich der neue Gefechtsstab des F.d.L. Ost wie folgt zusammen:

F.d.L. Ost: - Generalmajor Bruch
Chef des Stabes: - Oberst Olbrich
Ia: - Oblt. Dyochs
Ib: - Hptm. Laßmann

Ic: - Hptm. Klümper
In: - Hptm. Schubert
IT: - Hptm. Schilter (ab 15.9.)
IT: - Hptm. von Buddenbrock
I Bild: - Hptm. Hühn
IIa: - Lt. Raben
IIB: - Hptm. Bertram
III: - Kriegsgerichtsrat Gill
IVa: - Oberinspektor Bicka

Die noch im Ostseeraum verbleibenden Staffeln wurden in den nächsten Tagen zur Seeüberwachung herangezogen. Ein weiterer Angriff auf eine 15 cm-Batterie der Polen auf der Südspitze von Hela wurde zum fünftenmal befohlen. Bei diesem Angriff, der wiederum erfolglos war, stürzte eine Maschine ab.

Zur Bekämpfung von Hela und Gdingen wurde die 4./186 am 11. September General Kaupisch zur Verfügung gestellt. Die an diesem Angriff beteiligte He 114 unter Lt. Kapitzki mit Uffz. Nowack ging bei diesem Angriff verloren.

Die weiteren Angriffe der Küstenflieger dienten der Unterstützung der Heerestruppen. Sie bombten beispielsweise polnische Minensuchboote, die mit ihren 75 mm-Kanonen deutsche Truppen auf der Oxhöfter Kämpe beschossen, unterstützten das Regiment Muth, das an der Nordwestspitze von Hela im Kampf stand, und flogen — abermals im Auftrag von General Kaupisch — Angriffe gegen polnische Truppenkonzentrationen in Hexengrund und bei Ostrow.

Am 24. September 1939 gab die Seekriegsleitung der Marineluftwaffe den "Handelskrieg nach Prisenordnung" frei.

Dennoch zurück zu den Luftwaffeneinsätzen in Polen, die ab dem 8. September 1939 " einen entscheidenden Wendepunkt brachten", wie von Major F. Kalinowski in seinen Aufzeichnungen dargestellt wurde.

Warschau im Fadenkreuz

Am Nachmittag des 8. September hatte die 4. PD den Stadtrand von Warschau erreicht, wie dies im Abschnitt über die Landoperationen dargelegt wurde. Die polnische Artillerie feuerte aus allen Rohren auf die Angreifer, und auch aus den Vorstädten von Warschau peitschte das polnische Abwehrfeuer den deutschen Angreifern entgegen.

Am Morgen des 9. September flogen dann fünf Stukagruppen einen Angriff gegen die polnischen Artilleriestellungen um deren Hauptstadt. Dazu war dem StG 77 unter *Oberst Schwartzkopf* noch die III./StG 51 unterstellt worden. Weitere

Flieger auf dem Wege nach Deblin

Ein polnischer Zug durch Bombenvolltreffer gestoppt

Schwere Flak ist feuerbereit

Ju 52 zum Versorgungsflug startbereit

Brandbomben über einem polnischen Flugzeugwerk

Feindflug im Geschwaderverband

Stukas zur Heeresuntertstützung im Angriff

Eine Me 109 auf einem Feldflugplatz in Polen

Eine Ju 87 wird betankt

Flugzeuge warfen Flugblätter über Warschau ab, um die Stadt zur Aufgabe zu bewegen, in die bereits auch polnische Batterien hineinschossen, um die eingedrungenen deutschen Truppen zu vernichten.

Mit eingeschalteten Jerichosirenen stürzten die Stukas auf das Ziel herunter: den Verschiebebahnhof, auf die Weichselbrücken. Hauptstraßen-Knotenpunkte und schwere polnische Batterien kamen hinzu: Dennoch gelang es den deutschen Truppen nicht, die Stadt in Besitz zu nehmen. General Reinhardt mußte den Rückzug befehlen. Die 4. PD zog sich in ihre Ausgangsstellungen zurück.

Als *Adolf Hitler* am Vormittag des 11. September mit seiner Führer-Ju 52 auf dem Fliegerhorst von Konskie landete, um sich durch General *von Reichenau* über die Lage bei der 10. Armee orientieren zu lassen, meldete *von Reichenau*, daß deutsche Truppen am zehnten Tage des Polenfeldzuges in die feindliche Hauptstadt eingedrungen seien. Er vergaß zu erwähnen, daß sie inzwischen wieder zurückgezogen worden waren. *Hitler* schöpfte keinen Argwohn und forderte beim Abschied, daß die Stadt bald zur Gänze in deutscher Hand sein müsse. Dies wurde zugesichert.

Am 13. September erhielt Generalmajor von Richthofen den Befehl, einen Angriff gegen den Nordwestteil von Warschau zu fliegen. Der Fliegerführer z.b.V. konnte 183 Maschinen für diesen Angriff zusammenziehen. Der Befehl lautete, nur militärische Ziele anzugreifen. Falls solche in dichtbesiedelten Stadtteilen lägen, sollten sie nicht angegriffen werden. Was nun getroffen wurde, war durch den Qualm, der über den Zielen lag, nicht zu erkennen.

Der nächste Großangriff gegen Warschau sollte aufgrund eines Befehls von *Hermann Göring* am 17. September erfolgen. Dies wurde dem polnischen Oberbefehlshaber in der Stadt über Funk mitgeteilt und ihm eine Frist gesetzt, bis zu der er es in der Hand habe, diesen Angriff zu stoppen.

Die vorsorglich bereits an die Angriffsbesatzungen ausgegebenen Zielunterlagen zeigten an, daß es darum ging, die Versorgungsanlagen der Stadt, die Zitadelle, das Kriegsministerium, die Verkehrszentren und die erkannten Batteriestellungen anzugreifen.

Am frühen Morgen dieses 17. September, kurz vor Ablauf der gesetzten Frist, baten die Warschauer Behörden das OKW über Funk, den Angriff *nicht* durchzuführen und das Eintreffen eines zu ihm entsandten Parlamentärs abzuwarten.

Der geplante Großangriff wurde gestoppt. Doch der polnische Parlamentär traf nicht ein. Es stellte sich heraus, daß dies eine *polnische Finte* war, um Zeit zu gewinnen. Wofür Zeit gewonnen werden sollte, war, gemessen an der Kriegslage, völlig unerfindlich. Die absolute polnische Niederlage war in keinem Falle um mehr als einige Tage aufzuhalten. Und dies um den Preis der Vernichtung der polnischen Hauptstadt! *Dies* war allen polnischen Stellen staatlicher oder militärischer Art völlig klar.

In den nächsten Tagen starteten immer wieder Flugzeuge in Richtung Warschau. Anstelle der Bomben hatten sie Pakete von Flugblättern an Bord, die über der Metropole Polens ausgekippt wurden. Darin wurde die polnische Bevölkerung darauf aufmerksam gemacht, daß Bombenangriffe erfolgen würden und sie sich aus der Stadt in Sicherheit bringen möge. Die polnische militärische Führung aber erhielt die Warnung, daß sie *selber* die Verantwortung für vielleicht entstehende Verluste zu tragen habe, wenn sie diesen sinnlosen Widerstand fortsetze.

Keine der angesprochenen Stellen reagierte auf diese Aufrufe zur Vernunft. Man hatte schließlich binnen einer Woche nach Berlin reiten wollen, um dort im Grunewald zu flanieren. Dieser Ausgeburt einer überhitzten polnischen Angriffsfreude war nun ein jähes Ende gesetzt worden, nur daß es jene führenden Drahtzieher, die sich längst durch die Flucht der Verantwortung entzogen hatten, immer noch nicht wahrhaben wollten, daß Polen verloren war.

Nichts geschah, alle die Tage sinnloses Schweigen und sinnloses Kämpfen. Die Aufforderung an die Bevölkerung von Warschau, die Stadt auf den Straßen nach Osten zu verlassen, um unbeschossen ausweichen zu können, war wirkungslos verhallt. Das Gegenteil war der Fall. Die Stadt wurde mehr und mehr in Verteidigungszustand versetzt, Häuserblocks in Festungen verwandelt. 120.000 polnische Soldaten richteten sich in ihrer Hauptstadt zum Endkampf ein. Am Morgen des 25. September starteten von den Feldflugplätzen um Warschau alle verfügbaren Flugzeuge der Luftwaffe. Es waren 240 Ju 87 B, 100 Do 17 und eine Gruppe von 30 Ju 52.

Die Ju 52 hatten Brandbomben geladen, während alle anderen Flugzeuge Sprengbomben werfen sollten.

Generalmajor *Wolfram Frhr. von Richthofen* hatte den Oberbefehl über diese Angriffsstreitkräfte übernommen.

Im Anflug auf die polnische Hauptstadt wurden zwei Ju 52 abgeschossen. Sie stürzten brennend zur Erde und zerschellten im Aufschlag. Die aus den Ju 52 "hinausgeschaufelten" Brandbomben fielen teilweise in die Stellungen der 8. Armee hinein. Generaloberst *von Blaskowitz* ließ sich sofort mit von Richthofen verbinden und beschwor diesen, diese sinnlose Bombardierung mit Brandbomben einzustellen, weil sie "nur Brände und Rauch verursachen, die unserer Artillerie das Schießen erschweren".

Die erste Gruppe der startenden Maschinen der Stukagruppen und der Do 17 des KG 77 warfen ihre Bomben auf die erklärten Ziele. Während die erste Welle sich auf dem Rückflug befand, flog Generalmajor *von Richthofen* nach Grodzisk, wo sich der Gefechtsstand der 8. Armee befand. Er machte Generaloberst *von Blaskowitz* Meldung, der sich gerade mit Generaloberst *von Brauchitsch*, dem Oberbefehlshaber des Heeres, unterhielt.

Beide Befehlshaber beachteten den meldenden Fliegergeneral nicht sonderlich. Sie nahmen lediglich dessen Meldung entgegen, ohne Richthofens Vorschläge in ihre Beratungen einzubeziehen. Erst als Hitler kurz darauf auf dem Armeegefechtsstand eintraf, erhielt von Richthofen von diesem den *Befehl*:

"Machen Sie weiter!"

Das tiefgestaffelte Verteidigungssystem von Warschau wurde in jeweils zwei bis drei Angriffen vernichtet. Insgesamt wurden 560 Tonnen Bomben geworfen. Darunter einige von 1.000 Kilogramm Gewicht, die zum erstenmal zum Einsatz kamen und etwa 72 Tonnen Brandbomben.

Als die Dunkelheit einfiel, waren die in Warschau auflodernden Brände viele Kilometer weit zu sehen. Die Zivilbevölkerung hatte schwere Verluste erlitten. Alle wichtigen Versorgungsanlagen waren zerschlagen worden. Die Wasserversorgung war völlig lahmgelegt.

Am nächsten Tage — die völlige Sinnlosigkeit der Verteidigung einer zivilen Stadt war inzwischen auf blutige Weise deutlich geworden — kapitulierte Warschau.

War der Luftangriff auf Warschau ein Terroranschlag?

In den ersten Monaten des Zweiten Weltkrieges überschlug sich die feindliche ebenso wie die neutrale Presse mit Horrorberichten über diesen Terrorangriff. Unter Hinweis auf diesen Angriff wurden britische Luftangriffe auf eindeutig zivile Ziele, die sich auch nicht verteidigten, sondern weit im Hinterland lagen, gerechtfertigt.

Die Haager Landkriegsordnung, die in Ermangelung einer internationalen Luftkriegsordnung herangezogen werden muß, wenn es um die Charakterisierung des Angriffs auf Warschau und seine Bewertung geht, sagt im Artikel 25:

"Dieser Angriff ist erlaubt, weil Warschau eine verteidigte Stadt war und diese Luftangriffe zur Unterstützung der Belagerungsarmee und im Zusammenwirken mit dieser geführt wurden."

Die fünfmalige Aufforderung zur Übergabe der Stadt am 16., 18., 19., 22. und 24. September 1939 stand in direktem Zusammenhang damit und erfüllte die Regeln der Haager Landkriegsordnung.

Die britischen Kriegswissenschaftler Fuller, Liddell Hart und Veale haben *eindeutig* festgestellt, daß "in diesem Fall Deutschland *kein* Kriegsrecht verletzt" habe, "obwohl bereits der Angriff auf Polen ein Überfall und damit ein Verstoß gegen das Völkerrecht gewesen" sei.

Doch zurück zur Seeluftwaffe und zu ihrem Einsatz in der Ostsee.

Handelskrieg in der Ostsee

Die am 1. Oktober beginnenden Operationen der Seeflieger im Handelskrieg in der Ostsee begannen mit dem Einsatz der Maschinen der 1./706 und der 1./306, die darüber hinaus noch die U-Boot-Jagd in der Danziger Bucht durchführen sollten, um jene wenigen noch in der Ostsee vermuteten polnischen U-Boote zu vernichten.

Den Küstenfliegergruppen 506 und 706 wurden die Hanöbucht und Öland als Operationsgebiet zugewiesen. Sie sichteten in den ersten beiden Tagen ihres Einsatzes 126 Handelsschiffe auf verschiedenen Kursen. 14 von ihnen erhielten durch sie Kursanweisungen. Es waren überwiegend Frachtschiffe, die aus Finnland oder den baltischen Staaten Holz und landwirtschaftliche Produkte nach England schaffen sollten.

Ein finnischer Dampfer, der Konterbande geladen hatte, wurde durch ein Prisenkommando bemannt und eingebracht. Dieses Prisenkommando wurde von einer mit Schwimmern versehenen Ju 52 — einer sogenannten "Pantinen-Ju" — abgesetzt.

Mehrere Aufklärungsflüge machten verdächtige Frachter aus, die in Richtung der deutschen Seestreitkräfte dirigiert wurden. Auf zweien dieser Dampfer wurden wiederum Prisenkommandos abgesetzt.

Das KTB der Küstenfliegergruppe 706 berichtete aus diesem Zeitraum wie folgt: "Planmäßiger Einsatz zum Handelskrieg der Flugzeuge und Seestreitkräfte. Von 04.40 Uhr bis 05.10 Uhr jeweils mit 14 Flugzeugen von Bug und Nest gestartet. Außerdem Aufklärung in Sunden und Belten bis zum Kattegatt durch Flugzeuge aus Kiel-Holtenau.

81 deutsche und neutrale Schiffe festgestellt, die jeweils mehr als 500 Tonnen verdrängten. 15 auf ostwärtigem, 12 auf südlichem, 10 auf nördlichem und 25 auf westlichen Kursen. Von den letzteren wurden acht Schiffe angehalten. Es waren die schwedischen Dampfer "Alk", "Vera", "Nilsdun", Themis", "Halle" sowie der estnische Dampfer "Laeni", der finnische Dampfer "Virginia" und der dänische Segler "Danmark". Den Dampfern "Alk" und "Nilsdun" gelang es zu entkommen. "Alk" konnte mit Unterstützung durch zwei schwedische Flugzeuge, die das deutsche Flugzeug bedrängten, in das nahegelegene schwedische Hoheitsgebiet entkommen. Die ostwärts von Öland gestoppte "Nilsdun" wurde durch das Auftauchen zweier schwedischer Zerstörer, die zur Sicherung diese Schiffes herbeiliefen, dem Zugriff des deutschen Flugzeugs entzogen.

Am 2. Oktober erfolgten die Starts zwischen 04.00 und 05.00 Uhr mit zwölf Maschinen von Bug und Nest aus. Zwei Maschinen aus dem Seefliegerhorst Kiel-Holtenau flogen im Sund und Kattegatt Aufklärung.

Sechs Flugzeuge der 1./506 wurden aus List zur Verstärkung nach Dievenow verlegt. Wieder wurde eine Reihe Dampfer gesichtet und den Vorpostenbooten der Marine zur Aufbringung gemeldet.

Nach einem Ruhetag am 3. Oktober starteten die 1./306 und die 1./706 am folgenden Morgen zur Aufklärung und U-Boot-Bekämpfung im Gedser Tief und von Nest bis Pillau. Außerdem wurde weiter Handelskrieg im Seegebiet südlich Kalmar-Sund-Hanö-Bucht mit vier Flugzeugen durchgeführt. Auf dem 30 Seemeilen breiten Suchstreifen wurde kein feindliches U-Boot entdeckt. Der finnische Dampfer "Franje", ein Koloß mit 16.000 Tonnen, der gemeldet worden war, konnte nicht gesichtet werden. Er war am 2. Oktober aus Abo (Turku) ausgelaufen und sollte 6000 Faß Butter geladen haben. Damit wäre er eine ganz ausgezeichnete Prise gewesen. Es gelang an diesem Tage jedoch, das finnische Handelsschiff "Marisa Thorden" 30 Seemeilen südlich der Südspitze von Gotland zu stellen. Es wurde mit einem Prisenkommando nach Swinemünde geschickt.

In den nächsten Tagen verlief die Suche ergebnislos. Der Befehlshaber der Sicherung Ostsee stellte eine Reihe von He 59 für diese Aufgabe in Aussicht, deren Aktionsradiums größer war, was die Erfolgsaussichten verdoppeln würde.

Nach wie vor lautete die Hauptaufgabe für die Seeflieger in der Ostsee: "Neutrale Dampfer mit westlichen und südlichen Kursen anhalten; vor allem Dampfer über 1.500 Tonnen, dann solche von 500 bis 1.500 Tonnen."

Am 8. Oktober lief dieses Handelskriegsunternehmen planmäßig an. Am Vormittag bereits wurden von den zehn Flugzeugen acht Dampfer erfaßt und mit Kursanweisungen zur nächsten Schiffsposition geleitet. Da war zum einen der estnische Dampfer "Järvanen" mit einer Holzladung von 2.500 Tonnen und ein estnischer Segler, der 500 Tonnen Holz geladen hatte. Sodann der dänische Dampfer "Seine" mit einer Ladung von 1.400 Tonnen Autos und Fässer, der dänische Dampfer "Kaiserin Dagmar", der 1.600 Tonnen Holz, und der finnische Dampfer "Modeste", der 2000 Tonnen Holz geladen hatte. Weitere Holzdampfer wurden gestoppt und auf Heimatkurs geschickt; das war die "Position B", auf welcher deutsche Vorpostenboote zur Übernahme warteten. Der dänische Dampfer "Leda" erhielt Weisung, zum Minenleger "Königin Luise" zu laufen.

Planmäßig wurde am 9. Oktober dieses Unternehmen fortgesetzt. An diesem Tage konnten elf Dampfer gestoppt werden. Sie wurden mit Kursanweisung versehen. Als der schwedische Dampfer "Aaland" den Versuch unternahm, in schwedische Hoheitsgewässer zu entkommen, stieß eines der deutschen Seeflugzeuge auf ihn herunter, um ihn zur Kursänderung zu zwingen. Doch mit äußerster Kraft laufend schob sich plötzlich ein schwedisches Torpedoboot zwischen Dampfer und Flugzeug und deckte die Flucht des Dampfers.

Zwischen Öland und Gotland mußte ein weiteres Flugzeug notwassern. Minenschiff "Tannenberg" lief zur Hilfeleistung herbei. Hinzu kam der deutsche Dampfer "Drake", und schließlich wurde die Maschine durch die "Plüschow" geborgen.

Soweit der direkte KTB-Bericht über den Einsatz der drei Staffeln, die zum Handelskrieg eingesetzt worden waren.

Am 22. Oktober traf schließlich der Befehl zur Umbennenung aller Küstenfliegergruppen in der Ostsee ein. Auch die Staffeln wurden umbenannt. Demnach hießen künftig:

KFlGr. 306 in KFlGr. 406
KFlGr. 406 in KFlGr. 506
KFlGr. 506 in KFlGr. 806
KFlGr. 706 in KFlGr. 906.

Die Staffeln wurden wie folgt umbenannt:

KFlSt. 2./506 in KFlSt. 1./406
KFlSt. 3./506 in KFlSt. 2./806
KFlSt. 1./306 in KFlSt. 1./806 und
KFlSt. 2./606 in KFlSt. 2./906.

Am 25. Oktober fand ein weiteres Handelskriegsunternehmen der Küstenflieger in der Ostsee statt. Die daran beteiligten elf Flugzeuge zwangen bis zum Mittag fünf Dampfer zur Kursänderung. Am nächsten Tage wurden nur zwei Dampfer gefunden und auf ihren neuen Kurs in Richtung zu deutschen Überwasserstreitkräften gelotst, die sie dann untersuchten und bei Beschlagnahme in deutsche Häfen einbrachten. Erst der 27. Oktober brachte turbulente Ereignisse. Neben der Kursanweisung für ein Handelsschiff flogen einige Maschinen U-Boot-Jagd bei Fehmarn. Dort war am Vortage durch die Aufklärung ein feindliches U-Boot gesichtet worden. Bei schlechter Sicht beschoß eine He 59 einen Dampfer, der sich später als schwedisches Kriegsfahrzeug entpuppte. Für die "Saar" flog eine Maschine U-Boot-Sicherung.

Die Küstenfliegergruppe 906, die bisher von Major Eder geführt worden war, wurde am 31. Oktober Major Lessing übergeben und gelangte in zwei Überführungsflügen von Kamp und Nest nach Pillau.

Die Flüge zur Führung des Handelskrieges aus der Luft wurden am 8. November fortgesetzt. Aber auch dieser Tag war mit niedrig hängenden Wolken und Nebel wenig dazu geeignet, so daß der Einsatz gegen 14.00 Uhr abgebrochen wurde. Eine He 59 mußte 20 Seemeilen vor Libau notlanden. Major Lessing ließ durch Boote und Zerstörer die Suche nach ihr einleiten. Am nächsten Morgen kam dann von Radio Libau die erlösende Meldung, daß die He 59 aufgenommen worden sei.

Vom Einsatzhafen Schwarzort wurden weitere Flüge durchgeführt. Einmal zur Aufklärung, die bis weit in die Alandsee und zu den Alandsinseln sowie in den Finnischen Meerbusen führten. Zu einer besonderen Aufklärung berichtete Kapitän z.S. Hermann Lessing dem Autor nach dem Kriege:

"Da die östliche Ostsee wenig Schiffsverkehr aufwies und ich gern einmal den Bottnischen Meerbusen eingesehen hätte, vereinbarte ich mit der Kriegsmarine die Gestellung eines Sperrbrechers oder eines ähnlichen Schiffes, der südlich der Alandsinseln bereitliegen sollte, um für die notwendig werdende Zwischenlandung (die He 59 hatte eine zu geringe Eindringtiefe, um diesen Flug ohne Auftanken durchführen zu können) und Brennstoffaufnahme der He 59 zu dienen. Das Schiff wurde gestellt und mit technischem Personal, Benzin, Öl und einem Schleppsegel versehen.

Im Bottnischen Meerbusen, den wir auf diese Art und Weise mit zwei He 59 einsehen konnte, konnten nur kleinere Schiffe, meistenteils Motorschiffe der Küstenschiffahrt, festgestellt werden. Ein Einsatz dorthin lohnte sich also nicht." Soweit Kapitän z.S. Lessing.

Als die Vereisung der Ostsee und des Hafens Pillau weiter fortschritt und der Flugbetrieb immer schwieriger wurde, verlegte die KFlGr. 906 nach Holtenau. Die Staffel fiel in Bug auf Rügen ein, wo sie mit He 115 ausgestattet wurde. Nur eine Kette blieb im Horst von Bug auf Rügen zurück.

In der Zeit vom 8. November bis zum neuen Jahr 1940 fand nur noch eine Handelskriegsunternehmung statt. Zu dieser starteten die verfügbaren Maschinen am 18. November. Einsatzgebiet war der Seeraum südlich Öland. Dabei ging es um die Aufbringung des bereits am Vortage angekündigten schwedischen Tankers "Abadan", der mit seinen 6000 BRT Tragfähigkeit voller Flugzeugbenzin sein sollte. Das wäre ein fetter Brocken gewesen.

Als der schwedische Damper "Vreen" als erster an der Südspitze Ölands angeflogen wurde, stieß ein schwedischer Zerstörer hinzu und verhinderte die Kaperung. Der F.d.M. stellte an diesem Tage Schiff 11 als schwimmenden Stützpunkt für den Handelskrieg in der Alandsee zur Verfügung. Sein Standort war das Gebiet nördlich von Gotska Sandö. An diesem Tage gelang es schließlich, den Dampfer "Lathi" südlich Utklippen mit Kursanweisung zu versehen.

Die Fortsetzung dieses Einsatzes am 19. November führte zur Aufbringung des schwedischen Dampfers "Helmö", der mit einem Prisenkommando nach Swinemünde geschickt wurde. Bis zum 2. Dezember fanden noch einige kleinere Operationen statt; dann beendete der Winter diese Einsätze in der Ostsee.

Nun noch die Einsätze der Luftwaffe in der Nordsee.

Der Luftkrieg gegen England

"Dieses Land befindet sich jetzt im Krieg mit Deutschland!" Mit diesen Worten beendete der britische Premierminister Neville *Chamberlain* am Vormittag des 3. September seine Ansprache an das britische Volk. Wenige Minuten später heulten in London das erstemal die Luftschutzsirenen.

"Deutsche Bomber im Anflug!" lautete die Meldung, die sich glücklicherweise als falsch herausstellte. Der Alarm war durch ein winziges Sportflugzeug ausgelöst worden, in dem der stellvertretende Luftwaffenattaché an der französischen

Botschaft in London vom Wochenendurlaub in Le Touquet nach London zurückkehrte.

Was war nun mit den deutschen Bombern, vor denen Churchill die Briten gewarnt hatte? Wann griffen sie an? Wann verdunkelte sich der Himmel über der Insel? So hatte es doch der Oberbefehlshaber der deutschen Luftwaffe verheißen.

Hermann Göring hatte in seinem ersten Fernschreiben an die Luftflotten folgenden Befehl herausgegeben: "Der uneingeschränkte Luftkrieg gegen England ist eröffnet." (Siehe dazu: Rieckhoff, H.J.: Trumpf oder Bluff?)

Doch wenige Stunden darauf erließ er ein zweites Fernschreiben, das direkt an die Luftflotte 2 gerichtet war, welcher der Luftkrieg gegen England übertragen worden war. Darin hieß es präzise:

"Die Luftflotte 2 eröffnet unverzüglich den Luftkrieg gegen England. Hierzu greift sie mit einer Kette (das sind ganze *drei* Flugzeuge) Ju 88 den britischen Flugzeugträger 'Hermes' an."

Das war also die Luftwaffe, deren massenhaftes Erscheinen über England den Himmel verdunkeln würde.

Es gelang General der Flieger *Felmy* und dessen Chef des Generalstabes, Oberst i.G. *Kammhuber*, diesen wahnwitzigen Befehl in aller Stille zu begraben, mit dem man sich lächerlich gemacht hätte.

General *Felmy* beauftragte das neu aufgestellte X.Fliegerkorps unter Generalleutnant *Geisler* mit der Führung des Luftkrieges gegen England.

Inzwischen war das Kampfgeschwader 26, das für den Polenfeldzug abgezogen worden war, zum X. Fliegerkorps in den Westen zurückverlegt worden. Von ihren Horsten Hannover-Langenhagen, Wunsdorf und Delmenhorst flogen die Kampfgruppen dieses Geschwaders, das von Obererst *Siburg* geführt wurde, ihre Angriffe im Nordseeraum und im Englischen Kanal gegen englische Schiffe. Die Erprobungsgruppe 88 wurde den beiden Gruppen des KG 26 zugeführt. Diese flog als erste Gruppe der Luftwaffe die neuen Ju 88. Wenig später wurde diese Gruppe in I./KG 30 umbenannt und zur Ausbildung nach Pommern geschickt, womit sie für den Einsatz in der Nordsee noch im Jahre 1939 ausfiel.

Nach den ersten Angriffsversuchen starteten einige Fernaufklärer über See nach England. Eine Do 18, die in Norderney gestartet war, erkundete am 26. September das Gebiet der großen Fischerbank. Sie sichtete dort einen Kriegsschiffsverband, der sich aus vier Schlachtschiffen, einem Flugzeugträger und mehreren Kreuzern sowie einigen Zerstörern zusammensetzte.

Die Meldung des Fernaufklärers löste den Alarmstart der 1./KG 26 unter Hptm. *Vetter* aus, der um 12.50 Uhr in Sylt erfolgte. Neun He 111 flogen den großen Zielen entgegen, in der Hoffnung, sie stellen und vernichten zu können.

Zehn Minuten darauf startete die Bereitschaftsstaffel des KG 30, die von Lt. Storp geführt wurde. Sie bestand aus vier Ju 88, die als einzige Maschinen dieses Typs auf Sylt zurückgeblieben waren.

Diese vier Ju 88 waren es, die das feindliche Abwehrfeuer der Schiffsflak durchstießen und über diesem großen Verband der Home Fleet zum Bombenwurf kamen. Durch dichte Wolkenfelder stürzten sich die vier Horizontal- und Sturzkampfbomber auf ihre Ziele.

Die Ju 88, die von dem *Gefreiten Francke*, einem ehemaligen Piloten, geflogen wurde, mußte aus dem Sturz heraus abgefangen werden und zog noch einmal hoch, um einen zweiten Angriff zu fliegen, weil Francke erkannte, daß er das anvisierte Ziel nicht treffen würde. Erst beim zweiten Sturzangriff kam er genau über einem britischen Flugzeugträger aus den dicken Wolken heraus. Seine beiden 500-Kilo-Bomben wurden ausgeklinkt. Sie heulten auf den Träger "Arc Royal" herunter. Im Abdrehen sahen die Männer der Besatzung eine haushohe Wasserfontäne dicht neben dem Träger und ein grelles Aufblietzen auf dem Schiff. Letzteres aber konnte auch vom Abschuß einer Breitseite herrühren. Deshalb meldete der Gefreite Franke:

"Sturzangriff mit zwei Bomben SC 500 auf Flugzeugträger: 1 Nahtreffer neben der Bordwand. 2. möglicher Treffer auf dem Vorschiff. Wirkung konnte nicht beobachtet werden, da starke Flakabwehr."

Die drei übrigen Ju 88 kamen ebenfalls zum Bombenwurf. Eine davon setzte eine 500-Kilo-Bombe auf das Panzerdeck des Schlachtkreuzers "Hood". Die Bombe prallte vom Deck der Hood ab und detonierte nicht.

Die sofort gestarteten deutschen Aufklärer fanden die "Arc Royal" nicht. Einer derselben fand stattdessen einen großen Ölfleck auf der See und setzte eine entsprechende Meldung darüber ab. Diese Indizien genügten dem OKW, um am 27. September zu melden:

"Deutsche Luftstreitkräfte griffen gestern englische Seestreitkräfte, Schlachtschiffe, Flugzeugträger, Kreuzer und Zerstörer in der mittleren Nordsee mit Erfolg an. Außer einem Flugzeugträger, der zerstört worden ist, wurden mehrere schwere Treffer auf einem Schlachtschiff erzielt. Unsere Flugzeuge erlitten keine Verluste."

Die "Arc Royal" war jedoch nicht gesunken. Sie hatte sich lediglich mit einigen Geleitfahrzeugen vom Hauptverband gelöst und war in den nächsten Hafen eingelaufen, um ihre Beschädigungen zu reparieren. (Sie wurde erst am 13. November 1941 von U 81 im Mittelmeer versenkt).

Diese Fehlmeldung veranlaßte das OKW, noch strenger als sonst üblich auf Bestätigungen der Meldungen zu achten, um einen so gravierenden Fehler nicht zu wiederholen.

Die Angriffe wurden fortgesetzt. Die I./KG 30 unter Hptm. Pohle griff in der Nacht zum 17. Oktober die britische Flotte in ihrer Basis Firth of Forth an. Vier Ketten zu jeweils drei Maschinen flogen in dichten Abständen zueinander ihre Ziele an. Sie durchstießen das feindliche Flakfeuer und kamen auf die beiden Kreuzer *"Southampton"* und *"Edinburgh"* zum Wurf. *Beide Kreuzer* wurden *beschädigt.*

Am folgenden Abend gelang es einer Staffel, das in Scapa Flow liegende abgetakelte alte Schlachtschiff *"Iron Duke"* so schwer zu treffen, daß es *sank.* Bei diesem Einsatz wurden drei Ju 88 abgeschossen.

Ostwärts von Lowestoft erfolgte am 7. November der erste Angriff eines deutschen Torpedoflugzeuges auf einen britischen Zerstörer. Das Flugzeug wurde durch den dichten Flakvorhang abgedrängt, so daß der geworfene Torpedo sein Ziel verfehlte.

Die deutsche Jägerwaffe stieß im Westen bei ihren Stör- und Aufklärungsflügen ab und zu auf Gegner. In den entbrennenenden Luftkämpfen erwiesen sich die deutsche Me 109 als allen gegnerischen Flugzeugen überlegen. Der erste Lufkampf sah eine Me 109 siegreich. Dann aber mußten auch die ersten eigenen Verluste hingenommen werden.

Am 30. September aber spielte sich über der deutschen Stadt Saarbrücken der erste Luftkampf des Zweiten Weltkrieges ab. Hier befand sich eine Staffel der I./JG 53 auf einem Überwachungsflug und stieß dabei auf fünf britische Bomber des Typs "Fairley Battle". In einem blitzartigen Überfall wurden alle fünf Bomber abgeschossen. Die in den Westwallstellungen liegenden deutschen Soldaten sahen sie brennend und qualmend vom Himmel stürzen.

Dann kam es zu jenem ersten großen Treffen, das in die Annalen der Luftkriegsgeschichte als erste große Luftschlacht einging. Der damalige Kommodore des JG 77, *Oberstleutnant Schumacher*, hat über diese Luftschlacht einen ausführlichen Bericht abgegeben.

Die Luftschlacht über der Deutschen Bucht

Major Carl-August Schumacher, der mit der Jagdgruppe I/136 zum JG 77 versetzt worden war, bildete die II. Gruppe dieses Geschwaders und führte sie gegen die ersten britischen Einflüge, die sich auf Helgoland und Wilhelmshaven-Reede richteten. Hier erzielte die II./JG 77 ihre ersten Abschußerfolge, die allerdings der Luftwaffenführung zu gering erschienen. Sie zitierte den Major nach Berlin, und dort wurde er nach seiner Meldung *von Göring schwer gerügt.* Aber Carl-August Schumacher ließ sich nicht beirren.

"Durch beharrliche, ruhige Widerrede erreichte ich ein gewisses Einsehen und Eingehen auf meine Forderung, daß grundsätzlich anders verfahren werden müsse, wenn der Einsatz der Jäger gegen englische Einflüge funktionieren sollte." (Siehe Jägerblatt: Luftschlacht über der Deutschen Bucht).

Schumacher meldete dem Generalfeldmarschall, daß dies erst die ersten Versuche der Engländer seien und daß sicherlich sehr bald größere Einflüge erfolgen würden.

Wenig später erhielt *Schumacher* den Befehl, in Jever mit der Aufstellung des JG 1 zu beginnen. Der Kommodore, inzwischen Oberstleutnant geworden, versuchte als erstes eine direkte und damit schnellstmögliche Nachrichtenverbindung in der Deutschen Bucht einzubauen. Damit wollte er beim nächsten Einflug stärkerer oder gar starker Feindfliegerkräfte rechtzeitig zum Angriff gegen diese starten können. Ihm wurden zwei der ersten Freya-Funkmeßgeräte zur Verfügung gestellt. Das eine ließ er auf Helgoland installieren. Es wurde von der Marine betrieben. Das zweite bekam seinen Standort auf der Insel Wangerooge. Hier wurde es von Lt. Diehl in Betrieb genommen. Diese erste Nachrichtenverbindung zur Vorwarnung wurde ständig verbessert. Sie sollte sich als wichtigste Voraussetzung zur erfolgreich geführten Luftschlacht über der Deutschen Bucht erweisen.

In der Zwischenzeit war die II./JG 77 unter Major *von Bülow* nach Jever und Wangerooge verlegt worden. Die III. Gruppe dieses Geschwaders, geführt von Hptm. *Seliger*, fiel auf dem Horst in Nordholz ein, während die Jagdgruppe 101 unter Major *Reichardt* ihren Standort in Neumünster nahm und die noch in der Aufstellung begriffene erste deutsche Nachtjagdstaffel - die 10./JG 26 unter der Führung von Oblt. Johannes *Steinhoff* - in Jever einfiel. Alle diese Einheiten wurden Oberstleutnant Schumacher zugeführt und diesem unterstellt.

Als dann am frühen Morgen des 14. September die beiden deutschen Kreuzer "Nürnberg" und "Leipzig" von einer Feindfahrt gegen britische Seestreitkräfte in der Nördlichen Nordsee zurückkehrten, um, durch die Jade einlaufend, Wilhelmshaven zu erreichen und dort die Schäden ausbessern zu lassen, die sie durch Torpedotreffer des britischen U-Bootes "Salmon" erlitten hatten, wurden sie durch die ihnen folgenden britischen Aufklärer erfaßt. Diese tasteten über Funk Standort, Fahrtrichtung und Geschwindigkeit durch, und die Royal Air Force sah ihre Stunde gekommen, den beiden angeschlagenen deutschen Kriegsschiffen den Garaus zu machen.

Im Angriff gingen die RAF-Bomber bis auf 200 Meter herunter. Das dichte Flakfeuer der beiden Leichten Kreuzer hinderte die zwölf Wellington-Bomber der RAF Squadron 99 am gezielten Bombenwurf.

Die startbereiten Teile der II. und III./JG 77 nahmen unter Führung von Hptm. *Restemeyer* die Verfolgung des bereits abgedrehten Feindverbandes auf. Sie stürzten sich aus überhöhten Positionen auf diesen Gegner, der aus allen verfügbaren Rohren und Läufen feuernd dem Angriff zu entkommen trachtete. Den Engländern gelang es, die Maschine von Lt. *Braukmeier* abzuschießen. Sie stürzte brennend in die See.

Die Jäger schossen in einem harten Luftkampf sechs der zwölf Wellington-Bomber ab. Obgleich die beiden Gruppen bei der Landung noch infolge Vereisung zwei weitere Maschinen verloren, war dies ein erfolgreicher Abwehrschlag. Die "Nürnberg", von einem Torpedotreffer ins Vorschiff getroffen, hielt ebenso wie die "Leipzig", die einen schweren Treffer mitschiffs erhalten hatte, durch; beide erreichten Wilhelmshaven.

Nach diesem Auftakt des 14. Dezember wurde dem neuen JG 1 noch die I./ZG 76 unter Hptm. *Reinecke* zugeführt. Sie verlegte am 16. und 17. Dezember von Bönninghardt nach Jever, wo der Geschwaderstab erst am 18. Dezember eintraf, genau an jenem Tag, da der große Schlag über der Deutschen Bucht erfolgte.

Der 18. Dezember war ein strahlendheller Sonnentag, an dem mit keinem feindlichen Angriff gerechnet zu werden brauchte, wie man allgemein annahm. Auch Oberstleutnant Schumacher teilte diese Auffassung, denn so gutes Flugwetter für die Jäger mußte der Tod etwaiger Angreifer sein.

Dennoch sprachen um 13.50 Uhr dieses Tages die beiden Funkmeßgeräte auf Helgoland und Wangerooge an und orteten feindliche Flieger. Lt. Diehl war es gelungen, diesen Gegner bereits aus einer Entfernung von 113 Kilometer festzustellen. Das war genau 20 Minuten, bevor dieser Bomberpulk die deutsche Küste erreichen würde. Über Draht meldete er den Einflug direkt nach Jever. Seine Worte waren: "Viele Gegner im Anflug auf die Küste!" (Siehe KTB des JG 1).

"Der Diehl spinnt!" lautete die Entgegnung des aufnehmenden Nachrichtenoffiziers. Bei einem solchen Bilderbuchwetter mußte jeder Einflug mit einem Desaster für die Angreifer enden.

Einige Minuten später — vorsorglich war in Jever Alarm ausgelöst worden — meldeten auch die Marinedienststellen in Holland den Einflug von 44 Bombern, die direkten Kurs auf Helgoland hatten. Sie umrundeten diese Insel und drehten auf das Festland ein. Die Zahl der Bomber wurde exakt mit 44 angegeben. (Dies ist im Hinblick auf die spätere englische Meldung darüber von Wichtigkeit).

Im Abwehrfeuer der Marine-Küstenbatterien nahm der große Bomberpulk Kurs auf die Jade. Als sie die Jade leer fanden, drehten sie nach Westen und flogen nun dicht vor der Küste entlang, um dann nach Nordwesten einzukurven und den Rückflug anzutreten.

Als erster Verband war inzwischen in Jever die 10./JG 26 unter Oblt. *Steinhoff* gestartet. Sie war auf den noch im Anflug befindlichen Gegner gestoßen. Einige Maschinen der II./JG 77 befanden sich wenige Minuten darauf ebenfalls am Feind, dicht gefolgt von einer Staffel der I./ZG 76 unter Hptm. *Falck.* Letztere war nicht alarmiert worden, denn sie befand sich zufällig auf einem Orientierungs- und Erkundungsflug über der Küste. Hptm. Wolfgang *Falck* ließ sofort angreifen.

Danach gelangten noch alle übrigen Einheiten Schumachers zum Ansatz, mit Ausnahme der III./JG 77, die in Nordholz genau acht Minuten zu spät alarmiert worden war und zu spät über dem Luftkampfgebiet eintraf.

Es war 14.30 Uhr, als Oblt. *Steinhoff* mit seinem "Katschmarek", *Uffz. Heilmayer,* den Bomberpulk erreichte und sich auf zwei Maschinen stürzte, die auf der linken Flanke folgten. Oblt. *Steinhoff* gelang es, den ersten Gegner abzuschießen. Heilmeyer schoß die zweite Wellington ab. Dann aber zeigte es sich für die anderen, die in das Abwehrfeuer aus den Heckständen der Wellingtons hineinstießen, daß der Gegner nicht mit sich spaßen ließ.

Lt. Helmut *Lent* war wieder dabei. Er schoß die erste Wellington aus überhöhter Position ab. Eine zweite erhielt Treffer in einem Motor; sie stürzte brennend auf die See hinunter und explodierte beim Aufschlag auf dem Wasser. Danach verfolgte er einen ausgeschorenen Einzelflieger und konnte auch diesen abschießen.

In Lents Meldung über seinen zweiten Abschuß hieß es: "Nach meinem ersten Feuerstoß brannten sofort beide Motoren meines Gegners. Ich hatte von hinten angegriffen. Das Flugzeug stellte sich auf den Kopf und raste der See entgegen. Beim Aufschlag auf dem Wasser brach es auseinander und versank. Uhrzeit war 14.40 Uhr."

Oberstleutnant *Schumacher,* der den Angriff der I. und II./ JG 77 geführt hatte, erhielt von der durch ihn angegriffenen Vickers-Wellington starkes Abwehrfeuer. Eine Verwindungsklappe und der Tank wurden ihm zerschossen. Er mußte den Angriff einstellen und auf dem schnellsten Wege zum Horst zurückkehren, den er nach nur 30 Minuten Einsatzzeit mit dem letzten Sprit erreichte.

Hptm. *Falck,* der als erster zum Ansatz kam, mußte mit stehenden Propellern seiner Me 110 und zerschossenen Motoren auf Wangerooge landen. Oblt. *Fuhrmann,* der Spiekeroog ansteuerte, kam micht mehr bis ans Land. 300 Meter vor dem Strand setzte er mit seiner Maschine auf dem Wasser auf. Er kam nicht mehr heraus, denn seit dieser Stunde wird er vermißt.

Einen besonders zähen Gegner hatte Lt. *Uellenbeck,* der mit seiner Me 110 hinter zwei nebeneinander fliegenden Wellington-Bombern herflog. Etwa 50 Kilomter nördlich der Insel Ameland hatte er die günstigste Schußdistanz erreicht und nahm den auf der linken Flanke fliegenden Bomber unter Feuer. Er sah, wie die ersten Geschosse den Bomber in Brand setzten. In dem Augenblick aber erhielt er Feuer von den rechterhand fliegenden Wellington, deren Heckschütze ihn gerade noch erreichen konnte. Uellenbeck wurde am Hals verwundet, sein Funker, Uffz. *Dombrowski,* erhielt eine Kugel des MG durch den Arm; sie kehrten dennoch zum eigenen Horst zurück.

Diese erste wirkliche Luftschlacht des Zweiten Weltkrieges dauerte genau 30 Minuten. Über See wurde noch eine zweite Maschine abgeschossen, die von einem Leutnant aus Graz geflogen wurde, dessen Name nicht mehr zu ermitteln war. Von den eingesetzten deutschen Flugzeugen wiesen etwa 20 schwere Beschußschäden auf, so daß sie teilweise durch neue ersetzt werden mußten.

Hptm. *Reinecke* meldete nach der Sichtung der Abschußmeldungen seiner I./ZG 76 15 vernichtete Gegner. Major von Bülow, der selber nicht zum Kampf kam, weil ihm während des Anfluges der Motor in Brand geschossen wurde, kam nach Sichtung der Meldungen seiner II./JG 77 auf 14 Abschüsse. Die Nachtjagdt-Staffel unter Oblt. Steinhof hatte fünf Bomber vom Himmel heruntergeholt.

Aufgrund dieser Angaben meldete Oberstleutnant Schumacher *32 Abschüsse*. Das Luftgaukommando XI in Hamburg hatte eine Zahl von 34 Abschüssen errechnet und gab diese Zahl an das RLM weiter, das nach eingehender Prüfung sieben der Abschüsse nicht anerkannte, weil sie nicht "einwandfrei durch Zeugenaussagen belegt werden konnten". Dennoch blieben *27 Abschüsse übrig*.

Die englischen Meldungen aber besagten, daß von den RAF Squadrons 9, 37 und 149 mit insgesamt 24 Flugzeugen nur zwölf abgeschossen worden seien und daß drei weitere bei Notlandungen an der englischen Küste zu Bruch gegangen seien. Zwei der 24 Flugzeuge hätten ihr Ziel nicht erreicht und seien vorher umgekehrt. Die offizielle britische Bekanntmachung über diese Luftschlacht hatte folgenden Wortlaut:

"Eine Bomberformation der Royal Air Force flog gestern bewaffnete Aufklärung gegen die Deutsche Bucht mit dem Ziel, in See angetroffene deutsche Kriegsschiffe anzugreifen. Die Bomber trafen auf starke Jägerkräfte und schossen im Verlauf heftiger Kämpfe zwölf Messerschmitts ab, während sieben unserer Bomber bis zur Stunde überfällig sind." (Siehe Tagesmeldung in: The Times vom 19. Dezember 1939).

Mit dieser Meldung wollte England den Eindruck erwecken, als sei der *Einsatz der englischen Bomber*, der übrigens *von Winston Churchill energisch gefordert* worden war, ein Sieg über die deutsche Jägerwaffe gewesen. An dieser Stelle gibt GenMaj. a.D. Karl Schumacher seinen Abschlußbericht:

"Bei der Betrachtung, weshalb die RAF diese Katastrophe des Abschusses von über 30 Bombern bis heute noch nicht zugibt und die wirkliche Zahl der britischen Verluste mit einem Täuschungsmanöver tarnt, ist ein handfester politischer Grund zu berücksichtigen. Wären diese erschreckend hohen Verluste in London bekanntgegeben worden, dann hätte dies bei der Bevölkerung einen schweren Schock gegeben. Dieses schreckliche Ereignis — ohne jeden zählbaren Erfolg — mußte der Öffentlichkeit derart abgeschwächt übermittelt werden."

Im Verlaufe des Dezember 1939 kam es noch zu einigen weiteren kleineren Einsätzen der Luftwaffe gegen feindliche Schiffe. Hitlers strikter Befehl, daß jeder Bombenwurf gegen britische Landziele zu unterlassen sei, war nach wie vor in Kraft.

Nicht einmal die britischen Häfen oder Werften, auf denen ausschließlich Kriegsschiffe gebaut wurden, durften angegriffen werden. Hitler wollte *jede* Ausweitung des Luftkrieges unter allen Umständen vermeiden. Daß der Luftkrieg schließlich eskalierte, war einzig und allein auf dessen britischerseits betriebene Forcierung zurückzuführen, wie später unter Beweis gestellt werden soll.

Die Einsätze des X. Fliegerkorps auf Schiffsziele richteten sich vom 17. bis zum 19. Dezember auf vor der englischen Ostküste stehende britische Fischdampfer.

Wenden wir uns auch hier wieder den Seefliegern zu, die in den ersten Monaten des Luftkrieges gegen England mit einer besonderen Variante dieser Kriegsart befaßt waren!

Der Luftmineneinsatz vor Englands Küsten
Küstenfliegergruppen im Westen

Der F.d.Luft West verfügte nach dem Wechsel der Dienststellung am 6. September 1939 über drei Küstenfliegergruppen und die 1. Staffel der Bordfliegergruppe 196. Von seinem Gefechtsstand in Jever aus begann der Einsatz gegen England nach vorangegangenen Aufklärungsflügen am 3. September zunächst mit dem Überführungsflug der 3./KFlGr. 406 nach Kamp. Die Nachmittagsaufklärung dieses Tages sah insgesamt 39 Flugzeuge in der Fächeraufklärung über See. Diese erfolgte von der KFlGr. 106 aus Norderney, der KFlGr. 306 aus Hörnum, der KFlGr. 406 aus List und schließlich — nach ihrem Eintreffen — auch von der 3./KFlGr. 406 aus Kamp. Alle Maschinen hatten folgenden Befehl des Ob.d.L. mitbekommen:

"Angriffshandlungen gegen englische Seestreitkräfte in den Kriegshäfen und auf hoher See (einschließlich Kanal) sowie gegen einwandfrei erkannte Truppentransporte sind dann freigegeben, wenn entsprechende englische Angriffsmaßnahmen zur Luft gegen gleiche Ziele erfolgt sind *und* wenn besonders günstige Erfolgsaussichten bestehen."

Damit war bereits am 3. September 1939 jener Zustand eingetreten, den das Oberkommando der Wehrmacht noch am 22. August für unwahrscheinlich gehalten hatte: die Ausweitung des Konfliktes mit Polen auch auf die Westmächte.

Für den F.d.Luft West bedeutete dies die neue Aufgabe: Luftaufklärung über der Nordsee bis vor die britische Ostküste, Führung des auslaufenden Panzerschiffs "Deutschland" zum Ostausgang des Kanals und weitere Aufklärung bis hinein in den Raum Norwegen-Shetland-Enge.

Die vorhandenen Kräfte waren für so weitreichende Aufgaben viel zu gering. Dennoch gelang es, einige wichtige Aufklärungsergebnisse über die Bewegungen der gegnerischen Kriegsschiffe ebenso wie über die Routen des Handelsschiffsverkehrs vor der britischen Ostküste zu erzielen.

Am 4. September fand bereits der erste Luftkampf mit einem englischen Landbomber im Quadrat 1565 E statt, der jedoch ohne Abschuß vorüberging.

Der F.d.L. West leitete von seinem Gefechtsstand auf dem Fliegerhorst Jever aus die Einsätze seiner Seeflieger. Er hatte das Kommando über sämtliche Häfen der Westgruppe erhalten. Die Aufklärung der KFlGr. 106 richtete sich mit jeweils drei Maschinen auf die Linie Shetland-Norwegen-Firth of Forth. Alle übrigen Gruppen übernahmen die lückenlose Aufklärung der Nordsee. Immer wieder wurden von den Aufklärungsmaschinen feindliche Kriegsschiffe vom Zerstörer über Kreuzer bis hin zu Schlachtschiffen und Flugzeugträgern gesichtet und gemeldet. So meldete der Beobachter der Maschine O der 2./KFlGr. 506 um 11.40 Uhr des 26. September: "Feindliche Seestreitkräfte, bestehend aus zwei Schlachtschiffen, 1 Flugzeugträger, 4 kleineren Kreuzern; Teilgürtel davor, 20 kn Fahrt." Damit vervollständigte diese Maschine ihre Meldung vom Vormittag, die nur allgemein gehalten war.

Bis um 12.00 Uhr dieses Tages waren von mehreren Maschinen in diesem Seegebiet drei verschiedene Gruppen an Feindfahrzeugen gemeldet. Da der Seegang viel zu hoch war, erfolgte kein Torpedoangriff auf den Feind. Allerdings warteten Maschinen des X. Fliegerkorps, dem ja der Auftrag zuteil geworden war, den Luftkrieg gegen England zu führen. GenLt. *Geisler* ließ sofort alle einsatzbereiten Maschinen starten. Ab 12.50 Uhr hoben neun He 111 der I./KG 26 und eine Kette des KG 30 mit vier Ju 88 unter Lt. *Storp* ab.

Wie bereits dargestellt, gelangen einige Treffer. Die deutsche Führung war nach dem Erhalt der Treffermeldungen und dem Ergebnis der Nachsuche der Ansicht, daß die Flugzeuge den britischen Träger "Arc Royal" versenkt hätten, was aber nur ein Wunschtraum war, denn dieser Träger sollte sich bereits im Oktober 1939 an der Jagd auf die "Admiral Graf Spee" beteiligen.

Die Aufklärung über Skagerrak und Nordsee wuchs sich zu einer lückenlosen Überwachung des gesamten Nordseegebietes aus. Auch gegen die englische Südküste wurde Aufklärung geflogen, um für die Unternehmungen des F.d.T. (Führers der Torpedoboote) Einsatzmöglichkeiten zum Minenlegen vor der englischen Küste auszumachen.

Als Großadmiral *Raeder* Mitte Oktober 1939 die Seeflieger auf dem Horst in Hörnum besuchte, fand er die gesamte Horstbesatzung angetreten und in bester Verfassung.

Am 27. Oktober flog die KFlGr. 406 unter dem Kommando von Major *Minner* Aufklärung vor der norwegischen Westküste für die 4. Zerstörer-Flottille.

Von der KFlGr. 506 zur KFlGr. 106 zeichnete sich nach Kriegsbeginn das gleiche Bild ab. Auch sie erhielt den Befehl, nur gegen Kriegsfahrzeuge und nicht gegen Landziele oder gegen die Küste anzugreifen. Am 4. September starteten 14 Maschinen der Staffeln 1 und 3. Von ihnen wurde die Do 18 M2LK unter Lt. z.S. *Günther* von zwei Bristol-Blenheim-Bombern angegriffen, konnte aber entkommen. Am 5. September gelang es einer Maschine, einen britischen Bomber abzuschießen. Die deutsche Maschine ging auf See herunter und rettete den Piloten des Bombers. Der Mann wurde wegen erlittener Brandverwundung ins Lazarett eingeliefert.

Schwere Bomben für die Stukas

Stukastaffel auf Feindflug unterwegs

Im Geschwaderverband feindwärts

Der Motor einer Ju 87 wird angeworfen

Die Bomben fallen

Ju 52 über der Hohen Tatra

Ju 88 im Kampf gegen Schiffsziele

Stukas stürzen zum Bombenwurf auf das Ziel herunter

Die Maschine FK wurde vermißt. Wenig später fand man die angeschwemmten Leichen von Oblt. *Müssing* und Uffz. *Römmermann*, ihren beiden Besatzungsmitgliedern.

Eine niederländische Maschine wurde über See abgeschossen. Sie mußte zum Notwassern auf das Wasser heruntergehen. Die Besatzung LH wasserte neben ihr, übernahm die vier Mann der niederländischen Besatzung und startete zum Rückflug.

Der holländische Pilot der Maschine erklärte, daß sein Eindrehen auf das deutsche Flugzeug direkt aus der Sonne von diesem als Angriff gedeutet worden wäre. Am 14. September wurden die vier Holländer, die nur leicht verletzt worden waren, in Offiziersbegleitung zur niederländischen Grenze gebracht und dort den Holländern übergeben.

Aufklärungsflüge ohne Ende wurden in der Folgezeit mit einer Reihe von Unfällen und Notwasserungen geflogen, die immer wieder den Seenotdienst der deutschen Luftwaffe auf den Plan riefen, über den abschließend berichtet werden soll.

Lufttorpedoangriffe des 6. und 7. November gegen erkannte Feindzerstörer brachten kein zählbares Ergebnis. Dann aber kam es zum ersten Einsatz im Minenlegen, zu welchem acht Maschinen der 3./106 und neun Maschinen der 3./906 am 22. November starteten.

Diese Art des Einsatzes sollte von nun an zur Hauptaufgabe der Küstenfliegergruppen in der Nordsee werden. Es galt, Sperrlücken zu verseuchen, festgestellte Ansteuerungspunkte und Zwangskurse im feindlichen Küstenvorfeld unpassierbar zu machen und so den Küstengeleitverkehr Englands lahmzulegen.

Um aus der Aufklärung heraus sofort auch Angriffe gegen gesichtete Feindschiffe fliegen zu können, forderte Großadmiral *Raeder* bereits Ende Oktober 1939 die Umrüstung der Marinefliegerverbände auf die modernen Do 217. Diese waren jedoch zu dem genannten Zeitpunkt noch nicht serienreif. Erst im Verlauf des Jahres 1940 kamen die ersten 21 Maschinen zur Front.

Inzwischen war längst der *Zweikampf zwischen Großadmiral Raeder und Reichsmarschall Göring* entbrannt, bei dem es um die Zugehörigkeit der Marinefliegerverbände ging. Nach der Bekundung von Göring, "alles, was fliegt, gehört mir" versuchte dieser der Kriegsmarine die Seeluftwaffe zu entreißen, doch Raeder beharrte auf deren Verbleib in der Marine und forderte darüber hinaus auch noch die Verstärkung aller Marinefliegerverbände. Die in seinem Schreiben vom 31. Oktober dafür gegebene Begründung lautete:

"Die von mir verantwortlich geführten Seekriegsoperationen sind in stärkstem Maße von den Leistungen einer mit Seetaktik vertrauten Nah- und Fernaufklärung abhängig. Bei der Vorbereitung von Sonderunternehmungen der eigenen Überwasser-Seestreitkräfte gegen die Küsten des Gegners ist die Erkundung dieser Küsten durch Marineflieger unumgänglich notwendig.

Auf einem Seekriegsschauplatz, zum Beispiel dem der Nordsee, ist eine wirkungsvolle Überwasserkriegsführung nur dann denkbar, wenn alle dem Seekrieg dienenden Kampfmittel unter einheitlicher Führung und Leitung — in der Nordsee der des Gruppenbefehlshabers West — eingesetzt werden.

Eines der wichtigsten Kampfmittel in der Führung von Seeoperationen ist das Flugzeug, das durch die Möglichkeit einer schnellen und weiträumigen Aufklärung und Sicherung gegen Überraschungen ein unentbehrlicher Bestandteil von Seestreitkräften geworden ist."

Görings Antwort war ebenso uneinsichtig wie sein stures Beharren auf seiner Meinung: Am 15. November ließ er an den OB der Kriegsmarine schreiben:

"Auf Grund der Tatsache, daß die Luftwaffe einen großen Teil der von der Kriegsmarine früher verantwortlich betreuten Aufgaben übernommen hat, bin ich zu dem Vorschlag einer Beschränkung der der Kriegsmarine taktisch unterstehenden Fliegerverbände auf 6 F-Staffeln und 9 M-Staffeln gekommen."

Die Seekriegsleitung wies darauf hin, daß die Aufgaben der Marinefliegerverbände wie Aufklärung, Sicherung, U-Boot-Bekämpfung und Minenaufgaben mit den vorhandenen Küstenfliegergruppen nicht gelöst werden könnten. Man habe bereits unter Vernachlässigung der Ostsee fast alle Staffeln im Nordseeraum einsetzen müssen. Eine Erweiterung um sechs neue Staffeln sei unumgänglich. Die Skl bat darum, dieser Planung im Beschaffungsprogramm der Luftwaffe entsprechend Rechnung zu tragen.

Die Minenaufgaben der KFlGr. 106 wurden fortgesetzt, und auch die KFlGr. 506 beteiligte sich daran. Es kam auch zu einigen Geleitzugsbekämpfungen, die ebenfalls keine herausragenden, spektakulären Erfolge zeitigten, den Gegner aber ständig in Atem hielten und ihn dazu zwangen, alle seine Küstengeleite stark zu sichern.

Am 17. Dezember hatte sich die Vereisung derart verstärkt, daß keine einzige Maschine des F.d.L. West starten konnte.

Lassen wir an dieser Stelle auch den ähnlich gelagerten Einsatz der KFlGr. 406 Revue passieren.

Mit dem am 17. September ergangenen Befehl der Skl zur Durchführung von Minenunternehmungen gegen die britische Ostküste, die zunächst durch U-Boote und Zerstörer, dann abe auch von der Luftwaffe durchgeführt werden sollte, hatte die KFlGr. 406 zwar auch diese Weisung erhalten, ohne jedoch zunächst an diesen Operationen teilzunehmen. Die Gruppe flog vorderhand ebenfalls Aufklärung. Die Flächenaufklärung des 21. Oktober, die von der 1./406 durchgeführt wurde, fand im Quadrat 5861 einen Geleitzug, der von einem Kreuzer, einem Zerstörer und einem U-Boot geleitet wurde. Der F.d.L. West befahl um 11.51 Uhr den Angriff mit Bomben. Um 12.48 Uhr starteten neun Flugzeuge der 1./406 zu diesem Einsatz. Die Maschine HH meldete als erste um 13.30 Uhr: Quadrat 5988, sechs englische Zerstörer, 14 Vorpostenboote, Hauptkurs West. Ich werde beschossen. Bombe nicht detoniert."

Bei der Landung meldete der Staffelkapitän: "Der Angriff war wegen starker Flak- und Jagdabwehr nicht durchführbar. Die zweite und dritte Kette wurden beim Angriff durch feindliche Jäger zersprengt. Ein Feindflugzeug mit starker Rauchfahne auf das Wasser niedergehend beobachtet. Beim Rückflug vier Maschinen nicht mehr bei der Staffel."

Alle Flugzeuge hatten erhebliche Treffer erhalten. Um 20.25 Uhr stand für die Gruppenführung fest, daß die vier nicht zurückgekehrten Flugzeuge bei diesem Angriff abgeschossen worden sein mußten oder daß sie zur Notwasserung heruntergegangen waren.

Bei der Aufklärung am Morgen des 22. Oktober meldete Oblt. *Behl* von der 3./306, daß er eine Maschine mit den Schwimmern nach oben treibend gesichtet habe, daß die Besatzung aber nicht zu sehen gewesen sei. Ähnliches meldete Oblt. z.S. *Just* von derselben Staffel. Er hatte eine He 115 kieloben auf einem Schwimmer und einer Fläche treibend gesehen, deren Landeklappen ausgefahren waren. Die Aussteigsluken waren geöffnet, aber die Besatzung wurde nicht gefunden. Um die Bergung dieser He 115 zu verhindern, wurde sie in Brand geschossen.

Der 29. November war im gesamten Bereich des F.d.Luft West ein sehr schwarzer Tag. Am Morgen waren beim Start zwei Seeflugzeuge miteinander kollidiert. 14 Flugzeuge führten die Aufklärung durch. Diese Aufklärung galt einem britischen Schiffsverband, der westlich von einem Frühaufklärer gesichtet worden war. Neben diesem Kriegsschiffverband hatte der Aufklärer einen Geleitzug gesichtet, der 50 sm nordwestlich dieser Kriegsschiffsgruppe lief. Mit beiden Verbänden sollten die Seeflieger Fühlung halten und das Herankommen der alarmierten Kampfflugzeuge des X. Fliegerkorps sicherstellen.

Als das X. Fliegerkorps bis 10.30 Uhr noch immer keine Peilzeichen angefordert hatte, rief der F.d.L. West dort an und erfuhr, daß wegen einer gemeldeten Schlechtwetterfront keine Kampfflugzeuge gestartet seien und daß auch kein Start an diesem Tage vorgesehen sei. Damit war klar, daß der Aufwand der Seeflieger nutzlos gewesen war. Von den insgesamt 17 gestarteten Do 18 gingen im Verlauf dieser unkoordinierten sinnlosen Operation fünf (!) Maschinen verloren. Davon wurden zwei Besatzungen geborgen und in Norwegen interniert. Eine weitere landete auf den Färöern, eine vierte stürzte bei Hörnum ab, und die fünfte blieb verschollen. Diese Verluste waren um so schwerwiegender, als es sich bei ihnen um Fernaufklärer handelte.

Aufklärung flog bis zum 31. Dezember 1939 auch die KFlGr. 406 unter Major *Minner*, so oft das Wetter dies zuließ.

Das Jahr 1939 ging hier mit einer Vermißtenmeldung zu Ende. Sie betraf die Maschine C2 der KFlGr. 906. Sieben Flugzeuge suchten die Maschine ohne Erfolg. Schneefall verhinderte in den letzten Tagen des Jahres weitere Einsätze der Seeflieger über der Nordsee.

Weitere Luftmineneinsätze der Küstenfliegergruppen

Der erste Luftmineneinsatz, dessen Ziel die Hafeneinfahrt von Harwich war, wurde am 18. November 1939 geflogen. Wegen schlechter Sicht mußte er abgebrochen werden.

Am Abend des 20. November wurde der Angriff von neun Maschinen der 3./KFlGr. 906 wiederholt. Vier Maschinen erreichten das Wurfgebiet und warfen insgesamt sechs Luftminen in die Themsezufahrten. Eine siebte Mine wurde vor Harwich geworfen. Die zweite Mine jener Maschine, die Harwich angeflogen hatte, löste sich nicht aus ihrer Haltevorrichtung. Die übrigen fünf Maschinen mußten wegen Navigationsschwierigkeiten den Angriff abbrechen.

Am Abend des folgenden Tages starteten acht Maschinen der 3./906 zum zweiten Mineneinsatz. Zwei von ihnen hatten die Themse nördlich von Sheerness, zwei weitere die Hafeneinfahrt von Harwich und zwei den Nordausgang der Downs zum Ziel erhalten. Fünf erreichten die vorgeschriebenen Ziele. Zwei He 59 warfen vor Harwich, zwei in der Themsemündung und eine in die Downs. Keines der Flugzeuge wurde beschossen. Lästig waren ledigllich die Suchscheinwerfer.

Jene drei He 59, die wegen Fehlnavigation ihren Flug abbrechen und zum Horst zurückkehren mußten, weil sonst der Kraftstoff nicht gereicht hätte, brachten ihre Minen wieder mit, wie dies im KTB des F.d.L. West für einen solchen Fall befohlen worden war.

Am 22. November flogen 18 Maschinen einen Minen-Großeinsatz. Acht gehörten der 3./106 und zehn der 3./906 an. Hauptziele waren die Reede von Dünkirchen, die Themsemündung und als Ausweichziel die Downs.

Diesmal gab es heftigen "Zunder" von der Flak. Über Dünkirchen beispielsweise wurden alle angreifenden Maschinen mehrfach durch Splitter getroffen. Dank ihrer robusten Bauweise kehrten sie alle zum Horst zurück.

Erst später wurde bekannt, daß eine der LMA-Minen bei Shoeburyness ins Wattenmeer gefallen war. Ein Spezialkommando der britischen Torpedoschule mit der HMS "Vernon" unter Lieutenant Commander Ouvry barg die Mine und untersuchte ihren Zünder. Dies gab den englischen Feuerwerkern die Möglichkeit, Abwehrmittel gegen diesen Minentyp zu entwickeln.

Zum Minenlegen vor englischen Häfen und auf den Hauptrouten bemerkte die Skl: "Die völlige Unterbindung jeglichen Handelsverkehrs an der Ostküste Englands ist unser nächstes Ziel. Die Wirkung unserer Minen ist außerordentlich bedeutend und in ihren Folgen nicht absehbar."

Trotz der Erfolge des Mineneinsatzes im November war gerade dieser Monat für die Seefliegerei von schweren Verlusten gekennzeichnet. Zwischen dem 8. und 29. November gingen ihr im Nordseeraum zehn Flugzeuge verloren, und zwar sieben Do 18, und jeweils eine He 115, He 59 und W 34 LDT. Neue

Flugboote waren nur sehr schwer zu beschaffen, so daß selbst der Verlust von zehn Maschinen überaus schwer wog.

Auch der Dezember sah weitere Mineneinsätze und einige neue Verluste, die jedoch nicht die Höhe des Vormonats erreichten. Mehrere Maschinen gingen dabei zu Bruch oder mußten notlanden, bzw. notwassern.

Als etwa um die Mitte des Dezember die Vereisungsgefahr so drohend wurde, daß mit einer steigenden Zahl von Unfällen gerechnet werden mußte, wurde auch der Luftmineneinsatz eingestellt.

Der F.d.L. West, Generalmajor *Coeler*, hat in der Sonderanlage zu seinem Kriegstagebuch den Luftmineneinsatz nach Flugzeugtyp, Einsatzorten und Erfolgen aufgeschlüsselt. Daß dabei die Frage der Abwehrschwerpunkte besonders untersucht wurde, ergibt sich aus der Vielzahl der Beschädigungen, welche die angreifenden Flugzeuge erhielten. Hier wurde die Abwehr an der Themse, bei Dünkrichen, an der Humbermündung und bei Harwich besonders aufgeschlüsselt.

Am 9. Dezember wurde vom Ob.d.M. der Torpedoeinsatz für Seeluftstreitkräfte gegen abgeblendet fahrende Schiffe im Gebiet westlich von 3 Grad Ost freigegeben. Neben diesen Einsätzen flogen 17 Maschinen anläßlich des Einbringens des eigenen Dampfers "Helena" Aufklärung.

An den Kreuzern "Leipzig" und "Köln" wurde am 14. Dezember enge Sicherung geflogen und diese in die Flußmündungen geleitet.

Für die Dauer der Vereisung der Nordseehäfen übernahm das X. Fliegerkorps im unmittelbaren Einvernehmen mit dem Marinegruppenkommando West die Aufklärung über der Nordsee.

Auch die Dezemberverluste der Seeflieger waren hoch. Es gingen insgesamt sieben Maschinen verloren. Nur eine davon war abgeschossen worden. Alle anderen verunglückten entweder durch Vereisung, Nebel oder aus ungeklärter Ursache.

Nun noch ein Wort zu den Seenotverbänden der deutschen Luftwaffe:

"Kämpfen und Retten!" — Seenotdienst im Einsatz

Die Geschichte des Seenotdienstes der Deutschen Luftwaffe ist trotz der Unzahl kriegsgeschichtlicher Werke so gut wie unbekannt geblieben. Lediglich Volkmar *Kühn* hat diesen Soldaten in seinem Werk "Der Seenotdienst der deutschen Luftwaffe 1939 bis 1945" ein bleibendes Denkmal gesetzt.

In dieser Edition der Geschichte des Zweiten Weltkrieges wird sie in den Einzelbänden den ihr gebührenden Rang einnehmen. Es geht hierbei nicht um spektakuläre Luftsiege und Versenkungserfolge, sondern um Rettungsleistungen. Über 12.000 in Seenot geratene Soldaten *aller* Nationen wurden vom Seenotdienst der deutschen Luftwaffe gerettet.

Vor dem Zweiten Weltkrieg waren dem Oberstleutnant *Konrad Goltz*, Referat Ib (Bodenorganisation) des Luftkreiskommandos VI (See), sämtliche Seeflieger-verbände unterstellt. Er erhielt den Befehl, eine Dienststelle für den Seenotfall aufzustellen. Als Sachbearbeiter wurde ihm der seinerzeitige Marinebaurat *Heldt* zur Verfügung gestellt.

Oberstleutnant *Goltz* erarbeitete zuerst eine "Vorläufige Seenotdienstordnung". Darin wurden Nord- und Ostsee in Seenotbezirke unterteilt. Die Nordsee in zwei, die Ostsee in drei, später in vier Bezirke. Jedem dieser Seenotbezirke wurde ein Flugsicherungsschiff zugeteilt. Über die Stationskommandos in Kiel oder Wilhelmshaven konnten auch Fahrzeuge der Kriegsmarine zu Seenotaufgaben angefordert werden.

Einsatzbereit standen des weiteren Flugbetriebsboote der Seefliegerhorste und die Flugsicherungsschiffe der Seenotbezirke, von denen es zu Kriegsbeginn allerdings nur eines für diesen Zweck gab.

Oberstleutnant *Goltz* ließ alle Schiffe und Boote zusammenfassen. Als Leiter dieser neuen Gruppe "Schiffe und Boote" wurden vom Reichsluftfahrtministerium der spätere GenMaj. *Schantz* und der Marineingenieur Hptm. *Bendix* abkommandiert.

Zu den von der Luftwaffe entwickelten Booten gehörten noch mehrere Bergungskräne und Hebekräne sowie neue Flugbetriebsboote der D-Klasse. Hinzu kam eine größere Anzahl von Motorjollen, Seetankschiffen und anderen Spezialschiffen und Booten. Sie bildeten das "Kommando der Schiffe und Boote".

Die Seenotflugzeuge waren zunächst die He 59, die ab 1939 für Seenotzwecke umgerüstet wurden. Die Firma Walter Bachmann in Ribnitz baute 14 He 59 zu Seenotflugzeugen um. Dazu wurde die sachkundige L.In. 14 — Sanitätsinspektion der Luftwaffe — herangezogen, welche die sanitäre Ausrüstung ergänzte und u.a. elektrisch heizbare Schlafsäcke und einen Pulmotor der Firma Drägerwerke für die Wiederbelebung bewußtloser Schiffbrüchiger als wichtige Ausrüstungsgüter hinzufügte.

Es wurde eine zusätzliche Bodenluke geschaffen, und mit einer ausklappbaren Leiter versehen; die bei gewasserter Maschine bis auf das Wasser hinabreichte. So war es Schiffbrüchigen möglich, ohne akrobatische Leistungen aus der See an Bord zu gehen. Um Bewußtlose problemlos übernehmen zu können, wurde oberhalb dieser Übernahmeluke eine Heißtalje mit einem daran befestigten Bauchgurt angebracht.

Schwimmwesten, Schlauchboote, Notproviant und Signalmittel fanden dort Platz, wo die Zusatztanks der He 59 saßen, die nun ausgebaut wurden.

Die Seenotmaschinen besaßen eine Eindringtiefe von 350 km und eine Geschwindigkeit von 190 km. Sie waren unbewaffnet und zuerst mit dem Roten Kreuz gekennzeichnet. Später, als der Gegner auch auf diese Maschinen zum Angriff überging, wurde jeweils ein MG 15 und ein MG 131 eingebaut, damit die Besatzung nicht hilflos dem Bordwaffenfeuer des Gegners ausgesetzt war, der sich in keiner Weise an die Markierung des Roten Kreuzes hielt und diese auch nicht respektierte.

Mit Kriegsbeginn am 1. September 1939 wurde die Inspektion der Seenotflieger L.In. 8 dem General der Luftwaffe beim Ob.d.M. unterstellt. Oberst *Goltz* blieb Referent für den Seenotdienst.

Beim Befehlshaber der Sicherungsstreitkräfte Ostsee übte Major *Dreyer* seine neue Funktion als Kommandeur der Flugsicherungs- und Seenotzentrale aus, da die für ihn vorgesehene Zentrale noch nicht einsatzbereit war.

Die Einsätze in der Nord- und Ostsee

Während des Polenfeldzuges kam es in der Ostsee nur zu einigen wenigen Seenoteinsätzen. Ein typischer Sonderfall ereignete sich südlich der schwedischen Küste bei Karlskrona, wo ein deutsches Seeflugzeug nach seiner Notwasserung mit südlichem Wind in die schwedischen Hoheitsgewässer abtrieb. Die Besatzung wurde von Schweden interniert.

Als westlich Libau ein Seeflugzeug notlandete, trieb es auf die Hafenmolen zu und wurde bei Nacht durch die Rote Marine aufgenommen, ehe der zur Rettung auslaufende Minenleger "Tannenberg" zur Stelle war. Auch diese Besatzung wurde interniert.

In der Nordsee lagen die Verhältnisse ähnlich. Der Leiter der dortigen Seenotzentrale, Major *Engelhorn*, hatte bei Kriegsbeginn seine Dienststelle befehlsgemäß nach Wilhelmshaven-Sengwarden verlegt. Einsatzmäßig war er damit dem Befehlshaber der Sicherung Nord (BSN) unterstellt. Damit standen dieser Seenotzentrale alle ausgezeichneten Nachrichtenmittel des BSN zur Verfügung.

Mehrere der bei Kriegsbeginn fertigen Seenotflugzeuge bildeten ein Seenotflugkommando. In Norderney, List auf Sylt, Kiel-Holtenau, Bug auf Rügen und Pillau entstanden solche Seenotflugkommandos.

Am 18. Dezember 1939, dem Tag der großen Luftschlacht über der Deutschen Bucht, kam es zum ersten großen Seenoteinsatz des Zweiten Weltkrieges.

Als am 18. Dezember ein britischer Bomberverband mit 44 Maschinen in Richtung Wilhelmshaven anflog, um die von britischen Aufklärern auf Schillig-Reede erfaßten deutschen Großkampfschiffe zu vernichten, wurde dieser Pulk bereits lange vor dem Ziel durch die beiden genannten Freyageräte erfaßt. Der Luftkampf begann, und die Seenotzentrale Nord veranlaßte zunächst, daß der BSN eine größere Anzahl Fahrzeuge zur Bergung der in Seenot geratenen deutschen und englischen Flieger einsetzte. Sodann starteten von Hörnum aus alle verfügbaren Seenotflugzeuge zu ihrer ersten großen Rettungsaktion. Es gelang ihnen, mehrere

Besatzungen englischer Bomber aus Seenot zu bergen. Der über See abgeschossene und vermißte deutsche Jägerpilot, ein unbekannt gebliebener Leutnant aus Graz, konnte leider nicht gefunden werden.

Das Kampfgeschwader 26, das bereits im Herbst und Winter 1939 mehrere Einsätze weit über die Nordsee bis hinauf zum 61. Breitengrad durchführte und auch britische Schiffsverbände bei den Orkney- und Shetlandinseln bekämpfte, hatte in dieser Zeit einige Seenotfälle zu beklagen, als es der Flakabwehr der Schiffe gelang, einige Angreifer abzuschießen. Englische Jäger schossen ebenfalls einige deutsche Maschinen ab.

In diesen Situationen reichten die Mittel des damaligen Seenotdienste einfach nicht aus, um die in Seenot geratenen Flieger zu retten. Die von Hörnum aus eingesetzten Do 18 (von denen in der Zwischenzeit ebenfalls einige zu Seenotflugzeugen umgebaut worden waren) waren zur Durchführung solcher weitreichenden Rettungsoperationen ungeeignet.

Dies veranlaßte den Staatssekretär im RLM, Erhard *Milch*, den Referanten des Seenotdienstes zur Einreichung von Vorschlägen zur Vervollkommnung des Seenotdienstes zu ersuchen. Oberst *Goltz* reichte daraufhin eine Denkschrift mit 40 Punkten ein, in welcher vor allem der forcierte Bau von Seenotflugzeugen gefordert und weitere Rettungsgeräte in Vorschlag gebracht wurden.

Damit war der Seenotdienst aus der Taufe gehoben und hatte seine erste Bewährungsprobe bestanden. Von nun an sollte er seine ganz besondere Aufgabe über allen Meeren wahrnehmen.

TEIL IV
DER SEEKRIEG 1939

Allgemeine Betrachtungen

Als der Oberbefehlshaber der Kriegsmarine, Großadmiral *Raeder*, Ende September 1938 einen Planungsausschuß einsetzte, der in kurzer Zeit die "Richtlinien für den weiteren Ausbau der Kriegsmarine bei operativer Einstellung auf einen etwaigen künftigen bewaffneten Konflikt mit England" erstellte, sagte er zu dieser neuen Phase der Kriegsmarinerüstung:

"Im Winter 1938-39 trug ich Hitler vor, daß zwei Wege beschritten werden könnten. Wenn man hauptsächlich U-Boote und Panzerschiffe baue, könne man schneller eine Flotte schaffen, die eine gewisse Bedrohung für Englands lebenswichtige Zufuhren über See im Kriegsfalle darstellen würde. In einer solchen Zusammensetzung wäre sie aber einseitig, weil sie nicht für einen Kampf mit englischen Seestreitkräften geeignet sein würde.

Eine schlagkräftige Flotte jedoch, die auch über die stärksten Schiffstypen verfüge und daher sowohl die englische Seefuhr bekämpfen wie auch britischen Seestreitkräften mit Aussicht auf Erfolg gegenübertreten könne, brauche längere Zeit zum Aufbau; dafür hätte sie dann ein größeres militärisches und damit auch politisches Gewicht.

Ausdrücklich wies ich darauf hin, daß wir allerdings in diesem Falle nur über eine unfertige und wenig leistungsfähige Flotte verfügen würden, wenn es in den nächsten Jahren zum Krieg kommen würde.

Hitler betonte, daß er die Flottte bis 1946 nicht für seine politischen Ziele benötigen würde. Vielmehr könne er eine politische Entwicklung in Aussicht stellen, die der Marine die Voraussetzung für einen ruhigen, langfristigen Aufbau schaffen würde. Er gebe daher der stärkeren, aber erst später fertig werdenden Flotte den Vorzug. Die Pläne der Marine sollten dementsprechend aufgestellt werden." (Siehe Raeder, Erich: Mein Leben).

Nach diesen Ausführungen *Hitlers* wurde ein *Marinebauplan* aufgestellt, der unter der Bezeichnung "Z-Plan" bekannt wurde. Den *Kern* dieses Planes bildeten *sechs Schlachtschiffe.* Als neuer Typ für den ozeanischen Zufuhrkrieg wurde ein *Schlachtkreuzer* von etwa 30.000 Tonnen mit 34 Knoten Geschwindigkeit geplant, von dem *drei Einheiten* gebaut werden sollten. Sie waren *allen übrigen Schweren Kreuzern der Marinen der Welt* an Geschwindigkeit und mit den vorgesehenen 38 cm-Geschützen auch an Bewaffnung *hoch überlegen.*

Als *Leichte Kreuzer* für die Atlantikverwendung wurde ebenfalls ein Typ mit sehr hoher Geschwindigkeit und großem Fahrbereich entwickelt. Hinzu kamen Neubauten aller kleineren Kriegsschiffe einschließlich der *U-Boote.*

Diese Planung sah also auch Einsätze von Schlachtkreuzern und anderen Kreuzern auf den englischen Überseeverkehr vor. Die schnellen deutschen Kreuzer würden in den schlagkräftigen Schlachtkreuzern eine gute Rückendeckung haben. Diese wiederum waren infolge ihrer hohen Geschwindigkeit imstande, den britischen Schlachtschiffen einfach davonzulaufen oder ihnen rechtzeitig auszuweichen und diese ins Leere laufen zu lassen.

Für Panzerkreuzer und Kreuzer würden schließlich die deutschen Schlachtschiffe mit ihrem großen Aktionsradius den festen Rückhalt bilden und — falls es notwendig werden sollte — auch die Schlachtschiff-Sicherung an feindlichen Geleitzügen niederkämpfen.

Mitte Januar 1939 legte Großadmiral *Raeder* Hitler den Z-Plan vor. Dieser sollte bis zum Jahre 1948 erfüllt sein. *Hitler* erklärte sich *einverstanden*, forderte aber die *Fertigstellung aller Schiffe in sechs Jahren*. Dazu habe der Ausbau der Kriegsmarine Vorrang vor allen anderen Aufgaben. Dieser Gesamtplan hatte das Ziel, die Deutsche Kriegsmarine auf folgenden Stand zu bringen:

10 Großkampfschiffe: "Gneisenau", "Scharnhorst", "Bismarck", "Tirpitz" und sechs weitere Einheiten dieser Größe.

12 Panzerschiffe: von jeweils 20.000 Tonnen. (Später dafür drei Schlachtkreuzer mit 29.000 Tonnen und 38 cm-Geschützen).

"Admiral Scheer", "Admiral Graf Spee" und "Deutschland".

4 Flugzeugträger von jeweils 20.000 Tonnen. "Graf Zeppelin", und die noch unbenannten Träger "B", "C", und "D".

5 Schwere Kreuzer: jeweils 10.000 Tonnen. "Admiral Hipper", "Blücher", "Prinz Eugen", "Seydlitz", "Lützow".

16 Leichte Kreuzer von jeweils 8.000 Tonnen mit den vorläufigen Bezeichnungen "K" bis "Z".

6 Leichte Kreuzer von jeweils 6.000 Tonnen: "Emden", "Königsberg", "Karlsruhe", "Köln", "Leipzig", "Nürnberg".

22 Spähkreuzer von jeweils 5.000 Tonnen.

Zerstörer, Torpedoboote, U-Boote, Minenschiffe und sonstige Kriegsmarinefahrzeuge waren ebenfalls in großer Zahl geplant und bereits teilweise in Auftrag gegeben worden. Am Ende hätte dieses Programm die Kriegsmarine auf eine Stärke von 200.000 Mannschaften gebracht, die auf über 800 Einheiten Dienst tun würden.

Die Weichen waren gestellt. Aber die geplanten Züge fuhren um viele Jahre zu früh ab. Dadurch verfügte die Deutsche Kriegsmarine zu Kriegsausbruch nicht einmal über einen Teil dieser geplanten Einheiten. Die Lage stellte sich am Vorabend des Zweiten Weltkrieges wie folgt dar:

Die Kriegsmarine verfügte an diesem Tage über folgende Großkampfschiffe:

Schlachtkreuzer: "Scharnhorst" und "Gneisenau".

Panzerschiffe: "Deutschland", "Admiral Graf Spee", "Admiral Scheer".

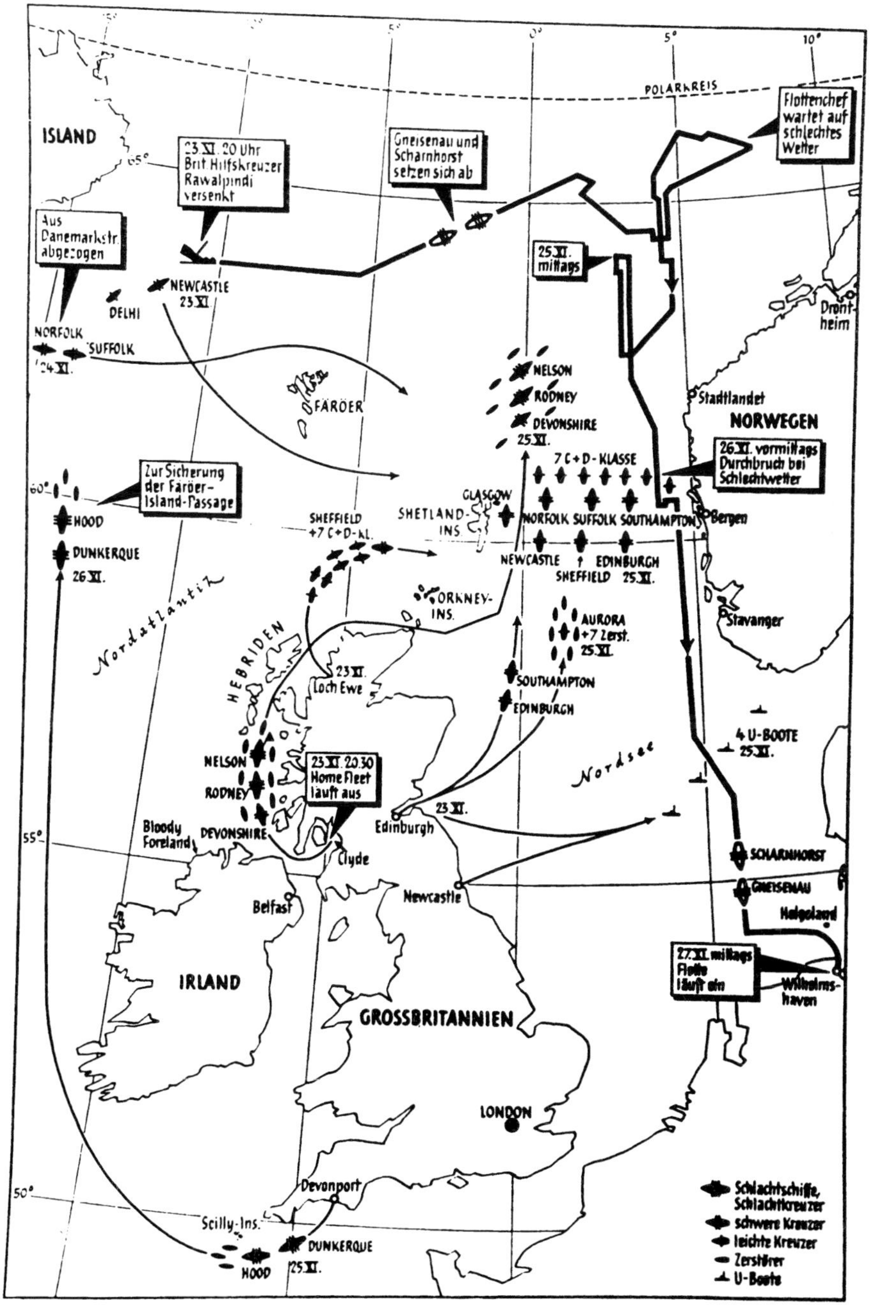

Einsatz der deutschen Großkampfschiffe im November 1939

Schwere Kreuzer: "Admiral Hipper", "Blücher" (letzterer kam erst am 6. September 1939 in Dienst).

Leichte Kreuzer: "Emden", "Königsberg", "Karlsruhe", "Köln", "Leipzig", "Nürnberg".

Von diesen Einheiten waren die Panzerschiffe "Admiral Graf Spee" und "Deutschland" bereits *vor* Kriegsausbruch in den Atlantik ausgelaufen und warteten an ihren Standorten auf den Befehl zum Beginn der Kampfhandlungen.

Die beiden Schlachtschiffe "Bismarck" und "Tirpitz" befanden sich noch in der Ausrüstung. Ebenso die Schweren Kreuzer "Prinz Eugen", "Seydlitz" und "Lützow". Der Flugzeugträger "Graf Zeppelin" war noch im Baustadium.

Nach der Kriegserklärung von England und Frankreich an das Reich am Vormittag des 3. September 1939 erhielten alle in See stehenden deutschen Einheiten den Einsatzbefehl. England erklärte über die Kriegserklärung hinaus noch am selben Tage die Blockade Deutschlands.

Der Krieg zur See konnte beginnen, nachdem der Polenfeldzug bereits in den dritten Tag gegangen war und schon jetzt feststand, daß Polen diesen furiosen Angriff nicht überleben werde, wenn Frankreich und England ihm nicht zur Hilfe eilten.

Handelskrieg mit Schwerpunkt gegen England

Die Weisung Nr. 1 des Oberkommandos der Wehrmacht stellte den OB der Kriegsmarine, Großadmiral *Raeder*, vor eine schier unerfüllbare Aufgabe. Am 1. September 1939 stand ein großer Teil der Deutschen Kriegsmarine in der Ostsee. Dort sollte sie unter dem Kommando des Marinegruppenkommandos Ost, Oberbefehlshaber Generaladmiral *Albrecht*, die Danziger Bucht blockieren. An Großverbänden waren dies:

1.) Der Befehlshaber der Aufklärungsstreitkräfte, B.d.A.- Vizeadmiral *Densch*, mit den Leichten Kreuzern "Nürnberg", "Leipzig" und "Köln".

2.) Der Führer der Torpedoboote, F.d.T.- Konteradmiral Lütjens, mit den Zerstörern "Lebrecht Maass", "Georg Thiele", "Richard Beitzen", "Friedrich Ihn", "Erich Steinbrinck", "Friedrich Eckoldt","Bruno Heinemann", "Wolfgang Zenker" und "Bernd von Arnim". Hinzu kam die 1. Schnellboot-Flottille mit ihrem Begleitschiff "Tsingtau".

3.) Der Führer der Minensuchboote, F.d.M.-Kapitän zur See Ruge, mit seinen Booten.

4.) Der Führer der U-Boote West, Fregattenkapitän Schomburg, mit 10 U-Booten.

Aus der Ostsee seien im folgenden die Kampfhandlungen dargelegt, die im Rahmen des Polenfeldzuges und diesen flankierend durchgeführt wurden.

Am 2. September unternahm der F.d.T. einen Vorstoß gegen Hela. Beteiligt war das Gros der Boote, während einige der Zerstörer zum Schutz der Kreuzer detachiert waren. Die Zerstörer eröffneten das Feuer auf die bei Hela und überwiegend an der Südspitze der Halbinsel stationierten und feuernden polnischen Batteriestellungen, die bereits von der Luftwaffe angegriffen worden waren.

Im Duell mit den 15 cm-Landbatterien der Polen erzielten die Zerstörer Treffer. Aber auch "Lebrecht Maass" wurde von mehreren Granaten einer Batterie getroffen. Der polnische Zerstörer "Wicher" griff in den Kampf ein. Er erhielt einige Treffer und mußte sich zurückziehen. Ebenso erging es dem Minenleger "Gryf", der mehrfach getroffen wurde.

Am 4. September begleitete T 196, ein Torpedoboot aus dem Ersten Weltkrieg, das als Schulschiff dienende Linienschiff "Schleswig-Holstein" und das Räumboot-Begleitschiff "Von der Gröben" zur Beschießung der Westerplatte, einer polnischen Festung an der Danziger Weichselmündung.

Bei diesem Einsatz hätten auch die Zerstörer dabei sein sollen, doch der F.d.T. hatte Weisung erhalten, an diesem Tage mit allen seinen Einheiten in die Nordsee zu verlegen.

Der Zerstörer "Bruno Heinemann" war schon nicht mehr dabei, denn er hatte gleich in den ersten Einsatztagen in der Ostsee einen Defekt gehabt und mußte wegen des Bruchs der Speisewasserleitung in die Werft nach Wilhelmshaven marschieren.

Neben der Zerstörern des F.d.T. hatte auch die 5. Zerstörer-Division mit den Booten "Diether von Roeder", "Hans Lüdemann" und "Hermann Künne" bereits in den ersten Septembertagen in die Nordsee verlegt. Ihre dortige Aufgabe, die später abgehandelt werden soll, bestand zunächst im Legen der "Westwall-Minensperren" und in der Führung des Handelskrieges.

Diese defensiven Minensperren konnten den britischen Seeverkehr zwar nicht lahmlegen, aber doch zumindest erschweren. Immerhin standen nicht weniger als 2.500 Schiffe aller Größen für den Inselstaat Großbritannien täglich in See. Aus diesem Grunde schienen sowohl die defensiven als auch die offensiven Minensperren und das Führen des Handelskrieges auf den Routen des alliierten Schiffsverkehrs auf hoher See erfolgversprechend.

Zu diesen Operationen wurde der F.d.T. dem B.d.A. unterstellt. Dem F.d.T. standen für alle Aufgaben zur Verfügung:

1. Zerstörer-Flottille: - Flottillenchef Kpt. z.S. Meisel.

   "Georg Thiele", "Richard Beitzen", "Friedrich Ihn", "Erich Steinbrinck", "Friedrich Eckoldt", "Max Schultz".

2. Zerstörer-Flottille: - Flottillenchef Kpt. z.S. Bonte.

"Theodor Riedel", "Hermann Schoemann", "Bruno Heinemann", "Leberecht Maass", "Paul Jacobi".

4. Zerstörer-Flottille - FKpt. Bey.
   "Bernd von Arnim", "Hans Lody", "Erich Giese", "Wolfgang Zenker".
5. Zerstörer-Division: -FKpt. H. Hartmann.
   "Dieter von Roeder", "Hans Lüdemann", "Hermann Künne", "Karl Galster". Die beiden Zerstörer "Erich Koellner" und das neue Führerboot "Wilhelm Heidkamp" befanden sich noch in der Erprobung.
6. Torpedoboot-Flottille: - Flottillenchef KKpt. Heyke.
   "Greif", "Möwe", "Albatros", "Kondor", "Falke".
7. Torpedoboot-Flottille: - Flottillenchef KKpt. Waue.
   "Leopard", "Seeadler", "Iltis", "Wolf", "Luchs", "Jaguar".

Dem B.d.A. standen weiter die Kreuzer "Nürnberg", "Leipzig", "Köln", "Königsberg" und "Emden" und die Minenschiffe "Cobra", "Kaiser" und "Roland" zur Verfügung.

Am selben Tage, da dieser Kampfverband in der Nordsee stand, schiffte sich die Vorausabteilung der Britischen Expeditionsstreitkräfte in Portsmouth auf Zerstörern zur Überfahrt nach Cherbourg ein.

In den nächsten Tagen legten die Zerstörer die Westwall-Minensperren, die von der deutschen Westküste nach Norden verliefen und die Deutsche Bucht gegen das Einbrechen englischer Seestreitkräfte schützten.

Im direkten Gegenzug legten die britischen Zerstörer "Esk" und "Express" in der Nacht zum 10. September die ersten Minensperre vor den vermuteten Auslaufwegen im deutschen Minenwarngebiet. Die Straße von Dover wurde durch die beiden britischen Minenleger "Adventurer" und "Polver" mit 3000 Minen dicht geworfen. Am 15. September lief der erste britische Atlantikkonvoi "HX 1" aus Halifax in Kanada aus, und mit ihm nahmen die ersten britischen Geleitzerstörer den weiten, gefährlichen Weg über den Atlantik.

Der mit Zerstörern und Torpedobooten am 26. September 1939 eröffnete Handelskrieg gegen England erzielte einen überraschenden Erfolg. In den ersten drei Tagen wurden im Skagerrak 45 Handelsschiffe angehalten und nach der Prisenordnung durchsucht. Durch "Bernd von Arnim" wurden zwei dänische Butterdampfer gestoppt, deren Ladung für England bestimmt war. Gemäß Prisenordnung wurden sie konfisziert.

Vom 30. September bis zum 6. Oktober erfolgte der zweite Einsatz dieser Art. Diesmal gelang es, im Skagerrak und Kattegatt insgesamt 72 Dampfer zu stoppen und zu untersuchen. Der Großteil davon wurde als Prise beschlagnahmt und zu deutschen Häfen in Marsch gesetzt. Über sie bestimmte der Prisenhof in Hamburg.

Zur Erkundung der Lage vor der Themsemündung und der Nordsee ging am 7. Oktober 1939 ein Vorstoß des Flottenchefs, Admiral Boehm, mit der

"Gneisenau", dem Leichten Kreuzer "Köln" und neun Zerstörern in die nördliche Nordsee und bis zur Westküste von Norwegen. Eigentliche Absicht dieses Einsatzes war es, die britische Home Fleet in den Einsatzbereich einer U-Boots-Aufstellung zu locken und sie gleichzeitig für die deutsche Luftwaffe erreichbar zu machen. Dieser Versuch schlug fehl.

Zwar liefen — nach einer Flugzeugerkundung — am frühen Morgen des 8. Oktober die Schlachtkreuzer "Hood" und "Repulse" mit den Kreuzern "Aurora" und "Sheffield" sowie vier Zerstörern aus Scapa Flow aus, aber anstatt in die Falle zu laufen, marschierten sie in eine Position 50 Seemeilen nordwestlich von Stadlandet vor der Küste von Mittelnorwegen. Eine Stunde später verließ auch die Humber Force den Firth of Forth mit Kurs auf den Ausgang des Skagerraks. Dort aber drehte sie auf Nordkurs, um die deutschen Einheiten auf ihrem Rückweg abzufangen.

Um 6.40 Uhr des 8. Oktober verließ dann auch Admiral *Forbes* mit der Hauptstreitmacht der Flotte, der "Nelson", "Rodney", "Furious", "Newcastle" und acht Zerstörern Sacpa Flow und marschierte mit AK auf eine Position nordostwärts der Shetlandinsel, während die "Royal Oak" und zwei Zerstörer westlich des Fair-Isle-Kanals zwischen den Shetlands und den Färöern patrouillierten.

Die Home Fleet wurde am 9. Oktober mehrfach von deutschen Bombern angegriffen, ohne daß sie Verluste erlitt. Die Flakabwehr der britischen Flotte war so dicht, daß ein direkter Anflug unmöglich wurde.

Der deutsche Flottenverband hatte bereits in der Nacht zum 9. Oktober auf Südkurs gedreht und lief nach Mitternacht des 9. Oktober in Kiel ein.

Die offensiven Minenunternehmungen vom 17. Oktober bis zum 10. Februar 1940

Der Befehl für den F.d.T., Konteradmiral Lütjens, lautete: "Die Einfahrten zur Themse und der von Norden zum Humber führende Seeweg sind wirksam mit Minen zu verseuchen."

Den wenigen Zerstörern, die zudem noch durch ihre Minenladung im Gefecht nicht voll einsatzbereit waren, stand eine Vielzahl feindlicher Waffen und Einheiten gegenüber. Zu den Flugzeugen kamen Zerstörer und Kreuzer, Küstenbatterien und Scheinwerferstellungen. Sturm und Nebel waren weitere Feinde, die es zu überwinden galt.

Wegen der schweren Minenlast war es den Zerstörern nicht möglich, während des gesamten Einsatzes Höchstfahrt zu laufen. Dies vergrößerte das Risiko. Hier einige der Einsätze:

Am 17. Oktober 1939 liefen unter Führung von KAdm. Lütjens die Zerstörer "Wilhelm Heidkamp", "Friedrich Eckoldt", "Diether von Roeder", "Karl Galster",

"Hans Lüdemann" und "Hermann Künne" zum ersten Minenunternehmen aus. Von Bord des Führerzerstörers aus verlief diese Feindfahrt folgendermaßen:

Nachdem KAdm. *Lütjens* auf "Wilhelm Heidkamp" an Bord gekommen war, legten jene drei Zerstörer, die als Geleitsicherung für die drei weiteren mit den Minen beladenen Einheiten dienten, in Wilhelmshaven ab. Bei Passieren von Schillig-Reede schlossen sich die drei Zerstörer mit den jeweils 60 Minen dem Verband an. Sie hatten auf Schillig-Reede gelegen und waren bei Anbruch der Dunkelheit durch Leichter mit ihren Minen versorgt worden.

Zwei Stunden dauerte der Marsch auf nordwestlichem Kurs, ehe die Bootsmannsmaaten-Pfeifen den "Allemannspfiff" ausstießen. "Alle Mann achteraus!" hieß dies, und die Frei- und Vorwachen eilten zur Schanz, wo sie antraten. Hier wurde ihnen durch KKpt. Erdmenger, dem Kommandanten von "Wilhelm Heidkamp", der Auftrag mitgeteilt:

"Wir führen ein offensives Minenunternehmen vor der Humbermündung durch."

Die Bestzung trat wieder weg, und die Marschfahrt ging weiter. Einmal gab es Fliegeralarm, doch der Gegner hatte nicht sie zum Ziel genommen. In Kiellinie liefen die Zerstörer durch die Lücken der eigenen Minenfelder. Es ging nun direkt der Humbermündung und Spurn Head entgegen.

Als sich der Verband dem englischen Warngebiet näherte, wurden alle Gefechtsstationen besetzt. Die Schotten waren im Kriegszustand verschlossen.

Ungesichtet kamen die Zerstörer durch. Wenig später gab der F.d.T. den erwarteten Befehl durch: "Entlassen nach Plan!"

Als dann die genau errechnete Position erreicht wurde, begann das Werfen der Minen in der Reihenfolge mit der Steuerbordmine, der die Backbordmine folgte, bis die letzte der 60 Minen jedes Zerstörers an der vorbestimmten Stelle gefallen war und in den Minenplan eingezeichnet wurde.

Konteradmiral *Lütjens* ließ über die Bord-Bord-Sprechverbindung durchgeben, daß er mit der gezeigten Leistung zufrieden sei. Die Zerstörer drehten, bildeten eine Kiellinie und liefen mit hoher Fahrtstufe zurück. Am Abend des 18. Oktober lagen alle Boote wieder in Wilhelmshaven. Der erste Mineneinsatz vor der englischen Ostküste war zu Ende. Auf den unbemerkt gelegten Minen sanken in den nächsten Tagen sieben Handelsschiffe mit insgesamt 25.825 BRT.

Anfang November 1939 wurde der F.d.T. in Führer der Zerstörer — F.d.Z. umbenannt. Für die Torpedoboote wurde ein neuer F.d.T. ernannt. Es war Kpt. z.S. *Bütow*. Neuer F.d.Z. wurde Kpt. z.S. *Bonte*. Unter seiner Führung fand die zweite große offensive Minenunternehmung am 12. November 1939 statt, die bis zum frühen Morgen des 13. Dezember währte. Kommodore *Bonte* führte diese Unternehmung auf "Karl Galster", das von KKpt. *Frhr. von Mauchenheim* geführt wurde. Vorausgegangen war eine Reihe abgebrochener Unternehmungen. Diesmal aber sollte es wieder zu einem Großeinsatz mit "Wilhelm Heidkamp" unter KKpt. *Erdmenger*, "Hermann Künne" unter KKpt. *Kothe* und "Hans

In der Kanzel: Der Beobachter ist feuerbereit

Dieser polnische Flugplatz wurde total zerstört

Stukas noch einmal nach Modlin unterwegs

Der Motor wird angelassen

Bomben auf eine polnische Nachschubstraße

Bombenwürfe auf einen Feldflugplatz

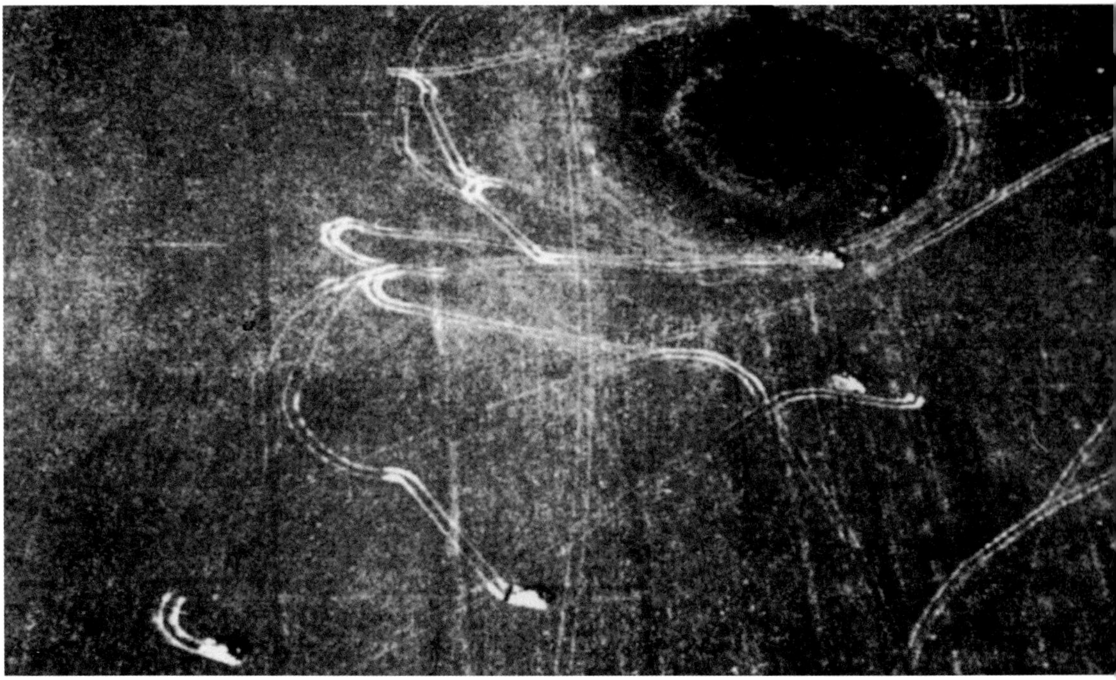

Deutscher Beobachter sichtet Panzer im Gefecht

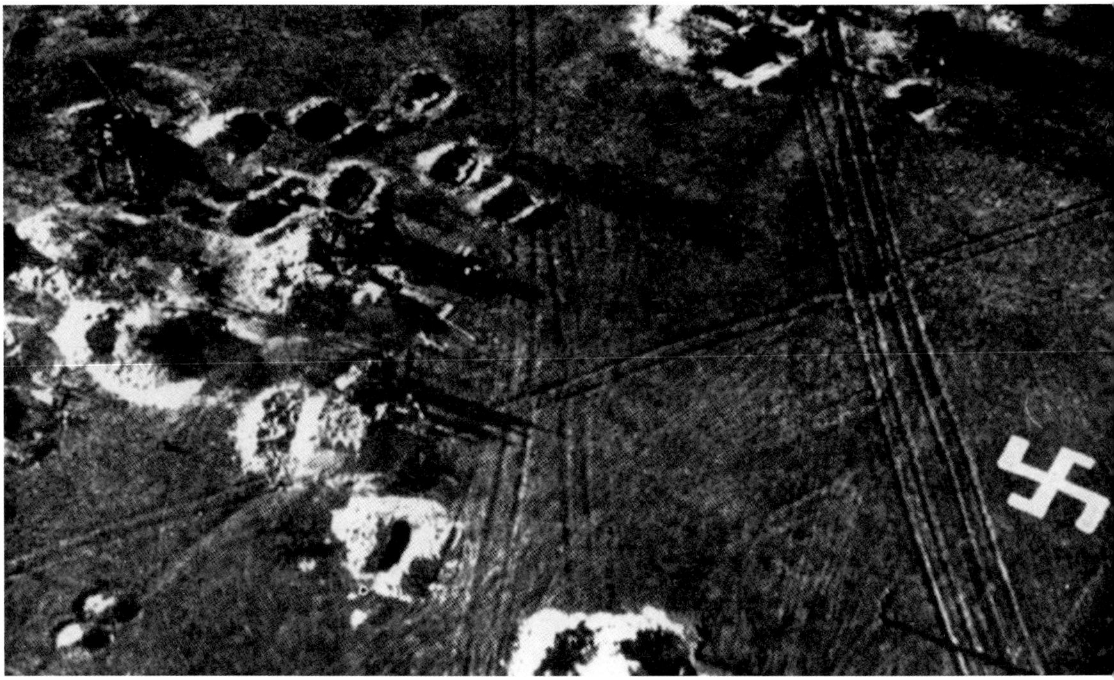

Eine deutsche Batterie vor Warschau zeigt ihren Standort an

Lüdemann", geführt von KKpt. *Friedrichs*, kommen. Sie sollte zur erfolgreichsten Minenunternehmung überhaupt werden, denn auf diesen Minen sanken der britische Zerstörer "Blanche" und 13 Handelsschiffe mit 48.728 BRT.

Zur Aufnahme der zurückkehrenden Zerstörer gingen "Nürnberg" und "Köln" sowie die 6. T.-Flottille mit "Seeadler", "Iltis" und "Wolf" ankerauf, um den Verband zu sichern. VAdm. *Densch*, der B.d.A., führte den Sicherungsverband, der jedoch nicht einzugreifen brauchte, denn die Zerstörer waren unbemerkt zum Minenwerfen gekommen und verstanden es auch, sich ebenso unbemerkt wieder zurückzuziehen.

Am 15. November sollte dann die Minenoperation "Nr. II" — Legen der Minensperre Themse-Mitte — durchgeführt werden. Doch der Seebefehlshaber und das Marinegruppenkommando Nord hielten einen Ruhetag für die Besatzungen für erforderlich. Außerdem war "Hans Lüdemann" wegen Maschinenschadens ausgefallen.

In den späten Nachmittagsstunden des 17. November liefen drei Zerstörer zur Minenaufgabe Nr. II aus. Das Unternehmen wurde vom Chef der 5. Zerstörer-Division, FKpt. Hans *Hartmann*, geführt. Die Operation verlief erfolgreich. Auf den gelegten Minen sanken der britische Zerstörer "Gipsy", ein Trawler und sieben Schiffe mit 27.565 BRT.

In der darauffolgenden Nacht hatte die 4. Zerstörer-Flottille die Minenaufgabe übernommen. Diesmal sollte wieder die Humbermündung vermint werden. Auch diese von zwei Minenlege-Zerstörern und einem Sicherungsboot durchgeführte Operation wurde ein voller Erfolg. Es sanken 7 Schiffe mit 38.710 BRT. Unter ihnen der polnische Passagierdampfer "Pilsudski" mit 14.294 BRT.

Vom 6. zum 7. Dezember erfolgte die nächste Minenunternehmung. Sie richtete sich gegen Cromer.

Immer noch herrschten vor der britischen Ostküste beinahe friedensmäßige Verhältnisse. Die wichtigsten Leuchtfeuer brannten. Die Feuerschiffe lagen noch auf ihren Positionen und erleichterten den deutschen Zerstörern die Navigation.

"Hans Lody" und "Erich Giese" legten ihre "Teufelseier". Als sie gerade damit fertig waren, kamen zwei britische Zerstörer der J-Klasse in Sicht. Diese bekämpften die deutschen Boote nicht. Wenige Minuten nach der ersten Sichtmeldung schossen die beiden deutschen Einheiten je einen Torpedofächer. Einer der beiden britischen Zerstörer wurde getroffen und verschwand in einer haushohen Feuersäule ostwärts des Feuerschiffes Cromer Knoll. Der zweite Zerstörer nebelte das getroffene Boot ein. Dann hörten die beiden deutschen Zerstörer die Detonationen von Wasserbomben. Offenbar nahmen die Engländer an, sie würden von einem deutschen U-Boot beschossen und torpediert.

Hierbei handelte es sich um das erste Duell zwischen deutschen und britischen Zerstörern, wobei die beiden Gegner nicht wußten, daß ihnen deutsche Überwasserschiffe gegenüberstanden.

Der britische Zerstörer "Jersey", der von einem Torpedo getroffen worden war, konnte eingeschleppt werden.

In der Nacht zum 13. Dezember erfolgte das nächste Minenunternehmen. Diesmal sollten die Hafeneinfahrten von Newcastle und die Tynemündung vermint werden. Dazu wurden fünf Zerstörer eingesetzt. Auf "Hermann Künne" hatte sich Kommodore *Bonte* eingeschifft. Die vier weiteren Zerstörer waren: "Richard Beitzen", "Bruno Heinemann", "Friedrich Ihn", und "Erich Steinbrinck".

Auch diese Operation verlief erfolgreich, und auf den gelegten Minen sanken elf Schiffe mit 18.978 BRT.

Beim Rückmarsch kam es zu einem schweren Zwischenfall. Die Kreuzer "Nürnberg", "Leipzig" und "Köln" die — wie üblich — in der Nordsee die zurückkehrenden Zerstörer aufgenommen hatten, stießen — bereits wieder in der Deutschen Bucht — auf ein hier operierendes englisches U-Boot. Das Boot hatte bereits eine Sichtmeldung der drei deutschen Kreuzer gegeben, als diese noch auf westlichen Kursen dem Treffpunkt mit den Zerstörern zuliefen.

Die britische Admiralität nahm nach dem ersten Funkspruch des U-Bootes an, daß es sich um deutsche Einheiten handeln müsse, die zum Kreuzerkrieg ausliefen. Da zur gleichen Zeit der erste kanadische Truppentransport in England erwartet wurde, hatte Admiral *Forbes* zwölf Zerstörer in Marsch gesetzt, um diesen Konvoi sicher in die Häfen zu geleiten. Es waren immerhin zwölf Schiffe, auf denen 7.450 kanadische Soldaten nach England kamen. Auf diesen Konvoi mußten die deutschen Kreuzer stoßen, das konnte sich die britische Admiralität aufgrund der ersten Kreuzererfolge ausrechnen.

Admiral *Forbes* lief mit der "Warspite", "Hood" und "Barham" aus, um ein Desaster zu verhindern, das eintreten mußte, obgleich der Konvoi von der "Repulse", "Resolution" und "Furious" geleitet wurde. Zur Deckung der Großkampfschiffe liefen sechs Zerstörer in Admiral *Forbes*' Streitmacht mit.

Darüber hinaus wurde ein Bomberverband auf die deutschen Kreuzer angesetzt. Dieser fand den Gegner jedoch nicht, weil diese ja nicht in den Atlantik ausbrechen, sondern lediglich die Minenlege-Zerstörer heimgeleiten sollten.

Das britische U-Boot "Salmon" hingegen, das den deutschen Verband gemeldet hatte, war inzwischen zur Deutschen Bucht gelaufen und stand dort mit kleinen Suchschlägen auf und ab. Lieutenant Commander E.O.B. *Bickford*, der Kommandant von "Salmon", sichtete den heimkehrenden Verband und brachte sich durch einige Ruderkommandos in die richtige Schußposition. Er ließ sämtliche Torpedos, in zwei Fächer gebündelt, auf die beiden größten Schiffe des Verbandes schießen. Nach Ablauf der Laufzeit bliesen zwei Treffer auf. Der erste traf die "Leipzig" mittschiffs, während der zweite die "Nürnberg" im Vorschiff erwischte.

Die beiden deutschen Kreuzer liefen schwer getroffen ab. Am frühen Morgen des 14. Dezember wurde der Verband noch einmal angegriffen. Diesmal schoß das U-Boot "Ursula" unter Lieutenant Commander Phillips einen Viererfächer. Der in der Schußlinie laufende Flottenbegleiter F 9 fing diesen Torpedo ab und sank. Er verhinderte, daß auch noch die "Köln" getroffen wurde.

Über jene Mineneinsätze, die im Jahr 1940 stattfanden, wird im zweiten Band des Gesamtwerkes zu berichten sein. Vorab an dieser Stelle nur noch das Ergebnis der Minenoperationen in der Nordsee:

Vom 17. Oktober 1939 bis zum 10. Februar 1940 wurden 1.800 Minen vor den Häfen und Flußmündungen der englischen Ostküste durch Zerstörer gelegt. Allein im Oktober-November 1939 sanken auf den im Oktober gelegten Minen drei Kriegsschiffe, ein Trawler und 26 Handelsschiffe mit 115.000 BRT. Der britische Historiker Peter *Young* stellte die Wirksamkeit dieser Minenoperation folgendermaßen dar:

"Im November 1939 war nur noch ein einziges Fahrwasser in die Themse hinein offen. Damit wäre die Versorgung des Landes über die Ostküste beinahe zum Erliegen gekommen." (Siehe Young, Peter: World War II 1939-1945).

"Admiral Graf Spee" im Südatlantik

Die vorbereitenden Maßnahmen der Deutschen Seekriegsleitung zur Entsendung der Panzerschiffe "Admiral Graf Spee" in den Südatlantik und "Deutschland" in den Nordatlantik begannen bereits längere Zeit vor Kriegsausbruch. Aber erst am 21. August 1939 verließ das Panzerschiff "Admiral Graf Spee" unter dem Kommando von Kpt. z.S. Langsdorff um 21.00 Uhr Wilhelmshaven und trat seinen Marsch zwischen den Färöer-Inseln und Island hindurch in den Atlantik an.

Schon einige Wochen zuvor hatte das Troßschiff "Altmark" unter Kapitän *Dau* Kiel verlassen. An Bord alles, was zur Versorgung des Panzerschiffes notwendig war. Beispielsweise sämtliche Ersatzteile. Die "Altmark" hatte Order, noch vorher in Port Arthur an der texanischen Küste Dieselöl zu übernehmen.

Die "Altmark" meldete bereits am 19. August, also 48 Stunden *vor* dem Auslaufen der "Admiral Graf Spee", ihr Auslaufen mit vollen Ölbunkern aus Port Arthur an die Skl. Vier Tage später erhielt Kapitän *Dau*, einer der erfahrensten Handelschiffs-Kapitäne, über Funk Weisung, sich zum Wartegebiet der "Admiral Graf Spee" zu begeben, das südlich der Kanarischen Inseln lag.

Am 1. September, dem Beginn des Zweiten Weltkrieges, wurde das deutsche Panzerschiff zum erstenmal von der "Altmark" versorgt. 24 Stunden vorher hatte Kpt. z.S. *Langsdorff* einen FT-Spruch der Skl erhalten, daß am kommenden Tag der Krieg gegen Polen beginnen werde und daß das Verhalten Englands und Frankreichs ungewiß sei.

Alle Atlantikstreitkräfte hätten zunächst in ihren Wartepositionen zu verbleiben und gegen *kein* Handelsschiff — nicht einmal gegen ein polnisches — Kampfhandlungen einzuleiten.

Vier Tage später erhielten die Gruppenkommandos der Kriegsmanrine von der SKl folgenden Funkspurch:

"England betrachtet sich im Kriegszustand mit Deutschland. Deutsche Streitkräfte Kriegshandlungen zunächst nur in Abwehr."

An die beiden in See stehenden Panzerschiffe wurde um 12.15 Uhr des 3. September folgender Funkspruch getastet:

"Beginn der Feindseligkeiten gegen England sofort!"

Etwa fünf Stunden später folgte ein zweiter Funkspruch an die Panzerschiffe nach. Dessen Wortlaut:

"Frankreich betrachtet sich ab 17.00 Uhr als mit Deutschland im Krieg befindlich. Eigene Kampfhandlungen auch bei Vorgehen gegen Handelsschiffe zunächst nur in Abwehr." (Siehe KTB der 1. Abt. Skl, Teil A, Heft 1).

Inzwischen stand also auch das zweite deutsche Panzerschiff, die "Deutschland", in See. Sie war am 24. August 1939 in Wilhelmshaven ankerauf gegangen. Unter dem Kommando von Kpt. z.S. Wennecker lief das Schiff in den vorgegebenen Einsatzraum.

Die "Deutschland" hatte ebenfalls ein Versorgungsschiff erhalten: den Flottentanker "Westerwald", der von Kapitän *Grau* geführt wurde. Er war als Seekriegsoffizier des Ersten Weltkrieges kurz vorher zum Korvettenkapitän ernannt worden. Die "Westerwald" war zwei Tage vorher aus Wilhelmshaven ausgelaufen.

Die "Deutschland" durchbrach ungesichtet die Sperre des Gegners in der Dänemarkstraße und strebte ihrem Operationsgebiet entgegen. Auf dem vorgegebenen Standort traf sie die wartende "Westerwald" und übernahm Brennstoff und Proviant.

In den nächsten Tagen stand die "Deutschland", z.T. bei Sturmwetter, südostwärts von Grönland auf Warteposition.

Durch diese Wartezeiten verloren beide Panzerschiffe etwa ein Viertel ihres Treibstoffs; hinzu kam eine in etwa sechs Wochen notwendig werdende Maschinenüberholung, die nur in einer Heimatwerft durchgeführt werden konnte.

Wenden wir uns der "Admiral Graf Spee" zu! Das Panzerschiff lief aus seinem Warteraum 600 Seemeilen westlich der Kapverdischen Inseln mit kleiner Fahrt in sein Operationsgebiet. In bestimmter Entfernung zu diesem Schiff lief die "Altmark" mit.

Der Funkspruch, der Kpt. z.S. *Langsdorff* am 5. September erreichte, kam von der Seekriegsleitung, die ihm mitteilte, daß der Einsatz der Panzerschiffe zur Zeit "unzweckmäßig" sei.

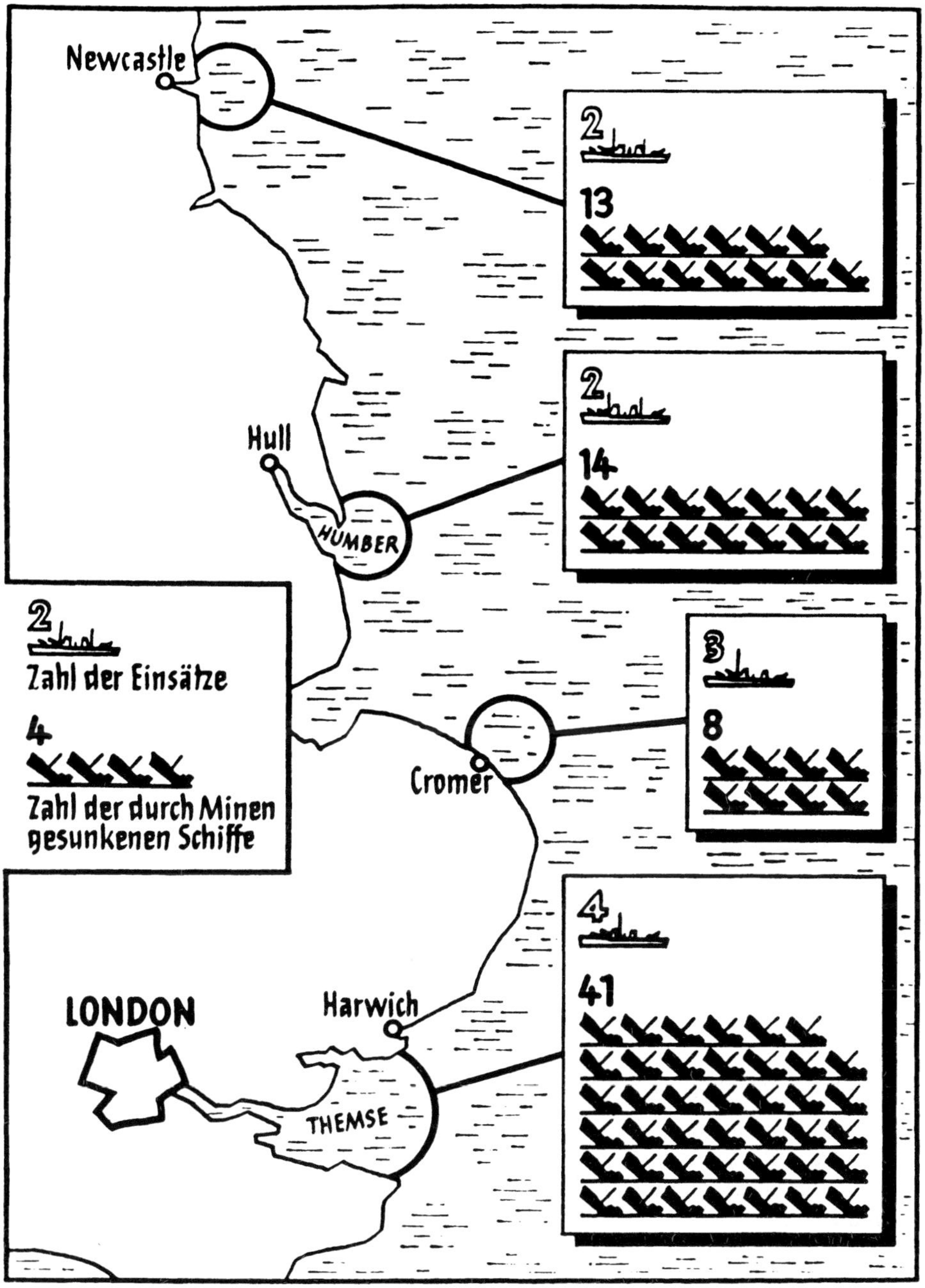

Die Lage der von den deutschen Zerstörern gelegten Minensperren

Nachdem *Hitler* bis zum 14. September *gezögert* hatte, ehe er den Angriff auf feindliche Schiffe im französischen oder gemischt englisch-französischem Gebiet südlich von Brest freigab, schien nunmehr der Zeitpunkt des Schlagens der Panzerschiffe gekommen. Bei der Lagebesprechung der Seekriegsleitung vom 20. September war Großadmiral *Raeder* der festen Überzeugung, daß "nunmehr mit dem Einsatz der beiden Panzerschiffe nicht mehr länger gewartet werden" dürfe. (Siehe KTB der Skl).

Bei seinem Zusammentreffen mit *Hitler* in Zoppot am 23. September versuchte der OB der Kriegsmarine den Führer von der Notwendigkeit des Losschlagens der Panzerschiffe im Nord- und Südatlantik zu überzeugen. Aber erst als er darauf hinwies, daß im Oktober noch keine deutschen U-Boote im Atlantik sein würden, *erhielt er Hitlers Erlaubnis*, die Panzerschiffe einzusetzen. Am 26. September erging folgender Befehl an die beiden Einheiten:

"Handelskrieg gemäß Operationsbefehl durch Vorstöße in die Operationsgebiete wieder aufnehmen. Bisherige Sonderbefehle bezüglich Frankreich sind aufgehoben."

Nur durch einen Start des Bordflugzeuges der "Admiral Graf Spee" gelang es, einem Gesehenwerden zu entgehen. Das Bordflugzeug unter Oblt. z.S. *Spiering* sichtete 28 Minuten nach dem Start in einer Position von 30 sm nordostwärts des eigenen Schiffes den britischen Kreuzer "Cumberland". Dieser befand sich auf dem Verlegungsmarsch von Freetown nach Rio de Janeiro. Da die Arado 196 vom Feind nicht gesichtet worden war, konnte das Panzerschiff ungesehen nach Osten ablaufen.

Am 15. September erreichte die "Adrmial Graf Spee" die Südgrenze des Passats, und zehn Tage darauf erhielt Kpt. z.S. Langsdorff die Mitteilung, daß die Aufnahme des Handelskrieges unmittelbar bevorstehe und daß sich an der Ostküste von Südamerika eine britische Kampfgruppe bewege. Zu ihr gehörten die Kreuzer "Cumberland", "Ajax", "Exeter" und "Despatch" mit zwei Zerstörern und einem U-Boot.

Vor der westafrikanischen Küste operierten zur gleichen Zeit die Kreuzer "Neptun", "Capetown" und "Danae" mit zwei Kanonenbooten und einem U-Boot.

Am 26. September wurde Kpt. z.S. *Langsdorff* volle Operationsfreiheit erteilt. Der Kommandant des Panzerschiffes ließ in den Seeraum 10 Grad Süd und 30 Grad West vorstoßen. Von dort aus lief das Kriegsschiff auf Zickzackkursen den vermuteten Dampferweg ab. Am 29. September wurde es noch einmal ermahnt, auch ja vorsichtig zu sein und nicht den letzten Einsatz zu wagen. Zugleich aber wurde die Bindung des Panzerschiffes an ein bestimmtes Operationsgebiet aufgegeben und Kpt. z.S. Langsdorff Handlungsfreiheit gegeben.

Am 30. September machte der Ausguck vom höchsten Punkt des Schiffes eine Sichtmeldung. Kpt. z.S. *Langsdorff* ließ das Bordflugzeug mit dem Befehl starten, diesen Dampfer zu stoppen. Durch mehrere Salven aus dem Bord-MG wurde der britische Frachter "Clement", 5.051 BRT, zum Anhalten gezwungen.

Doch dieser funkte sofort seinen Namen und Standort und machte damit den Gegner auf die Anwesenheit eines deutschen Kriegsschiffes aufmerksam.

Dies war Anlaß für Kpt. z.S. *Langsdorff*, den Dampfer zu versenken. Während das erneut gestartete Bordflugzeug in einem Kreis von 30 sm um den Dampfer herum Aufklärung flog, wurden der Kapitän des Handelsschiffes und sein Chefingenieur an Bord des Panzerschiffes geholt. Sie gaben zu Protokoll, daß sie Auftrag hätten, bei Insichtkommen eines deutschen Kriegsschiffes so lange wie möglich auf der Kurz- oder Langwelle zu funken und den Gegner zu melden.

Zwei auf die "Clement" geschossenen Torpedos liefen vorbei. Danach wurde dieses Handelsschiff durch die Artillerie der "Admiral Graf Spee" zusammengeschossen und solcherart versenkt. Um der in die Boote gegangenen Besatzung zu helfen, ließ Kpt. z.S. *Langsdorff* einen FT-Spruch auf der 600-m-Welle tasten:

"Please, save lifeboats of 'Clement' 9.04 South, 34.04 West."

Als Unterschrift benutzte er den internationalen Funknamen der "Admiral Scheer", wie dies für einen solchen Fall festgelegt worden war, um den Gegner zu täuschen. Diese Kriegslist zeigte Wirkung, denn sowohl die aufnehmende Funkstation Olinda als auch die gerettete Besatzung der "Clement" erklärten übereinstimmend, daß es die "Admiral Scheer" gewesen sei, die die "Clement" versenkt habe.

Der am 30. September angehaltene Getreidedampfer "Papalemos" aus Chios wurde nach der Untersuchung durch ein Prisenkommando wieder entlassen.

Nachdem die Versenkung der "Clement" bekanntgeworden war, stellte die Britische Admiralität acht Suchgruppen auf, die die Weisung erhielten, nach deutschen Kriegsschiffen zu suchen. Diese Gruppen bestanden aus Schweren und Leichten Kreuzern. Die Kampfgruppe I erhielt zusätzlich einen Flugzeugträger, die "Eagle", um das große Operationsgebiet des Indischen Ozeans und Ceylon aufklären zu können. In zwei der Kampfgruppen stand jeweils ein französisches Schlachtschiff. Die Kampfgruppe "K" jedoch war die stärkste. Sie verfügte nicht nur über den Flugzeugträger "Arc Royal", sondern auch noch über den Schlachtkreuzer "Renown".

Der dritte Flugzeugträger befand sich in der Kampfgruppe "L", in welcher auch das französische Schlachtschiff "Dunquerque" stand. Mit den zusätzlichen drei Leichten Kreuzern sollte sie das Seegebiet um Brest herum aufklären.

Gegen die "Admiral Graf Spee" und die "Deutschland" wurden die Kampfgruppen "K", "H" und "G" eingesetzt. Sie unterstanden dazu dem Commander-in-Chief Atlantic, Admiral G.H. *d'Orly Lyon*. Dieser setzte seine drei Gruppen zu einer großangelegten Suchaktion ein.

Um diese geballte Kraft der drei Gruppen zu zersplittern, forderte die deutsche Skl den Einsatz aller übrigen Schweren Seestreitkräfte. So sollten beispielsweise die "Admiral Scheer", die "Scharnhorst", die "Hipper" und "Gneisenau" in irgendeiner Gruppierung in der nördlichen Nordsee oder im Nordatlantik Kreuzerkrieg führen. (Siehe dazu: KTB der Skl 1. Abt. Teil A, Heft 2).

Die "Admiral Graf Spee" lief auf Suchkurs weiter. Der 4.651 BRT große Dampfer "Newton" wurde am 5. Oktober 1939 auf 9.35 Grad Süd und 6.30 Grad West aufgebracht.

Unter besonderer Tarnung *und* stets schmal (mit dem Bug) zu diesem Frachter laufend und unter französischer Flagge, die gesetzt worden war, gelang es dem Panzerschiff, unerkannt bis auf 1.800 Meter an den Frachter heranzukommen. Dann fiel die Trikolore; die Reichskriegsflagge wurde gehißt und zusätzlich durch internationale Flaggensignale *jedes* Funken verboten.

Trotz dieses Verbots funkte das Schiff. Die übergesetzte Prisenmannschaft konnte die Geheimsachen nicht mehr in die Hand bekommen. Lediglich die Geheimvorschriften der Funkstation wurden im Funkraum sichergestellt.

Das Schiff hatte 7.000 Tonnen Mais geladen; es wurde als Prise übernommen und nach Deutschland in Marsch gesetzt.

Am 7. Oktober kam ein dritter Dampfer in Sicht. Auch dieser unterlag den Täuschungsmanövern der gleichen Art, und es gelang der Prisenmannschaft, das Schiff im Handstreich zu besetzen, ohne daß der Funker im Funkraum Weisung erhalten hatte, einen Notruf zu tasten. Es war der britische Dampfer "Ashlea", der auf diese Weise gekapert wurde. Er hatte 7000 Tonnen Rohzucker an Bord. Nach der Übernahme von zwei Tonnen Lebensmitteln und einer Tonne Gebrauchsgütern wurde er durch angeschlagene und gezündete Sprengpatronen versenkt, nachdem die Besatzung auf die "Newton Beach" übergestiegen war.

Am 8. Oktober wurde dieses für die "Admiral Graf Spee" viel zu langsame Schiff — nach Übernahme der beiden Besatzungen auf das Panzerschiff — versenkt.

Im gleichen Seegebiet wurde am darauffolgenden Tage der englische Frachter "Huntsman" gesichtet und darauf zugehalten. Dieser Frachter hatte eine Ladefähigkeit von 8.196 BRT. Sein Ausguck und die Brückenwache erkannten auf einer Distanz von 4.000 Metern bereits das deutsche Kriegsschiff. Der Funker machte einen Notruf:

"SOS — werde von einem deutschen Kriegsschiff angehalten!"

Das Prisenkommando ging so schnell wie möglich an Bord. Der Funker hatte beim Anbordgehen der Deutschen den Funkruf eingestellt. Die "Huntsman" hatte 9.400 Tonnen Rohgummi, Wolle, Sisal, Jute, Erz und Leder geladen, war also ein wertvolles Schiff. Dem Prisenkommando fielen auch das geheime Logbuch und andere Geheimunterlagen der "Huntsman" in die Hände.

Da die 84 Mann starke Besatzung nicht mehr auf dem Panzerschiff unterzubringen war, wurde die "Huntsman" — natürlich auch um ihre wertvolle Ladung für das Reich zu erhalten — am 12. Oktober unter dem Kommando von Lt. Sonderführer *Schünemann*, in Marsch gesetzt. Nicht zuletzt, damit die Besatzung der Prise nicht die Wartestellung der "Altmark" erkannte, mit der sich die "Admiral Graf Spee" zur Versorgung treffen wollte.

Damit schipperte diese Prise allein in Richtung Deutschland. Am 14. Oktober fand dann das neuerliche Treffen des Panzerschiffes mit seinem Versorger statt. Die "Altmark" hielt zunächst die "Admiral Graf Spee" ebenfalls für ein feindliches Schiff, denn es trug nach wie vor die Tarnbemalung, die offensichtlich wirksam und tarnend war.

Es wurde Öl ergänzt. Ein Arbeitskommando schuf auf dem Versorger die Unterkünfte für die Gefangenen von den drei Schiffen, doch schließlich wurde nur die Besatzung der "Huntsman" an die Altmark übergeben. Kpt. z.S. *Langsdorff* ließ von der Prise noch Sonderproviant auf die "Altmark" schaffen, um die indischen Seeleute — die "Huntsman" kam aus Kalkutta — richtig versorgen zu können. Dann mußte die "Altmark" noch einen Teil der wichtigen Ladung übernehmen. Erst danach wurde die "Huntsman" am Nachmittag des 17. Oktober versenkt.

Während dieser Zeit hatten die Gasten der Maschine eine gründliche Maschinenüberholung durchgeführt, soweit dies mit Bordmitteln möglich war. Am 18. Oktober schrieb Kpt. z.S. Langsdorff in das KTB:

"Abgesehen von der unmittelbaren Schädigung des feindlichen Handels durch die Versenkung der Schiffe soll der Feind gezwungen werden, möglichst große Teile seiner Streitkräfte zum Handelskrieg einzusetzen."

Kpt. z.S. *Langsdorff* hatte inzwischen die Überzeugung gewonnen, daß durch den geballten Einsatz der Gegnerkräfte zur Verteidigung der Handelsschiffahrt jeder Konvoi gegen einzeln operierende deutsche Panzerschiffe hundertprozentig gesichert sein müsse. Er beschloß nun, sich auf die Kaproute zu konzentrieren und zwischen der Walfishbay und St. Helana zu operieren. Damit könnten die Funksender der Handelsschiffe, die er anhalten würde, bei Tag keine der Küstenfunkstellen erreichen.

Auf dem Marsch in das neue Operationsgebiet erfuhr der Kommandant der "Admiral Graf Spee", daß sich die britischen Kampfgruppen "K" und "M" zu einer Jagdgruppe vereinigt hätten und daß diese überstarke Jagdgruppe auf ihn und sein Schiff angesetzt worden war.

Als am 22. Oktober von dem Bordflugzeug das englische Motorschiff "Trevanion" gesichtet wurde, dessen Tonnage mit 5.229 BRT angegeben war, lief das Panzerschiff mit 21 kn Fahrt auf den Gegner zu und sichtete diesen um 13.47 Uhr. Direkt auf die "Trevanion" zustoßend, drehte die "Admiral Graf Spee" erst in einer Distanz von 300 m auf Parallelkurs und versuchte mit seiner 2 cm FlaMW den Funker am Tasten eines Notspruches zu hindern. Dieser aber funkte dennoch, ohne daß es ihm allerdings gelang, den Namen seines Schiffes zu melden.

Dieser Dampfer hatte 8.835 Tonnen wertvollen Zinkerzes an Bord. Er war aus Australien nach Großbritannien unterwegs. Dem Kapitän des Schiffes war es noch gelungen, die Geheimsachen über Bord zu werfen. Das Schiff wurde versenkt, und das Panzerschiff setzte sich über Nacht mit großer Fahrt nach Osten ab. Erst am nächsten Morgen um 6.00 Uhr suchte das Schiff wieder nach neuer Beute. Dazu wurde auch das Bordflugzeug gestartet. Dieses sichtete in der Tat ein Schiff, das jedoch nicht gefunden werden konnte. Es hatte immerhin 50 Seemeilen südlich gestanden und wahrscheinlich das Flugzeug bemerkt. Dies mußte es veranlaßt haben, so schnell wie möglich die Walfischbay anzulaufen.

Bis zum 28. Oktober wurden einige Schiffe gesichtet, die aber nicht erreicht werden konnte. Darunter offenbar auch der Flugzeugträger "Furious", der sehr schnell laufend in aussichtsloser Position vorbeizog und zunächst auch nur als ein "schneller Fracht- oder Personendampfer" angesprochen wurde.

Auf dem verabredeten Treffpunkt stieß an diesem 28. Oktober das Panzerschiff auf die "Altmark". Hier, weit westlich des Kaps der Guten Hoffnung, war die "Admiral Graf Spee" vor ihren Verfolgern so gut wie sicher.

Nach der Versorgung lief das Kriegsschiff weit nach Süden ab, umrundete das Kap der Guten Hoffnung in sicherem Abstand und stand anschließend im Seegebiet vor Madagaskar auf und ab. Hier wurden am 30. Oktober 100 Eiserne Kreuze an die Besatzung verliehen.

Kpt. z.S. *Langsdorff* hatte bereits während der Brennstoff- und Schmierölübernahme von der "Altmark" seinen Offizieren den Entschluß verkündet, nun in den Indischen Ozean zu verlegen. Dort sollten zunächst vor Madagaskar englische Schiffe aufgebracht werden. Dann würde es sich zeigen, ob der Einsatz dort fortgesetzt oder aber die Rückkehr in den Atlantik erfolgen soll.

Am 4. November begann vor Madagaskar das Suchen nach feindlichen Schiffen. Das Bordflugzeug durfte fünf Tage hintereinander wegen der groben See nicht starten. Als es schließlich doch geschleudert wurde, kehrte es mit Rissen am Motorblock zurück.

Mit Kurs auf den Mocambique-Kanal wurde am 14. November Lourenco Marques erreicht. In der kommenden Nacht ließ Langsdorff näher an die Küste herangehen. Hier wurde der Küstenfrachter "Holland" gesichtet. Er passierte unangefochten, weil die hohe See keine Untersuchung zuließ.

Erst am frühen Nachmittag des folgenden Tages wurde der englische Motortanker "African Shell" gesichtet. Das Panzerschiff lief in einer Distanz von 20 sm zur Küste. Als es auf den Dampfer zuhielt, drehte dieser auf einer Distanz von 116 hm auf die Küste zu. Ein Schuß vor den Bug ließ ihn aber sofort stoppen, ehe er die Hoheitsgewässer der Portugiesen erreicht hatte. Kurz nach 14.00 Uhr ging das Prisenkommando an Bord. Der moderne Motortanker fuhr auf Ballast. Sein Ziel war Lourenco Marques, und sein Kapitän behauptete, er befinde sich in portugiesischem Hoheitsgebiet. Um dieses zu prüfen, legte sich die "Admiral Graf Spee" zwischen das Schiff und die Küste und bestimmte den Standort des eigenen Schiffes nach genauen Landpeilungen. Es lag sieben

Seemeilen von der Küste entfernt, befand sich also außerhalb der portugiesischen Hoheitsgewässer.

Es wurden an den neuralgischen Stellen zwei Sprengpatronen angeschlagen; nachdem der Kapitän an Bord des Panzerschiffes genommen war, erfolgte die Sprengung. Währenddessen ruderte die übrige Besatzung — sechs Weiße und 24 Schwarze — eilig dem nahen Land entgegen.

Inzwischen war ein weiteres Schiff in Sicht gekommen. Es war der japanische Dampfer "Tihuku Maru". Gemäß den Befehlen der Skl hielt Langsdorff diesen Dampfer erst gar nicht an, sondern wünschte ihm durch Flaggensignale "Gute Fahrt!" Dazu lief er sehr nah an den Japaner heran, damit dieser ihn auch sicher erkannte und der Standort des deutschen Schiffes im Bestimmungshafen Lourenco Marques bekannt wurde.

"Ich hoffe", schrieb Kpt. z.S. Langsdorff in das KTB, "daß wir damit die erstrebte Alarmierung des Indischen Ozeans erzielt haben."

Danach lief das Panzerschiff außer Sicht von Land und marschierte mit großer Fahrt der freien See entgegen. Ab 21.00 Uhr setzte der Funker der "Admiral Graf Spee" folgenden Funkspruch ab:

"Im Kreise um Durban zwölf Tage auf allen Wegen gesucht. Versenkt nur 'African Shell' vor Delagaobucht. Einwandfrei außerhalb der Hoheitsgewässer. Sonst nur Neutrale getroffen. Gehe zur Überholung der Motoren zur 'Altmark'".

In einem weiteren Funkspruch an die Skl meldete er, daß eine Weiterführung des Handelskrieges von der Überholung der Maschinen abhängig sei und daß das Bordflugzeug ausgefallen war. Seinem Troßschiff aber befahl er, den Treffpunkt 600 Seemeilen weiter nach Osten zu verlegen.

Auf dem Wege zum Treffpunkt sichtete der Ausguck einen Dampfer. Es war das holländische Motorschiff "Mapia", das auf dem Wege von Amsterdam nach Medang auf Sumatra war. Kpt. z.S. Langsdorff verzichtete auf eine Durchsuchung des Schiffes, das damit diesen 16. November als neuen Geburtstag feiern durfte.

Nach einigen schweren Sturmtagen erreichte der "Raider" den Treffpunkt der "Altmark" am 26. November 1939. Es war der Totensonntag. Nach der Treibstoffübernahme wurde die Motorenüberholung, die bereits am 23. November begonnen worden war, beendet. Danach trat die "Admiral Graf Spee" den Weg in den Südatlantik an.

Im Südatlantik: Bis zum bitteren Ende

In den ersten Dezembertagen operierte das Panzerschiff "Admiral Graf Spee" wieder im Südatlantik. Am 2. Dezember wurde hier der Turbinenfrachter "Doric Star" mit 10.086 BRT aufgebracht. Er kam aus Australien und hatte Getreide, Wolle und Fleisch an Bord. Es gelang dem Frachter, noch einen Notruf abzusetzen: "1417 RRR 19.15 h S 05 — 30 E Doric Star gunnend — Battleship."

Da der leitende Ingenieur dieses Zweiturbinenschiffes die Maschinenanlage unbrauchbar gemacht hatte, konnte Kpt.z.S. Langsdorff seine Absicht, dieses wichtige Schiff erst zur "Altmark" zu bringen und dort auszuladen, nicht wahrmachen. Langsdorff trieb den Prisenoffizier zur Eile bei der Bergung der wichtigsten Dinge an.

Inzwischen war das Bordflugzeug, das um 12.00 Uhr gestartet war, noch immer nicht zum Schiff zurückgekehrt. Es galt also, nach ihm zu suchen.

Der Prisenoffizier übernahm aus dem wichtigen Schiff 19 Silberbarren im Wert von 2.140 Pfund.

Die Zündschnüre zu den Sprengpatronen versagten mehrere Male. Deshalb wurde die "Doric Star" mit sieben Schuß der Schweren Artillerie und einem Torpedo versenkt.

Nunmehr machte sich das Panzerschiff auf die Suche nach dem ausgebliebenen Bordflugzeug. Es dauerte Stunden, ehe bei Einsetzen der Abenddämmerung zwei weiße Sternschüsse des Flugzeuges bemerkt wurden. Darauf zuhaltend konnte die Arado 196 erreicht und Maschine und Besatzung an Bord genommen werden. Es war nur noch eine Frage von wenigen Stunden, bis die Arado gesunken wäre, denn ihr Backbordschwimmer war bereits voll Wasser glaufen.

Mit Marschfahrt 17 Knoten lief das Panzerschiff in der Nacht ab, um am frühen Morgen des nächsten Tages ein weiteres Schiff zu sichten: den britischen Frachter "Tairoa" mit 7.983 BRT. Noch vor seiner Aufbringung gelang es dem Dampfer, einen Warnspruch mit genauer Positionsangabe abzusetzen. Das Schiff hatte 12.000 Tonnen Gefrierfleisch für England geladen. Es wurde um 9.20 Uhr durch Artillerietreffer und einen Torpedoschuß versenkt.

Auch dieses Schiff hätte Kpt.z.S. Langsdorff gern zur "Altmark" mitgenommen, doch es war durch die Beschießung mit der 3,7 cm-Kanone in seiner Ruderanlage beschädigt worden. 81 Mann der Besatzung wurden auf die "Admiral Graf Spee" übernommen. Sie kamen zu der übernommenen Besatzung der "Doric Star" hinzu, so daß auf dem Panzerschiff ein ziemliches Gedränge herrschte. Die bei diesem Schiff erbeuteten Geheimunterlagen zeigten die genauen Dampferrouten von und nach Australien. Nach ihnen ergab sich die Tatsache, daß die "Admiral Graf Spee" zu weit nördlich gesucht hatte. Weitere wertvolle Unterlagen über den künftigen Einsatz deutscher "Raider" im Indischen Ozean kamen hinzu.

Von hier aus marschierte die "Admiral Graf Spee" zum Treffpunkt mit der "Altmark", die am Mittag des 6. Dezember erreicht wurde.

Zunächst erfolgte die Übergabe der insgesamt 144 Gefangenen. Nur die Offiziere und Funker der versenkten Handelsschiffe blieben auf dem Panzerschiff zurück.

Als am Abend um 22.42 Uhr Alarm gegeben wurde, liefen die beiden deutschen Schiffe nach Westen ab. Wenig später kam an Steuerbord voraus ein Schiff in Sicht, das abgeblendet lief. Damit wäre Kpt.z.S. Langsdorff zur Feuereröffnung berechtigt gewesen. Doch er ließ das Feuer nicht eröffnen, da die Möglichkeit bestand, daß es sich hierbei um ein heimwärtslaufendes deutsches Schiff handeln könnte. Da ein Anruf in englischer Sprache das Schiff möglicherweise zur Selbstversenkung gebracht hätte, unterließ Langsdorff auch dieses. Für Anhalten eines Schiffes bei Dunkelheit war nämlich von der Skl englischer Klartext vorgesehen, um das eigene Schiff zu tarnen.

Das Schiff lief, ohne zu funken, an dem Panzerschiff vorbei und kam um 23.00 Uhr außer Sicht.

Die am Abend des nächsten Tages angehaltene "Streonshalh" war ein englisches Weizenschiff. Es wurde versenkt und die 31 Mann starke Besatzung übernommen.

Am nächsten Tag lief die "Admiral Graf Spee" in langen Suchschlägen mit der Generalrichtung La Plata-Mündung. Eine Mitteilung der Skl hatte besagt, daß ein englischer Konvoi, bestehend aus vier Dampfern und von einem Hilfskreuzer geleitet, aus Montevideo auslaufen werde.

Der Einsatz des Bordflugzeuges am 11. Dezember nach Reparatur des Schwimmers erbrachte keine Sichtmeldung. Bei der Landung ging der Motor der Arado 196 zu Bruch.

In der Nacht zum 13. Dezember stand die "Admiral Graf Spee" vor der Mündung des La Plata-Flusses. Es war gegen Morgen, als sich das Schiff — auf Ostkurs laufend — jener Marke näherte, wo es auf Westkurs gehen sollte, als der Ausguck eine Meldung machte: "Backbord voraus Mastspitzen!"

Die "Admiral Graf Spee" drehte auf die Sichtmeldung zu. Kpt.z.S. Langsdorff war der Auffassung, daß es sich hier um den gemeldeten Geleitzug handeln müsse, den er angreifen und versenken wollte.

Sein Navigationsoffizier, FKpt. *Wattenberg*, machte den Kommandanten auf jenen Teil des Operationsbefehls aufmerksam, nach welchem das Panzerschiff *auch* dem eigenen Schiff unterlegenen feindlichen Kriegsschiffen ausweichen sollte, *wenn* dieser Einsatz für die Hauptaufgabe des Schiffes nicht unbedingt erforderlich war.

Als das Schiff in Sicht kam, wurde der englische Kreuzer "Exeter" erkannt. Kurz darauf kamen zwei Leichte Kreuzer der Achilles-Klasse in Sicht. Diese stellten sich kurz darauf als "Achilles" und "Ajax" heraus. Dieser kleine Kampfverband war von Vizeadmiral G.H. *d'Orly Lyon*, dem Befehlshaber der

Südatlantikstation Freetown, unmittelbar nach Eingang des Notrufes der "Doric Star" in Marsch gesetzt worden. Er hatte Befehl, zur südamerikanischen Küste zu laufen, weil von dort aus die wichtigen Fleisch- und Getreidelieferungen für Großbritannien herkamen. Dort mußte nach der Meinung des Vizeadmirals der deutsche Raider bald auftauchen.

Über Funk hatten diese drei Kreuzer von ihrem Kampfgruppenchef, Commodore Harwood, folgenden Befehl erhalten:

"Mein Verfahren lautet: Mit drei Kreuzern zusammen gegen ein Panzerschiff sofort anzugreifen, bei Tag und bei Nacht. Bei Tag in zwei Gruppen kämpfen, die 1. Division und 'Exeter' auseinandergezogen, um Flankenbedrohung zu erzielen. 1. Division ("Achilles" und "Ajax") gemeinsame Feuerleitung. Bei Nacht bleiben die Schiffe in geöffneter Ordnung zusammen."

Da Kpt.z.S. Langsdorff eine Abschüttlung dieser Verfolger für aussichtslos hielt, nahm er den Kampf an und eröffnete um 6.27 Uhr das Feuer aus den beiden 28 cm-Türmen auf die "Exeter". Drei Minuten später erwiderte "Exeter" das Feuer, während die beiden Leichten Kreuzer mit hoher Fahrt zur anderen Seite des Panzerschiffes liefen, um dieses dann von beiden Seiten angreifen zu können. Damit wäre die Feuerkraft und zugleich auch die Gefährlichkeit des Panzerschiffes halbiert.

"Ajax" schoß eine Minute nach der "Exeter" ebenfalls, und als letzter der beteiligten Kreuzer griff "Achilles" abermals drei Minuten später in das Gefecht ein.

Nach Backbord auf Westkurs drehend, versuchte Langsdorff die erkannte Absicht des Gegners, ihn von beiden Seiten unter Feuer zu nehmen, wenn nicht zu vereiteln, so doch zu erschweren. Er lief langsam der "Exeter" nach und schoß weiter auf diesen Gegner. Mit der dritten Salve detonierte ein Volltreffer der "Admiral Graf Spee" in Höhe des Flugzeugkatapultes der "Exeter". Der Steuerbord-Torpedosatz dieses Zerstörers fiel dadurch aus. Ebenso versagte die Befehlsübermittlung. Mit dem nächsten Treffer wurde der Turm "B" des Schweren Kreuzers außer Aktion gesetzt. Splitter fetzten über die Brücke der "Exeter" hinweg und töteten oder verwundeten alle dort versammelten Offiziere. Lediglich der Kommandant, Captain F.S. *Bell*, entging diesem verheerenden Splitterregen. Er eilte zum achteren Steuerstand, um das manövrierunfähig geschlagene Schiff von dort weiterführen zu können.

Es war 6.38 Uhr, als ein weiterer Volltreffer in den Turm "A" hineinschlug. Ein mittschiffs einhämmernder Treffer der Schweren Artillerie entfachte einen starken Brand.

Es war Captain *Bell* gerade gelungen, seinen Kreuzer nach Steuerbord anzudrehen, um die Backbord-Torpedos schießen zu können. Er ließ diese abfeuern, doch die "Admiral Graf Spee" drehte mit einem schnellen Manöver aus der Schußlinie heraus, so daß die Torpedos vorbeirasten.

Auch das deutsche Panzerschiff hatte schwere Treffer erhalten. Eine 15 cm-Granate hatte das an Backbord stehende 3. Geschütz außer Gefecht gesetzt. Die Flak I wurde ebenfalls getroffen und fiel aus.

Inzwischen waren die beiden Leichten englischen Kreuzer nach achteraus zurückgefallen und versuchten, als sie die haushohen Flammen aus der "Exeter" emporschlagen sahen, diesem Schiff zur Hilfe zu eilen. "Achilles" wurde dann als erster von der Artillerie der "Admiral Graf Spee" getroffen, als diese Zielwechsel machte. Der vordere Leitstand des Leichten Kreuzers fiel ebenso wie die Feuerleitanlage aus, so daß die "Achilles" nun nicht mehr nach der Feuerleitung der "Ajax" schießen konnte, wie dies vereinbart war, sondern ihr Feuer selbständig leiten mußte.

Damit wurde das bisher gut liegende 15 cm-Feuer beider Leichten Kreuzer ungenau. Es gelang der "Admiral Graf Spee" darüber hinaus, durch schnelle Kurswechsel und Nebeln das gegnerische Feuer weiter zu erschweren. Erst eine halbe Stunde nach Angriffsbeginn erzielten die beiden Leichten Kreuzer wieder den nächsten Treffer.

Währenddessen hatte die schwer angeschlagene "Exeter" ihr Feuer eingestellt und war abgedreht. Die "Admiral Graf Spee" konnte sich nun voll auf die beiden Leichten Kreuzer konzentrieren. Diese liefen schnelle Ausweichmanöver, nebelten und zackten mehrfach mit Hartruderlegen weg.

Als dann die "Exeter" zur Unterstützung der beiden Leichten Kreuzer um 6.50 Uhr noch einmal mit ihrem achteren Turm in den Kampf eingriff, mußte "Admiral Graf Spee" einen neuerlichen Zielwechsel durchführen. Die "Exeter" wurde ein weiteresmal schwer eingedeckt. Von ihrem achteren Turm schoß schließlich nur noch ein Rohr. Dann erhielt die "Exeter" starke Schlagseite, sie drehte qualmend und Nebel blasend ab und versuchte nach Süden zu entkommen.

Um die "Exeter" nicht endgültig zu verlieren, ließ Commondore Harwood nun mit beiden Leichten Kreuzern den Rückzug der "Exeter" decken. Er befahl den Torpedoschuß beider Leichter Kreuzer. Abermals gelang es dem deutschen Kommandanten, mit schnellen Rudermanövern den tödlichen Torpedos zu entgehen.

Daß es darüber hinaus trotz der Kursänderung gelang, noch einmal einen 28 cm-Treffer auf der "Ajax" zu landen, der ihre beiden achteren Türme außer Gefecht setzte, war eine besondere Leistung der deutschen Besatzung.

Nun ließ Commodore *Harwood* abdrehen und im künstlichen Nebel ablaufen. Mitten in der Drehung erhielt "Ajax" dann einen weiteren 28 cm-Treffer, der den Mast und die gesamte Sendeanlage zerstörte.

Beide Leichte Kreuzer liefen nun auf Südkurs und legten sich zwischen die "Admiral Graf Spee" und die schwer getroffene "Exeter". Sie schossen ihre Torpedos und zwangen damit das deutsche Panzerschiff zu dauernden Kursänderungen, was seine Artillerie am vernichtenden Schuß hinderte.

Es war 7.40 Uhr, als Commodore *Harwood* das Gefecht abbrach. Das Feuer der "Admiral Graf Spee" hatte in der Zwischenzeit noch einige weitere Beschädigungen auf "Exeter" hervorgerufen.

An die Skl ließ Kpt.z.S. *Langsdorff* anschließend einen *FT-Spruch* absetzen, in dem er den Verlauf des Gefechtes und seine eigenen Schäden meldete:

"Die Aufnahme der erhaltenen Treffer ergibt, daß alle Kombüsen bis auf die Admiralskombüse ausgefallen sind. Die Reparatur mit Bordmitteln ist fraglich. Ein Wassereinbruch in der Mehllast stellt die Brotversorgung in Frage, während Treffer in die Back für den Winter im Nordatlantik das Schiff seeunfähig machen. Ein Treffer hat den Gürtelpanzer durchschlagen, das Panzerdeck ist an einer Stelle eingerissen. Beschädigungen im Achterschiff. 36 Tote, 6 Schwerverwundete, 53 Leichtverwundete. Da das Schiff mit Bordmitteln für den Durchbruch in die Heimat nicht klargemacht werden kann, fasse ich den Entschluß, nach La Plata zu gehen, auch auf die Gefahr hin, dort eingeschlossen zu werden."

Die Seekriegsleitung erklärte sich mit diesem Entschluß einverstanden. Und während das deutsche Panzerschiff seinen Kurs auf Montevideo legte, ließ Commodore *Harwood* — nach der Meldung seiner Aufklärungsflugzeuge, daß der Panzerkreuzer die Verfolgung abgebrochen habe — kehrtmachen und durch die beiden Leichten Kreuzer an dem deutschen Gegner Fühlung halten, während die "Exeter" zum nächstgelegenen britischen Stützpunkt weiterhinkte.

Noch vor Sonnenuntergang griff Commodore *Harwood* die "Admiral Graf Spee" abermals an. Der Kommandant des Panzerkreuzers ließ das Feuer nur langsam erwidern, weil die Meldungen über den Munitionsbestand bedenklich lauteten. (Die "Admiral Graf Spee" hatte die Hälfte ihrer Munition verbraucht). Aber die Salven des deutschen Schiffes lagen so gut, daß die beiden Leichten Kreuzer wieder abdrehten und ihr Heil in der Flucht suchten.

Als sie dann aber noch einmal dicht herankamen und das Feuer eröffneten, wurden sie durch einige gut liegende Schüsse abermals zurückgetrieben. Einer der beiden Leichten Kreuzer nahm in achtungsvoller Entfernung die Verfolgung der "Admiral Graf Spee" in Richtung Montevideo auf.

In dieser Lage hatte Kpt.z.S. Langsdorff die letzte Möglichkeit, aus dem gelaufenen Kurs auszuscheren und mit schneller Fahrt in der Weite des Südatlantiks zu verschwinden. Da aber auch die Treiböl- und Schmierölleitungen beschädigt waren, wollte Langsdorff es nicht darauf ankommen lassen, irgendwo liegenzubleiben und dem Gegner "als reife Frucht" in den Schoß zu fallen. Er mußte diese dringenden Überholungsarbeiten in Montevideo machen lassen. Deshalb lief er nach Montevideo ein und ankerte auf der Reede. Die Regierung von Uruguay schickte eine Sachverständigen-Kommission auf das Schiff. Diese hielt nach genauer Untersuchung eine Liegezeit zur Ausbesserung der Schäden von mindestens 14 Tagen für gegeben. Dennoch genehmigte die uruguayische Regierung dem Panzerschiff nur 48 Stunden Liegezeit. Dem deutschen Gesandten gelang es,

In der Schlussphase des Polen-Feldzuges war Hitler oft bei seinen Truppen und wurde von ihnen begeistert empfangen.

General der Flieger Kesselring begrüßt Hitler auf einem Feldflughafen. Links neben Hitler der noch unbekannte Generalmajor Erwin Rommel.

Der Seenotdienst der Deutschen Luftwaffe: An Bord des Flugsicherungsschiffes »Bernhard von Tschirschky«. Mitte: Major Heß, Mann der ersten Stunde

Eine Do 24 – Hauptflugzeug des Seenotdienstes

Die He 59 in Nord- und Ostsee Retter in Not

Die Arado 196 Aufklärer für Seenotfälle und Bordflugzeug

Kapitän zur See Friedrich Bonte, ab November 1939 Führer der Zerstörer und Kommodore

Fregattenkapitän Alfred Schulze-Hinrichs, Kommandant von »Erich Koellner«

Fregattenkapitän Fritz Berger, Chef der 1. Zerstörer-Flottille

Minendetonation. Ein Handelsschiff sinkt

diese Zeit auf 72 Stunden verlängert zu bekommen. Aber auch dies reichte nicht zur Ausbesserung der vielen Schäden aus.

Diese Verlängerung kam jedoch dem Gegner zugute. Die Britische Admiralität, die natürlich ebenfalls über Funk von dem Seegefecht verständigt worden war und davon, daß der deutsche Gegner angeschlagen sei und in Montevideo seine Beschädigungen ausbessere, ließ alle Einheiten, die in den nächsten Tagen die La Plata-Mündung erreichen konnten, dorthin in Marsch setzen. Als erster traf der Schwere Kreuzer "Cumberland", vom Hafen Port Stanley auf den Falklandinseln in See gehend, am späten Abend des 14. Dezember ein und verstärkte die beiden Leichten Kreuzer.

Die auf der "Admiral Graf Spee" befindlichen Gefangenen wurden in Montevideo entlassen, die Verwundeten in die Krankenhäuser der Stadt geschafft. Die Gefallenen wurden unter großer Anteilnahme der gesamten Bevölkerung bestattet. Auch die entlassenen Kriegsgefangenen nahmen ohne Ausnahme an der Trauerfeier teil. Sie hatten durch die Besatzung der "Admiral Graf Spee" viel Gutes erfahren.

Meldungen, die den Kommandanten erreichten und nach welchen schwere britische Seestreitkräfte, darunter der Schlachtkreuzer "Renown" und der Flugzeugträger "Arc Royal", eingetroffen seien, stellten sich als falsch heraus. Lediglich die "Cumberland" war — wie bereits genannt — eingetroffen. Die nach Montevideo in Marsch gesetzen Schweren Kreuzer "Dorsetshire" und "Shropshire", der Leichte Kreuzer "Neptune" und drei Zerstörer wurden erst in etwa vier Tagen erwartet.

Auf der "Admiral Graf Spee" gab es für die Schwere Artillerie nur noch für 50 Salven Munition. Deshalb richtete Kpt.z.S. Langsdorff über den deutschen Gesandten folgendes Telegramm an die Seekriegsleitung:

"Militärische Lage: Vor Montevideo außer Kreuzern, Zerstörern 'Arc Royal' und 'Renown'. Nachts englische Absperrung. Ausbruch in die freie See und Durchbruch in die Heimat aussichtslos. Beabsichtige Auslaufen bis zur Nationalitätsgrenze. Falls durch den Einsatz der Restmunition Buenos Aires erreicht werden kann, soll dies versucht werden. Für den Fall, daß der Durchbruch zur sicheren Vernichtung der 'Graf Spee' ohne Möglichkeit der Schädigung des Feindes führt, erbitte ich Entscheidung, ob Versenkung trotz ungenügender Wassertiefe in der La Plata-Mündung oder Internierung. Entscheidung durch Funkspruch erbeten." (Siehe: KTB der "Admiral Graf Spee" S. 245).

Die Skl stimmte den Vorschlägen des Kommandanten zu und forderte diesen auf, so lange wie möglich in den neutralen Gewässern zu bleiben, um sich Handlungsfreiheit zu erhalten. Eine Internierung in Uruguay sollte aber unter allen Umständen vermieden werden.

Kpt.z.S. Langsdorff entschied sich schließlich dazu, sein Schiff selbst zu versenken.

Am 17. Dezember 1939 ging der Kommandant um 3.00 Uhr an Bord seines Schiffes zurück, nachdem eine mehrstündige Unterredung mit dem deutschen

Gesandten ohne Erfolg geblieben war. Er gab nunmehr die Befehle zur Sprengung des Schiffes.

Die "Admiral Graf Spee" hätte bereits am Abend zuvor in See gehen müssen. Da aber unmittelbar vor Ablauf dieser Frist der englische Dampfer "Dunster Grange" ausgelaufen war, durfte das deutsche Panzerschiff erst 24 Stunden darauf ankerauf gehen.

Um 18.20 Uhr lief die "Admiral Graf Spee" aus. An Bord waren nur noch 40 Soldaten der Besatzung, die für die Schiffsführung unbedingt notwendig waren. Der Rest der Bestzung war auf den deutschen Dampfer "Tacoma" übergestiegen und folgte nach. Um 19.00 Uhr hatte das Schiff seinen Ankerplatz auf der Reede erreicht. Es stand etwa 1,2 Seemeilen außerhalb der uruguayischen Hoheitsgewässer. Die "Tacoma" stand etwa 3000 m weiter ab.

Nachdem die Restbesatzung von Booten aufgenommen worden war, stieß mit Sonnenuntergang eine Stichflamme aus der "Admiral Graf Spee" empor. Eine mächtige schwarze Rauchwolke folgte nach und stieg höher und höher. Kurz darauf schien sich das Heck des Panzerschiffes in einen glühenden Feuerball zu verwandeln.

In dichten Rauch gehüllt, verschwand die "Admiral Graf Spee", die sich zunächst weit nach Steuerbord legte und mit dieser Seite sehr schnell unter Wasser kam. An der Backbordseite ragten der Achtere Turm und die gesamte Flanke bis nach vorn aus dem Wasser, das an dieser Stelle nur etwa acht Meter tief war. Im Innern des Schiffes wüteten riesige Ölbrände.

Am Morgen des 20. Dezember 1939 fand man Kapitän zur See *Langsdorff* tot in seiner Unterkunft. Er lag in voller Uniform auf der Kriegsflagge seines Schiffes. Er hatte sich erschossen. In einem Brief an den deutschen Gesandten hatte er seinen Entschluß bekräftigt, das Schicksal seines Schiffes zu teilen.

Als "Raider" im Kreuzerkrieg hatte die "Admiral Graf Spee" neun Handelsschiffe mit 50.081 BRT versenkt, bevor auch sie für immer auf Tiefe ging.

Ein besonderes Schicksal erlitt die "Altmark", das Versorgungsschiff der "Admiral Graf Spee". Sie erhielt am 19. Dezember die Weisung, nach Deutschland zurückzukehren. Kapitän *Dau*, der sein Schiff fest in der Hand hatte, passierte mit ihm die Enge zwischen den Färöern und Island. Über ihr Schicksal wird im zweiten Band dieses Gesamtwerkes die Rede sein müssen.

Das Panzerschiff "Deutschland" Operationen im Nordatlantik

Kapitän zur See *Wenneker*, der Kommandant der "Deutschland", hatte ebenso wie Kpt.z.S. *Langsdorff* am 3. September 1939 durch den B-Dienst der Kriegsmarine erfahren, daß die feindliche Schiffahrt eingeschränkt sei und daß sie teilweise bereits in Konvois fahre. Dennoch rechnete er im Nord- und Mittelatlantik lediglich mit einzeln laufenden Handelsschiffen.

Dies war der Grund dafür, daß er sich dazu entschloß, sich zur Handelskriegsführung zunächst in den Seeraum 50 Grad Nord und 30 Grad West zu begeben.

"Von dort aus werde ich versuchen, den Amerika-England-Trakt aufzurollen. Erlaubt dort die Wetterlage keine Durchsuchung, dann begebe ich mich nach Punkt 35 Nord und 40 West zur Handelskriegsführung auf der Westindien-Azoren-Route." (Siehe: KTB des Panzerschiffes "Deutschland" PG 47/912).

Am 5. September befand sich die "Deutschland" bereits in der Nähe ihres Operationsgebietes. Um 6.06 Uhr dieses Tages startete das Bordflugzeug des Panzerschiffes mit der Besatzung Oblt. z.S. *Kell* als Beobachter und Fw. *Haberkorn* als Flugzeugführer zum ersten Aufklärungsflug. Die Maschine sollte bis 7.30 Uhr wieder zurück sein. Als dies nicht der Fall war, befahl Kpt.z.S. *Wenneker* dem Funker, nach der Maschine zu rufen. Doch es kam kein Funkkontakt zustande. Es war 9.20 Uhr, als der Funkraum endlich die ersten Peilzeichen des Flugzeuges aufnahm. Nun begann die Suche, die nach geraumer Zeit zum Erfolg führte und die wegen Brennstoffmangels auf See niedergegangene Arado 196 fand. Sie war beim Aufsetzen auf See am Höhenleitwerk beschädigt worden. (Siehe zu den Bordfliegereinsätzen allgemein: Kurowski, Franz: Bordflieger im Einsatz 1939-1945).

Auch die "Deutschland" erhielt den Funkspruch der Skl vom 7. September, den Handelskrieg noch nicht zu eröffnen. Kpt.z.S. *Wenneker* hielt sich nunmehr zunächst nahe der Ostküste von Grönland auf. Dazu bemerkte er in seinem KTB:

"Ich bin der Ansicht, daß ich an der Ostküste von Grönland noch längere Zeit ungefährdet bin und nur durch Zufall entdeckt werden kann. Mit einem solchen Zufall muß allerdings auch gerechnet werden, da ein über einen längeren Zeitraum sich erstreckendes Aufklären des Nordmeeres durch einzelne feindliche Kreuzer möglich ist. Einen planmäßigen Ansatz einer größeren Anzahl gegnerischer Streitkräfte glaube ich um so weniger annehmen zu müssen, als für den Gegner bei dem bisherigen Nichteingreifen der 'Deutschland' keine unmittelbare Veranlassung dazu vorliegt."

Die "Westerwald" blieb, wenn auch weit abgesetzt, im gleichen nördlichen Seegebiet. Am 9. September trafen sich diese beiden Schiffe zur Ölversorgung des Panzerschiffes. Der Ölschlauch brach bei der groben See zweimal, so daß schließlich die Beölung abgebrochen werden mußte. Erst am 11. September konnte die Ölübernahme aus der "Westerwald" erfolgen. Die Verproviantierung ging rasch vonstatten, nachdem die "Westerwald" das Panzerschiff in Schlepp genommen hatte und es mit zwei Knoten Fahrt quer zur See schleppte. Die Mannschaft der "Westerwald" arbeitete in dieser Zeit an der Umtarnung, die aus dem deutschen Treibölversorger einen norwegischen Dampfer machen sollte.

Am 26. September wurde der "Deutschland" der Handelskrieg freigegeben. Kpt.z.S. *Wenneker* entschloß sich, auf den Seewegen zwischen Golf-Mittelamerika-Kanalroute zu operieren und damit zunächst die Hauptangriffsgebiete des Operationsbefehls nicht anzusteuern. Er hoffte, auf der Mittelamerika-Route auf zahlreiche Tanker zu stoßen, die als "Edelwild" galten. Daß darüber hinaus für das Panzerschiff die Chance bestand, für sich Treibstoff zu erbeuten, war mit ein Grund, diese Route zunächst zu bevorzugen.

Die "Deutschland" wich jedem Zusammentreffen mit anderen Schiffen aus, um nicht vorzeitig alles zu alarmieren. Sie erreichte am 1. Oktober das Operationsgebiet und stand darin vier Tage ergebnislos auf und ab. Kpt.z.S. *Wenneker* entschloß sich am Ende des vierten Tages, noch einen Tag zuzugeben. Dies sollte sich als kluge Entscheidung herausstellen, denn am 5. Oktober kam der englische Dampfer "Stonegate" in Sicht. Das 5.044 BRT große Schiff hatte 8.600 Tonnen Salpeter geladen und war von Tocopilla nach Alexandria unterwegs. Es gelang dem Dampfer, noch einen kurzen Warnspruch abzusetzen, in welchem er vor einem unbekannten Kriegsschiff warnte. Die 37-köpfige Besatzung wurde an Bord genommen und das Schiff versenkt.

Der Funkspruch der Skl am Abend dieses Tages warnte beide Panzerschiffe vor einem Jagdverband, der in Stärke von drei englischen Kreuzern im Südatlantik operiere; Kpt.z.S. *Wenneker* ließ weiter nach Norden laufen. Dort hoffte er auf günstiges "Schußgebiet" zu treffen, weil zwei der drei englischen Kreuzer, die als Jagdgruppe genannt worden waren, zur Kanada-Station gehört hatten und diese demnach entblößt sein mußte.

Am 9. Oktober erreichte die "Deutschland" das neue Operationsgebiet und sichtete am Nachmittag das US-Schiff "City of Flint" mit 4.963 BRT. Das Schiff wurde aufgebracht, ohne daß es einen Notruf funken konnte. Da das Prisenkommando feststellte, daß die Hauptladung für England bestimmt war, entschloß sich der Kommandant der "Deutschland" dazu, es mit einem Prisenkommando zu versehen und nach Deutschland zu schicken. Das Schiff wurde nach Besetzung durch das deutsche Prisenkommando entlassen. Es erreichte am 20. Oktober Tromsö. Dort wurde es von dem Minenleger "Olav Tryggvasen" gestoppt und von der norwegischen Behörde beschlagnahmt. Das Prisenkommando ging in die Internierung. Danach durfte die "City of Flint" wieder nach den USA zurückkehren. (Dieses Schiff wurde am 25. Januar 1943 durch U 575 unter Kptlt. Heydemann versenkt).

Am Nachmittag des 12. Oktober kam schließlich ein Norweger in Sicht. Er war mit Kohle beladen, die für Oslo bestimmt war, und durfte passieren. Am 14. Oktober war die "Deutschland" erfolgreicher, als der norwegische Frachter "Lorentz W.Hansen" gestellt wurde. Er hatte Holz für England geladen und durfte nach der Prisenordnung versenkt werden. Dies geschah nach Übernahme der 21 Besatzungsmitglieder durch Torpedoschuß.

Am selben Tage wurde ein weiterer Norweger gesichtet, der ebenso passieren durfte wie der am 15. Oktober angehaltene "Japaner".

Nun lief die "Deutschland" zu einer weiteren Verproviantierung und Überholung zum Treffpunkt mit der "Westerwald".

Durch den schweren Sturm laufend, der sich am 16. Oktober zum Orkan steigerte und auf Stärken bis zu 12 anschwoll, erreichte die "Deutschland" den Treffpunkt am 20. dieses Monats. Von der "Westerwald" war hier nichts zu entdecken. 48 Stunden lang versuchten die Ausgucks etwas zu sehen, bemühte sich der Funker, den Kontakt herzustellen. Dann erst wurde der erste Funkspruch der "Westerwald" empfangen, die im schweren Sturm abgelaufen war. Es dauerte noch drei Tage, bis das Versorgungsschiff zur Stelle war. Nun konnte Kpt. Grau erklären, daß das Schiff auf der Höhe des Sturmes 150 Seemeilen vom vorgesehenen Treffpunkt hatte beidrehen müssen und durch den Sturm noch weiter nach Süden versetzt worden war.

Die Maschinenüberholung dauerte bis zum 31. Oktober. Gleichzeitig damit liefen alle anderen Versorgungsmaßnahmen an. Als letztere abgeschlossen waren, galt es, zwei weitere Tage an den Maschinen zu arbeiten, um sie restlos wieder einsatzbereit zu machen.

Am 1. November ging ein FT-Spruch der Skl bei der "Deutschland" ein, mit dem Kpt.z.S. *Wenneker* mitgeteilt wurde, daß die alte Planung — gemeinsam mit der "Westerwald" zum Durchbruch anzusetzen — hinfällig sei und daß die "Deutschland" nunmehr allein in der Nacht zum 12. November durch die Dänemarkstraße und in der folgenden oder der übernächsten Nacht durch die Enge bei den Shetlands durchzubrechen habe.

Kpt.z.S. *Wenneker* entließ die "Westerwald" am 2. November. Sie sollte so lange auf dem Wartepunkt abgesetzt warten, bis das Panzerschiff den Durchbruch geschafft hatte. Erst dann sollte auch sie den Durchbruch wagen.

Die "Deutschland" passierte, hart an der Eisgrenze entlanglaufend, bereits am 8. November bei Tage die Dänemarkstraße. Durch die dicke Eisschicht, die sich auf dem Deck gebildet hatte, war das Schiff nur noch begrenzt gefechtsfähig. Erst südlich von Jan Mayen konnte das Oberdeck eisfrei gemacht werden.

Am 13. November nachmittags forderte die "Deutschland" von der Seekriegsleitung "leichte Seestreitkräfte zur Aufnahme" an. Am frühen Nachmittag des darauffolgenden Tages stieß das Schiff auf die Boote der 4. Zerstörer-Flottille unter FKpt. Bey, die U-Boot-Sicherung für das Panzerschiff fuhren. Am selben

Tage wurden Skagen und der Große Belt passiert, und am folgenden Tage warf die "Deutschland" in Gotenhafen Anker. Dort wurde das Schiff in "Lützow" umbenannt.

Völlig lautlos hatte die "Deutschland" drei Schiffe mit insgesamt 11.925 BRT aufgebracht und vernichtet bzw. eine Prise heimgeschickt, und als sie längst in Gotenhafen lag, wurde sie noch immer in See stehend vermutet.

Wenige Tage darauf erreichte auch der Versorger "Westerwald" Deutschland. Das Schiff war ebenfalls in Norwegen festgehalten worden, wurde aber auf einen energischen Einspruch des Reiches hin am 18. November freigegeben.

Die erste Phase des Handelskrieges von Überwasserstreitkräften gegen England ging damit zu Ende. Leider hatten beide Panzerschiffe einen Großteil ihrer Seeausdauer auf Wartepositionen untätig verbringen müssen. Nicht weniger als 26 Tage des Krieges, in denen leichte Beute fällig geworden wäre, waren untätig vertan worden.

Einsatz der übrigen Überwasserstreitkräfte

In seinem Vortrag beim Führer hatte Großadmiral Erich *Raeder* am 10. Oktober folgendes vorgetragen:

"Der Oberbefehlshaber der Marine weist darauf hin, daß "Gneisenau" und "Scharnhorst" gemeinsam operierend auch die drei englischen Schlachtkreuzer nicht zu fürchten haben, zumal sie sich ihnen, wenn nötig, entziehen können." (Siehe Wagner Gerhard: Lagevorträge des Oberbefehlshabers der Kriegsmarine vor Hitler 1939-1945).

Damit sollte eine weiträumige Unternehmung der beiden Großkampfschiffe forciert werden, deren erklärtes strategisches Ziel es war, Druck auf die Atlantikwege auszuüben und dadurch eine Diversionswirkung zu erzielen. Diese würde dann zu einer Entlastung der "Admiral Graf Spee" führen. Die Aufgabe, die den beiden deutschen Schlachtkreuzern (die auch in offiziellen Quellen immer wieder als "Schlachtschiffe" angesprochen wurden) gestellt wurde, lautete:

"Aufrollen der feindlichen Überwachung im Seegebiet zwischen Färöer und Island, möglicherweise auch in der Shetland-Enge und Bedrohung der gegnerischen Seeverbindungen im Nordatlantik durch scheinbares Durchstoßen in diese Seegebiete." (Siehe: KTB 1. Skl, Teil A, Heft 3).

Die operative Leitung dieses Unternehmens lag bei der Marinegruppe West, Admiral *Saalwächter*. Die taktische Führung wurde von Vizeadmiral *Marschall*, dem Seebefehlshaber West, übernommen. Dieser schiffte sich auf "Gneisenau" ein. Kommandant dieses Schlachtkreuzers war Kpt.z.S. *Netzband*, während Kpt.z.S. *Hoffmann* die "Scharnhorst" führte.

Gleichzeitig damit sollte unter Führung des Befehlshabers der Aufklärungsstreitkräfte (B.d.A.), Vizeadmiral *Lütjens*, mit den Kreuzern "Leizig" und "Karlsruhe", von einigen Zerstörern geleitet, eine Handelskriegsoperation durchgeführt werden. Diese würde in die Mittlere Nordsee und zum Skagerrak führen.

Das X. Fliegerkorps war mit der Aufklärung des Seegebietes nach feindlichen Streitkräften beauftragt worden.

Am Mittag des 21. November liefen "Gneisenau", "Scharnhorst", "Leipzig" (unter Kpt.z.S. Nordmann) und "Köln" (Kommandant Kpt.z.S. Burchardi) mit zwei Zerstörern aus den Flußmündungen aus, um nach ihrer Vereinigung am Nachmittag dieses Tages den gemeinsamen Vorstoß anzutreten.

Das stürmische Wetter schirmte diese Auslaufbewegungen ab, so daß der Feind keine Sichtung erhielt. Mit Windstärken bis 9 und Seegang von 7, bei einer Sichtweite von 5 sm, führte der Verband die ursprünglich geplante Handelskriegsunternehmung gegen den im Raume Stadlandet-Shetlands angenommenen Handelsschiffsverkehrs nicht durch. Die Schiffe liefen weiter, um den Einbruch in die Enge Island-Färöer-Inseln zu gewinnen.

Am frühen Morgen des 23. November standen die beiden Schlachtkreuzer eta 30 sm nördlich der Färöer-Inseln und drehten hier auf Westkurs, um mit nur noch 15 kn Fahrt die See abzusuchen. Der Wind hatte abgeflaut, und auch die Sicht war besser geworden.

Gegen Mittag wurde im Norden eine Rauchwolke gesichtet, die von einem Fischerboot stammte. Die "Scharnhorst", die bereits in Richtung auf die Rauchwolke abgedreht hatte, kehrte auf den alten Kurs zurück. Der Posten auf dem Vormars der "Scharnhorst" sichtete um 16.07 Uhr abermals im Norden eine Rauchwolke. Dies veranlaßte Kpt.z.S. *Hoffmann*, auf Nordkurs zu gehen. Mit AK lief die "Scharnhorst" auf die Rauchsäule zu, die sich beim Näherkommen als ein großes Schiff entpuppte, das als Hilfskreuzer angesprochen wurde.

Mit einem Scheinwerfersignal wurde es zum Stoppen aufgefordert, doch der Dampfer morste lediglich "fam" zurück, wobei es sich um das Erkennungszeichen des Tages handeln mußte, und setzte seine Fahrt fort. Als er dann abdrehte, erkannten die Ausgucks ein auf dem Heck stehendes Geschütz. Unmittelbar darauf warf der Dampfer Nebelbomben im Kielwasser und verschwand hinter einer grauen Rauchwolke. Dennoch ließ Kpt.z.S. *Hoffmann* aus einer Distanz von 75 hm (das sind 7.500 m) das Feuer eröffnen, das von dem Dampfer erwidert wurde, womit die Bestätigung erbracht war, daß der "Scharnhorst" ein Hilfskreuzer gegenüberstand.

Es war in der Tat der Hilfskreuzer "Rawalpindi" unter Captain E.C. *Kennedy*, ein umgebautes Fahrgastschiff von 16.697 BRT, welches sich verbissen zur Wehr setzte und die Feindmeldung ununterbrochen hinausfunkte.

Diese Meldung wurde von dem Kreuzer "Newcastle" aufgenommen, der in der Nähe stand und nunmehr mit Höchstfahrt dem Schauplatz dieses Kampfes entgegenlief.

Dort hatte inzwischen die "Rawalpindi" einige schwere Treffer erhalten und stand fünf Minuten nach der Feuereröffnung in hellen Flammen. Dennoch schossen die Geschütze des Hilfskreuzers weiter, aber ihre Aufschläge lagen um etwa 100 Meter zu kurz. Das Schiff verschwand im Rauch der Flammen, zu dem sich noch weiterer künstlicher Nebel gesellte.

Die "Gneisenau", die nach Feuereröffnung durch die "Scharnhorst" in Richtung des Seegefechtes gedreht hatte, beteiligte sich ab 17.11 Uhr am Feuer. Wenige Minuten später ließ Vizeadmiral *Marschall* das Feuer wieder einstellen, und um 17.25 Uhr lief die "Scharnhorst" auf die brennende "Rawalpindi" zu, die das Feuer eingestellt hatte. Fünf Minuten darauf erscholl im Innern des Hilfskreuzers eine schwere Detonation. Flammen stoben mittschiffs in die Höhe. Vom Heck morste ein Handscheinwerfer: "Please send boats!"

Vizeadmiral *Marschall* gab der "Scharnhorst" Befehl, zur Bergung der Überlebenden näher heranzugehen. Erst jetzt war sicher, daß es sich hier um den Hilfskreuzer "Rawalpindi" handelte, als die ersten Seeleute an Bord genommen wurden. Insgesamt konnten ein Offizier und 27 britische Seeleute geborgen werden. (Es war dies die *einzige* Rettungsaktion, die ein so großes Schiff im Zweiten Weltkrieg durchführte).

Plötzlich aber erhielt die "Scharnhorst" den Befehl des Flottenchefs, die Bergungsaktion abzubrechen und mit Ostkurs abzulaufen. Er hatte von der "Scharnhorst" eine Meldung erhalten, daß es sich bei dem vom selben Schiff bereits vorher gemeldeten "Zerstörer" doch um ein größeres Kriegsschiff handelte. Dies war Grund genug für Vizeadmiral *Marschall*, den Ablaufbefehl zu geben und "einnebeln" zu befehlen. Erst um 19.37 Uhr kam das feindliche Kriegsschiff wieder außer Sicht.

Die britische Admiralität hatte unmittelbar nach der ersten Funkmeldung der "Rawalpindi" über Sichtung eines feindlichen Schlachtkreuzers die Home Fleet alarmiert, deren Chef, Admiral *Forbes*, das Auslaufen aller Einheiten um 20.30 Uhr befahl. Die Home Fleet ging also um diese Zeit vom Clyde aus ankerauf. Es waren die Schlachtschiffe "Nelson" und Rodney", der Schwere Kreuzer "Devonshire" und sieben Zerstörer der 8. Zerstörer-Flottille. Es war jedoch die bereits in See stehende "Newcastle", welche die deutschen Schlachtkreuzer sichtete, sie aber bald wieder aus der Sicht verlor.

Mehrere weitere Einheiten der britischen Flotte wurden aus Rosyth und Plymouth angesetzt.

Die deutsche Kampfgruppe, die sich inzwischen ins Nordmeer abgesetzt hatte, erfuhr, daß die britische Admiralität drei Schlachtschiffe, drei Schlachtkreuzer, einen Flotten-Flugzeugträger, drei Schwere und acht Leichte Kreuzer auf sie angesetzt habe. Sie trat am frühen Morgen des 26. November den Rückweg an und lief zum Mittag des 27. in Wilhelmshaven ein. Dazu Captain *Roskill*, der britische Seehistoriker der offiziellen britischen Seekriegsgeschichte:

"Admiral Marschall handelte nun sehr umsichtig und verschwand in den Nebeln des Nordmeeres, bis ihm das Wetter den Durchbruch nach Deutschland erlaubte." (Siehe: Roskill, S.W.: Royal Navy).

Vom 4. bis zum 6. Dezember führte der Leichte Kreuzer "Nürnberg" unter Kpt.z.S. *Klüber* eine Minenunternehmung vor Christiansand durch, die erfolgreich verlief. Der folgenschwere Einsatz der drei Leichten Kreuzer "Leipzig", "Nürnberg" und "Köln" vom 13. Dezember zur Aufnahme der fünf deutschen Zerstörer, die von ihrer Minenunternehmung vor der englischen Ostküste zurückkehrten, wurde an anderer Seite bereits dargestellt.

TEIL V
DER U-BOOT-KRIEG NACH PRISENORDNUNG

Vor dem Einsatz

"Vom Befehlshaber der U-Boote!

An alle in See befindlichen U-Boot-Kommandanten! Die Gefechtsbefehle für die U-Boot-Waffe der Kriegsmarine sind in Kraft getreten. Truppentransporter und Handelsschiffe sind gemäß Prisenordnung der Haager Konvention anzugreifen. Feindliche Geleitzüge sind ohne Warnung anzugreifen. Passagierschiffe, die nur Passagiere befördern, dürfen nicht angehalten werden. Diese Schiffe sind auch dann nicht anzugreifen, wenn sie in militärisch gesicherten Geleitzügen fahren.

gez. Dönitz."

Im Juni 1939 hatte sich Kapitän z.S. Karl *Dönitz*, der Kommodore der U-Boot-Waffe, beim Oberkommando der Marine mit einer Denkschrift gemeldet, in welcher er die Sorgen vortrug, die ihn und seine Offiziere in bezug auf die Gefahr eines bald bevorstehenden Krieges gegen England bedrückten.

Dönitz sah die Tatsache ganz klar, daß im Falle eines Krieges gegen England die Last der Seekriegführung auf der U-Boot-Waffe liegen mußte, weil die Inselgestalt Großbritannien keine andere Möglichkeit zuließ. Dazu aber war die schwache deutsche U-Boot-Waffe nicht in der Lage. Der Führer der U-Boote bat den Oberbefehlshaber der Kriegsmarine, dies auch Hitler zu melden.

Am 22. Juni kam es dann auf dem Aviso "Grille" zu einer Aussprache der Offiziere der U-Boot-Waffe mit dem Oberbefehlshaber. Großadmiral *Raeder* teilte ihnen mit, daß er Hitler im erbetenen Sinne gesprochen habe. Hitlers Antwort habe folgendermaßen gelautet:

"Der Führer wird dafür sorgen, daß es keinesfalls zum Krieg mit England kommt. Das wäre das 'finis Germaniae'. Sie dürfen also beruhigt sein."

Knapp einen Monat darauf war diese Versicherung bereits "vom Tisch", denn am 15. August 1939 wurde Kpt.z.S. *Dönitz* aus seinem Urlaub zurückgerufen, um "den Aufmarsch der U-Boote durchzuführen, der für den Fall einer Mobilmachung vorgesehen ist." (KTB der 1. Skl.).

Abermals legte Dönitz seinem Oberbefehlshaber am 28. August 1939 eine Denkschrift vor. Diese trug den Titel: "Gedanken über den Aufbau der U-Boot-Waffe." Darin erklärte Dönitz, daß die U-Boot-Waffe zur Zeit noch nicht in der Lage sei, die ihr im Kriegsfall zufallende Aufgabe zu erfüllen. Noch einmal forderte er ihren schnellen Aufbau und betonte erneut, daß der Hauptträger des U-Boot-Krieges im Atlantik das Boot des Tpys VII-B sei. Es müßten so schnell wie möglich 300 Boote dieses Typs gebaut werden, um ständig 100 davon in See zum Kampfeinsatz bereit zu haben. Die Rechnung, die Kommodore *Dönitz* aufgemacht hatte, lautete: *100 Boote im Einsatz*, 100 Boote auf dem Hin- oder Rückmarsch zum Einsatzgebiet und 100 Boote in der Heimat in der Reparatur und Versorgung.

"Mit den vorhandenen Booten sind nur Nadelstiche im Handelskrieg gegen England zu erzielen", bemerkte er und folgerte daraus: "Die U-Boot-Waffe muß mit allen auch außerhalb des normalen Raumes liegenden Mitteln auf einen Stand gebracht werden, der sie befähigt, ihre Hauptaufgabe — die Niederringung Englands — im Kriege zu lösen."

Am 1. September 1939 begann der Zweite Weltkrieg. Die U-Boot-Waffe verfügte zu dieser Zeit über insgesamt 46 einsatzbereite Boote. Insgesamt waren 56 Boote in Dienst gestellt worden. Von den 46 Booten waren nur 22 für eine Verwendung im atlantischen Seegebiet geeignet. Der Rest bestand aus Booten zur "küstennahen Verwendung", den sogenannten "Einbäumen".

Dies bedeutete nach der Theorie von *Dönitz*, daß etwa sieben Boote in See zur Verfügung standen.

Die deutsche U-Boot-Waffe ging mit viel zu geringen Mitteln in diesen Krieg, der für sie zu einem Opfergang ohnegleichen werden sollte und zudem noch gegen die damals erste Seemacht der Welt geführt werden mußte.

Die seit dem 19. August 1939 in See stehenden 17 großen Boote und die ihnen am 27. und 29. August gefolgten insgesamt 12 kleinen Boote standen auf ihren Wartepositionen von der Südspitze von Island bis hinunter nach Gibraltar in See. Am 30. August liefen sechs Boote mittlerer Größe aus und sperrten das Gebiet zwischen den Orkney-Inseln bis hinauf nach Island. Damit standen insgesamt 35 deutsche U-Boote in See.

Die "Athenia-Katastrophe"

Am Abend des 3. September sichteten die Ausgucks auf dem Turm von U 30 unter Kapitänleutnant *Fritz-Julius-Lemp* ein großes Schiff, das mit hoher Fahrt und abgeblendet lief. Da dieses Schiff außerdem noch Zickzackkurse steuerte, wurde es als "Truppentransporter" angesprochen. U 30, ein Boot des Typs VII-A, lief zum Angriff auf diesen Schiffsriesen heran. In den vier Bugrohren des Bootes lagen vier Torpedos mit jeweils 350 Kilogramm Trinitrotoluol bereit. Die Mündungsklappen waren geöffnet und die Rohre bewässert. Dann stand das Schiff in der Zieloptik, und Kptlt. *Lemp* gab den Befehl zum Schießen eines Viererfächers.

Von den vier Torpedos blieb einer im Rohr stecken. Alle übrigen liefen auf das große Schiff zu, und einer traf es mittschiffs. Eine masthohe Detonationsflamme stob empor. Wenig später brachte der Funkmaat von U 30 eine von diesem Dampfer aufgefangene SOS-Meldung auf die Brücke. Fritz-Julius *Lemp* las: "`Athenia' torpedoed, 56.44 north, 14.05 west."

Anhand des befragten Lloyds-Registers wurde die "Athenia" als Passagierdampfer vom 13.581 BRT erkannt.

Lemp ließ sofort abdrehen. Stundenlang vernahm der Funker von U 30 die SOS-Meldungen dieses Dampfers. Er konnte feststellen, daß die britischen Zerstörer "Electra" und "Escort" auf den sinkenden Dampfer zuhielten, um Schiffbrüchige zu retten. Wenig später meldeten sich zwei weitere Fahrzeuge, die Jacht "Southern Cross" und der norwegische Frachter "Knute Nelson".

Die genannten Einheiten retteten 1.300 Menschen der "Athenia", aber 128 fanden bei diesem ersten U-Boot-Angriff des Zweiten Weltkrieges den Tod. Die "Athenia" sank am anderen Morgen um 10.40 Uhr.

Durch die britischen Nachrichten erfuhr auch Kommodore *Dönitz* von dieser Torpedierung, ohne allerdings zu wissen, welches Boot geschossen hatte. Kpt.z.S. *Dönitz* befahl über Funk allen Booten:

"Auf Anordnung des Führers zunächst *keine* Angriffe gegen Passagierdampfer, auch wenn sich diese im Geleitzug befinden."

Trotz dieser und weiterer Einschränkungen für den U-Boot-Krieg kamen am 5. September zwei weitere U-Boote zum erfolgreichen Torpedoschuß. Es war einmal U 48 unter Kptl. *Schultze*, das am frühen Nachmittag des 5. September den britischen Dampfer "Royal Sceptre" angriff und mit der Artillerie und Torpedofangschuß versenkte. Die "Browning", die wenig später U 48 vor die Torpedorohre lief, blieb unbeschossen, weil Schultze inzwischen entdeckt hatte, daß sich in den Rettungsbooten der "Royal Sceptre" auch Frauen und Kinder befanden. Er ließ dieses zweite Schiff laufen und notierte im KTB von U 48:

"'Browning' entlassen, um gemäß Prisenordnung die Rettung der `Royal Sceptre'-Besatzung sicherzustellen, weil Frauen und Kinder in den Booten sind und für diese der Aufenthalt in Rettungsbooten nicht als 'sicher' im Sinne der Prisenordnung angesehen werden kann."

Ein weiteres Boot kam ebenfalls noch am 5. September zum Schuß. Es war das von Kapitänleutnant Günther *Prien* geführte U 47, das den britischen Dampfer "Bosnia" versenkte.

Von nun an ging es trotz der Behinderung durch das Vorgehen nach Prisenordnung Schlag auf Schlag. Der britische Dampfer "Manaar", der 7.242 BRT groß war, fiel U 38 unter Kptlt. *Liebe* als Beute zu und wurde nach einem Artilleriegefecht mit einem Torpedofangschuß versenkt. *Prien* griff am 6. September die "Rio Claro" an und versenkte sie.

Bis zu diesem Zeitpunkt hatten die kleinen "Einbäume" bereits ihre ersten Mineneinsätze hinter sich gebracht und waren zu ihren Einsatzhäfen zurückgekehrt. Insgesamt hatte Kommodore *Dönitz* zwölf Boote zurückbeordert, um nicht alle gleichzeitig abzuziehen und eine U-Boot-Leere zu verursachen. Unter diesen zwölf zurückkehrenden Booten befand sich auch U 23, das von Kptlt. Otto *Kretschmer* geführt wurde. Kretschmer erhielt am Abend des 7. September vom B.d.U. bereits den neuen Auslaufbefehl für den 8. September. Das Boot hatte nur rasch Minen geladen, die im Firth of Forth gelegt werden sollten.

Weitere Boote errangen am 4., 5. und 6. September Erfolge. So U 13 unter Kptlt. *Daublebsky von Eichhain* und U 15, das von Kptlt. *Buchholz* geführt wurde. Am 8. September versenkte U 29 unter Kptlt. *Schuhart* den ersten 10.000-Tonner in Gestalt des britischen Motortankers "Regent Tiger", der genau 10.176 BRT hatte und auf 49.47 Grad Nord/15.34 Grad West auf Tiefe ging.

Inzwischen war auch *Prien* noch einmal zum Schuß gekommen und hatte am Nachmittag des 7. September die 1777 BRT große "Gartavon" auf den Meeresgrund geschickt.

Rollmann kam mit U 34 zum Schuß und versenkte den 5.548 BRT großen Dampftanker "Kennebec". *Schultze, Schuhart, Kuhnke* und *Lemp* kamen ebenfalls zum Torpedoschuß.

Bereits in dieser ersten Phase des Kampfes der U-Boote erwiesen sich Kptlt. *Schultze*, Kptlt. *Liebe*, Kptlt. *Prien*, Kptlt. *Schuhart* und *Rollmann* als "Asse".

Am 17. September griff U 29 unter Kptlt. *Schuhart* den auf einer U-Jagd-Patrouille befindlichen britischen Flugzeugträger "Courageous" an, der von vier Zerstörern als Nahsicherung geleitet wurde. Alle Zerstörer waren mit Asdic-Horchgeräten ausgestattet, die es ihnen ermöglichten, die Annäherung feindlicher U-Boote rechtzeitig zu erkennen.

Der von U 29 geschossene Zweierfächer traf den Flugzeuträger, der in der Mitte durchbrach und kenterte. Beide Teile sanken sehr schnell auf 50.10 Nord/ 14.45 West. Damit kamen auf das Versenkungskonto von *Schuhart* weitere 22.500 BRT. Der Träger hatte die Möglichkeit, 48 Flugzeuge aufzunehmen.

Am selben Tage griff U 39 unter Kptlt. *Glattes* den Flugzeugträger "Arc Royal" an. Er ließ drei Torpedos mit Magnetzündung schießen. Alle drei waren Frühdetonierer. Durch die aufsteigenden Wassersäulen wurde U 39 entdeckt, von der Geleitzerstörern "Faulknor", "Foxhound" und "Firedrake" angegriffen und vernichtet. Die Besatzung geriet in Gefangenschaft.

U 27 unter KKpt. Johannes *Franz*, das am 13. und 19. September in der Bucht von Lewis je einen kleinen Fischdampfer versenkt hatte, wurde nach einem Hilferuf der Fischer von zehn Zerstörern gesucht, die vom Admiral *Forbes* auf dieses eine Boot angesetzt worden waren. Am 20. September wurde U 27 gestellt. Es stand zu diesem Zeitpunkt westlich der Habriden. Eingekreist versuchte das Boot den Verfolgern zu entkommen, wurde aber von den Zerstörern "Fortune" und "Forester" gestellt, mit einigen Salven gestoppt und mit Wasserbomben versenkt. Auch hier wurde die Besatzung, die diesen Angriff überlebt hatte, von den Zerstörern aufgenommen.

Am letzten Tag des ersten Kriegsmonats kam ein Kommandant mit seinem Einbaum U 3 zum Doppelerfolg. Es war Oblt.z.S. Joachim *Schepke*, der auf der 35-Meter-Marke von Hanstholm einen kleinen dänischen und einen ebenso kleinen schwedischen Dampfer versenkte. Er sollte ebenfalls einer der ganz Großen werden.

Bereits zu dieser Zeit zeigte es sich, daß England seine ersten Handelsschiffe bewaffnen ließ, womit sich diese außerhalb der Seekriegsgesetze stellten und auch nicht mehr nach Prisenordnung angehalten werden mußten. Dazu Winston *Churchill*, seit Kriegsbeginn Erster Lord der Admiralität:

"Wir planten, im Laufe der ersten drei Kriegsmonate etwa 1.000 Handelsschiffe mit jeweils einem Geschütz zur Abwehr von U-Booten zu bestücken. Dieser Plan wurde auch durchgeführt."

Damit stellten sich diese Schiffe außerhalb des Londoner U-Boot-Protokolls von 1936, in welchem es über den U-Boot-Krieg nach Prisenordnung hieß:

"U-Boote müssen ein Handelsschiff zunächst über Wasser anhalten und untersuchen. Erst dann, wenn Ladung, Nationalität und Bestimmungsort eine Versenkung erlauben, sowie nach Rettung und Sicherung der Dampferbesatzung kann die Versenkung erfolgen."

Ausgenommen von dieser Pflicht der vorherigen Untersuchung waren folgende Fälle:

1. Handelsschiffe, die durch Kriegsfahrzeuge oder Flugzeuge geleitet sind; denn "wer Waffenhilfe des Gegners in Anspruch nimmt, muß auch Waffeneinsatz gewärtigen."
2. Handelsschiffe, die sich an Kampfhandlungen beteiligen oder der beabsichtigten Untersuchung Widerstand entgegensetzen.
3. Truppentransporter, weil sie im Dienste der feindlichen Kriegführung stehen, zur bewaffneten Macht gehören und demgemäß behandelt werden.

Die Versenkungsquote des ersten Kriegsmonats belief sich auf 52 Schiffe, darunter ein Flugzeugträger und eine Korvette mit insgesamt 220.547 BRT.

Am 29. September war auch U 30 von seiner ersten Feindfahrt zurückgekehrt und traf in Wilhelmshaven ein, wo das Boot von Kommodore *Dönitz* empfangen wurde. Kptlt. *Lemp* meldete dem Führer der U-Boote den Erfolg des Bootes, und daß er die "Athenia" versenkt habe.

Der Fall wurde nicht von einem Kriegsgericht untersucht, sondern durch eine vom FdU verhängte Disziplinarstrafe geahndet. *Dönitz* war der Überzeugung, *daß Lemp* die Lage vor dem Schuß nicht gründlich genug untersucht und geprüft habe. Dennoch wurde dem Kommandanten bescheinigt, daß er im guten Glauben, einen Truppentransporter vor sich zu haben, gehandelt habe.

Wegen der möglichen politischen Verwicklungen ordnete die Staatsführung die Geheimhaltung der "Athenia"-Versenkung an. Vom Oberkommando der Kriegsmarine wurde befohlen, allen Kopien und dem Original vom KTB des Bootes die entsprechende Seite zu entnehmen, sie zu vernichten und durch eine andere zu ersetzen, aus welcher die Versenkung der "Athenia" nicht mehr zu ersehen war.

Dies war der einzige Fall, daß eine KTB-Eintragung eines deutschen U-Boote vernichtet wurde. (Die Versenkung der "Athenia" wurde nach dem Kriege in die Nürnberger Anklageschrift gegen Großadmiral *Dönitz* aufgenommen. Der Großadmiral wurde von dieser Anklage freigesprochen.)

Überlegungen der U-Boot-Führung
Der Vortrag des Chefs der Seekriegsleitung

Auf der Besprechung des Oberbefehlshabers der Kriegsmarine, Großadmiral *Raeder*, mit *Hitler* am 7. September 1939 verfügte letzterer, daß im Atlantik eingesetzte deutsche U-Boote Passagierdampfer und französische Dampfer schonen sollten. Er befahl, einen Teil der Boote schon jetzt zurückzubeordern, um später eine Ablösung der noch in See stehenden Boote durchführen zu können. Damit zeigte sich bereits eine Woche nach Kriegsbeginn, daß die U-Boot-Waffe viel zu schwach war, um ihrer Aufgabe auch nur im entferntesten nachkommen zu können. Nun aber war es zu spät. Es würde Monate, ja, Jahre dauern, bis die U-Waffe auf einen Minimalstand angehoben sein würde. Von den durch Dönitz geforderten 300 Booten ganz zu schweigen, die allein den U-Boot-Krieg derart fortsetzen konnten, daß er England friedensbereit machen würde.

Am 23. September hatte der Chef der Seekriegsleitung in Zoppot mit *Hitler* eine Unterredung, an der auch Generaloberst *Keitel* teilnahm. Der Chef der Seekriegsleitung trug über die Lage zur See in Nord- und Ostsee sowie im Atlantik zum U-Boot-Krieg vor:

"Die erste Phase des U-Boot-Krieges im Atlantik und im Kanal ist vorüber. Der Erfolg der U-Boote war zwar bisher etwa 232.000 BRT; er ist aber beeinträchtigt durch die aus politischen Gründen auferlegten Beschränkungen.

Die letzte Beschränkung verhinderte beispielsweise das Vorgehen der U-Boote gegen die französischen Schlachtschiffe "Dunquerque" und "Strasbourg", die Hauptgegner unserer Panzerschiffe, ferner gegen die großen Transportzüge von Nordafrika nach Frankreich, vor allem auch durch Minenlegen vor den französischen Häfen.

Diese Störung der englischen Truppentransporte empfindet die Kriegsmarine als eine besondere Pflicht. Der Zugang zu einigen der vielen möglichen, aber nicht sicher bekannten englischen Abfahrtshäfen ist durch Minen verseucht; die Zahl der möglichen französischen Ankunftshäfen ist jedoch geringer und leichter zu erfassen, ob allerdings noch im gegenwärtigen Stadium, ist zweifelhaft.

Gegen die englischen Truppentransporter sind zudem zur Zeit drei U-Boote, zwei von Osten, eines von Westen, angesetzt, die nicht durch Rücksicht auf möglicherweise zu schonende französische Schiffe bei ihrer ohnehin schon ungeheuer schweren Aufgabe gestört werden dürfen." (Siehe: Lagevorträge des Oberbefehlshabers der Kriegsmarine vor Hitler 1939-1945).

Hitler genehmigte daraufhin die Aufhebung der Beschränkungen in insgesamt acht Punkten. Nun durften auch französische Kriegsschiffe und Kriegsflugzeuge angegriffen werden. Die Verminung der französischen Küstengebiete wurde genehmigt.

Die Untersuchung englischer Handelsschiffe wurde nun ebenfalls nicht mehr gefordert, weil sie die U-Boote unverhältnismäßig stark gefährdeten. *Hitler* genehmigte das warnungslose Vorgehen gegen einwandfrei als feindlich erkannte Handelsschiffe außer ausgesprochenen Passagierdampfern.

Hitler hatte nach wie vor die Hoffnung, Frankreich, das bis dahin nichts zur Unterstützung seines polnischen Verbündeten getan hatte, aus dem Lager der Alliierten abzusprengen. Dies aber sollte sich als Trugschluß erweisen.

Kapitän zur See *Dönitz* aber konzentrierte nunmehr sämtliche zur Verfügung stehenden U-Boote, um zu einem frühestmöglichen Angriff von U-Boot-Rudeln auf die zu erwartenden Geleitzüge übergehen zu können. In seinem KTB heißt es dazu:

"Bei den Geleitzugsschlachten waren nach den Friedenserfahrungen große Erfolge zu erwarten. Ich habe daher in den ersten Kriegsmonaten versucht, zu einer Gruppenbildung von mehreren Booten zu kommen, um einen Geleitzug nach der im Frieden geübten Taktik bekämpfen zu können.

In der ersten Oktoberhälfte sollten neun U-Boote von der Werft zum Einsatz fertig werden. Endlich, so glaubte ich, wird die seit Kriegsbeginn erhoffte Gelegenheit kommen." (Siehe KTB des BdU).

Nach diesem KTB entschloß sich *Dönitz*, am 1. Oktober 1939 alle zum Einsatz kommenden U-Boote gegen den Gibraltarverkehr einzusetzen. Seine Taktik lautete:

"Je geschlossener und überraschender das Auftreten der U-Boote dort erfolgt, um so sicherer und größer ist das Ergebnis. Die Boote sind zu verschiedenen Terminen einsatzbereit. Sie laufen dementsprechend an verschiedenen Tagen aus und besetzen zunächst ein Operationsgebiet südwestlich von Irland, das nach den bekannten bisherigen Versenkungsziffern das beste Gebiet gewesen ist. Sobald alle Boote dort eingetroffen sind, erfolgt der Weitermarsch auf Befehl des B.d.U., der es in der Hand behält, entsprechend der Lage den Abmarsch früher oder später zu befehlen.

Der Zerstörer »Friedrich Eckoldt« auf Kriegsmarsch zu einem Minenunternehmen

»Admiral Graf Spee«; vor Kriegsbeginn in Cadiz

Minen an Bord eines deutschen Zerstörers

Herbert Schultze, erster und letzter Kommandant von U 48

Fritz Julius Lemp versenkte die »Athenia«

Günther Prien, der »Stier von Scapa Flow«

Otto Schuhart, mit U 29 gegen die »Courageous« siegreich

Der britische Flugzeugträger Courageous wurde mit 48 Flugzeugen an Bord am 17. September 1939 von U-29 unter Kapitänleutnant Schuhart versenkt.

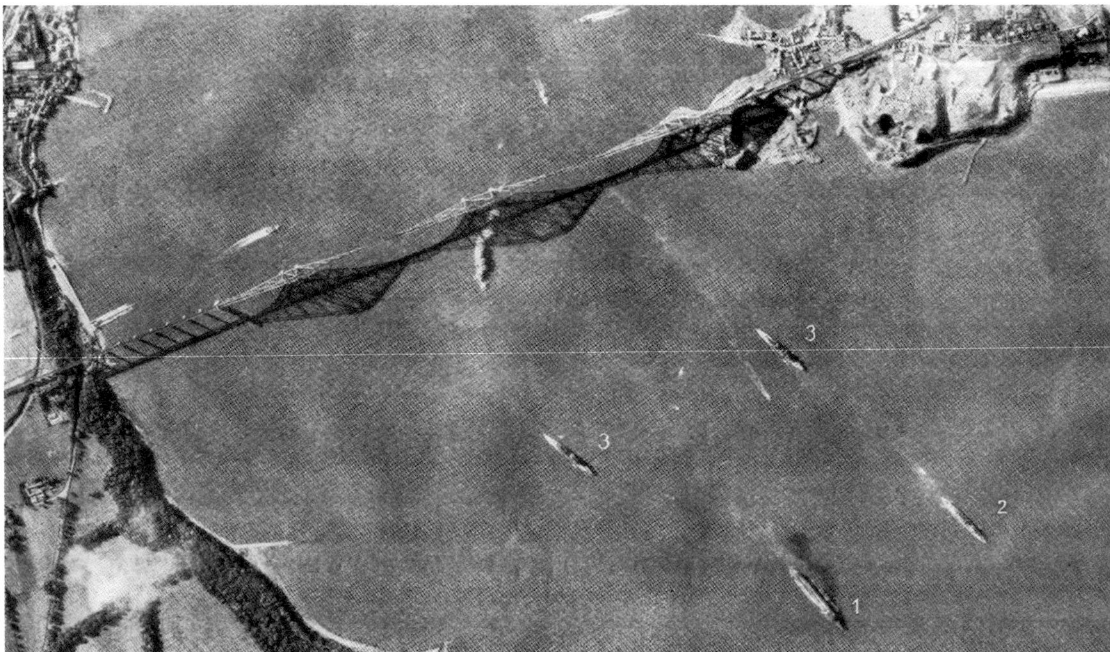

Der „Firth of Forth", ein sehr wichtiger britischer Flottenstützpunkt, wurde von Fernaufklärern fotografiert. Sehr gut auszumachen sind verschiedene britische Schiffe.

Auf U 37 ist KKpt. *Hartmann* als Chef der Atlantikgruppe eingeschifft, um bei Operationen gegen Geleitzüge nötigenfalls die Führung zu übernehmen." (Siehe Dönitz, Karl: a.a.O.).

Vor der Darstellung dieses ersten geplanten Rudeleinsatzes noch ein Blick nach Osten, wo der Polenfeldzug bereits entschieden war. Wie hatte die kleine polnische Marine und hier vor allem die polnische U-Waffe gekämpft?

Der Einsatz polnischer U-Boote

Die polnische Marine verfügte am 1. September 1939 über fünf U-Boote. Zunächst waren dies die drei Minen-U-Boote "Rys", "Wilk" und "Zbik". Jedes der Boote vermochte bis zu 40 Minen zu laden. Mit ihrer Verdrängung von 980/1.250 tons waren sie zwar größer als die deutschen Standardboote des Typs VII-B, doch sie waren veraltet und verfügten nicht über neuere Horchgeräte. Die beiden ozeangehenden Boote "Orzel" und "Sep" wiederum hatten eine Verdrängung von 1.138/1.510 tons, womit sie in etwa dem deutschem Typ IX C entsprachen. Diese beiden Boote waren noch im Jahre 1939 in den Niederlanden fertiggestellt worden und verfügten über jeweils zwölf (!) Torpedorohre. Zwei weitere Boote dieses Typs waren in Frankreich für Polen in Bau.

Die "Sep", die Ende April 1939 Gdingen erreicht hatte, konnte allerdings bis zum Kriegsausbruch nicht mehr voll einsatzbereit gemacht werden.

Mit Kriegsausbruch setzte die polnische Regierung den Plan "Worek" in Kraft. Danach liefen die Boote "Orzel" und "Wilk" in die Danziger Bucht, während die übrigen Boote vor der Halbinsel Hela Wartestellungen bezogen. Alle fünf Boote hatten Weisung, *nur* größere deutsche Kriegsschiffe anzugreifen.

Falls die eigenen Stützpunkte von deutschen Truppen in Besitz genommen würden, sollten diese Boote versuchen, sich einzeln nach England durchzuschlagen, um in der Royal Navy ihren Kampf gegen Deutschland fortzusetzen.

Der Chef der polnischen U-Boot-Division, FKpt. Mohuczy, ging mit seinem Stab und den Booten "Rys", "Sep" und "Zbik" nach Hela. "Orzel" und "Wilk" blieben in Oxhöft, dem Kriegshafen von Gdingen.

Mit der Feuereröffnung der "Schleswig-Holstein" auf die Westerplatte, den polnischen Hafen vor Danzig, der im Verlauf der zwanziger Jahre zu einer waffenstarrenden Festung ausgebaut worden war, liefen alle fünf Boote auf die befohlenen Positionen. Sie erhielten um 10.00 Uhr Befehl, die Unterlagen "Worek" zu öffnen, womit ihnen klar war, daß Krieg mit Deutschland herrschte.

An diesem ersten Kriegstag sichteten einige dieser polnischen Boote zwar deutsche Kriegsschiffe, kamen jedoch nicht zum Angriff heran. Am 2. September schoß "Sep" einen Torpedo auf den deutschen Zerstörer Z 14 "Friedrich Ihn", der diesen aber verfehlte. Z 14 warf 15 Wasserbomben, durch welche "Sep" beschädigt wurde und ein Leck ins Achterschiff erhielt. Dadurch verlor das Boot Öl und war solcherart leicht aufzuspüren, wenn es genügend Einheiten der deutschen Kriegsmarine gegeben hätte, die auf U-Boot-Jagd hätten gehen können.

"Wilk" wurde an diesem Tage von zwei deutschen Minensuchbotten gestellt und mit Wasserbomben angegriffen. Es erlitt einen Wassereinbruch, konnte sich aber dem Untergang entziehen. "Rys" wiederum wurde durch Abwurf von Wasserbomben aus Flugzeugen neunmal vergeblich angegriffen.

In den nächsten Tagen versuchten die polnischen Boote immer wieder zum Schuß zu kommen. Doch sie kamen nicht an deutsche Schiffe heran. Am Abend des 7. September legten dann "Rys" und "Zbik" ihre mitgeführten Minen. "Wilk" hatte diese Aufgabe bereits am 3. September ausgeführt.

Am 7. September - die Westerplatte hatte soeben kapituliert, und die Luftüberlegenheit der deutschen Flieger war erdrückend geworden -, gab KAdm. *Swirski*, der Chef der polnischen Seekriegsleitung, den U-Booten Weisung, nach England auszulaufen. Dies war leichter gesagt als getan. "Wilk" entschloß sich dazu, den Durchbruchsversuch sofort zu starten. Das Boot passierte zwei deutsche Zerstörer und setzte am 15. September im Kattegatt seinen letzten Funkspruch ab, daß es durchgekommen sei. Am 21. September lief dieses Boot nach einer guten seemännischen Leistung in den britischen Kriegshafen Scapa Flow ein.

Die drei Boote "Sep", "Rys" und "Zbik" erreichten schwedische Häfen, während "Orzel" in den estnischen Hafen Reval einlief, wo es den erkrankten Kommandanten an Land bringen wollte. Das Boot wurde auf deutschen Druck hin interniert. Es gelang ihm aber in der kommenden Nacht, nach Vonbordgabe des Kommandanten in tollkühner Flucht den Hafen zu verlassen.

"Orzel" wurde noch bis zum 8. Oktober in der Ostsee im Einsatz gesichtet, ehe auch dieses Boot den Durchbruch nach England wagte. Es wurde 30 sm ostwärts von Max Island von dem britischen Zerstörer "Valorous" aufgenommen und als letztes polnisches U-Boot in den Firth of Forth geleitet.

Der polnische U-Boot-Einsatz war damit beendet. Die Boote hatten im Torpedoschuß keinen Treffer erzielt. Auf eine von "Zbik" gelegte Mine lief am 1. Oktober 1939 das deutsche Minensuchboot M 85 auf und sank binnen 60 Sekunden. 23 Mann der Besatzung gingen mit dem Boot unter. Der Kommandant und 47 Besatzungsmitglieder konnten gerettet werden.

Scapa Flow und die britische U-Boot-Aufstellung

Für England war es nach der Sicherung der Versorgung der britischen Inseln eine lebenswichtige Frage, eine sichere Flottenbasis zu schaffen. Aus diesem Grunde war der Erste Lord der britischen Admiralität, *Churchill*, bemüht, sich einen Überblick über die Möglichkeiten zu verschaffen. Um bestmöglich unterrichtet zu werden, hielt er am 5. September 1939 eine Konferenz ab. Auf dieser Besprechung kam er zu der Überzeugung, daß nur ein einziger Platz in Frage kommen würde. Dazu *Churchill*:

"Nach der Einführung des Geleitzugsystems war unsere nächste lebenswichtige Aufgabe die Schaffung einer sicheren Basis für die Flotte. In einem Krieg mit Deutschland ist Scapa Flow der wahre strategische Punkt, von dem aus die britische Flotte die Ausgänge aus der Nordsee überwachen und die Blockade durchsetzen kann, und ich hielt es für meine Pflicht, möglichst bald Scapa Flow zu inspizieren. Daher ließ ich mich von den täglichen Kabinetts-Sitzungen beurlauben und fuhr mit einigen Begleitern in der Nacht des 14. September nach Wick.

Die beiden folgenden Tage benützte ich größtenteils zu einer Inspektion des Hafens und der Zufahrten mit seinen Balken- und Netzsperren. Man versicherte mir, sie seien ebensogut wie die des letzten Krieges, und man sei im Begriff, bedeutsame Erweiterungen und Verbesserungen durchzuführen oder vorzubereiten.

Mit dem Kommandierenden Admiral, Sir Charles *Forbes*, erörterte ich auf seinem Flagschiff 'Nelson' nicht nur Scapa Flow, sondern das gesamte Problem der Marine. Der Rest der Flotte lag im Loch Ewe geborgen. Am 17. September brachte mich der Admiral auf der 'Nelson' dorthin. Die schmale Einfahrt zu dem engen Meerbusen war durch mehrere Reihen elektrisch geladener Netzsperren gesichert. Patrouillenschiffe mit 'Asdic' und Wasserbomben sowie auch zahlreiche Wachboote fuhren geschäftig hin und her. - - -

In Inverness stiegen wir in unseren Zug und fuhren den Nachmittag und die Nacht hindurch nach London. Als wir am Bahnhof Euston ausstiegen, sah ich zu meiner Überraschung den Ersten Seelord auf dem Bahnsteig. Admiral *Pound* war sehr ernst. 'Ich habe sehr schlechte Nachrichten für Sie, Herr Minister! — Die 'Courageous' ist gestern im Bristol-Kanal versenkt worden.'

Ich dankte dem Admiral und sagte: `Wir müssen uns darauf gefaßt machen, daß in einem Krieg wie diesem solche Ereignisse von Fall zu Fall eintreten.'" (Siehe Churchill, Winston S.: Der zweite Weltkrieg).

Die britische U-Boot-Waffe befand sich im September 1939 auf Patrouillenfahrt. Hierbei kam es zu einer Begegnung zweier Boote, die tragisch endete. Die "Triton" sichtete am 10. September 1939 ein anderes U-Boot und sprach es als deutsches Boot an. Ein Torpedo wurde geschossen, der das vermeintliche U-Boot des Gegners traf. Nun ließ Kommandant der "Triton" mit äußerster Kraft auf das "Feind"-U-Boot zulaufen und rammte es so schwer, daß es sofort sank. Es war die "Oxley", ein großes britisches Hochsee-U-Boot, das mit seiner gesamten Besatzung von 54 Mann hier verlorenging.

Die sofort angestellten Untersuchungen ergaben, daß *beide* Boote sich zum Zeitpunkt dieses tödlichen Duells außerhalb ihrer befohlenen Position befanden.

Die Wiederholung eines solchen tödlichen Zwischenfalls konnte in letzter Sekunde verhindert werden, als die "Sturgeon", ihr Schwesternboot, die "Swordfish" sichtete und einen Torpedo auf sie abfeuerte, der glücklicherweise fehlging.

Nunmehr wurde befohlen, im Patrouillenstreifen einen Mindestabstand von 16 Seemeilen zu halten. Am 20. September wurde diese Sicherheitslinie aus U-Booten zurückgenommen. An ihrer Stelle übernahmen "Anson"-Seeaufklärer des Coastal Command diese Patrouillen aus der Luft.

Alles dies zeigte an, daß England bemüht war, den Gegner Deutschland nicht erst an sich herankommen zu lassen.

Bereits am 11. September hatte Winston *Churchill* einen Brief des US-Präsidenten *Roosevelt* erhalten. Darin gab Roosevelt seiner Freude Ausdruck, daß Churchill "wieder in die Admiralität zurückgekehrt" sei. Er schloß diesen Brief mit den Worten:

"Was ich Ihnen und dem Premierminister sagen möchte, ist, daß ich es jederzeit begrüßen werde, wenn Sie sich in irgendeiner Angelegenheit, über die Sie mir eine Mitteilung zukommen lassen möchten, persönlich an mich wenden. Sie können jederzeit versiegelte Briefe durch Ihre Kuriertasche oder durch die meinige schicken." (Siehe Churchill, Winston, S.: a.a.O.).

Auf diese Weise begann eine Korrespondenz, die von jeder Seite während des Krieges zur Absendung von etwa 1000 Briefen führte.

Doch zurück zur deutschen U-Boot-Waffe, die zu Anfang Oktober gerade einen Einsatz vorbereitete, mit deren Abwehr sich Churchill während seiner Reise nach Scapa Flow beschäftigt hatte.

U 47 — der Stier von Scapa Flow

Am Sonntag, dem 1. Oktober 1939, wurden KKpt. *Sobe*, Kptlt. *Wellner* und Kptlt. *Prien* zum Wohnschiff des F.d.U. an der Blücherbrücke befohlen. Dort berichtete *Wellner*, daß er sich mit seinem Boot U 14 vom 13. bis zum 19. September ostwärts der Orkneyinseln befunden habe. Dort sei er von einer Wasserströmung erfaßt worden und habe sich wenig später im britischen Kriegshafen Scapa Flow wiedergefunden. Zum Schluß seiner Meldung sagte Wellner:

"Nur an jener Stelle, wo ich durch Zufall hineingetrieben wurde, ist die Einfahrt nach Scapa Flow frei."

Anschließend fragte Kommodore *Dönitz* Kptlt. *Prien*, ob er es sich zutraue, nach Scapa Flow einzulaufen und dort ein großes britisches Kriegsschiff zu versenken. Günther Prien nahm die Unterlagen mit heim, rechnete alles durch und meldete dem F.d.U., daß er dieses Unternehmen wagen wolle.

Hier die Geschichte dieses dramatischen und zugleich tollkühnen Einsatzes von U 47, das sich mit seiner Besatzung bereits zu einem Ganzen zusammengefunden hatte.

Am 8. Oktober 1939 lief U 47 zu seiner zweiten Feindfahrt aus Kiel aus. Das Boot lief durch den Kaiser-Wilhelm-Kanal in die Nordsee. Südlich Helgoland wurde der Tauchversuch zum Trimmen unternommen, und am 9. Oktober marschierte U 47 über den "Borkum-Weg" zur Doggerbank. So oft die Brückenwächter ein Schiff sahen, ließ Prien tauchen, denn niemand durfte von der Anwesenheit eines U-Bootes hier in See und auf dem Wege nach Scapa Flow etwas wissen oder auch nur ahnen, denn dann hätte Churchill nicht versäumt, Scapa Flow noch dichter und unangreifbarer zu machen.

Sobald es Abend wurde, tauchte U 47 auf und lief nach dem Aufladen der E-Maschinen mit AK weiter. Am Abend des 12. Oktober stand das Boot vor den Orkney-Inseln. Hier vertraute Günther Prien seinem I. WO, Oblt.z.S. Engelbert *Endrass*, das Ziel dieser zweiten Feindfahrt an:

"Halten Sie sich fest, *Endrass*! — Wir gehen nach Scapa Flow!"

"Das geht klar, Herr Kaleunt", lautete die ebenso knappe Erwiderung des jungen Wachoffiziers, der wenig später mit einem eigenen Boot zu großen Erfolgen kommen sollte.

Drei Stunden nach Mitternacht des folgenden Tages ließ Prien auf "Tauchstation" gehen. Er legte das Boot auf Grund und befahl "alle Mann in den Bugraum!"

Endrass meldete dem Kommandanten die angetretene Besatzung, und Prien trat mitten unter sie und eröffnete ihnen:

"Wir laufen in der kommenden Nacht nach Scapa Flow ein. Alles geht jetzt auf Ruhestationen. Um 16.00 Uhr gibt es Mittagessen. Alle überflüssigen Lichter werden gelöscht. Beim Unternehmen gilt eines: Absolute Ruhe! *Kein* Befehl darf doppelt gegeben werden müssen. —

Wegtreten auf Ruhestationen!"

Nach dem Mittagessen ließ *Prien* noch eine geraume Weile verstreichen, ehe er um 19.15 Uhr den Befehl "Auf Tauchstationen!" gab. Langsam löste sich U 47 vom Meeresgrund und glitt, vom LI gesteuert, auf Sehrohrtiefe empor. *Prien* suchte die See in der Runde ab. Dann durch das Luftzielsehrohr den Himmel. Nichts war zu sehen! Er befahl aufzutauchen. Das Boot durchbrach die Wasseroberfläche. Das Turmluk sprang zurück. *Prien* glitt auf den Turm, noch ein Rundblick, dann:

"Turmwache aufziehen! — E-Maschinen stop! — Beide Diesel kleine Fahrt!"

Langsam glitt U 47 durch die nächtliche See. Die Frischluftumwälzer brachten im dichten Schwall kühle Seeluft ins Boot. Am Horizont zog plötzlich ein Nordlicht herauf. Es sah aus, als sei der ganze Himmel in Brand gesteckt worden. Etwas unsicher blickte *Prien* seinen I.WO an.

"Na, *Endrass*?" fragte er zweifelnd.

"Gutes Büchsenlicht, Herr Kaleunt!" entgegnete der Seeoffizier. *Prien* nickte zustimmend und gab dem Rudergänger im Turm die neuen Kurse durch.

U 47 lief nun auf sein Ziel zu. Voraus tauchte der Leuchtturm von Rose Ness aus der Finsternis auf. Von hier aus lief das Boot in Richtung Holmsund weiter. Dort mußten sie auf jenes Wrack stoßen, das den Eingang von Scapa Flow sperrte. Vor einem auftauchenden Wachboot glitt U 47 zur Seite weg.

Dann räusperte sich *Prien*: "Ich habe jetzt das Wrack und fahre nach Sicht", sagte er halblaut.

Von Minute zu Minute wurde die Strömung stärker. Durch sie wurde U 47 genau auf das Blockschiff zugetrieben. Die Lage wurde kritisch. *Prien* erkannte deutlich die dicke Stahltrosse, die sich von diesem Wrack aus nach Land hinüberzog. Ein Befehl an den Rudergänger ließ das Boot etwas aus dem gelaufenen Kurs herausdrehen; dann legte der Rudergänger wieder mittschiffs. Dicht vor dem Bug des Wracks lief U 47 mit kleiner Fahrt unter der Stahltrosse hindurch. Ein knirschendes und reißendes Geräusch erscholl, als die Antenne des Bootes von der Trosse abgerissen wurde. Dann hatten sie auch dieses schwierige Hindernis geschafft.

"Hier spricht der Kommandant: Wir sind jetzt in Scapa Flow!"

Durch das hier stille Wasser schob sich U 47 tiefer in die Bucht hinein und lief dann nach Westen bis in Sichtweite der Insel Vave. Kurz darauf sichtete Prien die im Hoxasund liegenden Bewacher, die wie dunkle Schatten dort lagen. Das Boot glitt vorbei und näherte sich dem Hauptankerplatz der britischen Flotte.

Bootsmann *Dzillas* gab eine erste Sichtmeldung, doch es handelte sich nur um einen Felsen. Wenig später bemerkte der Bootsmannsmaat einen weiteren dunklen Fleck. Zuerst zögerte er mit der Meldung. Dann aber meldete er halblaut dem I.WO.

Engelbert *Endrass* schwenkte sein lichtstarkes Nachtglas auf diese Stelle zu. Eine, zwei Sekunden vertickten, dann hatte auch er dieses Ziel erkannt und meldete: "Zehn Grad Steuerbord voraus ein Schiff!"

Kaptitänleutnant Prien beäugte dieses Ziel und bestätigte schließlich: "Stimmt, ein großes Schiff! Entfernung 5000 Meter. — — U-Boots-Zieloptik auf den Turm!" befahl er abschließend.

Von unten wurde das Zielgerät auf den Turm gereicht und auf die Zielsäule aufgesetzt. Damit war es automatisch an den Torpedorechner angeschlossen, hinter dem der Matrosengefreite *Smyczek* im Turm hockte.

Oblt.z.S. *Endrass* trat in seiner Eigenschaft als Torpedowaffen-Offzier hinter die Zielsäule und stellte die Optik nach. Der Schatten wurde größer und in seinen Umrissen erkennbar.

"Sieht nach einem Schlachtschiff der "Royal Souvereign"-Klasse aus", meldete er halblaut. "Oder eines der 'Queen Elizabeth' - Klasse", fügte er nach einer kleinen Pause hinzu. Dann meldete sich der II. WO zu Wort: "Ein zweites Schiff hinter dem ersten!" meldete Lt.z.S. *von Varendorff.* Sekunden später sahen alle Männer auf dem Turm von U 47 das Schiff, das zu zweidrittel hinter dem ersten verborgen lag und mit dem Vorlaufen von U 47 mehr und mehr freikam.

"Scheint die 'Repulse' zu sein", war wieder von *Varendorff* der Meldende. *Prien* blickte auf seine Uhr - wie es eine Gewohnheit von ihm war, um später ins KTB die richtigen Zeiten eintragen zu können. Sie zeigte 0.55 Uhr des 14. Oktober 1939 an.

"Alle Rohre klar zum Überwasserschuß!"

Die "Mixer" im Bugtorpedoraum drehten die Mündungsklappen auf und bewässerten die Rohre. Torpedoobermechanikermaat Bleeck meldete:

"Rohre 1-4 klar zum Überwasserschuß!"

"Wir schießen zwei Zweierfächer, *Endrass.* Auf jedes Schiff einen."

Der Mann hinter dem Torpedorechner im Turm gab die ihm befohlenen Werte ein, übernahm alle ihre weiterhin erfolgenden Korrekturen, um schließlich den Rechner auf die Torpedos zu schalten, so daß diese die Schußunterlagen automatisch erhielten.

Endrass sah, wie die beiden Schiffe ins Visier der Zieloptik hineinwuchsen. "Frage Feuererlaubnis?" sagte er.

"Feuer frei!" erwiderte Prien.

Der Zielgeber meldete "Hartlage". Aber noch zögerte *Endrass* mit dem Schuß. Dann war es so weit. Beide Schiffe standen optimal im Visier.

"Zweifächer aus Rohr I und II — los!"

Zweimal in wenigen Sekunden Abstand zueinander ruckte das Boot nach oben. Rauschend stob die See in die Ausgleichtanks und brachte das Boot wieder in Trimm. Erst dann kam der zweite Feuerbefehl:

"Rohr III und IV — los!"

Wieder bockte das Boot, das vorn leichter wurde, empor. Der Zentrale-Maat flutete abermals. Aber es erfolgte nur ein Ruck nach oben, während der zweite ausblieb.

"Was ist los, Bleeck?" fragte der I.WO.

"Rohr IV wahrscheinlich Abfeuerversager, Herr Oberleutnant", meldete der Torpedoobermaat Sekunden darauf.

Lt.z.S. *von Varendorff* hatte beim ersten Fächerschuß die Stoppuhr gedrückt. Zäh verrannen die Sekunden. Dreieinhalb Minuten vertickten ins Nichts der Vergangenheit.

Inzwischen war U 47 herumgegangen und lief langsam ab. Als *von Varendorff* meldete, daß die Laufzeit vorüber sei, schlug Prien enttäuscht mit der Faust auf das Schanzkleid der Brücke.

Auf einmal stieg vorn an dem Schiff, das sie als "Repulse" angesprochen hatten, die Treffersäule eines Torpedos empor. Als die Wassersäule in sich zusammengefallen war, starrten die Männer auf dem U-Boot-Turm verblüfft auf das Schiff, auf dem sich nicht das geringste regte.

"Hecktorpedo schießen, *Endrass*!" befahl *Prien*. *Endrass* beugte sich über das Sprachrohr, das ihn mit dem Burgraum ebenso wie mit dem Heckraum verband.

"Rohr V fertigmachen!" befahl er.

"Rohr V klar!" kam gleich darauf die Meldung aus dem Heckraum nach oben.

"Rohr V — los!"

Vier der fünf Torpedos von U 47 waren damit geschossen. Nach Ablauf der berechneten Laufzeit war es lange still. Dann war *Endrass'* Stimme zu vernehmen:

"Noch einmal, Herr Kaleunt?" fragte der I. WO.

Das bedurfte für *Prien* eigentlich keiner Frage, denn von irgendeiner Abwehr war noch immer nichts zu sehen oder zu hören.

"Rohr I und II nachladen", befahl er. Die bereitliegenden Torpedos wurden binnen 20 Minuten nachgeladen, weil sie bereits in die Ausgangsposition geschafft worden waren. "Ist die Ursache des Versagens von Torpedo IV gefunden?" fragte der Kommandant, während das Boot einen weiten Kreis lief.

Obermechanikersmaat *Bleeck* meldete Sekunden später: "Rohr IV — Abfeuerungsgestänge wieder klar!"

"Dann Dreierfächer!" meinte der Kommandant lakonisch.

U 47 lief immer noch ab. Währenddessen herrschte im Bugraum "Zustand". Die in Schnell-Ladestellung liegenden Aale wurden nachgeladen. Es dauerte knapp 20 Minuten, dann meldete der Torpedomixermaat alle drei Rohre klar.

"Dies war", so Korvettenkapitän a.D. *Wessels* nach dem Kriege zum Autor, "eine einmalige Leistung der Torpedomixer, die in der engen Stahlröhre schufteten, als gelte es das Leben. Und so ähnlich war es ja auch, denn man blieb nicht so lange ungesichtet in der Höhle des Löwen, ohne von diesem erkannt und vernichtet zu werden."

Noch immer war an Bord der "Royal Oak" — um dieses Schiff handelte es sich, das getroffen worden war — keine Bewegung zu erkennen, von einem Alarm ganz zu schweigen. Es erschien den Männern der Besatzung unvorstellbar, daß niemand nach dem Grund dieser Detonation suchte und daß auch kein einziger Bewacher näherkam, um danach zu forschen.

Das Boot hatte sich bereits wieder der Insel Mainland genähert, als *Bleeck* meldete, daß die Rohre I bis II und IV schußbereit seien. Das Boot drehte auf Angriffskurs und lief ein zweites Mal an den Gegner heran. In den Rohren I, II und IV lagen die Aale, die Ausstoßpatronen waren wieder mit Preßluft gefüllt. Das Boot kam wieder näher an den Gegner heran, und *Prien* entschloß sich, auf das vorn liegende Schiff zu schießen, und zwar alle drei Torpedos. Diesmal durfte nichts mehr schiefgehen, denn eine dritte Chance erhielten sie nicht.

Wieder lief das oft geübte Zeremoniell des Schußbefehls. Die "Royal Oak" füllte bereits die gesamte Zieloptik aus, der Rechner hatte seit einigen Sekunden bereits Hartlage gegeben, als *Prien* endlich die Feuererlaubnis gab.

"Fächerschuß aus Rohr I, II und IV — los!"

In jeweils fünf Sekunden zueinander wurden die Torpedos durch die Ausstoßpatronen in die See geschleudert, um dann mit eigenem Antrieb den Weg zum Gegner fortzusetzen. Preßluft wölkte in den Bugraum.

"Torpedos laufen!" meldete *Bleeck* überflüssigerweise.

Drei scharfe Torpedos, jeder mit 350 Kilogramm hochexplosiven Sprengstoffs gefüllt, jagten durch die Nacht dem Gegner entgegen. 30 Knoten war ihre Geschwindigkeit, und Lt.z.S. *Varendorff* rechnete nach und wartete auf den vorausberechneten Wert. Er blickte noch einmal auf die Stoppuhr, die er um 1.13 Uhr gedrückt hatte. Dann meldete er auch schon: "Zeit ist um!"

Wenige Sekunden darauf stieg an der Vorderkante Brücke des britischen Schlachtschiffes die erste flammende Todespinie der Torpedodetonation empor. Eins, zwei, drei, vier, fünf Sekunden. Wie lange sie währten! Dann die zweite Treffersäule Achterkante Brücke unter dem Schornstein der "Royal Oak". Dann ein dritter Wassergeysir, mit roter Flamme durchsetzt, vor dem achtern oben liegenden Geschützturm einhauend, hoch emporschnellend und den Geschützturm weit übersteigend.

Drei rollende dröhnende Detonationen hallten durch die nächtliche Bucht von Scapa Flow. Es war 1.16 Uhr, wie *von Varendorff* feststellte.

Auf einmal wurde die Nacht tobsüchtig. Der achtere Treffer löste eine gewaltige Explosion aus. Eine breite und haushohe Flamme peitschte aus dem Achterschiff der *"Royal Oak"* empor und überflutete das Deck des Schlachtschiffes mit gespenstischer Helle. Dann traf die Druckwelle der Detonation das U-Boot, das sich mitten in der Drehung befand. Ein fürchterliches Krachen gellte an die Ohren der Brückenwächter, und dann sahen sie, wie Decksteile aus dem Achterschiff des getroffenen Schiffes herausgerissen wurden und ringsumher — einige Male in gefährlicher Näche des U-Bootes — in die See einhieben.

Dann fiel diese riesige Detonationssäule wieder in sich zusammen; statt ihrer stieg eine dicke, schwarzwabernde Qualmwolke aus dem Schlachtschiff in die Höhe und hüllte es ein.

Prien sah noch, daß die *"Royal Oak"* starke Schlagseite erhalten hatte. Einige weitere Explosionen grollten im Inneren des Schiffes. Eine der Munitionskammern ging in die Luft.

Engelbert *Endrass* beugte sich über das Sprachrohr, das ihn mit der Besatzung im Bugraum verband.

"Das Schlachtschiff, das wir torpediert haben, ist soeben durch die Explosion einer achteren Munitonskammer aufgerissen worden. Es hat starke Schlagseite und sinkt langsam. Jetzt kann ich gerade noch seine Umrisse erkennen. - Nun ist wegen des dichten Rauchs und der größer werdenden Entfernung nichts mehr zu sehen."

U 47 lief mit äußerster Kraft beider Dieselmotoren ab. Wenig später wurden die ersten Bewacher, U-Jäger und Zerstörer, gesichtet, die Leuchtgranaten schossen und Schreckwasserbomben warfen. Scheinwerfer glitten von verschiedenen Landstellen aus über die See hinweg. Leuchtkugeln stiegen zum Himmel empor und zerplatzten mit grellem Sterngefunkel. Dann richteten sich die Scheinwerfer gen Himmel. Glaubte man in Scapa Flow an einen Luftangriff? Schien ihnen ein U-Boot-Angriff zu abwegig? Immerhin hatte es bereits einige Male Luftalarm gegeben, waren einige Bomben gefallen. Dies mußten ebenfalls Bomben gewesen sein; das war jedenfalls die allgemeine Überzeugung.

Auf Südostkurs lief U 47 dicht unter der Küste von Mainland entlang zum Ausgang des "Fuchsloches" von Scapa Flow. Wenn dort Zerstörer auf das Boot warteten, waren sie verloren.

Gefreiter *Hänsel*, der beste Ausguck des Bootes, sichtete schließlich einen Zerstörer, doch dieser kam nicht von vorn, sondern lief von achtern mit einem großen "Schnauzbart" aus Gischt in Lage Null auf U 47 zu.

"E-Maschinen zuschalten!" reagierte *Prien* auf diese Gefahr. Die Schrauben drehten sich mit höchstmöglicher Drehzahl. Dennoch drohte der Gegenstrom das Boot förmlich festzuhalten. Der sie verfolgende Zerstörer aber wurde ebenfalls langsamer, holte aber beträchtlich auf.

"Hecktorpedo klarmachen!" befahl *Prien.* Das inzwischen ebenfalls nachgeladene Heckrohr wurde zum Schuß vorbereitet. Noch wartete *Endrass* eine günstige Schußposition ab, denn wenn er erst geschossen hatte, dann wurde die Jagd auf sie eröffnet.

Plötzlich begann die "Klappbuchs" auf dem Zerstörer zu morsen. *Von Varendorff* las mit und meldete:

"Zerstörer erbittet Erkennungssignal, Herr Kaleunt!" Dann räusperte er sich. "Was soll ich ihm antworten?"

"Nichts", entgegnete *Prien.* "Der wird schon aufhören zu morsen."

Der Zerstörer versuchte es noch einmal, während seine Scheinwerfer sich auch zum Himmel emporrichteten. Dann drehte er ab und verschwand in der Nacht, ohne auch nur einen Schuß auf das deutsche U-Boot abgegeben zu haben, das er offenbar nicht erkannt hatte.

Da nunmehr bereits Niedrigwasser war, konnten sie nicht mehr die nördliche Ausfahrt aus Scapa Flow nehmen, sondern mußten nach Süden steuern. Prien ließ Kurs auf diese südliche Ausfahrt legen. Dabei wurde U 47 vom Gezeitenstrom des Kirk Sounds erfaßt und rollte und schlingerte heftig.

Sie passierten die Blockschiffe in einem Seitenabstand von weniger als 100 Meter. Die Fahrt war auf "Beide kleine Fahrt" gedrosselt, um so wenig Geräusche wie möglich zu machen. Der starke Strom schien sie mehrfach gegen das Wrack werfen zu wollen. Rudergänger *Schmid* gab immer wieder Gegenruder, um die Stromversetzung auszugleichen. Als sie auf gleicher Höhe mit dem Wrack waren, gab Prien einen neuen Befehl an die Maschine hinunter: "Beide große Fahrt!"

Sie schoben sich am Wrack vorbei, umrundeten in letzter Sekunde die weit ins Meer hinein vorspringende Mole der Insel Lamb, waren dann schon wieder im Kirk Sound und liefen auf Parallelkurs zur Außenkontur der Insel Mainland weiter.

Hinter U 47 dröhnten die Detonationen der Wasserbomben, die nun blind geworfen wurden. Leuchtgrananten zogen ihre Bahnen über den Himmel und über der weiten Bucht von Scapa Flow. Der Strom verlor jetzt zusehends an Stärke, das Boot kam rascher vorwärts, und jede Schraubumdrehung brachte es weiter aus dem Nahbereich des Gegners heraus.

"Beide AK!" ließ *Prien* jetzt auf Höchstfahrt gehen, denn mit Sonnenaufgang oder Tagesanbruch mußten sie eine große Strecke zwischen sich und dem Ort ihres nächtlichen Triumphes legen.

Rose Ness-Leuchtfeuer kam wieder in Sicht, und dann packte die offene See das Boot und ließ es auf ihren "Rollern" steigen und fallen.

Günther *Prien* beugte sich über die Sprechvorrichtung. "An alle: hier spricht der Kommandant! - Wir sind `raus aus Scapa Flow. Neuer Kurs ist Südost, Richtung Heimat!"

Jubel brandete durch das Boot, der sich schlagartig wieder legte, als Prien sich einmal räusperte, um seiner Besatzung noch etwas zu sagen:

"Ihr habt euch so gehalten, wie es ich erwartet habe, Männer! Ich bin stolz darauf, Kommandant einer so tüchtigen Besatzung zu sein. Wir haben ein Schlachtschiff versenkt und ein weiteres beschädigt."

Es war zwei Stunden nach Mitternacht. Alles in allem hatte dieser Einsatz in der Höhle des Gegners keine zwei Stunden gedauert, wenn die Fahrt dorthin unberücksichtigt blieb. In diesen zwei Stunden hatte sich der legendäre Ruhm von U 47 aufgebaut, der das Boot bis zu seinem Untergang im Frühjahr 1941 begleiten sollte.

Am Abend des 14. Oktober schaltete der "Funkenpuster" BBC-London ein. In der britischen Nachrichtensendung erfuhren sie, daß die Britische Admiralität den *Verlust ihres Schlachtschiffes "Royal Oak"* bekanntgab und daß erst 15 Überlebende geborgen werden konnten.

Die "Royal Oak" war ein britisches Schlachtschiff mit 29.150 BRT, das über eine gewaltige Bewaffnung verfügte. Auf der Liste der Überlebenden des Schiffes standen schließlich 375 Namen. Alle übrigen Besatzungsmitglieder waren mit ihrem Schiff untergegangen.

Aufgrund dieses englischen Berichtes entwarf Günther *Prien* einen Funkbericht an den Führer der U-Boote, Kpt.z.S. *Dönitz*:

"Unternehmen planmäßig durchgeführt, *'Royal Oak' versenkt. 'Repulse' beschädigt.* Erbitte Einlaufen auf Einlaufweg Eins, 16.10. abends. U 47."

Der Funkmaat gab diesen Funkspruch sofort an den F.d.U. durch, und am frühen Morgen des 17. Oktober erreichte das Boot den Einlaufweg I und marschierte von dort aus direkt in Richtung Wilhelmshaven, III. Einfahrt.

Was aber war an Bord der "Royal Oak" geschehen? Lassen wir zu dieser Frage Captain S.W. *Roskill*, den britischen Seekriegshistoriker, zu Wort kommen, der in seinem Hauptwerk über die Royal Navy "The War at Sea" dazu berichtete:

"Im Südwesten von Scapa Flow fand *Prien* den *Ankerplatz für große Schiffe leer.* Als er jedoch umkehrte und nach Norden lief, meinte er dicht unter der Küste *zwei Schlachtschiffe* zu sichten. Tatsächlich waren dies die `Royal Oak' und das alte Seeflugzeugmutterschiff `Pegasus', das zu dieser Zeit als Transporter für Flugzeuge benutzt wurde.

Auf 3.600 m herangekommen, schoß Prien um 0.58 Uhr drei Torpedos (das vierte Rohr hatte einen Abfeuerversager), von denen einer *die 'Royal Oak'* ganz vorn am Bug, möglicherweise an der Ankerkette, *traf.* Die Explosion war so leicht, die Schäden so gering, daß der Kommandant mit einigen Offizieren des Schlachtschiffes nach vorn gingen, um die ihrer Ansicht nach `innere Explosion' zu untersuchen.

Währenddessen drehte Prien mit U 47 auf Südkurs und schoß mit dem Heckrohr auf dasselbe Ziel, ohne jedoch Wirkung zu erzielen.

Danach lief U 47 ab, um die Bugrohre nachzuladen. Um 01.16 Uhr kam das Boot zurück und schoß *drei weitere Torpedos auf die 'Royal Oak'*, dieses Mal *mit Erfolg.* Zwei Torpedos des Fächerschusses trafen; 13 Minuten nach den Treffern legte sich das Schlachtschiff auf die Seite und kenterte. *24 Offiziere und 809 Mann* der Besatzung *gingen mit dem Schiff unter.*

U 47 lief mit großer Fahrt ab und wählte diesmal den Weg durch den Kirk Sound, zwischen dem südlichen Blockschiff und Lamb Holm hindurch. Bei ablaufendem Wasser und stark setzendem Strom war dies der gefährlichste Teil des gesamten Unternehmens. Das Boot kam jedoch heil durch und war um 2.15 Uhr wieder in der offenen See.

Inzwischen war man sich in der Bucht darüber klar geworden, daß aller Wahrscheinlichkeit nach *doch* ein deutsches U-Boot die Sperren durchbrochen hatte. Die Suche mit allen verfügbaren Fahrzeugen blieb ergebnislos.

Soweit noch Zweifel geblieben waren, wurden sie wenige Tage darauf zerstreut, als der Feind Priens Erfolg meldete."

"Wir wissen heute, daß diese Unternehmung von Admiral *Dönitz* sehr sorgfältig geplant war, der die schwachen Stellen in den Sperren der östlichen Eingänge sehr genau kannte.

Kapitänleutnant *Prien* verdient *höchste Anerkennung* für den Mut und die Entschlossenheit, mit der er die Planung von *Dönitz* in die Tat umsetzte."

Auf dem Rückmarsch in die Heimat hatte Oblt.z.S. *Endrass* auf der Backbordseite des Turmes von U 47 einen Stier gemalt, der wütend mit den Hufen stampft und dem Dampfwolken aus den Nüstern quellen. Sein Schweif war hochgeworfen. Als *"Stier von Scapa Flow"* lief U 47 schließlich am Morgen des 17. Oktober in Wilhelmshaven ein.

Der Empfang von U 47

Bereits gegen 10.00 Uhr dieses Tages herrschte auf der Pier der II. Einfahrt von Wilhelmshaven Hochbetrieb. Offiziere der Kriegsmarine waren ebenso versammelt wie eine Ehrenkompanie. Kurz vor 11.00 Uhr hallten Kommandos über die Pier. Die Ehrenkompanie präsentierte das Gewehr, und nach dem Befehl "Augen rechts!" betrat der Oberbefehlshaber der Kriegsmarine, Großadmiral *Raeder*, die Pier. Zu seiner Linken der nunmehrige Befehlshaber der U-Boote und zum Konteradmiral beförderte Karl *Dönitz*. Die Stelle des Führers der U-Boote war in eine solche des Befehlshabers der U-Boote umgewandelt worden.

Wenige Minuten später kam U 47 in Sicht. Staunend sahen die Männer das neue "Maling" auf dem Turm, als das Boot durch die Hafeneinfahrt lief. Die Besatzung, soweit sie nicht an den Maschinen benötigt wurde, stand an Oberdeck angetreten. Ihnen scholl das donnernde dreifache "Hurra!" entgegen. Das ebenfalls angetretene Musikkorps intonierte die Nationalhymne.

Nachdem das Boot an der Pier festgemacht hatte und die Stelling ausgebracht war, kam Günther *Prien* an Land und erstattete Großadmiral *Raeder* Meldung. *Raeder* dankte und *erwiderte*:

"Die Marine, ja das ganze deutsche Volk, ist stolz auf euch tapfere U-Boot-Männer!"

Anschließend gingen *Raeder* und *Dönitz* an Bord des Bootes. Konteradmiral *Dönitz* begrüßte die Mannschaft, sprach allen einzelnen seine Anerkennung aus und überreichte ihnen die wohlverdienten Auszeichnungen.

Am selben Tage erfuhr die *Besatzung*, daß sie am nächsten Tag gegen Mittag in der Reichskanzlei *von Hitler erwartet* werde.

Am nächsten Tage *flog die gesamte Besatzung in der Maschine Hitlers*, der Condor "Grenzmark", *nach Berlin* und fuhr im Kraftfahrzeugtransport *im Triumphzug durch Berlin zum Wilhelmsplatz*. Dort war "großer Bahnhof", denn *Zehntausende Berliner* wollten die Besatzung des legendären U 47 sehen. Noch am selben Mittag stand die Besatzung im großen *Saal der Reichskanzlei* angetreten, wo *Hitler* Günther *Prien* als erstem Kommandanten der U-Boot-Waffe das Ritterkreuz des Eisernen Kreuzes überreichte.

Nach dem spektakulären Presseempfang am 19. Oktober lief das Boot in Richtung Kiel. Als es in den Kieler Hafen einlief, passierte es die dort liegenden Einheiten der Kriegsmarine. Die Besatzungen dieser Schiffe waren in weißem Zeug in Musterungs-Divisionen angetreten. Da war der Kreuzer "Emden", dann passierte U 47 die "Scharnhorst", um schließlich an dem Riesen "Gneisenau" vorbeizulaufen, ehe das Boot an der Tirpitzmole festmachte.

Scapa Flow aber war nur einer der großen Erfolge der kleinen deutschen U-Boot-Waffe, deren Aufbau ja noch in den Kinderschuhen steckte und zu keiner Zeit des Krieges auch nur annähernd die von Admiral *Dönitz* geforderten Bootszahlen erreichte, die notwendig gewesen wären, aus der U-Boot-Waffe *die* entscheidende Waffe des Zweiten Weltkrieges zu machen.

In der Oktobersee am Feind
Erste Geleitzugskämpfe

Als zu Beginn des Oktober 1939 sechs Boote der 2. U-Flottille zum Einsatz ausliefen, erhielten sie die nördliche Nordsee als Operationsgebiet zugewiesen. Hinzu kamen der Nordkanal und der Englische Kanal, alles dies Einsatzräume direkt vor der Haustür des Gegners. Doch noch bevor diese Boote vom 7. Oktober an in See gingen, waren U 35 und U 23 erfolgreich gewesen.

Auf der 42-Meter-Wassermarke westlich von Quessant hatte Kptlt. *Lott* am 1.und 3. Oktober jeweils einen Dampfer versenkt. *Kretschmer* schickte einen kleinen britischen Dampfer mit seinem U 23 auf den Grund der See.

Am 7. Oktober lief dann U 37 unter KKpt. *Hartmann*, einem altbeschossenen Hasen, der auch Günther *Prien* vor der Küste Spaniens in die Führung eines U-Bootes eingewiesen hatte, zur Feindfahrt aus.

Als Chef der 6. U-Flottille "Hundius" in Wilhelmshaven hatte sich Werner *Hartmann* bereits am 16. August bei *Dönitz* gemeldet und war vom Führer der U-Boote zum Chef der Atlantikgruppe ernannt worden. Am 19. war er auf U

37 eingestiegen, das von Kptlt. *Schuch* geführt wurde, und kehrte mit diesem Boot, ohne ein zählbares Ergebnis vorweisen zu können, zurück.

Als an diesem 7. Oktober 1939 U 37 zu seiner zweiten Feindfahrt auslief, war *Hartmann* als Kommandant an Bord, während *Schuch* erkrankt zurückbleiben mußte.

Zu dieser Gruppe der 2. U-Flottille gehörten neben U 37 noch U 42 unter *Dau*, U 48 unter Herbert *Schultze*, U 46 unter *Sohler*, U 45 unter *Gelhaar* und U 40, das von Kptlt. *Schmidt* geführt wurde. Das letztere Boot ging am 13. Oktober im Kanal verloren, als es auf eine Mine lief und sank.

Den Versenkungsauftakt machte U 48 unter "Vaddi" *Schultze*, als das Boot am 12. Oktober den 14.115 BRT großen französischen Motortanker "Emile Miguet" stellte und versenkte. Damit hatte das Boot, das bereits im September dreimal erfolgreich gewesen war, den vierten Versenkungserfolg errungen. Es sollte in den folgenden vier Tagen noch viermal zuschlagen. Zunächst aber dieser erste geschlossene Einsatz einer U-Bootgruppe. U 37 kam am 12. Oktober ebenfalls zum Schuß und versenkte zwei Dampfer: die "Vistula" und die "Ares". U 48 und U 42 erhielten Anschluß an den Konvoi OB 17d, aus dem drei Schiffe sanken. Am 14. Oktober erreichte U 45, Kptlt. *Gelhaar*, den Konvoi KJF 3 und schoß binnen 65 Minuten drei große Dampfer aus diesem Geleitzug heraus, darunter den 10.108 BRT großen französischen Dampfer "Bretagne". Am selben Tage kam auch U 48 zum Schuß und schickte den britischen Dampfer "Sneaton" auf Tiefe. Schließlich gelang es auch noch U 37, Anschluß zu gewinnen. Trotz dichter Zerstörerbewachung und zweimaligen Abdrängens gelang es *Hartmann*, beim dritten Anlauf in Schußposition zu kommen und die "Vermont" mit der Artillerie zu stoppen. Danach ging ein Kommando an Bord des Schiffes, schlug die Sprengpatronen an und zündete diese. Das Schiff sank auf 48.01 Grad Nord 17.22 Grad West.

Am 16. Oktober befahl der B.d.U. über Funk den Weitermarsch dieser U-Boot-Gruppe nach Süden. Auf diesem Marsch ins neue Operationsgebiet sichtete U 46 unter Kptlt. Sohler am frühen Morgen des 17. Oktober den Konvoi HG 3. Das Boot gab Peilzeichen, und so konnten auch U 37 und U 48 heranschließen. *Sohler* kam mit U 46 als erster zum Schuß. Er torpedierte den Dampfer "Yorkshire", der jedoch nicht sank, sondern am Nachmittag des 17. Oktober von U 37 durch Torpedofangschuß versenkt wurde. Die "Yorkshire" hatte eine Verdrängung von 10.184 BRT. Eine Stunde später schoß *Sohler* die "City of Mandalay" mit 7.028 BRT aus dem Geleitzug heraus, und *Schultze* kam mit U 48 auf die "Clan Chisholm" zum Schuß, die 7.256 BRT verdrängte.

Als am späten Nachmittag die Fühlung am HG 3 abriß, befahl KKpt. *Hartmann* als taktischer Führer dieser Bootsgruppe die Bildung eines Aufklärungsstreifens für den Vormittag des 18. Oktober. Doch die drei Boote, die Fühlung gewonnen hatten, wurden am Morgen des 18. Oktober von den britischen und französischen Geleitfahrzeugen abgedrängt und unter Wasser gedrückt.

Am Nachmittag des 18. Oktobers griffen auch britische Sunderland-Flugboote in den Abwehrkampf ein. Sie belegten die Boote mit Bomben und drückten sie unter Wasser.

Da sich U 48 meldete und den Verschuß aller Torpedos bekanntgab, erhielt es den Rückmarschbefehl. U 37 aber wurde noch vor Gibraltar angesetzt. Hier sichtete *Hartmanns* Boot am 24. Oktober einen Geleitzug. Der Kommandant setzte sein Boot zum Angriff vor und versenkte am selben Tage vor der Straße von Gibraltar die Dampfer "Menin Ridge" und "Tafna".

Als *Hartmann* schließlich am 28. Oktober ein bei Kap. Finisterre gesichteter Schiffsverband gemeldet wurde, ließ er mit AK hinterherlaufen, ohne diesen Konvoi jedoch noch erreichen zu können. Auf dem Rückmarsch stieß das Boot vor dem Englischen Kanal auf den griechischen Dampfer "Trasyvoulos". Dieser 3.693 BRT große Frachter wurde mit einem Fächerschuß versenkt.

Am 12. November lief das Boot in Wilhelmshaven ein. Am ausgefahrenen Sehrohr flatterten acht Versenkungswimpel.

Hier nun in knapper Darstellung der Einsatz von U 48 auf seiner zweiten Feindfahrt. Dieses Boot, das schließlich zum erfolgreichsten U-Boot des Zweiten Weltkrieges wurde, hatte auch auf seiner zweiten Feindfahrt wieder einige spektakuläre Erfolge erzielt.

Fünf Schiffe in fünf Tagen

Am 4. Oktober, ganze 17 Tage nach dem Einlaufen von der ersten Feindfahrt, stand "Vaddi" *Schultze*, wie er respektvoll genannt wurde, wieder auf dem Turm seines Bootes und verließ den Kieler Hafen.

Die Fahrt durch den Kaiser-Wilhelm-Kanal bis zum Einlaufen in die Elbe dauerte bis 12.00 Uhr mittags. Um 20.00 Uhr dieses ersten Seetages lief das Boot bereits durch die Deutsche Bucht, und am 6. Oktober stampfte U 48 in der Mittleren Nordsee gegen eine sehr starke Dünung an, die das Boot mit hohen Rollern überschüttete.

U 48 bahnte sich seinen Weg durch die große See in Richtung Operationsgebiet. Es gehörte zu der vorab bereits vorgestellten "Atlantikgruppe" unter KKpt. *Hartmann*.

Zum Einsatz dieser Gruppe hatte *Dönitz* noch als Kpt.z.S. und Kommodore am 1. Oktober 1939 folgende Notiz in sein KTB eingetragen:

"Die Lage wird gekennzeichnet durch die geringe Zahl der verfügbaren Boote. Angesichts der Zusammenziehung der feindlichen Handelsschiffe zu Geleitzügen halte ich es für nicht zweckmäßig, unsere Boote über ein sehr weites Gebiet einzeln zu verstreuen. Ziel muß es sein, Geleitzüge abzufangen und mit den

Herbert (»Vaddi«) Schultze mit acht Feindfahrten auf U 48 dabei

Die ersten Boote der deutschen U-Waffe

Torpedoübernahme

U 48 nach der »Ritterkreuzfahrt« zurück

Von U 47 versenkter Dampfer

Die vollzählige Besatzung vor und auf dem Turm des Bootes

U 47 mit seiner Besatzung (Teil) im Kieler Hafen am 23. 10. 1939

wenigen vorhandenen Booten konzentriert zu versenken. Das Auffinden der Geleitzüge in der freien See ist sehr schwierig. Der Ansatz muß in solchen Gebieten erfolgen, wo für den Verkehr natürliche Bindungen vorliegen. Dies ist südwestlich von England und im Gibraltarbereich der Fall. - - -

Zwar hat England den Vorteil des kürzesten Anmarsches, aber die Überwachung des Küstenbereichs ist zu groß und wird von vielen Stützpunkten aus durchgeführt. In der gegenwärtigen Jahreszeit ist außerdem mit ungünstigem Wetter zu rechnen. Gibraltar hat den Nachteil des längeren Anmarsches. Da aber bereits der Anmarsch unserer Boote die Handelswege schneidet, können auch hier Erfolge erwartet werden. Es hat darüber hinaus den Vorteil der größeren Bündelung des Verkehrs. Die Wetterlage ist hier voraussichtlich günstiger als im Norden. Ich habe mich deshalb entschlossen, meine Boote gegen den Gibraltarverkehr anzusetzen. (Siehe: KTB des F.d.U.).

In großen Zügen legte Kpt.z.S. Dönitz in dieser Beurteilung der Lage und der Aussichten der U-Waffe auch jene Marschrichtung fest, nach welcher U 48 handeln mußte: Dazu gehörten geschlossenes und überraschendes Auftreten aller Boote der Gruppe und gemeinsame Angriffe auf Geleitzüge, womit das Eintreffen auch des letzten Bootes im Operationsgebiet abgewartet werden mußte, da nicht alle gleichzeitig auslaufbereit waren.

Um 0.00 Uhr des 8. Oktober 1939 stand U 48 westlich der Shetland-Inseln. Acht Stunden später war der Seeraum nordwestlich der Orkneys erreicht, und um 20.00 Uhr lief das Boot bereits nahe den Hebriden. Von nun an mußte mit feindlicher Waffeneinwirkung durch Flugzeuge gerechnet werden.

Die See im Gebiet nordwestlich von Irland war am 10. Oktober wie leergefegt, und am nächsten Tage argwöhnte der Kommandant, daß der Kurs des Bootes möglicherweise zu dicht unter der Küste liegen könne, und ließ weiter nach Südwesten ablaufen. Am 12. Oktober wurde um 7.00 Uhr der erste Dampfer dieser Feindfahrt gesichtet. Er lief mit 14 bis 15 Knoten Fahrt direkt vor dem deutschen U-Boot her, das in 70 hm Distanz (das sind 7.000 m) hinterherklotzte, ohne aufholen zu können. Doch wenig später kam ein zweites Schiff in Sicht, auf das *Schultze* zuoperieren wollte. Dazu ließ er um 7.05 Uhr auf Sehrohrtiefe tauchen. Immer wieder den "Spargel" herausfahrend und den Gegner beobachtend, ließ *Schultze* diesen nahe herankommen. Um 7.34 Uhr stieß das Boot zur Wasseroberfläche empor, und Schultze ließ den Dampfer durch einen Flaggenspruch zum Stoppen auffordern. Der Dampfer kam dieser Aufforderung nach, so daß die auf Oberdeck abgeenterte Geschützbedienung nicht in Aktion zu treten brauchte. Es war der Dampfer "Lido", ein kleiner "Kolcher" mit 2.000 BRT, der mit einer Holzladung nach Dublin unterwegs war. Schultze ließ den Dampfer wieder frei, denn die Schiffspapiere waren in Ordnung. Als der Dampfer weiterlief, meinte Schultze, an den I.WO Oblt.z.S. *Suhren* gewandt:

"Auf diese Weise werden wir den Krieg nie gewinnen. Wenn dieser Kapitän uns wahrscheinlich auch nicht hinters Licht geführt hat, viele andere werden uns be . . . " Der Kommandant hatte den erwartungsvollen Blick seines I.WO bemerkt und stockte mitten im Wort. "Das hätten Sie wohl gerne, Suhren, daß Ihr Kommandant solche schmutzigen Wörter in den Mund nimmt, was?" fragte er schmunzelnd.

"Nun, beinahe hätte ich Sie erwischt, Herr Kaleunt!"

"Beinahe vielleicht, aber wirklich niemals", beendete der Kommandant diesen "zivilen Disput".

Um 16.10 Uhr dieses 12. Oktober kam an Backbord achteraus ein großer Tanker in Sicht. Es war die bereits erwähnte "Emile Miguet", die 14.115 BRT verdrängte.

U 48 lief näher heran und zwang den Tanker — einen Franzosen — durch einige Schüsse der Artillerie zum Stoppen, nachdem er SOS gefunkt hatte. Die Besatzung dieses Tankers ging in die Boote, und um 18.00 Uhr erhielt dieser aus kurzer Distanz einen Torpedotreffer, der ihn tiefer sacken ließ.

Noch während dieses Fangschusses hatte die Besatzung auf dem Turm einen zweiten Dampfer gesichtet. Nach der Meldung meinte der U-Boot-Kommandant:

"Wir operieren zuerst auf den neu in Sicht gekommenen Dampfer, der Tanker läuft uns ja nicht mehr fort."

U 48 drehte und lief auf dieses neue Ziel zu, das abgeblendet lief und in der einfallenden Dunkelheit fast entkommen wäre. Um 20.24 Uhr fiel der erste Torpedoschuß, und der Dampfer funkte einen Notruf, aus dem sein Name "Heronspool" erkannt wurde. Zwar hatte der geschossene Torpedo als Frühzünder das Schiff nicht erreicht, sondern war etwa 100 m davor versackt und hochgegangen, was dennoch für den Dampfer ein starkes Warnzeichen war.

Als U 48 in einem schnellen Anlauf zum zweiten Torpedoschuß anlief, eröffnete der Dampfer aus einer auf dem Heck stehenden Kanone das Feuer.

Um 20.45 Uhr fiel der zweite Torpedoschuß. Auch dieser brachte kein zählbares Ergebnis. Der dritte Torpedo erbrachte ebenfalls nichts, und Schultze schlug wütend mit der flachen Hand auf die Brückennock. "Das ist eine Schweinerei! Das grenzt ja an Sabotage! Diese Heinis von der Torpedoversuchsanstalt sollte man einsperren." (Es sollte noch bis nach der Torpedomisere im Einsatzraum Narvik dauern, ehe dies tatsächlich der Fall war).

"Achtung, der Dampfer schießt wieder!" meldete der Bootsmannmaat der Wache. Zwei Granaten schlugen zum Glück weitab vom Boot in die See. Besser ausgebildet, hätte diese Geschützbedienung das deutsche U-Boot vernichten können.

U 48 lief ab und setzte sich erneut vor. Es war 23.05 Uhr, als der vierte Torpedo loszischte. Aber auch diesmal war keine Detonation zu sehen oder zu hören. "Dampfer schießt wieder!"

"Heiliger Strohsack, ist der aber hartnäckig", rief *Schultze* aufgebracht. "Wir vergurken an diesem Eimer alle Torpedos!"

Der Torpedo, der um 23.50 Uhr geschossen wurde, lief - natürlich - wieder vorbei. Nun ließ der Kommandant das Heckrohr zum Schuß klarmachen. Der geschossene Aal brachte besondere Aufregung für U 48, denn er detonierte knapp 120 Meter hinter dem Boot.

"Beinahe hätten die Torpedoheinis es geschafft, daß wir uns selber torpedieren", rief Schultze. Er befahl, die Rohre I bis IV nachzuladen.

Dazu setzte sich das Boot so weit vom Gegner ab, daß es am Rande der Sichtweite mitlaufen konnte und diesen Gegner immer unter Kontrolle hatte.

Um 1.01 Uhr meldete der Torpedoobermaat, daß alle vier Rohre des Bugraumes wieder klar seien.

"Boot greift wieder an!" befahl Schultze. U 48 drehte zum Torpedoschuß ein, und um 1.16 Uhr schnellte ein Torpedo aus Rohr I und flitzte zum Gegner hinüber. Genau mit Ablauf der geschätzten Laufzeit krachte der Treffer im Vorschiff des Gegners, und eine masthohe flammendurchmischte Wassersäule stob empor.

"Dampfer stoppt! — Besatzung geht in die Boote", meldete Oblt.z.S. Suhren, der als TWO hinter der Zielsäule stand und diesen Gegner anvisiert hatte.

"Diesmal haben wir ihn, Herr Kaleunt!" meinte auch der Bootsmannsmaat der Wache.

"Aber er hat uns sieben Torpedos gekostet.

Als eine Rauchsäule an Steuerbord gesichtet wurde, verließ das Boot auch diesen liegengebliebenen Dampfer und machte sich auf die Jagd nach dem dritten Gegner. Mit AK röhrten die Diesel, aber der Dampfer war plötzlich verschwunden. *Schultze* befahl, zur "Heronspool" zurückzulaufen. Als dieses Schiff erreicht wurde, lag es bereits bis zu den Brückenaufbauten im Wasser. Sie war nicht mehr zu retten, und *Schultze* ließ ablaufen, weil mit Sicherheit Zerstörer zum Havaristen unterwegs sein würden.

U 48 lief ab und bekam um 7.00 Uhr wieder einen Dampfer vor die Rohre. Um 7.03 Uhr ließ der Kommandant auf Sehrohrtiefe hinuntergehen. Die Rohre waren nachgeladen worden. U 48 hatte sich wieder in einen bißbereiten Hai verwandelt. Der Dampfer wanderte im Visier des Zielsehrohrs. Zwei kleine Korrekturen. Dann stand U 48 in richtiger Position.

"Wir tauchen auf und stoppen den Dampfer. — Geschützbedienung hält sich bereit. Brückenwache in den Turm. — Auftauchen!" befahl der Kommandant.

"Boot ist durch!" meldete der L.I., Oblt. (Ing.) *Zürn.*

Schultze drehte das Turmluk auf und schwang sich zu einem ersten sichernden Rundblick auf die Brücke. Dann befahl er der dicht hinter ihm wartenden Brückenwache aufzuziehen.

"Geschütz besetzen, Munition heraufmannen! Klar zum Warnschuß vor den Bug des Dampfers!" befahl er anschließend.

"Der Dampfer funkt, Herr Kaleunt!" meldete der Funkmaat.

"Schießen Sie die FT-Anlage herunter", rief Schultze dem Richtschützen zu, der an der Achtacht stand.

Die ersten beiden Granaten flitzten zum nahebei liegenden Gegner hinüber. Dann noch zwei Schüsse, und die Funkanlage verstummte abrupt.

Der französische Dampfer "Louisiane", der 6.903 BRT hatte, stoppte.

"Flaggensignale setzen: 'Gehen Sie in die Boote!'" befahl *Schultze.*

Um 8.35 Uhr eröffnete das Buggeschütz von U 48, nachdem alle Boote weit genug vom Dampfer weggepullt worden waren, das Feuer. Zehn Minuten lang stoben Flammenlanzen aus dem Achtacht-Rohr, und die abgeschossenen Granten schlugen dicht unterhalb der Wasserlinie der "Louisiane" ein. Dann war auch dieses Schiff von der Wasseroberfläche verschwunden.

"Wir laufen zu den Rettungsbooten", befahl *Schultze.* Auf Rufweite herangekommen, fragte der U-Boot-Kommandant, ob die Insassen der Boote Proviant oder Lebensmittel benötigten. Doch Kapitän Bandon erwiderte auf englisch, daß sie genügend versorgt seien. Kapitän Bandon hat in seinen Erinnerungen darüber berichtet:

"Wir trieben an dem aufgetauchten U-Boot vorüber. Ich erkannte die Turmbemalung, es war ein gebuckelter Kater. Dann kippte das Boot leicht nach vorn weg und war bald darauf verschwunden." (Siehe: Peillard, Leone: Die Schlacht im Atlantik).

Die Schiffbrüchigen dieses Dampfers wurden wenige Stunden darauf von den britischen Zerstörern "Ilex" und "Imogen" aufgenommen. Beide Zerstörer liefen in Richtung England und waren auf dem Wege dahin noch gezwungen, eine weitere Besatzung aufzunehmen: die des Schiffes "Lochavon", das von U 45 unter Kptl. *Gelhaar* versenkt worden war. Dann kam noch die Besatzung des Dampfers "Bretagne" (10.108 BRT) hinzu, der wie das vorher genannte Schiff im Konvoi KJF 3 gelaufen war und auch von Gelhaar versenkt wurde. (KJF bedeutet, daß es sich um einen Geleitzug von Kingston/Jamaika nach England handelte).

Dennoch gelang es den völlig überfüllten Zerstörern, auf ihrem Weiterweg noch zu einem Erfolg zu kommen. Das deutsche U-Boot U 42 unter Kptlt. Rolf *Dau* wurde von ihnen gestellt und mit Wasserbomben so eingedeckt, daß es auftauchen mußte. Damit mußten die beiden Zerstörer auch noch diese deutsche U-Boot-Besatzung aufnehmen.

Um 9.17 Uhr des 13. Oktober kam der erste britische Zerstörer für U 48 in Sicht. Diesem gelang es, drei Salven auf das deutsche Boot zu feuern, ehe dieses mit Alarmtauchen unter Wasser verschwunden war. *Schultze* ließ diesmal auf 120 Meter hinuntergehen. Die geworfenen Wasserbomben lagen weit vom Boot ab. Es wurde keine Ortung gehorcht. Mit Schleichfahrt setzte sich U 48 ab, und erst um 15.50 Uhr ließ der Kommandant auf Seerohrtiefe auftauchen.

Ein schneller Rundblick zeigte dem Kommandanten in einiger Entfernung ein Schiff, das sich bei genauem Hinsehen als Tanker entpuppte. Sie ließen ihn herankommen, tauchten unmittelbar neben ihm auf und forderten ihn durch Flaggenzeichen zum Stoppen auf.

Der Tanker stoppte, ohne gefunkt zu haben, und der Kapitän der "Europe", die ein norwegisches Schiff war, kam mit den Ladepapieren an Bord. Er hatte eine Benzinladung für Amsterdam. Da die Papiere in Ordnung waren, konnte er unbehelligt seinen Weg fortsetzen.

Nach dem Umladen der Oberdeckstorpedos und einem Prüfungstauchen am 14. Oktober um 9.07 Uhr lief das Boot weiter. Um 10.05 Uhr kam ein Dampfer in Sicht, der Zickzackkurs lief, was ihn bereits verdächtig machte. Bis 11.03 Uhr lief U 48 am Rande der Sichtweite mit, gewann den nötigen Vorlauf und tauchte, um im Eindrehen an den Gegner heranzukommen. Um 12.13 Uhr erfolgte der Befehl zum Auftauchen. Der Dampfer wurde mit der Artillerie gestoppt. Es war der Engländer "Sneaton" mit 3.677 BRT, der eine Kohlenladung transportierte. Als der Dampfer SOS und seine Position durchrief, ließ Schultze einen Torpedo schießen, nachdem der Funker gemeldet hatte, daß die Besatzung in die Boote gehe. Der Kohlendampfer sank sehr schnell.

Am selben Tage kam noch ein Dampfer in Sicht. Es war ein Belgier, der nicht angegriffen werden durfte. Dieser nahm die Besatzung der "Sneaton" auf, wie Schultze feststellen konnte, der unter Wasser mitlief und dies durch sein Sehrohr beobachtete.

Der nächste Tag brachte um 8.40 Uhr bereits die nächste Sichtmeldung. Sie liefen unter Wasser heran, und als sie nahebei auftauchten, stellte der Kommandant fest, daß es sich um jenen Tanker handelte, den sie drei Tage zuvor torpediert hatten: die "Emile Miguet", deren 130 Meter langes Vorschiff noch schwamm, während das Achterschiff abgerissen und gesunken war. Der Kommandant ließ auftauchen und den Rest des Schiffes versenken.

Am 16. Oktober stand U 48 um Mitternacht südwestlich Irland. Um 6.50 Uhr wurde ein beleuchtetes Fahrzeug gesichtet. U 48 lief im Überwassermarsch darauf zu, und *Schultze* forderte den Kapitän des Schiffes auf, mit den Ladepapieren an Bord des U-Bootes zu kommen, nachdem der Dampfer dem Flaggensignal zum Stoppen gefolgt war.

Es war die "Lerdam" mit 8.800 BRT, die Baumwolle geladen hatte. Aber ihr Ziel war Rotterdam.

Da dies ein kritischer Fall war, ließ Kptlt. *Schultze* ein Prisenkommando übersteigen und das Schiff unter die Lupe nehmen. Aber alles war in Ordnung, und "schweren Herzens mußten wir diesen Brocken laufen lassen", wie einer der Brückenwächter bemerkte.

Beim Abschied bat *Schultze* den Kapitän der "Lerdam" um Überlassung von Frischfleisch und 50 Eiern. Dieser Bitte kam der Kapitän nach. Die Bezahlung lehnte er kategorisch ab. Schultze ließ sich nicht lumpen und schenkte dem Niederländer — sehr zum Bedauern der Besatzung — eine Flasche Cognac. Dann wurde das Signal "Gute Reise!" gesetzt, und die "Lerdam" setzte ihren Weg nach Rotterdam fort.

U 48 lief auf Suchkurs durch die See und stand um Mitternacht zum 17. Oktober im Planquadrat 6578 BE. Nichts war zu sehen, aber um 9.08 Uhr ging ein FT-Spruch von U 46 ein, das einen Geleitzug im Großquadrat 6831 gesichtet hatte.

Kptlt. *Schultze* ließ den neuen Kurs legen, aber um 19.30 Uhr wurde ein weiterer FT-Spruch aufgenommen. Er kam von U 37 und lautete: "Geleitzug zersprengt!"

Das Boot änderte seinen Kurs und lief mit 77 Grad nach Norden, um möglicherweise durchgebrochenen Dampfern den Weg nach England abzuschneiden. Dieser Schachzug sollte sich lohnen, denn um 20.14 Uhr kamen im Quadrat 9153 BE zwei abgeblendet laufende Dampfer in Sicht. *Schultze* ließ zum Überwasserangriff heranschließen. Die UZO wurde auf den Turm gereicht und auf die dortige Zielsäule aufgesetzt. Oblt.z.S. *Suhren* baute sich dahinter auf, um als Torpedowaffen-Offizier den Schuß abzufeuern. Um 20.32 Uhr kam der Schießbefehl. Der Torpedo wurde durch die Ausstoßpatrone aus dem Rohr geschleudert und flitzte dem Dampfer entgegen, den er aber offensichtlich nicht traf, denn es wurde keine Detonation gehorcht. Der Schuß auf den zweiten Dampfer, der drei Minuten später geschossen wurde, traf diesen in der Höhe des achteren Masten. Der Dampfer stoppte sofort. Die Besatzung ging in die Boote, und U 48 drehte ab, um die Verfolgung des verfehlten Dampfers aufzunehmen.

Um 21.00 Uhr wurde ein Zerstörer auf Gegenkurs gesichtet, der in knapp 400 m Seitenabstand am Boot vorbeilief und der Untergangsstelle des Schiffes entgegenfurchte. Schultze ließ den Hecktorpedo auf den Zerstörer schießen, der das Ziel nicht verfehlen konnte, weil der Zerstörer schnurgerade weiterlief. Doch auch diesmal war keine Detonation zu horchen.

Der zweite Dampfer wurde verfolgt. U 48 kam rasch heran, und um 23.10 Uhr fiel der Schuß aus nur etwa 150 m geschossen. Der Dampfer wurde unterschossen. Er hatte das U-Boot entdeckt und funkte SOS. Es war der Brite "Sagaing", mit 7.986 BRT ein guter Brocken.

Der nächste Schuß ging vorbei. Nunmehr wollte *Schultze* den Dampfer in der Morgendämmerung mit der Arillerie versenken, weil sein Vertrauen in die Torpedos auf einem Tiefstand angelangt war. Er hielt Fühlung an dem Dampfer und lief mit 13 Knoten Fahrt mit. Um 3.45 Uhr traf ein Funkspruch beim Boot ein, der den Rückmarschbefehl übermittelte. Doch die "Sagaing" wollte sich *Schultze* nicht entgehen lassen. Um 6.55 Uhr funkte die "Sagaing": "Ich werde von einem U-Boot verfolgt!" Ein zweiter Dampfer kam in Sicht, und um 7.15 Uhr wurden mehrere weitere Dampfer gesichtet. Schultze ließ über Funk melden:

"Feindlicher Geleitzug in Sicht!" Das Boot gab Peilzeichen, um die anderen Boote der Atlantikgruppe heranzulotsen.

Um 7.32 Uhr wurde U 48 von einem Feindzerstörer unter Wasser gedrückt und erreichte bei diesem Tauchgang eine Tiefe von 132 Meter, was für das Boot Rekord bedeutete. Der Zerstörer warf Wasserbomben. 31 Detonationen wurden gehorcht. Erst um 16.45 Uhr konnte U 48 wieder auftauchen, und *Schultze* ließ einen FT-Spruch an den B.d.U. aufgeben, daß er den Rückmarsch angetreten habe.

Als am 17. Oktober U 46 150 sm nordwestlich von Kap Finisterre Fühlung am Geleitzug HG 3 erhielt, schlossen U 37 und U 48 sofort heran. U 46 schoß als erstes Boot und versenkte die 7.028 BRT große "City of Mandalay". Um 19.00 Uhr hatte U 48 das Operationsgebiet erreicht und drehte auf einige gesichtete Dampfer ein. Das Boot tauchte zum Angriff, und der erste Fächerschuß lief an dem anvisierten Dampfer vorbei. Auch der Hecktorpedo traf nichts. Vor einer Korvette mußte das Boot noch einmal ausweichen, ehe "Vaddi" es wieder heranbrachte. Diesmal hatte der Zweierfächer Erfolg. Beide Torpedos trafen die 7.256 BRT große "Clan Chisholm", die nach genau zehn Minuten sank.

Nach der Meldung dieses Erfolges erhielt das Boot erneut den Rückmarschbefehl. Auf dem Weg nach Hause wurde dann am 19. Oktober ein Einzelfahrer gesichtet. Es war die "Rockpool", die 4.892 BRT verdrängte. Sie wurde mit der Artillerie beschossen. Der Dampfer erwiderte das Feuer aus zwei Kanonen, die auf dem Heck standen, und zwang U 48 zum Alarmtauchen. Der Dampfer funkte SOS. Um 14.12 Uhr tauchte U 48 wieder auf. Die Geschützbedienung eröffnete das Feuer aus der Achtacht auf den ablaufenden Gegner, konnte diesen aber nicht mehr unter Wasser bringen, weil ein Zerstörer auftauchte und das Boot zum Schnelltauchen zwang.

Danach trat U 48 endgültig den Rückmarsch an. Es lief am 23. Oktober in die nördliche Nordsee hinein und passierte um Mitternacht des 25. Oktober den Eingang zum Kleinen Belt. Um 9.45 Uhr des 25. Oktober machte U 48 in Kiel an der Tirpitzmole fest. Das Boot hatte fünf feindliche Handelsschiffe mit insgesamt 37.153 BRT versenkt.

Am nächsten Tag meldete Kptlt. Schultze die verheerenden Fehlschüsse der Torpedos. Es waren mindestens fünf Versager darunter. KAdm. *Dönitz* schrieb in sein KTB:

"Die Torpedoinspektion wird laufend über diese Versager unterrichtet. Sie ist nachdrücklich auf ihre Bedeutung hingewiesen worden."

Damit war jene Torpedokrise erneut angeschnitten worden, die mehrere Kommandanten gemeldet hatten und die im Norwegenfeldzug zu einer Katastrohe ohnegleichen eskalierte und möglicherweise die vollständige Niederlage Englands verhinderte.

Wie U 48 unter Kptlt. *Schultze* kämpften auch alle übrigen im Oktober eingesetzten Boote mit letztem Einsatz, wobei der Einsatz nach der Prisenordnung viele Gefahren in sich barg und die Erfolge verminderte.

Bereits am 2. Oktober hatte der KTB-Führer ins KTB des F.d.U. eingetragen: "Zahlreiche Frühzündungen von Torpedos eingetreten." Doch diese Warnzeichen wurden nicht ernst genug genommen. Man hoffte auch in der U-Boot-Führung darauf, daß die Meldungen an die Torpedoinspektion Erfolg haben würden. Dies war jedoch nicht der Fall.

Die Kommandanten *Hartmann, Rollmann, Sohler und Schütze* schrieben sich im Oktober in die Erfolgsliste der U-Boote ein. Vom 1. bis zum 31. Oktober versenkten deutsche U-Boote 34 alliierte Handelsschiffe mit 168.140 BRT. Das letzte Schiff dieses Monates, das den Weg in die Tiefe antrat, war der französische Dampfer "Baoulé", der 5.874 BRT verdrängte und von U 25 unter Kptlt. *Schütze* auf 43.48 Grad Nord/09.08 Grad West versenkt wurde.

Der U-Boot-Bauplan

Am 10. Oktober 1939 trug Großadmiral *Raeder Hitler* den *Umfang des U-Boot-Bauplanes* vor, wie dieser im Rahmen des Mob-Rüstungsplanes und des großen U-Boot-Bauplanes vorgesehen war.

Der Bestand von jetzt 59 Booten sollte bis Ende Dezember auf 64 erhöht werden. Im Jahre 1940 sollten insgesamt 54 Boote neu gebaut werden, so daß ein theoretischer Bestand von 118 Booten verfügbar sein würde. Mit der Fertigung von 250 (!) Booten im Jahre 1941 und einer solchen von 349 Booten im darauffolgenden Jahr sollte der theoretische Bestand der Boote 717 betragen. Davon 50 kleinere Boote für den küstennahen Einsatz und 667 mittlere und große Boote für atlantische Verwendung.

Nach den Erfahrungen des Ersten Weltkrieges gingen aber in jedem Monat 7 % der Boote im Kriegseinsatz verloren, so daß die Zahl 717 rein theoretischer Natur sein würde. Daß dieser Bau nicht nur 120.000 Arbeiter erforderte, sondern auch noch 195.000 Tonnen Stahl, 3.900 Tonnen Kupfer, 2.500 Tonnen Blei, 210 Tonnen Zinn, 200 Tonnen Nickel und 2.100 Tonnen Aluminium, war ein Faktum, das bedeutende Kopfschmerzen bereitete. Nicht erst zu reden von der Erweiterung der Werftkapazitäten für U-Boot-Motoren, Kurbelwellen, Torpedorohre und Torpedos.

Hinzu kam die Zahl der benötigten Soldaten, denn allein auf diesen 717 Booten würden rund 35.000 U-Boot-Männer und 717 Kommandanten dienen müssen. Hinzu kamen das Werftpersonal, die Hafensoldaten etc. etc.

Hitler stimmte diesen Vorschlägen zu und beauftragte den Ob.d.M., "das mir vorgelegte verstärkte U-Boot-Bauprogramm einschließlich des dazugehörigen Nachschubs und aller weiteren für die Führung des U-Boot-Krieges erforderlichen Schiffsbauten, Hafen- und Stützpunktanlagen planmäßig und beschleunigt durchzuführen." (Siehe Lagevorträge des Oberbefehlshabers der Kriegsmarine vor Hitler).

Am 10. November teilte Großadmiral *Raeder* auf einem der nächsten Lagevorträge mit, daß der Verlust an U-Booten bis zu diesem Tage sechs Boote betrage. Damit war der Zuwachs an U-Booten bis zum Ende des Jahres bereits aufgebraucht. Somit konnte also bei Lage der Dinge durch die geplanten Neubauten *keine* vermehrte Kampfkraft erzielt werden. Bestenfalls konnte die verlorengegangene damit ausgeglichen werden.

Auf dieser Sitzung schlug der Ob.d.M. die warnungslose Versenkung feindlicher Passagierdampfer vor, die vielfach schwerbewaffnet und als Truppentransporter sowie zur Beförderung hochwertiger Bannware dienten. Die Bewaffnung der Dampfer sei bekannt und sogar auf Fotos dargestellt.

Hitler stimmte mit *dem* Vorbehalt zu, daß vorher die Namen der betreffenden großen Dampfer bekanntgemacht würden und gesichert sei, daß sie als Hilfskreuzer und Truppentransporter dienten.

Als nächsten Schritt schlug der Ob.d.M. vor, neutrale Dampfer, die Bannwaren geladen hätten, warnungslos zu versenken. So beispielsweise griechische Dampfer. In den Häfen der Neutralen, in denen Ladungen nach Großbritannien gelöscht würden, sollte eine Nachrichten- und Kontrollorganisation aufgebaut werden.

Bis zum 21. November hatten U-Boote an der Ost- und Westküste von England insgesamt 150 Minen gelegt. Auf diesen Minen waren vom 8. bis 21. November insgesamt 18 Schiffe gesunken.

Am 1. Dezember wurde folgende Schiffahrtswarnung über den Großdeutschen Rundfunk bekanntgegeben:

"Die deutsche Reichsregierung gibt hiermit bekannt, daß im Rahmen von Operationen gegen englische Streitkräfte und ihre Stützpunkte an der englischen Ostküste Minen gelegt sind in einem Gebiet, das im Norden durch den Breitengrad von Kinnaird Head bis 0 Grad 30 Minuten West, im Süden durch den Breitengrad von St. Abbs Head bis 1 Grad 30 Minuten West, im Osten durch die Verbindungslinie vorstehender Punkte begrenzt wird."

Während des Vortrages des Ob.d.M., Großadmiral *Raeder*, beim Führer am 30. Dezember 1939 wurde der Stand der deutschen Handelskriegsführung noch einmal umrissen. Danach mußten folgende Schiffe mit einem warnungslosen Angriff durch U-Boote rechnen:

1. Sämtliche feindlich erkannten Handelsschiffe. Ausnahme: einzeln fahrende unbewaffnete Passagierdampfer.
2. Sämtliche neutrale, im feindlichen Gebiet fahrende Schiffe.

3. Alle abgeblendet fahrenden Schiffe im Gebiet zwischen 20 Grad West, 62 Grad Nord, 3 Grad Ost und 44 Grad Nord.
4. Sämtliche Schiffe, die sich der Anhaltung widersetzen oder FT gebrauchen.
5. Sämtliche Tankdampfer im amerikanischen Sperrgebiet westlich 2 Grad Ost mit Ausnahme von italienischen, russischen, spanischen, amerikanischen und japanischen Tankdampfern.

Der *Handelskrieg durch Anhalten und Untersuchung* gemäß der Prisenordnung geschieht:

1. Durch Überwasserschiffe gegenüber allen feindlichen und neutralen Schiffen.
2. Durch U-Boote nach besonderen Befehlen nur gegenüber solchen neutralen Schiffen, die nicht unter Ziffer 1 fallen.

Der November 1939 brachte erst ab dem 9. des Monats einige Erfolge, weil der Atlantik ebenso wie die Gewässer um England beinahe U-Boot-leer waren. Am 12. November gelang es U 41 unter Kptlt. Mugler binnen zwei Stunden, nach einem kleinen Dampfer von nur 275 BRT, der durch die Artillerie des Bootes versenkt wurde, auf die 11.019 BRT große "Arne Kjöde" zum Schuß zu kommen, ein norwegischer Motortanker, der so schwer getroffen wurde, daß seine Reste von britischen Zerstörern versenkt werden mußten.

Nun kamen zahlreiche U-Boot-Kommandanten zum Schuß, die in den Vormonaten erfolglos geblieben waren. So auch Kptlt. Klaus Korth, der mit U 57 den litauischen Dampfer "Kaunas" versenkte; das brachte ihm die ersten 1.566 BRT ein. Er sollte in der Folgezeit einer der großen U-Boot-Kommandanten werden.

Mugler, Ambrosius, Mengersen, von Dresky, Ewerth, Kuhnke, und *Moehle*, dann zum Ende des Monats die erneut ausgelaufenen Kommandanten *Schultze* und *Prien* kamen zum Schuß. *Von Dresky* versenkte nordwestlich von Tory Island drei britische Fischdampfer am 20. November und zog am 21. November mit zwei weiteren Fischdampfern nach, ehe er südostwärts von Southend den deutschen Dampfer "Borkum", der sich als britische Prise auf dem Wege nach Kirkswall auf den Orkneys befand, torpedierte. Der Dampfer mußte im Papa-Sound aufgesetzt werden.

Danach kam *von Dresky*, der Kommandant von U 33 war, zu einem besonderen Erfolg. Auf einer Mine aus seiner am 5. November gelegten Sperre südostwärts von Southend im Nordkanal lief das 13.647 BRT große britische Motorschiff "Sussex" auf und wurde schwer beschädigt.

Schultze versenkte mit U 48 am 26. November den schwedischen Motortanker "Gustav E. Reuter" mit 6.336 BRT, und *Prien* kam am 28. dieses Monats auf den britischen Kreuzer "Norfolk" zum Schuß. Sein Torpedo aber detonierte als Nahzünder dicht am Heck des Kreuzers, der dadurch leichte Schäden erlitt.

Als der Monat November zu Ende ging, waren von deutschen U-Booten nur noch 28 alliierte Handelsschiffe mit 74.623 BRT versenkt worden.

Es stand auch nicht zu erwarten, daß im folgenden Monat der Erfolg wesentlich größer werden würde, weil viel zu wenige Boote draußen waren.

Vor der schottischen Ostküste versenkte Kptlt. *Frauenheim* mit U 21 den kleinen norwegischen Dampfer "Arcturus". Neue Kommandanten kamen hinzu und füllten die Reihe der erfolgreichen Männer auf. So zum Beispiel Kapitänleutnant *Habekost* mit U 31, der vom 1. bis zum 4. Dezember drei Schiffe versenkte, ehe er in Loch Ewe, ebenfalls in der Höhle des Löwen, einen Erfolg errang, als das britische Schlachtschiff "Nelson" auf eine von U 31 gelegte Mine lief und beschädigt wurde. Am 6. Dezember konnte er wieder zwei Schiffe versenken, ehe er verschossen den Rückmarsch antreten mußte.

U 47 unter *Prien* hatte die 8.795 BRT große "Navasota" am 5. Dezember aus dem OB 46 versenkt. Am 7. Dezember kam er auf die "Britta" zum Schuß. Der 6.214 BRT große britische Motortanker sank, und mit der "Tjandoen" konnte er am folgenden Tage einen 8.159 BRT großen Dampfer in die Tiefe schikken.

Auch Kapitänleutnant Otto *Kretschmer*, noch immer auf U 23 stehend, gelang am 7. Dezember ein Erfolg. Von diesem Zeitpunkt an bis zu seiner Versenkung mit U 99 gelangen ihm weit über 40 Versenkungen, die ihn an die Spitze der deutschen U-Boot-Kommandanten setzten. *Schultze* bewies mit U 48 die Schlagkraft dieses Bootes, auf dessen Offiziersliste einige Männer standen, die später als Kommandanten und Flottillenchefs Großes leisteten. Am 8. Dezember versenkte dieses Boot zwei Schiffe. Ein drittes folgte am 15. Dezember nach.

Jürst, Schewe, Jenisch, Sohler, Frauenheim, Oesten, von Dresky, Jenisch, Lemp, Büchel und wieder *Habekost* trugen sich in die Dezember-Versenkungsliste ein. Mit U 38 war Kptlt. Liebe erneut erfolgreich. Auch er sollte wie viele andere, die in den folgenden Kriegsjahren zu Ehren gelangten, eine der Stützen der U-Boot-Waffe werden.

Im Dezember 1939 hatte auch ein junger Oberleutnant zur See mit U 9 sein erstes Boot übernommen. Sein Name: Wolfgang *Lüth*. Auch er sollte sich nur einen Monat darauf in die Versenkungsliste feindlicher Handelsschiffe eintragen.

Als der Monat Dezember 1939 zu Ende ging, hatten die wenigen in See stehenden Boote 37 Handelsschiffe mit 100.413 BRT versenkt. Erst der nächste Monat sollte mit steigenden Zahlen an Booten wieder große Erfolge zeitigen.

Ein entscheidendes Problem aber hatte sich bis Ende Dezember 1939 sowohl für den Befehlshaber der U-Boote als auch für jeden einzelnen Kommandanten deutlich abgezeichnet.

Es war die Tatsache, daß die deutschen *Torpedos immer mehr Versager* hatten. In einer Besprechung mit seinem Chef der Operationsabteilung brachte der B.d.U. seine Sorge darüber zum Ausdruck:

"Wir können unseren U-Boot-Männern nicht zumuten, daß sie ihre Haut zu Markte tragen, wenn die Waffen, die wir ihnen mitgeben, so stumpf sind, daß sie keine Erfolge damit erzielen können."

Der B.d.U. befahl, daß Kptlt. *von Stockhausen* aus dem Stab des B.d.U. der Sache nachgehen und einen genauen Bericht darüber erstellen sollte.

Fazit des Kriegsjahres 1939

Nach Ende des Polenfeldzuges, in dem Frankreich und England Polen im Stich gelassen hatten, wurde auf seiten der Alliierten der "War of Quarantine" - Krieg des Einfrierens - befürwortet. Dieser war die englische Version des französischen "drolligen Krieges", der auch der "Sitzkrieg" genannt wurde.

Churchill forderte zwar immer heftiger die Offensive gegen Deutschland und hatte auch den Angriffstermin bereits fertig für die dritte Septemberwoche, als Deutschland in Polen noch voll im Einsatz war. Damit wollte er Hitler zuvorkommen, der eifrig bemüht war, Frankreich aus der Phalanx seiner Gegner herauszusprengen, und deshalb den französischem Seeverkehr so weit wie möglich geschont hatte.

Die Franzosen aber, die am 3. September dem Reich den Krieg erklärt hatten, nahmen ihre Aufgabe - Polen Hilfe zu leisten - nicht ernst. Sie waren nach den Worten von R. *Davet* in dessen Werk "Un Coeur de quarante ans" — eine "Armee von Hausmeistern" geworden und spielten ihren drole guerre durch. "Währenddessen übten sich Englands Soldaten im Exerzieren." (Siehe F. Foncieeille-Alquier: Les Francais dans la drole guerre).

Der deutsche und der sowjetische Außenminister, *von Ribbentrop* und *Molotow*, forderten in einer gemeinsamen Erklärung dazu auf, den Kriegszustand zu beenden. Die kommunistischen Abgeordneten wollten in Frankreich darüber debattieren, aber der Kammerpräsident Edouard *Herriot* lehnte dieses Ansinnen ab. Frankreich wurde von "defaitistischen Parolen überschwemmt". Sie lauteten nach J. de *Launey's* "Histoires secrètes de la Belgique": "On ne tire pas contre les Allemands! — Pas un coup de feu! und: "Vive *Staline* — Vive *Hitler*!"

Die kommunistische Partei Frankreichs wurde verboten, den Abgeordneten die Immunität aberkannt und 29 von ihnen verhaftet. Fünf weitere kamen später hinzu.

Alle kamen sie vor eine französisches Militärgericht, das über sie teilweise hohe Gefängnisstrafen verhängte. Kleine Funktionäre wurden in das französische Konzentrationslager Vernet eingeliefert. (Dahms, Günther, Hellmuth: Die Geschichte des Zweiten Weltkrieges).

Der Generalsekretär der Kommunistischen Partei Frankreichs, Maurice *Thorez*, wurde zum Militär eingezogen. Er desertierte und floh über die Grenze nach Belgien. Mit Hilfe seiner dortigen Genossen gelangte er schließlich nach Moskau. (Siehe dazu: Koester, A.: Scum of the Earth, und Kapel: J: Maurice Thorez résistant ou deserteur).

Von der Komintern wurde verbreitet, daß der Krieg gegen Hitler *nur* den Monopolherren diene. Sabotageakte in franzöischen Rüstungswerken waren an der Tagesordnung. Einige Kommunisten wurden auf frischer Tat ertappt, zum Tode verurteilt und am Kehlwerk des Forts "Du Há" bei Bordeaux erschossen. (Siehe: Amouroux, H.: La grande histoire des francais sous l' occupation, 8. Bd. Paris 1976).

Die Mehrzahl der Franzosen wandte sich von der französischen *Kriegspropaganda* ab, die *von André Gide und Paul Edouard* sowie *Jean Giraudoux* verbreitet wurde. Ihre Geistesverfassung schlug sich in folgender Parole nieder:

"La France s'ennuye!", was soviel wie "Frankreich langweilt sich zu Tode" bedeutet.

Da nach Ende des Polenfeldzuges weder ein Waffenstillstand noch ein Friedensvertrag zwischen Deutschland und Polen vereinbart wurde, weil keine polnische Regierung vorhanden war, die als Gegenüber Deutschlands hätte auftreten können, und Hitler in seiner Rede in Danzig am 19. September die Frage des Nachkriegspolen nur streifte und nicht nur auf dem Gebiete des Krieges, sondern auch im Hinblick auf die Konstituierung eines "mehr oder weniger abhängigen polnischen Reststaates" (Siehe Dahms, Hellmuth: a.a.O.) nur im deutschen Auswärtigen Amt gesprochen wurde, schien für die UdSSR die Stunde gekommen, sich einzuschalten und — gesichert durch den am 28. September geschlossenen Deutsch-Sowjetischen Freundschaftsvertrag — die führende Rolle in den Nordseeländern einzunehmen.

Um einen Vorwand zum Eingreifen zu haben, verkündete die sowjetische Presse, daß es die baltischen Nachbar-Republiken an der Verteidigung ihrer Nationalität fehlen ließen. Ein weiterer Vorwurf an die Adresse Estlands bezog sich auf den Ausbruch des polnischen U-Bootes "Orzel" aus Reval (Tallinn). Das U-Boot hatte zum Vonbordgehen seines erkrankten Kommandanten diesen Hafen angelaufen und war interniert worden. Am 17. September war es jedoch ausgebrochen und hatte sich auf den Weg nach England gemacht. Unterwegs soll es einen sowjetischen Dampfer versenkt haben. (Siehe dazu, Patocki, E.: Die Flucht aus Tallinn, in: Das kämpfende Polen).

Am 10. Oktober schloß Litauen mit der UdSSR einen Beistandspakt. Dieser sicherte Moskaus Stützpunkte auf litauischem Gebiet. Dafür wurde Litauen das Gebiet von Wilna abgetreten.

Bereits am 28. September hatte Estland der UdSSR Stützpunkte eingeräumt. Lettland folgte in dieser Beziehung am 5. Oktober nach.

Im Vollzug des Deutsch-Sowjetischen Freundschaftsvertrages vom 28. September waren auch Grenzfragen behandelt worden. Während einer Vollsitzung aller Beteiligten im Arbeitszimmer des sowjetischen Außenministers *Molotow* wurden zwischen diesem und Außenminister *von Ribbentrop* auch "baltische Fragen" behandelt. Die deutsch-sowjetische Demarkationslinie war von *Stalin* großzügig mit einem Blaustift über eine vorgelegte Karte gezogen worden. Die endgültige Trennungslinie sollte von einer Expertenkommission genau vermessen werden. Im Vertragstext selber war die als "endgültig" bezeichnete Grenze am Verlauf der Pissa, des Narews, des Bug und San gekennzeichnet worden, obgleich der sogenannte Suwalkizipfel Deutschland zugeschlagen wurde.

Das Reich entließ Litauen nach langem, zähem Verhandeln, bei dem die Sowjets siegten, aus seiner Interessensphäre, erhielt dafür aber noch das Gebiet von Mariampol. Dafür wurde der UdSSR freie Hand gegeben, in Litauen "besondere Maßnahmen ergreifen" zu können. Damit und mit den bereits genannten Beistandspakten Estlands, Lettlands und Litauens, die von den Außenministern dieser Staaten *Selter, Munter und Urbsys* unterzeichnet worden waren, zogen Sowjettruppen in diese Staaten ein, um diese zu "schützen". Molotow gab sein Ehrenwort gegenüber der deutschen Delegation, zu der neben *von Ribbentrop* noch *Schulenburg, Hilger* und *Köstring* gehörten, daß eine Änderung des Status dieser Staaten nicht beabsichtigt sei. (Siehe Rumpeter A.: Soviet Aggression against the Baltic States).

Eine finnische Delegation, geführt von Juho *Paasikivi, schlug Stalin* rundweg die von diesem geforderten *Gebietsabtretungen* ab. *Paasikivi verweigerte* den Sowjets *auch Stützpunkte* auf finnischem Staatsgebiet. Daß *Stalin* sich zu diesem Zeitpunkt bereits mit der "finnischen Frage" und deren Lösung auf kriegerischem Wege befaßte, geht aus der Tatsache hervor, daß er nicht die geringste Regung von Verärgerung zeigte, als ihm von Finnlands Gesandte in Stockholm der Fehdehandschuh vor die Füße geworfen wurde. *Paasikivi*, der bis zum Mai 1918 erster Ministerpräsident Finnlands gewesen war, kannte die Sowjetrussen aus seinen Friedensverhandlungen mit diesen 1920 in Dorpat und wußte, daß nur entschiedenes Auftreten wirksam war. Allerdings war er auch diesmal wieder bemüht, den Ausbruch eines Krieges seines winzigen Landes mit dem Herkules der Sowjetunion zu verhindern. Wozu allerdings diese schroffe Haltung nicht beitrug.

Polen allerdings war abermals geteilt worden, und es sah so aus, als würde das Land bald ganz von der Weltkarte verschwinden. Sicher war auf alle Fälle, daß sich Moskau jenen Teil Polens, den es an sich gerissen hatte, nie wieder fortnehmen lassen wollte.

Die neue Grenzlinie der UdSSR entsprach beinahe exakt der Curzon-Linie des Jahres 1919. Diese wurde auch in britischen Diplomatenkreisen für richtig gehalten, obgleich ja Großbritannien *und* Frankreich zur Sicherung des polnischen Staates dem Großdeutschen Reich den Krieg erklärt hatten.

Auf alle Fälle war Polen zwischen Deutschland und der UdSSR aufgeteilt worden. Hitler hatte nicht nur jene urdeutschen Gebiete zurückerhalten, die dem Reich nach Ende des Ersten Weltkrieges widerrechtlich entrissen worden waren, sondern insgesamt 188.000 Quadratkilometer dieses Landes erhalten, während Moskau 201.000 Quadratkilometer an sich gerissen hatte, freilich von Ostslawen bewohntes Land.

Damit *hätte* die Sowjetunion von nun an zu den erklärten Feinden Frankreichs und Englands zählen müssen, denn *auch sie* hatte ja polnisches Gebiet annektiert, auch wenn dieses nur eine polnische Minderheit hatte. Doch davon konnte zu keiner Zeit die Rede sein.

Hitler sagte in seiner Reichstagsrede vom 6. Oktober 1939, daß er gewillt sei, mit den Westmächten Frieden zu schließen. Immerhin hätten ja Frankreich und England nichts mehr mit Polen zu tun. Für das sowjetische Eroberungs- und Besetzungsgebiet ließ *Stalin* eine Volksabstimmung vorbereiten. Dieses Friedensangebot *Hitlers* wurde am 10. Oktober von Frankreich und zwei Tage darauf auch von England abgelehnt.

Die polnischen Soldaten, die von den Truppen der UdSSR gefangengenommen worden waren, galten als "Verbrecher", da sie gegen die Sowjetunion die Waffen erhoben hätten, ohne dieser den Krieg zu erklären. Aus diesem Grunde wurden sie in die Straflager der UdSSR deportiert. Dazu berichteten die Autoren *Eble* und *Millard*, in dem Werk *"Stalins vergessene Opfer"*, "soweit diese festgesetzten Polen Offiziere, Intendanten, Ärzte und Militärpolizisten waren, wurden sie unterwegs erschossen."

Berija ließ durch seinen in Polen "wirkenden" Stellvertreter *Merkulow* die NKWD-Hauptabteilung für Staatssicherheit, Miliz und Besserungslager nach Polen verlegen. Unter der Führung *Sjerows* fielen KGB-Offiziere, Kommissare und Sekosten nach Ostpolen ein. Zunächst wurden von ihnen *Viktor Alter* und *Henryk Ehrlich* erschossen, jene in Polen maßgeblichen jüdischen Sozialisten. Dann ließ *Sjerow* die Gefängnisse öffnen und aus den politischen Häftlingen eine "Rote Garde" aufstellen, die als Hilfspolizei unter Sowjet-Führung eingesetzt wurde. Danach wurde eine Kandidatenliste mit nach Moskauer Maßstäben geeigneten Vertretern für die westukrainische und weißrussische Nationalversammlung aufgestellt. Beide Gremien traten in Lemberg und Bialystok zusammen, wo die Propagandaredner öffentlich verkündeten, daß es "schon immer unser sehnlichster Wunsch gewesen ist, uns der Sowjetunion anschließen zu dürfen." (Siehe Werth: Alexander von: Russia at War 1941-1945).

Beide Nationalversammlungen stimmten am 27. und 29. Oktober für den Beitritt ihres Landesteils zur Weißrussischen und Ukrainischen SSR.

Auf dem Sprung standen derweilen in Moskau die Präsidiumsmitglieder des Obersten Sowjet, Michail I. *Kalinin* und Andrej A. *Andrejew*, die sofort nach

Kiew starteten und dort am 1. November 1939 alle Formalitäten erledigten. Am 2. November war Ostpolen sowjetisch und blieb es auch nach Ende des Zweiten Weltkrieges, ohne daß die Sieger jemals an dieser Lage — die zu verhindern sie angetreten waren — zu rütteln gewagt hätten.

In die Übergangsverfassung dieser beiden Landesteile wurde ein Passus aufgenommen, mit dem es möglich war, die "Ausbeuterklasse" zu enteignen. Dieser Enteigungsbefehl des NKWD trägt die Nummer 001.223/39 und war von *Berija* und *Merkulow* unterzeichnet. Er bot Handhaben zur Enteignung nicht nur der reichen Gutsbesitzer, sondern auch der polnischen Bauern, Unternehmer und Geschäftsleute.

Alle polnischen Häftlinge wurden in die Lager der UdSSR geschafft, von Kozielsk über Starobielsk und Karaganda bis nach Kamtschatka. Es waren insgesamt *1,2 Millionen Menschen*, die *spurlos verschwanden*, wie *J. Cuapski* in seinem Werk "Unmenschliche Erde" und *A. Bliss* in "I saw Poland betrayed" ebenso wie *Lewytzkyj* dies übereinstimmend darstellen.

Massengräber getöteter Polen fand man nicht nur *in Katyn*, sondern auch bei *Berwcz, Rowziki und Wielejka.*

Hitler wiederum ließ die 1919 Deutschland entrissenen Gebiete durch die Anbindung polnischer Kreise verdoppeln, wodurch diese zurückgewonnenen Gebiete eine Ausdehnung von 90.000 Quadratkilometer erhielten. Sie wurden in die "eingegliederten Ostgebiete" und in das Generalgouvernement geteilt; letzteres war am 12. Oktober 1939 durch Geheimerlaß geschaffen worden.

Der *Reichsgau Danzig-Westpreußen* unter Albert *Forster* wurde aus der Taufe gehoben. In ihn war das am 1. September befreite Danzig und der polnische Korridor des Versailler Vertrages, das alte Westpreußen, eingeschlossen. Dazu gehörten Bromberg und Thorn und die Kreise Lipno und Rypin, wo etwa 400.000 Deutsche lebten.

Der *Reichsgau Ostpreußen* unter Gauleiter Erich *Koch* wurde um das Gebiet von *Zichenau* (Ciechanów) erweitert, das zuvor zur Woiwodschaft Warschau gehört hatte. Dazu kam der Suwalkizipfel, der Deutschland von der UdSSR zugesprochen worden war.

Der Reichsgau *Posen*, der später in "Wartheland" umbenannt wurde, war mit 42.000 Quadratkilometern der größte Reichsgau. Er wurde von dem ehemaligen Senatspräsidenten von Danzig, Arthur Greiser, geführt. Er umfaßte mit der Hauptstadt die gleichnamige preußische Provinz und polnische Gebiete bis hinaus über Litzmannstadt (Lodz).

In Oberschlesien, wo Deutschland die 1921 verlorengegangenen Gebiete von Kattowitz, Königshütte und die Bereiche um Pleß und Rybnik zurückgewann, übernahm es auch das Gebiet von Teschen, das nach Ende des Ersten Weltkriegs Österreich zuerst von der Tschechei, dann von Polen fortgenommen worden war

Heinrich Liebe, erfolgreicher Kommandant der ersten Monate

Viktor Schütze: Auch er ein erfolgreicher Kommandant von U 103

Harald Gelhaus kam im Dezember

Mit U 34 war Wilhelm Rollmann von Anfang an dabei

Ausguck zur Luftsicherung auf dem Turm

Großadmiral Erich Raeder

Hitler und Raeder anläßlich einer Besichtigung

Admiral Dönitz, der Oberbefehlshaber der U-Boote verleiht Oberleutnant zur See Wohlfahrt das Ritterkreuz.

Werner Hartmann, Kommandant von U-37, leitete die erste Gruppenaktion der U-Boot-Waffe.

Sowjetrussland forderte von Finnland Gebietsabtretungen, was zu einem heftigen Winterkrieg 1939/40 führte. Finnland musste nachgeben. Hier eine finnische Skieinheit, die hervorragend ausgerüstet war.

Eine finnische Patrouille mit Hundeschlitten

Finnische Postenstellungen in der Arktis

und nun zum Großdeutschen Reich gehörte. Hinzu kam West-Tschenstochau. Dieser Reichsgau wurde von Fritz *Bracht* geführt.

Als Generalgouverneur des Generalgouvernements (Zentralpolens) nahm Hans *Frank* seinen Sitz in *Krakau.*

Nach wie vor sahen die sowjetischen Führer einen großen Gefahrenherd, den es zu beseitigen galt: *Finnland.*

TEIL VI
DER SOWJETISCH-FINNISCHE WINTERKRIEG

Die Vorbereitungen — Provokationen

Nachdem die finnische Regierung durch ihren Abgesandten *Paasikivi* erklärt hatte, daß sie keiner Moskauer Forderung auf Gestellung von Stützpunkten in Finnland oder Gebietsabtretungen zustimmen werde, war das Verhältnis der Sowjetunion zu Finnland bis an die Grenze des Möglichen gespannt. *Stalin* hatte *Paasikivi* ein Tauschgeschäft angeboten, indem er Finnland anbot, einen Teil des finnischen Gebietes in der Größenordnung von 2.750 Quadratkilometer zur Erweiterung der Stadt *Leningrad* zu übernehmen und den Finnen dafür 5.500 Quadratkilometer sowjetischen Gebietes weit im Norden zu übereignen. Dies sei notwendig, um die Expansion Leningrads durchführen zu können.

Auch darauf war *Paasikivi* nicht eingegangen. Er hatte genaue Weisungen aus Helsinki mitgebracht, über keinen Quadratmeter finnischen Bodens zu verhandeln. In zwei weiteren Missionen versuchte *Paasikivi* Moskau noch zu besänftigen. Er brachte die Zustimmung der finnischen Regierung mit in die Hauptstadt der UdSSR, daß Ministerpräsident Aimo K. *Cajander* bereit sei, kleineren Grenzkorrekturen zuzustimmen. Doch das genügte *Stalin* nicht. Er ließ am 2. November 1939 alle Verhandlungen mit Finnland abbrechen.

Stalin und seine Berater waren sich darüber einig, daß nach der Einverleibung Ostpolens und dem Fußfassen in den drei baltischen Republiken so schnell wie möglich ein dritter *Vorstoß in Richtung Finnland* angetreten werden sollte, bevor sich der in einer Art von Traumzustand befindliche Krieg Frankreichs und Englands gegen das Reich im Westen zum wirklichen Schießkrieg entwickelte.

Am 13. November rief die Sowjetregierung den in Schweden weilenden finnischen Kommunistenführer *Arvo Tuominen* nach Moskau zurück. Er erhielt Weisung, dort eine finnische Marionettenregierung zu bilden. Der künftige Präsident dieser Regierung von Rußlands Gnaden, *Otto Ville Kuusinen*, befand sich schon in der sowjetischen Metropole. Dieser kommunistische Funktionär finnischer Herkunft war bereits 1918 Führer des Aufstandes der Bolschewiki in Finnland und Gründer der finnischen kommunistischen Partei gewesen. Er war 1930 aus Finnland in die UdSSR geflohen, nachdem dort die KPF aufgelöst worden war. Er sollte nun also die finnische Gegenregierung führen.

Damit war klar, daß die UdSSR nicht mehr nur das Gebiet ostwärts Leningrad für sich gewinnen wollte, sondern daß ihr der Sinn nach ganz Finnland stand.

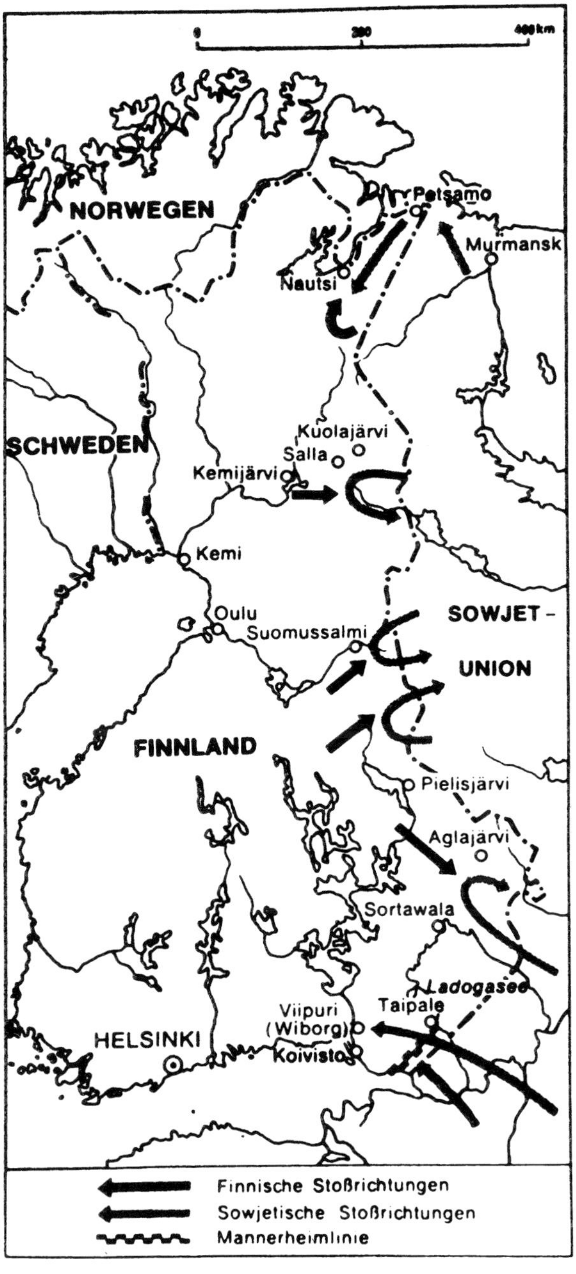

21. Dez. 1939
Die finnischen Truppen stoppen den russischen Angriff südlich Petsamo

20./21. Dez. 1939
Finnischer Gegenangriff bei Salla

30./31. Dez. 1939
Zwei russische Divisionen bei Suomussalmi vernichtet

14.–24. Dez. 1939
Finnischer Gegenangriff

11. Febr. – 12. März 1940
Die russiche Offensive gegen Wiborg

1.–9. Dez. 1939
Die russischen Truppen scheitern an der Mannerheimlinie

Der finnisch - sowjetische Winterkrieg

Daß es den Sowjets nicht nur auf diesen schmalen Gebietsstreifen ankam, wird durch eine Reihe fundierter Berichte erhärtet, die besagten, daß vor allem die Beherrschung der finnischen Nickelerzgruben und die Sicherung der Nordwestflanke der Sowjetunion zu den Anlässen gehörten, die zum Krieg herausforderten.

Der Sinn der Sowjets stand auch nach den entmilitarisierten Alandsinseln im Eingang des Bottnischen Meerbusens, die durch Finnland und Schweden zu "friedlichen Inseln" gemacht worden waren.

Der Krieg beginnt

Am 26. November 1939 wurde die sowjetische Ortschaft Mainilia ganz überraschend von sieben Granaten getroffen, die angeblich von finnischer Seite abgefeuert worden sein sollten. Nach der sowjetischen Agentur TASS wurden vier Soldaten der Roten Armee von diesen Granaten getroffen. Finnland wurde beschuldigt, bewußt einen Konflikt heraufbeschworen zu haben. Um die Haltlosigkeit dieses Moskauer Vorwurfs unter Beweis zu stellen, schlug Finnland eine gemeinsame Untersuchungskommission vor. Diesen Vorschlag lehnte die UdSSR ab. Der finnische Gesandte wurde zu Molotow ins Außenkommissariat befohlen. Molotow verlas ihm eine sowjetische Note, nach der Finnland für diesen Zwischenfall verantwortlich war. Der finnische Gesandte schlug ebenfalls eine Untersuchungskommission vor, wie dies seine Regierung unmittelbar vorher auch getan hatte. Auch sie verfiel der Ablehnung. Am 28. November kündigten die Sowjets den sowjetischen Nichtangriffspakt aus dem Jahre 1932. Kurze Zeit später wurden die diplomatischen Beziehungen durch die UdSSR abgebrochen.

Um Mitternacht zum 30. November hielt Außenminister *Molotow* eine Ansprache, die über den sowjetischen Rundfunk verbreitet wurde. Hierin klagte er Finnland an, die UdSSR durch "zahlreiche Grenzzwischenfälle bedroht zu haben". "Die Union der sozialistischen Sowjetrepubliken sieht sich daher gezwungen, alle notwendigen Vorkehrungen gegen eine neue Aggression zu ergreifen." (Siehe dazu auch: Kuokko, A.: Kronstatin valet sa, uvot Mainilassa räjäteless).

Die sofort aus Helsinki übermittelte *Note* der Regierung *Cajander* wurde von den Sowjets *nicht mehr beantwortet.*

Am Morgen des 30. November trat das finnische Kabinett zusammen, um über die kritische Lage zu beraten. Mitten in diese Beratungen hinein erschollen starke Bombendetonationen. Sowjetische Kampfflugzeuge hatten die finnische Hauptstadt zum Angriffsziel genommen. (Siehe dazu: Jacobson, M.: Diplomatie im Finnischen Winterkrieg).

Weitere Meldungen über Bombardierungen trafen aus Lahti, Porvoo, Kotka und Wiborg ein.

"Unabhängig von dem Krieg zwischen dem Reich und den Westmächten, aber durch ihn ermöglicht, entwickelte sich ein neuer kritischer Brandherd im Norden Europas." (Siehe Tippelskirch, Kurt von: Geschichte des Zweiten Weltkriegs).

Daß später dieser Sowjetisch-Finnische Krieg eng mit dem Kampf verzahnt werden sollte, der zwischen Deutschland und der UdSSR tobte, macht es notwendig, diese Auseinandersetzung an dieser Stelle einzublenden. Nicht zuletzt auch deshalb, weil offenbar die Sowjets bereits jetzt versuchten, die deutsche Position zu schwächen, die Kontrolle über die Ostsee zu gewinnen *und* die reichen Kupfererz- und Nickelerzlager, die für Deutschland von entscheidender Bedeutung waren, sperren zu können.

Dieses Gebiet war im Jahre 1920 im Frieden von Dorpat von der "Russischen SFSR" an Finnland abgetreten worden, um diesem Lande damit einen Korridor zum Eismeer zu verschaffen.

Nicht zuletzt wurde Finnland, das von jeher deutschfreundlich war, durch diesen Überfall in die deutschen Arme getrieben und stand wenige Monate danach auf deutscher Seite im Kampf gegen jenen Aggressor, der Finnland mit Krieg überzogen hatte.

Die Redewendungen, mit denen die Sowjetunion diesen Überfall zu bemänteln versuchte, lauteten, daß "wiederholt von finnischer Seite Provokationen verübt" worden seien, denen es nun zu antworten gelte.

Die Finnen schienen in einer aussichtslosen Lage, denn ein Volk von 3,5 Millionen Menschen konnte gegen die 180 Millionen der UdSSR nicht bestehen. Daß dieser Kampf, den einige "Kenner" in spätestens acht Tagen beendet wissen wollten, über drei Monate dauern sollte, schien unmöglich.

Der beiderseitige Aufmarsch

Auf finnischer Seite standen 33.000 Mann starke, in drei Divisionen gegliederte reguläre Truppen. Hinzu kam das Finnische Schutzkorps mit etwa 100.000 Mann. Durch Einziehungen und Freiwilligenmeldungen wurde diese Zahl auf insgesamt 400.000 Mann erhöht, zu denen noch 100.000 weibliche Hilfskräfte — die "Lottas" — kamen. Über Panzer verfügte die finnische Armee nicht. Lediglich einige Übungspanzer standen zur Verfügung. Etwa 150 Flugzeuge — überwiegend veraltete Typen — und einige Flak-Batterien vervollständigten das finnische Abwehrarsenal.

An die Spitze der finnischen Streitkräfte trat der Feldmarschall *Karl-Gustav Freiherr von Mannerheim*. Er war in der russischen Armee ausgebildet worden und hatte am Russisch-Japanischen Krieg teilgenommen. Im Ersten Weltkrieg hatte er russische Kavallerieverbände geführt. Erst nach der Unabhängigkeitserklärung Finnlands im Dezember 1917 kehrte er in seine Heimat zurück, organisierte die finnischen Regierungstruppen, die als "weiße" bekannt wurden, zum Sieg über die finnische Rote Armee (die"Roten"). Von 1918 bis 1919 Reichsverweser Finnlands, wurde er 1931 Vorsitzender des Obersten Kriegsrates und ließ quer durch die Karelische Landenge Befestigungsanlagen bauen, die später zur Weltberühmtheit gelangende *"Mannerheim-Linie"*.

Damit war eine Persönlichkeit zum finnischen Oberbefehlshaber ernannt worden, welche die Ostvölker und ihre Art der Kriegführung aus eigenem Erleben kannte und ihr zu begegnen wußte.

Mit seinen Kräften ließ sich die insgesamt 1.600 km lange Südost- und Ostgrenze Finnlands nicht verteidigen. Aus diesem Grunde stellte Mannerheim seine Kräfte an jenen Punkten zur Abwehr bereit auf, an denen er die Sowjet-Einfälle ins Land erwartete.

Die Karelische Armee unter General *Östermann* stand mit ihren sechs Divisionen zwischen der Südküste und dem Ladogasee sowie in den Bunkern und Gräben der Mannerheimlinie in provisorischen Stellungen abwehrbereit.

Mit seinem IV. Armeekorps schützte General *Hägglund* Ladoga-Karelien. In den Ödmarken, jenem sich bis nach Lappland hinziehenden unzugänglichen Gebiet, standen kleinere Truppenverbände und Einheiten, die sich in beweglicher Kampfführung bewähren sollten.

Die Finnische Flotte, die aus zwei Panzerschiffen, vier U-Booten und einigen Hilfsfahrzeugen bestand, hatte Auftrag erhalten, die südwestlichen Häfen des Landes für den Güterverkehr mit Schweden freizuhalten.

Von der Mannerheimlinie bis zur finnisch-sowjetischen Grenze lag ein Streifen Landes, der unzugänglich gemacht worden war.

Die Flankenschutz-Kräfte, die in den Raum nördlich des Ladogasees vorgeschoben worden waren — wurden von General Oequist geführt. Schwache Gruppen standen noch bei Petsamo und im Raume Kuhmö und Salla.

Auf Seiten der Roten Armee standen alle Divisionen und selbständigen Brigaden des Leningrader Militärbezirkes. Sie wurden von Armeegeneral Kiril A. *Merezkow* geführt. Der Operationsplan gegen Finnland war von Generalmajor *Schaposchnikow* erstellt. Danach sollte die 7. Armee unter General *Jakowlew* beiderseits von Summa in Richtung Wiborg vorstoßen und den Hauptangriff führen. Drei weitere Sowjetarmeen erhielten Weisung, im Norden anzugreifen, Petsamo in Besitz zu nehmen und damit auch "Die Gürtellinie von Kandalakscha aus durchtrennen, um Finnland von seinen atlantischen Zufuhren abzuschneiden und auch die Eisenbahnverbindung mit Schweden zu unterbrechen." (Siehe dazu: Heinrichs, E.: Mannerheim Soumen Kohtaloissa, und: Mannerheim, C.G.: Marskalkens Minnen).

Der sowjetische Angriff

Der erste sowjetische Stoß, mit dem die Führung bis tief nach Finnland hinein vordringen wollte, blieb bereits im Vorfeld der Mannerheimlinie liegen. Die zäh geführte finnische Abwehr zwischen Ladogasee und Leningrad hielt eisern stand.

Auch an der langen Ostgrenze, an der die Rote Armee von Petsamo aus bis Alla-Kemijärvi, bei Suomussalmi und nördlich von Pielisjärvi und nordostwärts des Ladogasees südlich von Aglajärvi angriff, hatte sie keine Chance, die finnischen Streitkräfte zum Vernichtungsschlag einzukesseln, obgleich zu diesem Zweck die 8., 9. und 14. Sowjetarmee eingesetzt worden war.

Die 7. und 13. Armee an der finnischen Hauptfront, der Karelischen Landenge, wurde schwer angeschlagen. Der finnische Verteidigungswille steigert sich bis zur völligen Selbstaufgabe.

In den ersten Tagen dieses Ringens vernichteten die finnischen Truppen 239 Panzer der Sowjets. Nördlich von Sortavala erlitt die *Rote Armee* durch das finnische IV. Korps unter *Hägglund* eine *vernichtende Niederlage.*

In beweglicher Kampfführung konnten die Kampfgruppen der Finnen in den Einsatzräumen bei Suomussalmi und Tolvajärvi bei 35 Grad unter Null die sowjetischen Divisionen stellen und die 163. Schützendivision der 9. Armee vernichten. Die Obersten Hjalmar *Siilasvou* und Paavo *Tulvela* führten ihre schnellen Skiverbände durch die tiefverschneiten Wälder in Flanke und Rücken des Feindes und griffen immer wieder überraschend an. Diese Anwendung der Motti-Taktik, der blitzartigen Angriffe und des sofortigen Wiederlösens vom Feind, trug ihre Früchte.

Die zweite sowjetische Division, die unabhängig von der 163. Schützendivision vorging, wurde auf die gleiche Weise gestellt und vernichtet.

Die sowjetischen Fliegerkräfte, die zunächst aus 800 Maschinen bestanden und im Verlaufe der ersten beiden Kampfwochen auf 2.500 Flugzeuge aufgestockt wurden, bombten 516 finnische Ortschaften und belegten diese mit 7.500 Tonnen Spreng- und Brandbomben. (Siehe dazu: Tovponen, J.: Erään kimmokkeen tarina).

In Moskau trat der sowjetische Krisenstab zusammen. Unter dem Vorsitz *Stalins* beriet der Stab der Roten Armee, *Schaposchnikow, Woroschilow, Mechlis* und *Wassilewskij*, wie man diesem zähen kleinen Volk das Genick brechen könne.

14 Tage waren vergangen, und die Rote Armee hatte noch keinen bemerkenswerten Geländegewinn erzielt. Die Sowjetführung kam zu dem Ergebnis, daß die Streitkräfte gegen Finnland verdoppelt werden mußten. Die Heeresgruppe Nordwestfront unter General Timoschenko wurde gebildet. Ihr unterstanden von nun an die 7. Armee unter General *Merezkow* und die daneben eingeschobene 13. Armee unter General *Grendal* im Bereich der Karelischen Landenge. Beiden Armeen wurden schwere Kampfwagen KW I zugeführt. Weitere Fliegerkräfte

gelangten unter ihr Kommando. Damit war die Überlegenheit der Roten Armee auf ein Verhältnis von eins zu drei in den Truppendiensten und eins zu acht in den Fliegerkräften angewachsen.

Zu den Kämpfen im Mittelabschnitt bemerkte der sowjetische Chronist Andrej A. *Gretschko* in seinem Werk "Geschichte des Zweiten Weltkrieges 1939-1945":

"Im Hohen Norden war es der sowjetischen 14. Armee unter großen Schwierigkeiten und empfindlichen Verlusten gelungen, bis Mitte Dezember Petsamo sowie die Fischer- und Srendni-Halbinsel in Besitz zu nehmen. Im Mittelabschnitt dagegen blieb die Offensive der 8. und 9. Armee stecken. Eine ganze Division (es war die 163. SD) wurde bei Suomussalmi eingekesselt und vernichtet. Starke bewaffnete finnische Ski-Bataillone wurden hier gegen uns eingesetzt, die erbitterten Widerstand leisteten. Gegen diese Einheiten konnten wegen des unwegsamen Geländes keine eigenen starken Kräfte eingesetzt werden. Die sowjetischen Truppen waren gezwungen, sich in den erreichten Abschnitten festzusetzen und zur Verteidigung überzugehen."

Marschall *Gretschko* fuhr in seiner Geschichte des Zweiten Weltkrieges fort, daß es "für die 7. Armee auf der Karelischen Landenge besonders schlimm" wurde und daß die rote Führung von dem finnischen Widerstand vor und in der Mannerheim-Linie "sehr unangenehm überrascht wurde".

Trotz der Aufstockung der Kräfte sah sich General *Merezkow* gezwungen, den Kampf an allen Frontabschnitten einzustellen und zur Verteidigung überzugehen, bis alle von Stalin zugesicherten Truppen herangekommen sein würden.

Nach der Zuführung der gesamten 13. Armee und einiger zusätzlicher Divisionen für die 7. Armee verfügte das sowjetische Oberkommando in Finnland über 25 Divisionen. *Merezkow* wurde zum OB der 7. Armee "degradiert", während Armeegeneral S.K. *Timoschenko* den Oberbefehl über die Nordwestfront übernahm.

Zur "Aufmunterung der Truppe" erschien der Chef der Politischen Hauptverwaltung der Roten Armee, L.S. *Mechlis*, an der Front. Er hielt anfeuernde Reden,rügte Divisionskommandeure, ließ Regimentskommandeure absetzen und Strafbataillone aus dem Boden stampfen.

Es dauerte sechs Wochen, bevor sich die Rote Armee zu einem neuen Offensivschlag aufraffte.

Am 11. Februar 1940 traten die Divisionen von der Karelischen Landenge erneut zum Sturmangriff auf die Mannerheim-Linie an. Auf einer Frontbreite von 60 Kilometern ließ General Timoschenko 15 seiner Divisionen und das Gros seiner Artillerie aufmarschieren.

Als das Signal zum Angriff erscholl, eröffnete die sowjetische Artillerie das Feuer aus 2000 Rohren. Die Stellungen und Befestigungen der Mannerheim-Linie barsten auseinander. Aber als die Rote Armee angriff, verteidigten die Finnen immer noch verbissen, und erst am dritten Tag dieser Offensive gelang der Roten Armee der Durchbruch. Die Rotarmisten bezahlten diesen Erfolg mit unsäglich hohen Opfern.

Zur gleichen Zeit war auch in Karelien zum Angriff geblasen worden. Doch dieser Angriff hatte weniger die Absicht, auch hier einen Durchbruch zu erzwingen, als vielmehr die hier stehenden finnischen Kräfte zu binden und zu verhindern, daß sie auch in die Karelische Landenge geworfen wurden.

Die Westmächte im Falle Finnland

Um es nicht zu sehr mit den Westmächten zu verderben, indem sie eine finnische Regierung nach ihrem Muster aufbauten, zu welchem Zweck ja unter Otto Ville Kuusinen in dem Badeort Terijok am 1. Dezember 1939 eine "Demokratische Republik Finnland" ausgerufen worden war, handelte *Stalin* nun in völlig unerwarteter Weise. Er hatte erlebt, daß Finnland von vielen europäischen Staaten Hilfe zuteil wurde.

Schweden hatte zum Beispiel Waffen geschickt und die Munition dazu. 8000 Freiwillige aus Schweden waren den Finnen zur Hilfe geeilt. Dänemark stellte 800 Kämpfer, und aus Norwegen kamen 750 Freiwillige, um am Abwehrkampf dieses kleinen Volkes teilzunehmen. In Spanien, Italien, Ungarn, Kanada und den USA meldeten sich Hunderttausende zum Kampf gegen den roten Aggressor.

Durch seine Spione in den europäischen Hauptstädten wußte *Stalin*, daß das britische Supreme War Council bereits am 19. Dezember 1939 die Bereitstellung eines britisch-französischen Expeditionskorps zum Einsatz in Skandinavien beschlossen hatte. (Siehe Churchill, Winston: Geschichte des Zweiten Weltkrieges, Band I S. 186, und Gamelin, Maurice Gustave: Servir, Paris 1946-47).

Nachdem die Westmächte lange Wochen darüber beraten hatten, drängte schließlich Ministerpräsident Edouard *Daladier* zur Landung der bereits bereitgestellten Expeditionstruppen im Norden. Dies sollte selbst dann durchgeführt werden, wenn die skandinavischen Königreiche hierzu keine Genehmigung erteilen würden.

Chamberlain verwarf diesen Vorschlag. Dabei dachte er daran, daß Schweden bei einem nicht genehmigten britischen Schritt auch die Erzladungen nach England stoppen würde, die kriegswichtig waren.

Wie auch immer, *Stalin* bemerkte, daß seine bisherige Gangart nicht honoriert werden würde. Er änderte seine Haltung und handelte sofort, weil er um die wirklichen Hintergründe Englands in bezug auf die Finnlandhilfe wußte: *Daß England vor allem Narvik und das nordschwedische Bergbaugebiet meinte*, wenn es von Finnland sprach, und daß man Hitler von der Zufuhr des nordschwedischen Erzes abschneiden mußte.

Der schwedische Außenminister Christian *Günther*, der nach dem "Altmark-Zwischenfall" (Siehe Band II des Gesamtwerkes), der Norwegen an den Rand einer Kollision mit Großbritannien geführt hatte, gleiche Gefahren für sich und sein Land durch Großbritannien heraufziehen sah, versuchte zwischen Finnen und Sowjets zu vermitteln, um durch einen schnellen Friedensschluß dieser beiden Gegner eine Intervention Englands und Frankreichs auch in Schweden abzuwenden. Die rote Gesandtin in Stockholm, Aleksandra M. *Kollontaj*, wurde von Außenminister *Molotow* gebeten, sich dieser Vermittlungsdienste anzunehmen.

In Stockholm bahnte sich etwas an, was die Westmächte mit Besorgnis zur Kenntnis nahmen. Sie überschlugen sich nunmehr mit den Hilfezusagen für Finnland. Daladier versprach Feldmarschall Mannerheim 42.000 Soldaten, die am 11. März in französischen Häfen verladen und nach Finnland geschickt werden sollten. Weitere 15.500 Soldaten wurden allgemein angekündigt. Aber Norwegen und Schweden betonten einstimmig, daß sie *jeder* fremden Macht den Durchzug durch ihr Reichsgebiet verwehren würden.

Feldmarschall *Mannerheim*, der immer noch gehofft hatte, sich bis zur Schneeschmelze halten zu können, sah schließlich ein, daß er gegen diesen Gegner keine größere Chance mehr hatte. Die Karelische Armee war zurückgeworfen worden. In der Wiborger Bucht waren Truppen der Roten Armee gelandet und drohten, die finnischen Verteidiger zu überflügeln. Dennoch hätte Finnland bedingungslos weitergekämpft, wenn nicht Josef *Stalin* mit einem einzigen Federstrich die durch ihn installierte Demokratische Regierung Finnlands von Terijoko wieder ausgelöscht hätte. Ministerpräsident *Kuusinen* und seine Regierungsmannschaft verschwanden von der Bildfläche. (Siehe: Jutikkala, E. und Pirinen K.: Geschichte Finnlands).

Außenminister *Molotow* forderte Finnland zur sofortigen Aufnahme zweiseitiger Friedensverhandlungen auf, um die Westmächte auszuschließen. Durch ein zusätzliches Abkommen wollten die Sowjets versuchen, Finnland auf ihre Seite zu ziehen.

Staatspräsident *Risto Ryti* flog mit einem kleinen Stab über Stockholm nach Moskau. In mehrtägigen harten Gesprächen mit *Molotow* und *Schdanow*, in die sich auch Marschall *Wassilewskij* einschaltete, wurde von der finnischen Delegation in der Nacht zum 13. März 1940 der sowjetisch-finnische Friedensvertrag unterzeichnet. Darin wurde der UdSSR *Karelien bis zur Linie des 1721 geschlossenen Friedens von Nystad* zugesprochen. Weitere sowjetische Beute waren die Inseln Salle und Suursaari und der Stützpunkt Hangö, dieser lediglich pachtweise.

Die Finnen erhielten *Petsamo* zurück. Dennoch verlor jeder neunte Finne seine Heimat. 450.000 Menschen flohen vor den Moskowitern und mußten in Innerfinnland angesiedelt werden.

Die Verluste der Finnen betrugen 24.923 Tote und 43.745 Verwundete.

Die Rote Armee verlor nach den Veröffentlichungen, die *Molotow* vor dem Obersten Sowjet machte, 48.923 Tote und 158.863 Verwundete und Vermißte. Dazu bemerkten sowjetische Kritiker und Generale hinter der vorgehaltenen Hand:

"Jene Gebiete, die wir den Finnen weggenommen haben, reichen gerade aus, um unsere gefallenen Soldaten zu bestatten. (Siehe: Erickson, John, Soviet High Command. Military Political History 1918-1941, London 1962).

Zwischenbilanz

Ende Dezember 1939 befand sich Deutschland nach seinem Blitzsieg in Polen auf dem ersten Gipfel seiner Macht, obwohl *Hitler* immer noch nicht wußte, wie er diese Macht mit einem abschließenden Sieg über seine Westgegner krönen sollte.

Zwar hatte der Generalleutnant Erich *von Manstein* seinen ersten Operationsentwurf für eine Westoffensive aus der Mitte der deutschen Front im Westen bereits am 31. Oktober vorgelegt, doch Hitler war nicht ganz mit dem von Generaloberst *von Rundstedt* abgesegneten Plan seines Chefs des Generalstabes einverstanden.

Hitler kam am 9. November 1939 auf seinen früher bereits gehegten Plan zurück, zwei schnelle Großverbände *in Richtung Sedan vorprellen zu lassen.* Das Oberkommando des Heeres teilte daraufhin der Heeresgruppe A am 11. November das XIX. Panzerkorps zu. Die darin stehenden Panzerdivisionen 2 und 10, die 2. ID (mot.) und das IR (mot.) "Großdeutschland" wurden dazu ausersehen.

Diese Unterstellung des XIX. Pzk unter die HGr. A ließen es GenLt. *von Manstein* geraten erscheinen, seinen Plan zur Führung der Operationen im Westen General *Guderian* vorzulegen, der ja das XIX. Pzk. führte. Um an *Hitler* heranzukommen, hatte GenLt. *von Manstein* seinen Plan dem Adjutanten der Wehrmacht beim Führer in Koblenz auseinandergesetzt. Schmundt sprach mit Hitler und legte diesem dann den Plan Mansteins vor. Hitler war noch immer nicht von der Richtigkeit dieses Planes überzeugt. Dennoch waren die Würfel für den Verlauf des Westfeldzuges bereits zu dieser Zeit gefallen, und es bedurfte nur noch eines persönlichen Nachstoßens von Mansteins, bis sein Feldzugsplan angenommen wurde.

Der Zeitpunkt des Beginns wurde immer wieder verschoben, um schließlich Ende Dezember 1939 auf das nächste Frühjahr angesetzt zu werden. Doch bereits im Januar 1940 gab es dann einen Zwischenfall, der nicht nur den Angriffsbeginn, sondern auch den Angriff selber in Frage stellen sollte. (Siehe dazu Band 2).

Am 31. Dezember verfügten die britischen Expeditionsstreitkräfte in Frankreich über eine Stärke von 161.424 Mann. Von ihnen gehörten 9.392 Soldaten zur Royal Air Force. Diesen Truppen standen 23.894 Fahrzeuge zur Verfügung. Über 2.470 Fahrzeuge verfügte allein die RAF.

An Munition lagen für die britischen Streitkräfte in Frankreich bereit: 36.000 Tonnen aller Kaliber; 25.000 Tonnen Treibstoff kamen hinzu. 60.000 Tonnen

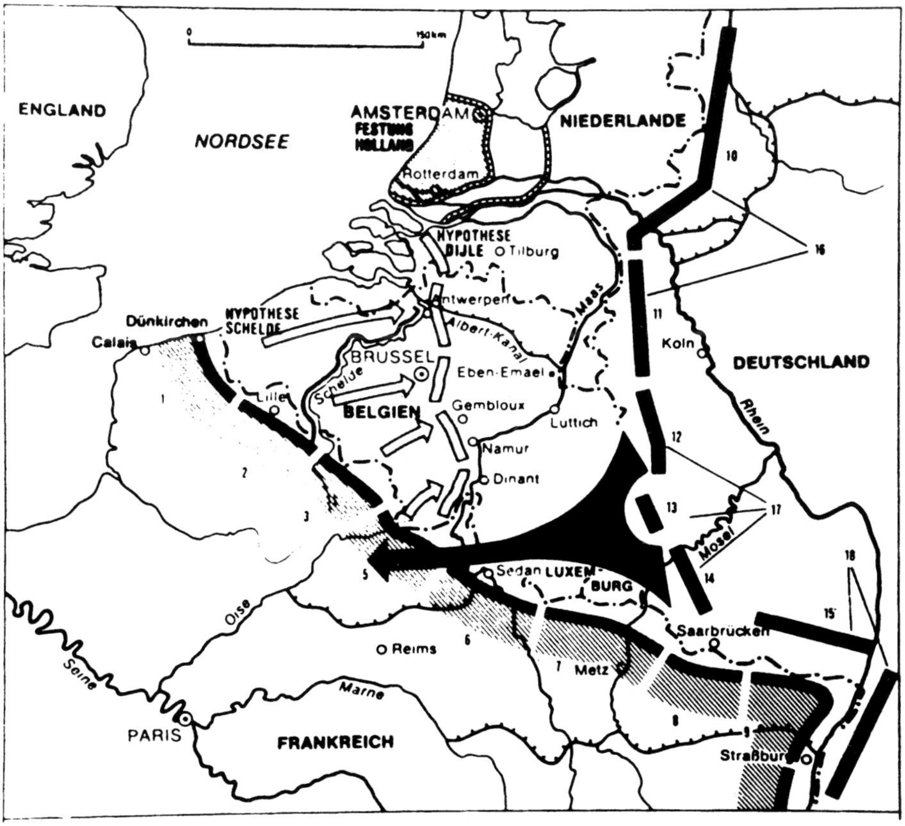

Der "Mansteinplan": Vorstoß durch die Ardennen

Proviant vervollständigten die Ausrüstung derselben. Großbritannien schien gewillt, an der Seite seines Verbündeten Frankreich den deutschen Angriff nicht zu erwarten, sondern sogar abschlagen zu wollen.

Hitler hatte alles versucht, seinen Befehlshabern und Truppenführern einen unbändigen Kampfwillen aufzuzwingen. Besonders in seiner Rede vom 23. November 1939 in der Reichskanzlei in Berlin kam dies klar zum Ausdruck.

"Zweck dieser Zusammenkunft ist es, Ihnen allen einen Einblick in meine Gedankenwelt zu geben. - - -

Solange ich lebe, werde ich n u r an den Sieg denken. Ich werde nicht davor zurückschrecken, jeden zu vernichten, der gegen mich ist."

* * *

QUELLENVERZEICHNIS LITERATURVERZEICHNIS

ADAP:	Akten der deutschen auswärtigen Politik, Baden-Baden 1950
Alman, Karl:	Wolfgang Lüth - Der erfolgreiche U-Bootkommandant des Zweiten Weltkrieges, Friedberg 1988
ders.:	U 48 - Das erfolgreichste Boot des Zweiten Weltkrieges, Leoni 1985
ders.:	Angriff, ran versenken!, Rastatt 1965
ders.:	Seeflieger im Zweiten Weltkrieg, Berg 1984
ders.:	Ritter der sieben Meere, Rastatt 1963
ders.:	Graue Wölfe in blauer See, Rastatt 1967
ders.:	Günther Prien - Der Wolf und sein Admiral, Leoni 1983
ders.:	Großadmiral Karl Dönitz - Vom U-Bootkommandanten zum letzten deutschen Staatsoberhaupt, Leoni 1983
ders.:	U-Boot-Asse, Wien 1981
Amoroux, H.:	La grande hinstoire des Francais sour l'occupation, 8 Bd., Paris 1976
Andies, Hellmut:	Der Staat, den keiner wollte, Wien 1962
Antonow, G.O.:	Der Marsch nach Polen im September 1939, Moskau und Ostberlin 1943 und 1948
Aßmann, Kurt:	Die deutsche Seestrategie in zwei Weltkriegen, Heidelberg 1957
Auswärtiges Amt:	Akten des auswärtigen Amtes zur auswärtigen Politik o.J. Berlin
Bainville, J.:	Les Consequences Politiques de la Laix, Paris 1920
Baker, R.S.:	Woodrow Wilson and World Settlement, New York 1922
Bachmann, H.R.:	Der Kampf um Hela, ZS 67/1973
Bauer, Eddy:	Der Panzerkrieg, Bonn 1965
Beck, Joseph:	Dernier Rapport: Politique Polonaise 1926-1939, Genf 1951
Bernhard, H.:	Gustav Stresemann - Vermächtnis, Nachlaß, Berlin o.O. u.J.
Bidault, G.:	Noch immer Rebell, Berlin 1966
Biddle, A.G.D.:	Poland and the Coming of War, Columbus 1976
Bierschenk, Theodor:	Die deutsche Volksgruppe in Polen, Würzburg 1954
Bliss, A.:	I saw Poland betrayed, New York 1945
Blücher, W.v.:	Gesandter zwischen Diktatur und Demokratie, Wiesbaden 1951
Blumentritt, G.:	Von Rundstedt: The Soldier and the Man, London 1962
Bonnet, G.:	Vor der Katastrophe, Köln 1951
Bor, Peter:	Gespräche mit Halder, Wiesbaden 1950
Braun, Otto:	Von Weimar zu Hitler, Berlin 1948
British Foreign Department:	Documents on British Foreign Policy 1919-1939, London 1946
Burckhardt, Carl J.:	Meine Danziger Mission, München 1960
Chamberlain, A.:	Life and Letters, Paris 1940
Churchill, Winston, S.:	Der Zweite Weltkrieg, Bd. I-VI hamburg 1949-1952
ders.:	Der Zweite Weltkrieg, (Memoiren), Bern 1954
Chew, A.F.:	The White Death, Detroit 1971

Clarke, T.:	My Lloyd George Diary, London 1939
Colonna, B.de:	Poland from the Inside, London 1939
Coulondre, Robert:	Von Moskau nach Berlin, Bonn 1950
Dahlerus, Birger:	Der letzte Versuch, München 1948
Dallin, David:	Soviet Russia's Foreign Policy, New Haven 1942
Department of State:	Frieden und Krieg - Auswärtige Politik der Vereinigten Staaten von Nordamerika, Washington 1931-1941; Zürich-New-York 1942
Diels, R.:	Lucifer ante portas, Stuttgart 1950
Dönitz, Karl:	Zehn Jahre und 20 Tage, Bonn 1958
Erickson, John:	Soviet High Command Military Political History 1918-1941, London 1962
Gafenku, G.:	Europas letzte Tage, Zürich 1946
Galera, G.S.v.:	Geschichte unserer Zeit, Leipzig 1936
Gamelin, M.:	Sevir, Paris 1946-1947
Glowacki, L.:	Obrona Warszawy i Modlina Warschau 1959
Golczewski, F.:	Das Deutschlandbild der Polen 1918-1939, Düsseldorf 1974
Gasztony, Peter:	Die Rote Armee, Wien-München-Zürich-New York 1980
Gretschko, Andrej A.:	Geschichte des Zweiten Weltkriegs, Berlin (Ost) 1963
Guderian, Heinz:	Erinnerungen eines Soldaten, Heidelberg 1971
Grabler, Josef:	Mit Bomben und MGs über Polen, Gütersloh 1942
Heinrich, E.:	Mannerheim, Soumen Khotaloissa, Helsinki 1957-59
Heiß, F.:	Deutschland und der Korridor, Berlin 1939
Herda, H.:	Die Schuld der anderen, Augsburg 1953
Hoare, S.:	Neun bewegte Jahre - Englands Weg nach München, Düsseldorf 1955
Höltje, Chr.:	Die Weimarer Republik und das Ostlocarnoproblem, Würzburg 1958
Internationales	Rotes Kreuz: Revue Internationale de la Croix Rouge
Jacobsmeyer, W.:	Heimat und Exil, Hamburg 1973
Jacobson, M.:	Diplomatie im Finnischen Winterkrieg, Düsseldorf-Wien 1970
Jutikkala, E. und Pirinen, K.:	Geschichte Finnlands, Stuttgart 1976
Kapel, J.:	Maurice Thorez resistant ou deserteur Paris 1941
Kaupisch, Hugo:	Die Befreiung von Livland und Estland, Oldenburg 1918
Kesselring, Albert:	Soldat bis zum letzten Tag, Bonn 1953
ders.:	Die deutsche Luftwaffe, in: Bilanz des Zweiten Weltkrieges, Oldenburg-Hamburg 1953
Kleist, Peter:	Zwischen Hitler und Stalin, Bonn 1950
Klink, E.:	Finnlands Freiheit 1917-1957, Laupheim 1957
Koester, A.:	Scum of the Earth, o.O. u.J.
Krüger, P.:	Deutschland und die Reparationen 1918-1919, Stuttgart 1973
Kühn, Volkmar:	Torpedoboote und Zerstörer im Einsatz 1939-1945, 6. Aufl. 1987 Stuttgart
ders.:	Schnellboote im Einsatz, Stuttgart 1976
ders.:	Der Seenotdienst der deutschen Luftwaffe, Stuttgart 1978
Kurowski, Franz:	Der Luftkrieg über Deutschland, Düsseldorf 1977
ders.:	Krieg unter Wasser, Düsseldorf 1979

ders.:	Balkenkreuz und Roter Stern, der Luftkrieg über Rußland 1941-1944 (Einführungskapitel) Dorheim 1984
ders.:	Bordflieger im Einsatz, Leoni 1984
ders.:	Panzerkrieg, Rastatt 1980
ders.:	Seekrieg aus der Luft, Herford 1979
ders.:	Das Vermächtnis, Bochum 1982
ders.:	Generalfeldmarschall Albert Kesselring - Oberbefehlshaber an allen Fronten, Berg 1985
ders.:	An alle Wölfe: Angriff, Friedberg 1986
ders.:	Die Ritterkreuzträger der U-Bootwaffe, Friedberg 1987
ders.:	Mit Eichenlaub und Schwertern, Herrsching 1985
ders.:	Tondokumente: Gespräche mit deutschen Soldaten von Heer, Luftwaffe und Marine 1948-1989
Launey, J.de:	Histoires secretes de la Belgique, Brüssel 1949
Lentin, A.:	Die Drachensaat von Versailles, Leoni 1988
Lessing, Hermann:	Die Geschichte der Seeflieger - Manuskripte, Aufstellungslisten, Einsatzberichte, i.Ms.
Linna Väino:	Kreuze in Karelien, Kolmar-Berlin 1961
Liss, U.:	Geheime Westfront 1939-40, Neckargemünd 1959
Loewenstern, Enno von:	Luftwaffe über dem Feind, Berlin 1941
Lloyd George, D.:	The Great Crusade, London 1918
ders.:	Memoirs of the Peace, Conference, Yale 1939
Liddel, Hart, B.:	Die Rote Armee, Bonn 1956
Lossberg, B. von:	Im Wehrmachtsführungsstab, Hamburg 1956
Manstein, Erich, v.:	Verlorene Siege, Frankfurt 1966
ders. und Kurowski, Franz:	Generalfeldmarschall Erich von Manstein - Als Soldat immer im Dienst, i.MS
Mannerheim, C.G.:	Marskalkens Minnen, Helsingfors 1954
Martel, Rene:	Deutschlands blutende Grenzen, Oldenburg 1930
Methmacher, H.:	Deutschlands Ausgleichsbemühungen im Sommer 1939 in: Vierteljahreshefte für Zeitgeschichte 14/196
Moltke, F. von:	Helmuth, James von Moltke 1907-1945, Stuttgart 1975
Murawski, E.:	Der deutsche Wehrmachtsbericht 1939-1945, Boppard 1962
Nürnberger Internationaler Militärgerichtshof:	Der Nürnberger Prozeß gegen die Hauptkriegsverbrecher vom 14. November 1945 - 1. Oktober 1946, Nürnberg 1947
Oberkommando der Wehrmacht:	Der Sieg in Polen, Berlin 1940
ders.:	Fahrten und Flüge gegen England, Berlin 1941
Olberg, Paul:	Die Tragödie des Baltikums, Zürich-New York 1941
Patocki, E.:	Das kämpfende Polen, Warschau 1948
Peillard, Leone:	Die Schlacht im Atlantik,
Penrith, Harald E.of:	Theatre of Life, London 1929
Pikalkiewicz:	Polenfeldzug, Bergisch Gladbach 1982
Rabl, K.:	Das Selbstbestimmungsrecht der Völker, München 1963
Raeder, Erich:	Mein Leben, Tübingen 1957

Reinhardt, H.:	Die 4. Panzerdivision vor Warschau und an der Bzura, ZS 7/1958
Rieckhoff, H.J.:	Trumpf oder Bluff? Genf 1945
Roskill, S.W.:	The War at Sea, Vol. I - III-IV, London 1954-56
ders.:	Royal Navy, Oldenburg 1961
Rasenack, F.W.:	Panzerschiff "Admiral Graf Spee", Biberach 1957
Rossi-Lande, G.:	La drole de guerre, Paris 1971
Rossiwall, Theodor:	Der Polenfeldzug 1939, ZS 3/1964
Ruge, Friedrich:	Der Seekrieg 1939 - 1945, Stuttgart 1956
Ruhnau, Rüdiger:	Die Freie Stadt Danzig 1919-1939, Berg 1988
Rumpeter, A.:	Soviet Aggression aganist the Baltic States
Schlabrendorff, F.V.:	Offiziere gegen Hitler, Frankfurt-Hamburg 1959
Saunders, Hrowe H.:	Forum der Rache, Leoni 1985
Seraphim, Maurach, Wolfrum:	Ostwärts von Oder und Neiße, Hamburg 1949
Sikorski, Gen. (Hrgb.):	Documents on Polish-Soviet Relations 1939-1945, London 1961
Spears, E.:	Assignment to Catastrophe, London 1954
Stackelberg Karl Georg:	Jagdfliegergruppe G. Granz 1942
Stoves, Rolf:	1. Panzer-Division 1939-1945, Bad Nauheim 1961
Stresemann, Gustav:	Brief an den deutschen Kronprinzen vom 7. September 1925
Tansill, Ch.:	Die Hintertür zum Kriege, Düsseldorf 1957
Teske, Hermann:	General Köstring, Frankfurt 1965
Times, The:	vom 19.10.1939
Traditionsverband der 3. PD:	Geschichte der 3. Panzer-Division, Berlin 1967
Venohr, W.:	Der Kampf um die Slowakei 1939-1945, Königstein i.Ts. o.J.
Vormann, Nikolaus von:	Der Feldzug 1939 in Polen, Weißenburg 1958
ders.:	So begann der Zweite Weltkrieg, Leoni 1988
Werth, Alexander	v.: Russia at War 1939-1945
Westphal, Siegfried:	Heer in Fesseln, Bonn 1950
Wilson, W.:	Presidential Messages Addresses and Public Papers, New York 1926
Werther, Wolfgang:	Geschichte der 16. Panzer-Division 1939-1945 Bad Nauheim 1958

Ausgewertet wurden die Kriegstagebücher:

Seekriegsleitung, Teile A - C, Hefte 1 bis 3
Panzerschiff "Admiral Graf Spee"
Panzerschiff "Deutschland"
KTB F.d.L. West
KTB des B.d.U.
KTB KFlGr. 706, 306, 506 und 906 (für das Jahr 1939)

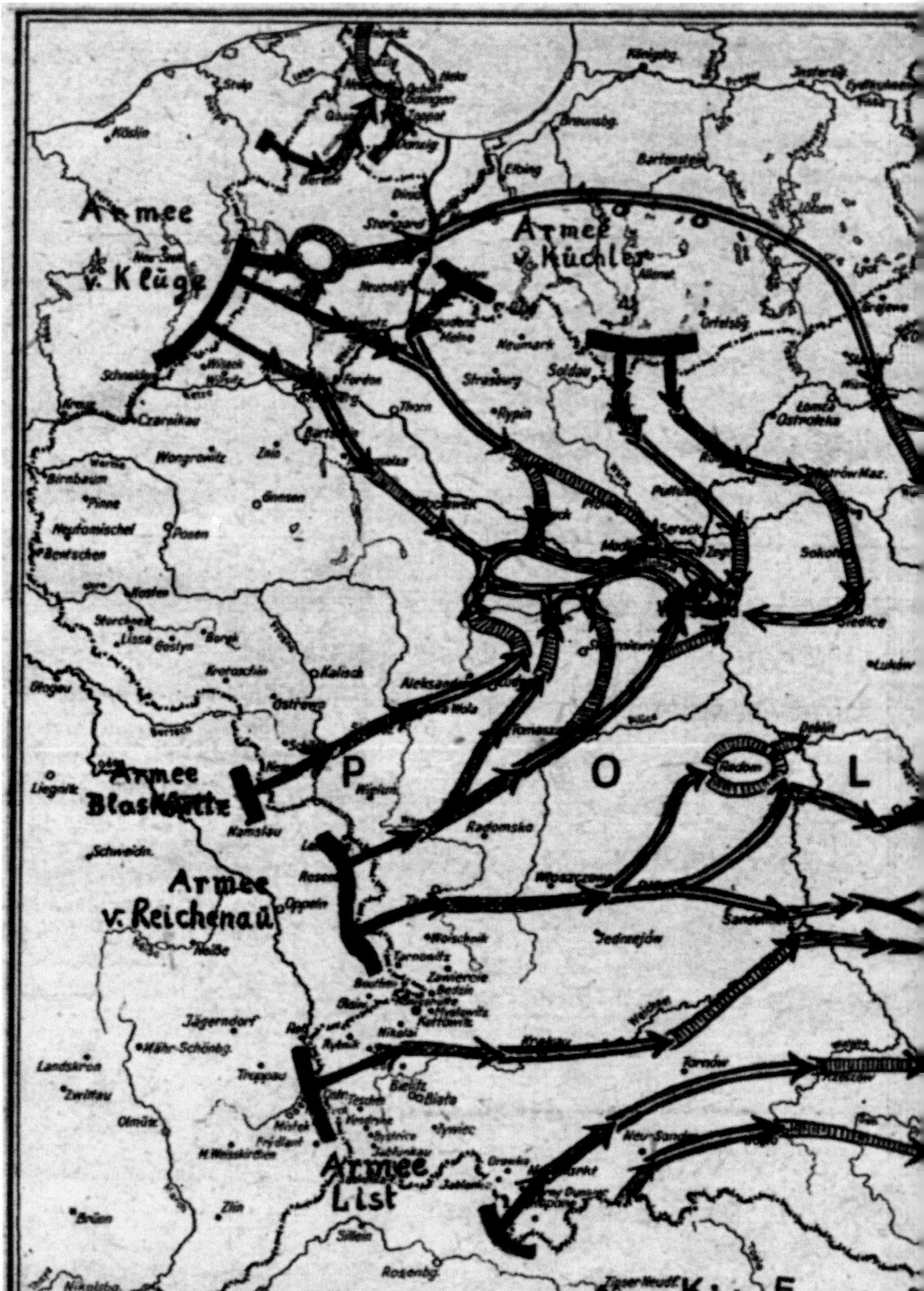
Armee v. Klüge
Armee v. Küchler
Armee
Armee v. Reichenau
Armee List
P
O
L
K
E
Danzig
Elbing
Braunsbg.
Königsbg.
Bartenstein
Köslin
Thorn
Strasburg
Soldau
Neumark
Rypin
Ortelsbg.
Wongrowitz
Znin
Gnesen
Posen
Birnbaum
Pinne
Neutomischel
Bentschen
Kosten
Lissa
Gostyn
Krotoschin
Kalisch
Ostrowo
Glogau
Liegnitz
Wielun
Radomsko
Namslau
Schweidn.
Oppeln
Neiße
Jägerndorf
Mähr-Schönbg.
Landskron
Zwittau
Troppau
Olmütz
M. Weisskirchen
Brünn
Zlin
Sillein
Rosenbg.
Nikolsbg.
Tarnowitz
Zawiercie
Kattowitz
Nikolai
Rybnik
Teschen
Bielitz
Biala
Zywiec
Jablunkau
Mistek
Friedland
Krakau
Tarnów
Radom
Deblin
Siedlce
Lukow
Jedrzejów
Sandomierz
Czarnikau
Schneidem.
Kreuz
Fordon
Ostrolenka
Lomza
Ostrów Maz.
Sokolow